W. I. Tschuikow · Die Schlacht des Jahrhunderts

Marschall der Sowjetunion
Wassili Iwanowitsch Tschuikow

Die Schlacht des Jahrhunderts

Militärverlag
der Deutschen Demokratischen
Republik

Originaltitel: В. И. Чуйков
Сражение Века
© Советская Россия, Москва 1975
Ins Deutsche übertragen von Arno Specht
Nachdichtung der Verse von Demjan Bedny – Annemarie Bostroem

ISBN 3-327-00637-7

3. Auflage, 1988
© der deutschen Übersetzung
Militärverlag der Deutschen Demokratischen Republik
(VEB) – Berlin, 1980
Lizenz-Nr. 5
Printed in the German Democratic Republic
Lichtsatz: Interdruck Graphischer Großbetrieb Leipzig – III/18/97
Druck und Buchbinderei: Karl-Marx-Werk Pößneck V 15/30
Lektor: Ursula Ulbricht
Schutzumschlag und Einband: Wolfgang Ritter
Typografie: Ingeburg Zoschke
LSV: 7203
Bestellnummer: 746 204 2
01030

Vorbemerkung

Ich bin in Serebrjanyje Prudy, einem russischen Dorf im ehemaligen Gouvernement Tula geboren; inzwischen ist aus dem Flecken ein Rayonzentrum des Moskauer Gebiets geworden.

Über fünfzig Jahre diente ich in der Sowjetarmee, überall kämpfte ich für die Heimat, sei es in Sibirien, in der Ukraine oder in Belorußland. Dennoch gibt es im riesigen Rußland eine Stadt, der mein ganzes Herz gehört, mit der mein Leben untrennbar verbunden ist: die Stadt an der Wolga, in die Geschichte als Stalingrad eingegangen.

In Stalingrad wurde ich gewissermaßen zum zweitenmal geboren. Durch glücklichen Zufall dem Feuer entronnen, erkannte ich hier, wofür mir zu leben und zu lernen beschieden war, worauf mich das Schicksal vorbereitet hatte.

Heute trennt uns eine große Zeitspanne von den Jahren des Krieges. Generationen nach dem Krieg geborener Sowjetmenschen, die in das bewußte Leben eintreten, kennen die Bedeutung Stalingrads nur noch aus Büchern und mündlichen Überlieferungen. Mich führt die Erinnerung zwingend zu der leidvollen Schlacht um die Stadt zurück, und ich erlebe aufs neue das ganze Geschehen. Ich mag nicht aus dem Leben scheiden, ohne den Erben des in Stalingrad Erkämpften zu berichten, wie meine Generation Stalingrad verteidigte, wie hier ein vernichtender Schlag gegen den Faschismus geführt wurde.

Die Stadt ist heute für Millionen Menschen aller Kontinente zu einer Stätte des Gedenkens geworden. Sie kommen, um das Heldentum der sowjetischen Soldaten zu ehren, die im Großen Vaterländischen Krieg nicht nur die Stadt, sondern die ganze Zivilisation verteidigt haben.

Unser Volk hat den Helden auf dem Mamajewhügel ein Denkmal gesetzt; an seinem Fuß leisten junge Soldaten ihren Fahneneid, empfangen sie ihre Komsomolmitgliedsbücher, legen Jungvermählte Blumengebinde nieder.

Richtet man den Blick vom Gipfel des Mamajewhügels nach Osten, auf die so nahe Wolga, wird einem das Heldentum eindringlich bewußt, das die Sowjetsoldaten an den Tag legten, als sie hier dem Vordringen des Faschismus Einhalt geboten.

In den 180 Tagen und Nächten der Schlacht dröhnte pausenlos Artillerie, ratterte Gewehr- und MG-Feuer, krachten Detonationen, hörte man das Stöhnen Verwundeter. Wie viele der zur Wolga drängenden faschistischen Soldaten fielen! Und wie hoch war der Blutzoll, den unsere Kämpfer bei der Verteidigung des schmalen Uferstreifens entrichten mußten!

Qualm und Trümmerstaub lagen über der brennenden Stadt. Vom Gipfel des Mamajewhügels, den unsere damaligen taktischen Karten als Höhe 102,0 bezeichneten, sah man nichts als die Gerippe einzelner Häuser und Schutthaufen. Doch mochte das Mauerwerk auch zusammenbrechen, die Menschen hielten stand! Jede Ruine, jedes Gebäudeskelett, jeder Leitungsschacht, jeder Ziegelhaufen wurde zur Verteidigungsstellung. Nicht nur um Straßen und Gassen, nein, um jeden Meter Boden, um einzelne Stockwerke wurde gerungen.

Am Mamajewhügel tobte der Kampf besonders erbittert. Nach dem Krieg ergab eine Untersuchung, daß auf jeden Quadratmeter Boden des Hügels über tausend Granatsplitter kamen. Die Erde war gleichsam mit Eisen und Blut gedüngt.

Jahre sind vergangen. Wo einst Ruinen standen, wuchs eine neue Stadt empor, mit breiten Straßen, architektonisch beeindruckend. Die Betriebe erstanden wieder, neue kamen hinzu. Das Wasserkraftwerk »XXII. Parteitag der KPdSU« wurde erbaut, und der Leninkanal verbindet inzwischen Mütterchen Wolga mit dem Stillen Don. Die Stadt lebte wieder auf. Die alten Bewohner kehrten zurück, neue folgten. Und jeder war sich bewußt, daß Stalingrad auf den Massengräbern unserer Helden erstand, daß der blutgetränkte Boden kostbarer als jeder andere Flecken Erde war.

Ich weile oft dort, und jedesmal schlägt mein Herz schneller, wenn ich mich der Stadt nähere. Vor meinem inneren Auge sehe ich brennendes Erdöl und rauchende Ruinen.

Ich will, so gut ich kann, von der Schlacht an der Wolga berichten, möchte aber den Leser darauf hinweisen, daß ich kein

Geschichtswerk anstrebe, sondern lediglich die Erinnerungen eines Teilnehmers wiedergebe. Als die Stalingrader Schlacht begann, war ich Stellvertreter des Oberbefehlshabers der 64. Armee. Zu Beginn der Kämpfe um die Stadt wurde ich zum Oberbefehlshaber der 62. Armee ernannt. Ehrfurchtsvoll verneige ich mich vor der Tapferkeit der Soldaten und Offiziere der 1. Gardearmee sowie der 24. und der 66. Armee, die nach einem Marsch von 50 Kilometern, ohne auf die vollständige Konzentrierung ihrer Schützendivisionen und Artillerie zu warten, sofort in den Kampf um Stalingrad eingriffen. Ehrfurcht gebührt auch der heldenhaften 64. Armee, die sich mit der 62. Armee die Last der Verteidigung teilte. Doch ich vermag nicht, ausführlich über ihre Handlungen zu berichten, eingedenk meines Vorhabens, nur aus der Erinnerung eines Teilnehmers über jene Ereignisse zu berichten. Im übrigen dürften andere Armeeangehörige und Kommandeure, vor allem mein Freund Generaloberst Schumilow, ehemaliger Oberbefehlshaber der 64. Armee, weit besser als ich dazu in der Lage sein.

Bei dieser Gelegenheit danke ich den Schriftstellern Paderin und Schachmagonow sowie den Offizieren des Generalstabes, der Politischen Hauptverwaltung der Sowjetarmee und der Seekriegsflotte, den Genossen Kaschtschejew, Sacharow und Ogarew, für die Unterstützung bei meiner Arbeit an den Büchern über den Großen Vaterländischen Krieg.

Der Verfasser

An den entfernten Zugängen

Der Beginn des Großen Vaterländischen Krieges überraschte mich fern der Heimat, in China, wo ich als militärischer Hauptberater des damaligen Oberbefehlshabers der gesamtchinesischen Streitkräfte Tschiang Kai-shek (Djiang Djiä-schi) und sowjetischer Militärattaché in Tschungking (Chongqing) tätig war.

Bei meiner Abreise nach China hatte der Krieg bereits ganz Westeuropa erfaßt. Polen, Norwegen, Frankreich, Belgien, die Niederlande lagen am Boden. Man erwartete eine faschistische Invasion auf den britischen Inseln. Die tapferen englischen Piloten wehrten die massierten Angriffe faschistischer Fliegerkräfte auf ihre Heimatstädte ab. London brannte, Coventry lag in Trümmern. Die faschistische Doktrin der Kriegführung: starke motorisierte Kolonnen – der motorisierte Krieg –, das Zusammenwirken von Panzerverbänden mit Fliegerkräften und der U-Boot-Krieg feierten Triumphe.

Aus faschistischen Archiven, zu denen wir nach dem Krieg Zugang hatten, geht hervor, daß Hitler schon im Herbst 1940 den Gedanken aufgegeben hatte, den Ärmelkanal zu forcieren. Als das faschistische Oberkommando dieses Vorhaben auf das Frühjahr 1941 verlegte, wurde uns Militärs klar, daß seine strategischen und taktischen Entschlüsse von politischen Überlegungen bestimmt waren.

Die kritische Lage Großbritanniens nach der Niederlage von Dunkerque, bei der das britische Expeditionskorps knapp der Vernichtung entging, war inzwischen überwunden. Auch das Kräfteverhältnis in der Luft hatte sich ausgeglichen. Geleitzüge mit Flugzeugen aus den USA waren ständig nach England unterwegs. Die Industrie der USA stellte sich, wenn auch zunächst noch langsam, auf die Produktion von Kriegsmaterial aller Art um. Großbritannien erhielt eine Atempause zur Aufrüstung und Vorbereitung der Abwehr. Die faschistische Führung war sich darüber klar, daß die Schlacht um die britischen Inseln verloren war, bevor sie überhaupt begonnen hatte. Großbritannien sammelte seine Kräfte, und die Beziehungen des faschistischen Deutschlands zu den USA hatten sich verschärft. Japan aber wartete auf die Gelegenheit, in den Kampf für eine Neuverteilung der Welt, für die Verwirklichung der Losung »Asien den Asiaten«, einzutreten.

Konnten wir angesichts dieser Lage den am 23. August 1939 unterzeichneten Nichtangriffspakt etwa ernsthaft als Sicherheitsgarantie betrachten? Die Gefahr bestand, daß sich die Ereignisse für uns höchst ungünstig entwickelten: wenn Hitler beispielsweise ein Abkommen mit Japan über einen gemeinsamen Überfall auf unser Land von Westen und von Osten schloß.

Zu meinen Aufgaben gehörte es, Japans Einstellung zu sondieren; ich sollte feststellen, ob es beabsichtigte, einen Schlag gegen unseren Fernen Osten zu führen oder aber sich in einen Konflikt mit den USA um die Neuverteilung Südostasiens einlassen würde.

In Japans Haltung war vieles unklar. Da seine eigenen Rohstoffquellen erschöpft waren, mußte es in Fortsetzung seiner militaristischen Politik die Grenzen seiner Aggression erweitern. Aber in welche Richtung, darum ging es. Zwar hatte Japan Chinas Lebenszentren besetzt, ihren Besitz jedoch nicht gesichert. Durch verschiedene Kanäle und aus vielfältigen Quellen gelangten Informationen nach Moskau, daß Hitler einen Feldzug gegen den Osten vorbereite und ausgangs des Frühjahrs oder im Sommer ein Angriff auf die Sowjetunion erfolgen könne. Derartige Informationen kamen mir selbst im fernen China zu Ohren.

Im Frühjahr 1941 mußte man Nachrichten von einem geplanten Überfall Deutschlands auf unser Land äußerst vorsichtig behandeln. Jeder wußte, sollte sich Hitler nach Osten wenden, wäre Großbritannien zumindest für einige Jahre von einer ernsten Gefahr befreit. Schon in der Vergangenheit, besonders aber jetzt, 1941, gab es genügend einflußreiche Persönlichkeiten, die den Wunsch hegten, Hitlers Aggression gegen die Sowjetunion zu lenken. Sowjetregierung und Sowjetdiplomatie bemühten sich mit allen Kräften, einen Krieg zu vermeiden. Darin sahen sie die Hauptaufgabe ihrer Außenpolitik. Es ging darum, ein bis zwei Jahre Zeit zu gewinnen, um die Umrüstung unserer Armee zu vollenden. Unsere Flugzeugindustrie verfügte über Versuchsmodelle, die den deutschen Flugzeugen an Kampfeigenschaften überlegen waren. Einige dieser Modelle gingen bereits in Serienproduktion. In der Roten Armee stellte man mechanisierte Korps auf. Unsere Industrie bereitete die Serienfertigung der Panzer T-34 und KW vor, die sämtliche deutschen Panzer in ihren Kampfeigenschaften übertrafen. Neue Arten von Schützenwaffen gingen in Serienproduktion.

Wir wissen heute, daß wir viele zuverlässige Nachrichten über die Konzentration deutscher Truppen in der Nähe unserer Staatsgrenze erhielten. Unsere Grenztruppen machten sogar Angaben darüber, wo und in welcher Zusammensetzung die Faschisten ihre aus dem Westen eingetroffenen Divisionen dislozierten. Stalin war über alles informiert. Doch taten er und unsere Regierung alles, um den Beginn des Krieges hinauszuschieben und einen Einfall des Gegners nicht durch Unvorsichtigkeiten zu provozieren. Außerdem mußten wir eine starke Deckung an unseren fernöstlichen Grenzen aufrechterhalten.

Hitler spielte zu dieser Zeit ein gewagtes politisches Spiel. Durch verschiedene Kanäle und über Privatpersonen sondierte er die Haltung Großbritanniens. Es ging ihm um die Frage, ob die britische Regierung bereit sei, Frieden mit ihm zu schließen und ihm damit einen Überfall auf die Sowjetunion zu erleichtern.

Letztlich entschloß er sich so oder so zu einem Überfall auf die Sowjetunion; mit ihm aber verwickelte er sich in einen Zweifrontenkrieg. Ob ihm die britische Regierung irgendwelche Hoffnungen gemacht hatte, daß sie nach dem Einfall zum Friedensschluß bereit sein werde, ist nicht bekannt. Fest steht aber, daß es Friedensfühler deutscherseits gegeben hat.

Die Aggression gegen unser Land begann. Mir war in jenen Tagen schwer ums Herz. Mit meinen Gedanken weilte ich bei den Genossen, die die Heimat verteidigten. Aber meine Aufgabe in China war noch nicht erfüllt.

Die Lage im Sommer 1941 war schwierig. Minsk fiel, der Gegner nahm Smolensk, kämpfte sich durch unsere Deckungen bis Moskau vor, schloß Leningrad ein und eroberte Kiew.

Die Gefahr eines japanischen Angriffs wuchs. Es schien, als würden die japanischen Militaristen die günstige Gelegenheit für einen Überfall auf unseren Fernen Osten nutzen. Im Herbst aber mehrten sich die Anzeichen, daß Japan zu einem Schlag in Richtung Süden rüstete, um die schwierige Lage Großbritanniens auszunutzen und einen Angriff gegen die USA zu führen.

Wenn auch entsprechende Mitteilungen nach Moskau gingen, durften wir uns doch nicht restlos auf unsere Informationsquellen verlassen. Zu groß war die Gefahr, im Fernen Osten einen Stoß in den Rücken zu erhalten. Erst im Spätherbst stellte sich endgültig heraus, daß Japan gegen die USA antreten würde.

Unsere Nachrichten halfen dem Oberkommando, sich rechtzeitig zu orientieren und in den schweren Tagen der Schlacht bei Moskau einen Teil unserer Divisionen vom Fernen Osten abzuziehen.

Japan überfiel Pearl Harbor, und die USA erklärten Deutschland den Krieg.

Anfang März kehrte ich nach Moskau zurück und bat darum, mich an die Front zu schicken.

Im Frühjahr 1942 entspannte sich die Lage an der Front. Der schwere Herbst des Jahres 1941 lag hinter uns. Vor Moskau war der Mythos von der unbesiegbaren deutschen Wehrmacht zerstört worden, die Rote Armee hatte die Hoffnungen der deutschen Militärclique auf einen Blitzkrieg, einen raschen Sieg über die Sowjetunion, zunichte gemacht. Doch wie Hasardeure bereiteten die faschistischen Anführer mit dem Frühjahrs-Sommerfeldzug 1942 eine neue Offensive an der sowjetisch-deutschen Front vor.

Nach ihren Plänen sollte das Jahr 1942 zum entscheidenden Kriegsjahr werden. Hitler war überzeugt, daß die USA und Großbritannien in diesem Jahr keine Truppen in Europa landen würden und er damit im Osten nach wie vor freie Hand haben werde. Doch die Niederlage vor Moskau und die Verluste, die die Rote Armee den Eindringlingen 1941 zugefügt hatte, machten sich bemerkbar. Obwohl die faschistische Wehrmacht im Frühjahr 1942 zahlenmäßig gewachsen war und große Mengen Kampftechnik erhielt, fehlte es der deutschen Führung an Kräften, um an der gesamten sowjetisch-deutschen Front in die Offensive zu gehen.

Ende 1941 verfügte die faschistische Wehrmacht über 8 198 000 Mann, im April 1942 waren es 8 600 000. Trotz dieses zahlenmäßigen Anwachsens machte der Chef des Generalstabes des Heeres, Generaloberst Halder, am 12. 4. 1942 folgende Eintragung in das Kriegstagebuch: »Generaloberst Fromm: Besprechung der Munitionslage, Rüstungslage und Personallage. Im Osten fehlen am 1. Mai 318 000 Mann. Mai — September 1942 stehen zur Deckung zur Verfügung 960 000 Mann, dann vom Oktober ab nichts mehr.«[1]

Am 6. Juni 1942 verfaßte man im Oberkommando der Wehrmacht eine Ausarbeitung über die Kampfkraft der Wehrmacht im Frühjahr 1942. Darin hieß es: »Zusammenfassend kann gesagt werden, daß die Wehrkraft der Wehrmacht, bedingt durch die Unmöglichkeit einer vollen personellen und materiellen Auffrischung, im ganzen gesehen geringer ist als im Frühjahr 1941.«[2]

Immerhin gelang es Hitler, zum Sommer 1942 bedeutende Kräfte gegen uns zu konzentrieren. Er verfügte an der Ostfront über ein Heer von rund sechs Millionen Mann mit etwa 43 000 Geschützen und Granatwerfern, über 3 000 Panzern und mehr als 3 500 Kampfflugzeugen, alles in allem eine beachtliche Streitmacht; begonnen hatte man den Krieg mit geringeren Kräften. Allerdings war der Angriffsstreifen diesmal schmaler. Alles war am Südflügel der Front konzentriert.

Mit seinem Feldzug gegen den Kaukasus beabsichtigte Hitler, sich der dortigen Erdölquellen zu bemächtigen, bis zur Wolga und zum Iran vorzustoßen. Offenbar rechnete er damit, daß der Widerstand der sowjetischen Truppen in dem Maße nachlassen werde, in dem sie sich vom Zentrum des Landes entfernten.

Wenn es auch nicht meine Aufgabe ist, das gesamte Geschehen an der Front im Frühjahr 1942 zu schildern, kann ich doch nicht umhin, im Zusammenhang mit der Beschreibung der Stalingrader Schlacht auf die Pläne des faschistischen Oberkommandos in großen Zügen einzugehen. Sie verhelfen dem Leser dazu, die Ereignisse an der Wolga in ihrer ganzen Bedeutung einzuschätzen.

Wie die Türkei, die Hitler mit seinem Vorstoß zum Kaukasus

---

1 Generaloberst Halder, Kriegstagebuch, Bd. III, Stuttgart 1964, S. 426.
2 Zitiert nach: Der zweite Weltkrieg, Dokumente, ausgewählt und eingeleitet von Gerhard Förster und Olaf Groehler, Berlin 1974, S. 172.

in den Krieg hineinzuziehen hoffte, um durch sie weitere 20 bis 30 Divisionen zu gewinnen, beabsichtigte er, auch Japan mit dem Vorstoß zur Wolga und zur persischen Grenze am Krieg gegen die Sowjetunion zu beteiligen, denn das Eingreifen der Türkei und Japans war seine letzte Erfolgschance im Krieg gegen uns. Nur so läßt sich der großsprecherische Charakter seiner Weisung für den Frühjahrs-Sommerfeldzug 1942 erklären. Schon die Einleitung enthält statt einer Analyse der entstandenen Lage an der sowjetisch-deutschen Front nur propagandistisches Geschwätz. »Die Winterschlacht in Rußland geht ihrem Ende zu«, heißt es da. »Durch die überragende Tapferkeit und den opferfreudigen Einsatz der Soldaten der Ostfront ist der Abwehrerfolg von größtem Ausmaß für die deutschen Waffen errungen.

Der Feind hat schwerste Verluste an Menschen und Material erlitten. In dem Bestreben, scheinbare Anfangserfolge auszunutzen, hat er auch die Masse seiner für spätere Operationen bestimmten Reserven in diesem Winter weitgehend verbraucht.«[3]

Eine Weisung ist ein Geheimdokument, bestimmt für einen begrenzten Personenkreis. Propagandistische Formulierungen haben in ihr nichts zu suchen. Sie muß eine exakte und nüchterne Einschätzung der Lage enthalten. Die Einleitung zu dieser Weisung läßt erkennen, daß das faschistische Oberkommando unsere Kräfte völlig falsch einschätzte und seine Niederlage vor Moskau als militärischen Erfolg darzustellen versuchte. So wie unsere Kräfte unterschätzt wurden, überschätzte man gleichzeitig die eigenen.

Auf diesem Irrtum beruht auch das im Dokument gesteckte Ziel. Es bestehe darin, »die den Sowjets noch verbliebene lebendige Wehrkraft endgültig zu vernichten und ihnen die wichtigsten kriegswirtschaftlichen Kraftquellen so weit als möglich zu entziehen ... Daher sind zunächst alle greifbaren Kräfte zu der Hauptoperation im Süd-Abschnitt zu vereinigen, mit dem Ziel, den Feind vorwärts des Don zu vernichten, um sodann die Ölgebiete im kaukasischen Raum und den Übergang über den Kaukasus selbst zu gewinnen.«[4]

Gleich darauf folgt die Einschränkung: »Die endgültige Ab-

---

3 Ebenda, S. 153.
4 Ebenda.

schnürung von Leningrad und die Wegnahme des Ingermanlands bleibt vorbehalten, sobald die Entwicklung der Lage im Einschließungsraum oder das Freiwerden sonstiger ausreichender Kräfte es ermöglichen.«[5]

Diese Einschränkung besagt, daß sich Hitler nicht zu einer Operation an der gesamten Front entschließen konnte und seine Kräfte im Süden konzentrierte, obwohl er über eine stärkere Streitmacht verfügte als zu Beginn des Überfalls auf unser Land.

Die Faschisten führten einen Schlag bei Kertsch und auf Sewastopol. Unter großen Verlusten gelang es ihnen, die gesamte Krim zu erobern und die Flanke für einen Vorstoß zum Kaukasus und zur Wolga vorzubereiten.

Sewastopol hielt sich bis Ende Juni, trotz der Anstrengungen der Eindringlinge, die Stadt in pausenlosem Sturm zu nehmen.

Am 12. Mai 1942 traten die Truppen der Südwestfront zum Angriff an und führten Stöße in konzentrischen Richtungen: vom Frontvorsprung Barwenkowo unter Umgehung Charkows von Südwesten und einen Nebenstoß aus dem Raum Woltschansk. Die mit diesem Angriff verknüpften Ereignisse sind in der Geschichtsliteratur und in den Memoiren sowjetischer Heerführer eingehend untersucht worden. Ich sehe daher keine Veranlassung, über sie zu berichten oder sie zu kommentieren. Wie bekannt, endete der Angriff mit einer tragischen Niederlage. Der Vorstoß der Faschisten zur Wolga, auf Woronesh und zum Kaukasus war bedeutend früher geplant. Er ermöglichte es dem Gegner, unsere Verteidigung zu durchbrechen und in die Tiefe und in die Breite vorzudringen. Der Gegner nutzte die entstandene Lage geschickt aus. Hierzu schreibt der ehemalige deutsche General Kurt von Tippelskirch: »Für die geplante deutsche Offensive war der russische Störungsversuch ein willkommener Auftakt gewesen. Die Minderung der russischen Abwehrkraft, die so schnell nicht zu beheben war, mußte die ersten Operationen wesentlich erleichtern. Es bedurfte aber noch ergänzender Vorbereitungen, die fast einen Monat in Anspruch nahmen, bevor die deutschen Armeen umgruppiert und mit allem Nötigen versehen, zum Angriff antreten konnten.«[6]

---

5 Ebenda, S. 154.
6 Kurt v. Tippelskirch, Geschichte des zweiten Weltkriegs, Bonn 1956, S. 242.

Ende Juni beendete das faschistische Oberkommando die Angriffsvorbereitungen.

Heute wissen wir, daß am Südflügel der sowjetisch-deutschen Front von Orjol bis Sewastopol die Heeresgruppe Süd handelte, die in zwei Gruppen unterteilt war: in die Heeresgruppe A, mit dem Ziel, zum Kaukasus vorzustoßen, und die für einen Stoß gegen Stalingrad vorgesehene Heeresgruppe B. Aufgabe beider Gruppen war, die sowjetischen Truppen westlich des Don zu zerschlagen. Die Heeresgruppe B sollte die dort handelnden sowjetischen Truppen einschließen und sich im Raum Stalingrad mit der Heeresgruppe A vereinigen.

Anfangs waren die Kräfte auf beide Heeresgruppen wie folgt verteilt: Zu der von Generalfeldmarschall List befehligten Heeresgruppe A gehörten die 1. Panzerarmee, die 17. und 11. Armee sowie die italienische 8. Armee. Die Heeresgruppe B unter Feldmarschall von Bock bestand aus der 4. Panzerarmee, der 2. und 6. Armee und der ungarischen 2. Armee. Außerdem waren aus der Tiefe die rumänische 3. und 4. Armee im Anmarsch.

Insgesamt konzentrierte der Gegner zwischen Kursk und Taganrog rund 900 000 Soldaten und Offiziere, 1 260 Panzer, über 17 000 Geschütze und Granatwerfer sowie 1 640 Kampfflugzeuge. Das waren über 50 Prozent der an der sowjetisch-deutschen Front eingesetzten Panzer- und motorisierten Verbände und 35 Prozent seiner gesamten Infanterie.

Auf unserer Seite standen dieser Stoßgruppierung die Brjansker, die Südwest- und die Südfront gegenüber. Die drei Fronten zählten im Frühjahr 1942 insgesamt 655 000 Mann mit 740 Panzern, 14 200 Geschützen und Granatwerfern sowie über 1 000 Kampfflugzeugen.

Der Gegner war im Süden nicht nur allgemein überlegen, er vermochte auch in den Hauptstoßrichtungen seine Kräfte besonders zu verstärken. Am Morgen des 28. Juni traten die deutsche 2. Armee, die 4. Panzerarmee und die ungarische 2. Armee zum Angriff gegen den linken Flügel der Brjansker Front an. Am 30. Juni führte die 6. Armee ihren Stoß.

Stalingrad war zwar noch weit entfernt – der Gegner stieß erst gegen Woronesh vor –, aber die Schlacht des Jahres 1942 hatte begonnen und zog nach und nach immer stärkere Kräfte in ihr blutiges Mahlwerk hinein.

Im Mai hatte ich die im Raum Tula stationierte Reservearmee übernommen, mit deren Gefechtsausbildung ich mich bis Anfang Juli intensiv beschäftigte. Zu diesem Zeitpunkt erhielten wir den Befehl des Hauptquartiers, die Reservearmee in 64. Armee umzubenennen und sie an den Don zu verlegen. Die Südwestfront zog sich unter den Schlägen des Gegners beschleunigt nach Osten zurück. Gekämpft wurde im Raum Rossosch, bei Lugansk und um Woronesh. Irgendwo am Don oder zwischen Don und Wolga sollte unsere Armee den Kampf gegen die faschistischen Eindringlinge aufnehmen. Beschleunigt auf die Bahn verladen, setzte sie sich zu ihrem Konzentrierungsraum in Marsch.

Bis Balaschow benutzte ich mit dem Stab der Armee die Bahn, dann aber stieg ich, um so schnell wie möglich Klarheit über die Lage an der Front zu erlangen, mit dem Mitglied des Kriegsrates, Konstantin Kirikowitsch Abramow, in einen PKW um.

Hin und wieder hielten wir an größeren Bahnhöfen, um uns über den Transport unserer Armee zu informieren. Bahnhöfe und Züge wurden systematisch von faschistischen Bombenflugzeugen angegriffen.

In Frolowo stießen wir auf den Stab der 21. Armee, der Chef des Stabes konnte uns jedoch beim besten Willen keine Auskunft über die Lage geben. Weder wußte er, wo die Frontlinie verlief noch wo sich seine Nachbarn und der Gegner befanden. Er konnte mir nur sagen, daß der Stab der Front bereits in Stalingrad lag.

Je mehr wir uns der Wolga näherten, um so mehr veränderte sich das Bild. Die Einwohner der Dörfer und Siedlungen rechneten nicht mit dem Erscheinen des Gegners, sie hofften, daß sein Angriff zum Stehen gebracht würde. Von Evakuierung war nicht die Rede; das Leben verlief hier fast friedensmäßig, bei angestrengter Arbeit. Das Getreide wurde eingebracht, Viehherden weideten, in den Siedlungen fanden Kinoveranstaltungen statt. Nur nachts beschoß unsere Flakartillerie ab und zu vereinzelt auftauchende Flugzeuge.

Am 16. Juli trafen wir beim Stab der Stalingrader Front ein. Hier erfuhren wir, daß der Gegner mit seinen Vorausabteilungen die Linie Tschernyschewskaja — Morosowsk — Tschernyschkowski erreicht hatte, wo er von den vorgeschobenen Abteilungen der 62. Armee zum Stehen gebracht worden war.

Am westlichen Ufer des Don bereitete sich die 62. Armee an

der Linie Kletskaja – Kalmykow – Surowikino – Peschtscherski auf die Verteidigung vor. Ihr Stab befand sich, 60 bis 80 Kilometer von den Truppen entfernt, am Ostufer des Flusses im Vorwerk Kamyschi.

Die 64. Armee wurde ausgeladen: die 112. Division in Kotluban, Katschalino und Filonowo, die 214. Division in Donskaja, Musga und Rytschkow und die 29. Division in Shutowo. Die übrigen Truppen lud man an der Wolga aus, 120 bis 150 Kilometer von der Verteidigungslinie entfernt, die der Stab der Front angegeben hatte.

Den Frontstab verlegte man in die Stadt. Die häufig unterbrochene Nachrichtenverbindung erschwerte die Truppenführung erheblich. Niemand konnte mir sagen, wo und zu welchem Zeitpunkt die Transporte eintreffen würden, wo sie ausgeladen und konzentriert werden sollten, welche Truppenteile bereits eingetroffen und wie sie eingesetzt waren.

Am 17. Juli erhielten wir folgende Direktive der Front: »Die 64. Armee mit der 229., 214., 29. und 112. Schützendivision, der 66. und 154. Marineinfanteriebrigade sowie der 40. und 137. Panzerbrigade erreicht in der Nacht zum 19. Juli die Linie Surowikino – Nishne-Solonowski – Peschtscherski – Suworowski – Potjomkinskaja – Werchne-Kurmojarskaja. Sie setzt sich dort fest und verhindert durch hartnäckige Verteidigung einen Durchbruch des Gegners nach Stalingrad. Als vorgeschobene Abteilung bezieht von jeder Division ein mit Artillerie verstärktes Regiment an der Zimla Stellung.«

Die in der Direktive gestellte Aufgabe war undurchführbar: Die Divisionen und der Armee direkt unterstellten Truppenteile wurden eben erst ausgeladen und marschierten dann in der Transportgliederung, also noch nicht in Gefechtskolonnen, nach Westen. Während sich die Spitzen einiger Divisionen bereits dem Don näherten, befanden sich die letzten Einheiten noch an der Wolga oder in den Waggons. Die gesamten rückwärtigen Dienste der Armee und die Armeereserven warteten im Raum Tula noch auf ihre Verladung.

Nach dem Ausladen mußten die Truppen nicht nur gesammelt, sondern auch noch über den Don gesetzt werden. Die in der Direktive angegebene Verteidigungslinie Nishne-Solonowski – Peschtscherski – Suworowski war einen Tagesmarsch von den Übergangsstellen über den Don bei Werchne-Tschirskaja und

Nishne-Tschirskaja und 120 bis 150 Kilometer von der Ausladestation entfernt. Die von den vorgeschobenen Abteilungen zu beziehende Linie an der Zimla lag 40 bis 50 Kilometer vor der Hauptverteidigungslinie der Armee. So hätten die Truppen bis zu ihren Stellungen einen Fußmarsch von etwa 200 Kilometern zurücklegen müssen.

Ich suchte den Chef der Operativen Verwaltung des Frontstabes, Oberst Ruchle, auf, wies ihm nach, daß es unmöglich sei, die Direktive innerhalb der gesetzten Frist zu erfüllen, und bat ihn, dem Kriegsrat der Front zu melden, daß die 64. Armee ihren Verteidigungsabschnitt nicht vor dem 23. Juli beziehen könne. Daraufhin verlegte man den Termin vom 19. auf den 21. Juli. Aber auch das war nicht zu schaffen.

Während ich die Truppen sammelte, die nach dem Ausladen über die Steppe nach Westen an den Don zogen, suchte ich den Stab der 62. Armee im Chutor Kamyschi auf. Ihr Oberbefehlshaber, Generalmajor Kolpaktschi, ein großer, schlanker Offizier, und das Mitglied des Kriegsrates, Divisionskommissar Gurow, mit glattrasiertem Schädel und schwarzen Augenbrauen, informierten mich über die Lage.

Der Stab der Front hatte für die 62. und die 64. Armee eine Verteidigungsstellung entlang der Linie Kletskaja—Surowikino—Werchne-Solonowski — Suworowski — Werchne-Kurmojarskaja gewählt. Vorausabteilungen aus verstärkten Bataillonen oder einem Regiment sollten die Linie Zuzkan—Tschir—Tschernyschkowski und weiter die Zimla entlang erreichen.

Alle Dienstvorschriften und Anweisungen machen es ausnahmslos jedem zur Pflicht, den Gegner und das Gelände, auf dem er ein Gefecht oder eine Schlacht aufzunehmen beabsichtigt, zu beurteilen und seine Kräfte möglichst vorteilhaft zu entfalten. Stets muß das Gelände für den Verteidiger zum Verbündeten werden, indem es taktische Vorteile für Gegenangriffe sowie die Möglichkeit bietet, sämtliche Feuermittel gedeckt einzusetzen. Gleichzeitig muß das Gelände so beschaffen sein, daß es Bewegungen und Manöver des Gegners behindert, bei entsprechendem pioniertechnischen Ausbau panzerunzugänglich wird, dem Angreifenden keine gedeckten Zugänge bietet und ihn möglichst lange dem Feuer des Verteidigers aussetzt.

Doch die Verteidigungslinie für die 62. Armee war ohne Rücksicht auf diese Forderungen gewählt. Wir kamen nicht dazu, die natürlichen Hindernisse, wie Flüsse, Bäche und Schluchten, auszunutzen, die sich mit geringem Aufwand zu schwer zugänglichen Stellungen hätten ausbauen lassen. So lagen wir über die kahle Steppe verteilt und konnten vom Boden wie aus der Luft eingesehen werden. Zwischen Einheiten und Truppenteilen klafften, vor allem auf dem rechten Flügel, Lücken, die es dem Gegner ermöglichten, unsere Stellungen zu umfassen und uns in den Rücken zu fallen.

Die vier Divisionen der ersten Staffel der 62. Armee waren 90 Kilometer weit auseinandergezogen und die zweier Divisionen und einer Brigade der 64. Armee 50 Kilometer. Besonders ungünstig sah es bei der 192. Schützendivision am rechten Flügel aus. Etwa ein Viertel, ja stellenweise sogar ein Drittel der Divisionen der ersten Staffel wurden als vorgeschobene Abteilungen eingesetzt. Sie lagen 40 bis 50 Kilometer vor den Hauptkräften ohne Artillerie- und Fliegerunterstützung. Dieses Verfahren schwächte den Hauptverteidigungsstreifen zusätzlich und setzte die Kräfte der zweiten Staffeln und die Reserven der ersten Staffeln auf ein Minimum herab.

Außer den vorgeschobenen Abteilungen hatten die Divisionen der ersten Staffeln eine Gefechtssicherung, 20 bis 25 Kilometer von der vordersten Linie entfernt, entfaltet, die bis nach Kurtlak—Nesterkin—Bolschoi-Tornowski reichte. Doch auch sie konnte nicht einmal durch das Feuer weittragender Artillerie unterstützt werden. Eine vierfach gestaffelte Verteidigung entstand: 50 Kilometer vor den Hauptkräften befanden sich die vorgeschobenen Abteilungen, 20 bis 25 Kilometer hinter ihnen die Gefechtssicherung, ihnen folgten der Hauptverteidigungsstreifen und schließlich die letzte Stellung der zweiten Staffeln oder die Reserve der Divisionen und der Armee.

Der Stab der Stalingrader Front befand sich in Stalingrad, 150 bis 200 Kilometer Luftlinie von der Hauptverteidigungslinie entfernt, der Stab der 62. Armee 60 bis 80 Kilometer hinter der vordersten Linie am Ostufer des Don und der Stab der 64. Armee 30 bis 40 Kilometer hinter der vordersten Linie. Solche Entfernungen machten bei unseren damaligen unvollkommenen Nachrichtenmitteln die Führung der Truppen schwierig.

Allgemein war die Stimmung im Stab der 62. Armee zuversichtlich. Wie mir Generalmajor Kolpaktschi versicherte, wollte er in den nächsten Tagen versuchen, die ihm gegenüberstehenden

Kräfte des Gegners abzutasten. Die Fühlung zum rechten Nachbarn war somit hergestellt, doch über meinen linken Nachbarn besaß ich noch keine Informationen. Ich kannte nur die Naht, die man in der Operativen Verwaltung des Frontstabes in die Karte eingezeichnet hatte.

Der Direktive der Front entsprechend, marschierte die 64. Armee nach Westen, hinter den Don. Ich hatte mich um den Aufbau unserer Verteidigung zu kümmern.

Also machte ich mich mit der Lage vertraut und verglich die in der 62. Armee gesammelten Angaben. Daraufhin faßte ich den Entschluß, mit der 229. und 214. Schützendivision, der 154. Marineinfanterie- und der 121. Panzerbrigade am Westufer des Don die Linie Surowikino—Suworowski zu beziehen. Den linken Abschnitt von Potjomkinskaja bis Werchne-Kurmojarskaja sollte die 29. Division verteidigen. In der zweiten Staffel am Tschir, an der Naht zwischen der 62. und der 64. Armee, entfaltete sich die 112. Schützendivision. Die 66. Marineinfanteriebrigade, die 137. Panzerbrigade und die Offiziersschülerregimenter konzentrierten sich in der zweiten Staffel bei Ortschaften entlang der Myschkowa. Das Frontoberkommando billigte diesen Entschluß.

Links von der 64. Armee, südlich von Werchne-Kurmojarskaja den Don entlang, sollten sich Truppen der benachbarten Front verteidigen, zu denen wir jedoch noch keine Verbindung hatten.

Am Abend des 19. Juli traf im Stab der 64. Armee im Chutor Ilmen-Tschirski General Gordow mit der Weisung ein, die Führung der 64. Armee zu übernehmen. Ich blieb sein Stellvertreter. Gordow war bereits ergraut und hatte müde, graue Augen.

Er informierte sich über meine Entschlüsse, bestätigte sie, ohne die Stellungen der ersten Staffel zu verändern, und befahl, sie auszuführen. Bei der zweiten Staffel nahm er dagegen erhebliche Korrekturen vor. Er befahl, die 112. Schützendivision nicht an der Naht zwischen der 62. und der 64. Armee einzusetzen, sondern sie am äußeren Stalingrader Verteidigungsring entlang der Myschkowa, zwischen dem Chutor Logowski und Gromoslawka, auseinanderzuziehen. Die 66. Marineinfanteriebrigade, die 137. Panzerbrigade und die Offiziersschülerregimenter wurden an den Axai, auf den linken Flügel der Armee, verlegt.

Damit hielt Gordow sämtliche Reserven am Ostufer des Don zurück, und die westlich des Don geschaffene Verteidigung blieb ohne zweite Staffel und ohne Reserve.

Am Morgen des 21. Juli begab ich mich zum Verteidigungsabschnitt westlich des Don, wo ich bis zum 22. Juli mit den Divisionskommandeuren das Gelände rekognoszierte und die Stellungen auswählte. Zu dieser Zeit befanden sich die Regimenter und Divisionen noch auf dem Anmarsch von ihren Entladestationen; sie trafen verspätet und nicht in vollem Bestand in ihren Stellungen ein.

Der Gegner hatte das Vorrücken der Truppenteile unserer Armee zweifellos entdeckt. Seine Aufklärer kreisten lange Zeit über unseren Stellungen. Bekämpfen konnten wir sie nicht, die Armee besaß keine Flakartillerie, und die Jagdflugzeuge der Luftarmee waren an einem anderen Frontabschnitt eingesetzt.

Die materiell-technische Sicherstellung der 64. Armee auf der Führungsebene Armee — Division war bis zum Beginn der Kampfhandlungen, also bis zum 25. Juli, praktisch nicht organisiert. Ihre rückwärtigen Dienste und Versorgungsorgane befanden sich noch in den zwischen Tula und Stalingrad auseinandergezogenen Transporten. Selbst die ausgeladenen Divisionsvorräte waren über zahlreiche Stationen zwischen Wolga und Don sowie auf Anlegestellen an der Wolga verstreut.

Bei der 62. Armee dagegen, deren Aufstellungsraum sich an der Wolga, nahe Stalingrad, befand, war die materiell-technische Sicherstellung im wesentlichen normal. Die von Generalmajor Lobow befehligten rückwärtigen Dienste und ihr Stab waren im Raum Bahnhof und Siedlung Sowjetski, 80 bis 120 Kilometer vom Hauptverteidigungsstreifen entfernt, untergebracht.

Die beschleunigte Organisierung der Stalingrader Front hatte zur Folge, daß die rückwärtigen Einrichtungen die Versorgung der Armeen, vor allem mit Munition und Pioniergerät, nicht ordnungsgemäß abwickeln konnten.

Zu unserem Glück hatten aber auch die 4. Panzerarmee und die 6. Armee des Gegners Mitte Juli Schwierigkeiten mit der Kraftstoffversorgung, so daß sich das Manöver einiger seiner Panzerdivisionen und Verstärkungsmittel verzögerte.

Beim Bericht über die Kämpfe am großen Donbogen, das heißt

an den entfernten Zugängen von Stalingrad, ist es schwierig, die Kampfhandlungen der 62. und der 64. Armee voneinander zu trennen, denn beide Armeen handelten nach einheitlichem Plan der Stalingrader Front und mußten sich gegen die Truppen der Heeresgruppe B, insbesondere die Angriffe der 6. Armee unter Paulus und der 4. Panzerarmee unter Hoth, verteidigen.

Ab 17. Juli führten die vorgeschobenen Abteilungen der 62. Armee Gefechte, die mit gleichbleibender Heftigkeit bis zum 22. Juli einschließlich andauerten. Am 23. Juli trat der Gegner mit seinen Hauptkräften gegen die 62. Armee zum Angriff an, und am 25. Juli auch gegen die 64. Armee.

Heute ist uns ein Dokument zugänglich, das die Ziele dieses weiteren Vorgehens bestimmt: die Weisung Nr. 45, mit der Hitler einige Korrekturen an der Weisung Nr. 41 vornahm. In letztgenannter hieß es: »Auf jeden Fall muß versucht werden, Stalingrad selbst zu erreichen oder es zumindest so unter die Wirkung unserer schweren Waffen zu bringen, daß es als weiteres Rüstungs- und Verkehrszentrum ausfällt.«[7]

Die Weisung Nr. 45 vom 23. Juli 1942 stellt folgende Aufgaben: »Nach Vernichtung der feindlichen Kräftegruppe südlich des Don ist es die wichtigste Aufgabe der H. Gr. A, die gesamte Ostküste des Schwarzen Meeres in Besitz zu nehmen ...

Der H. Gr. B fällt – wie bereits befohlen – die Aufgabe zu, ... im Vorstoß gegen Stalingrad die dort im Aufbau befindliche feindliche Kräftegruppe zu zerschlagen, die Stadt selbst zu besetzen und die Landbrücke zwischen Don und Wolga selbst zu sperren.«[8]

Während zu Beginn des Sommerfeldzugs allgemein von Angriffsoperationen gesprochen und ein Schlag der beiden Heeresgruppen A und B gegen den Raum Stalingrad vorgesehen worden war, trennte man jetzt, von den Erfolgen im Mai und Juni beflügelt, die beiden Heeresgruppen in der Meinung, daß die Wehrmacht stark genug sei, in verschiedenen Richtungen gleichzeitig zu handeln.

Im Bestreben, so schnell wie möglich den Kaukasus zu erreichen, unterschätzte Hitler die Tatsache, daß wir frische Truppen in den großen Donbogen verlegt hatten. Er gruppierte

---

7 Zitiert nach: Der zweite Weltkrieg, Dokumente, S. 157.
8 Ebenda, S. 175f.

die 4. Panzerarmee Hoths durch die Gefechtsordnungen der 6. Armee Paulus' hindurch an deren rechten Flügel zur Staniza Zimljanskaja um und gliederte sie in die Heeresgruppe A ein.

Für die Eroberung Stalingrads bildete der Gegner zwei Gruppierungen. Die nördliche — vier Infanterie-, zwei Panzer- und zwei motorisierte Divisionen — sollte am 23. Juli aus dem Raum Golowski—Perelasowski in Richtung Werchne-Businowka—Malo-Nabatowski angreifen und Kalatsch nehmen.

Die südliche Gruppierung — zwei Infanteriedivisionen und eine Panzerdivision des LI. Armeekorps — hatte am 25. Juli aus dem Raum Obliwskaja—Werchne-Axjonowski anzugreifen, die Front südlich Surowikino zu durchbrechen und über Staro-Maximowski Kalatsch von Süden zu erreichen.

Beide Gruppierungen, die zur 6. Armee gehörten, hatten die Aufgabe, die sowjetischen Hauptkräfte im großen Donbogen zu vernichten, den Don zu forcieren und auf Stalingrad vorzugehen.

Eine weitere Gruppierung — zwei Infanteriedivisionen, zwei Panzerdivisionen, eine motorisierte Division der 4. Panzerarmee und vier rumänische Infanteriedivisionen — hatte am 31. Juli bei Zimljanskaja den Don überwunden und einen Brückenkopf gebildet. Sie sollte sich für einen Vorstoß gegen Stalingrad von Süden, entlang der Bahnstrecke Kotelnikowski—Stalingrad oder einen Vorstoß nach Süden in Richtung Kaukasus bereithalten.

Eine Analyse der Lage zeigte, daß sich die aktiven Handlungen des Gegners, vor allem seiner südlichen Stoßgruppierung, gegen die nur provisorisch vorbereiteten Verteidigungsabschnitte unserer 62. und 64. Armee richteten. Dank ständiger Luftaufklärung sah er deutlich die anrückenden Kolonnen und konnte die Entfaltung und die Verteidigungsarbeiten gut beobachten. Kurz, er war über das Geschehen bei unseren beiden Armeen auf dem laufenden.

Den Beginn der Stalingrader Schlacht datiert man gewöhnlich auf den 17. Juli 1942, den Tag, an dem die vorgeschobenen Abteilungen der 62. und der 64. Armee Feindberührung hatten. Trotz hartnäckigen Widerstands vermochten unsere Truppen dem mit massierten Kräften angreifenden Gegner nicht standzuhalten. Eine der größten Schlachten des zweiten Weltkrieges entbrannte.

Die Stalingrader Schlacht gliedert sich in zwei Perioden, in denen die einzelnen Bestandteile der strategischen Idee des sowjetischen Oberkommandos verwirklicht wurden.

In die Verteidigungsperiode vom 17. Juli bis zum 18. November 1942 fallen die Verteidigungskämpfe an den entfernten und unmittelbaren Zugängen nach Stalingrad und die Verteidigung der Stadt.

Die zweite Periode der Schlacht begann am 19. und 20. November mit einer großangelegten Gegenoffensive der Südwest-, der Don- und der Stalingrader Front. Auch die 62. und die 64. Armee erhielten Befehl, anzugreifen und den in Stalingrad eingeschlossenen Gegner zu vernichten. Diese Periode endete am 2. Februar 1943 mit der Vernichtung oder Gefangennahme der in der Stadt und ihrer Umgebung Eingeschlossenen.

Zunächst aber wußten wir auf unserer Ebene nicht, wohin diese Schlacht führen würde, wir überschauten weder ihre strategischen noch ihre taktischen Konturen, sondern lösten an unseren Abschnitten nur unmittelbare Tagesaufgaben.

Vor der ersten Begegnung mit dem Gegner wollte ich hinter seine Taktik, seine starken und schwachen Seiten kommen und unterhielt mich deshalb mit vielen Offizieren, die schon im Kampf gestanden hatten. Im Stab der Armee konnte ich den Gegner selbst allerdings nicht studieren. So benutzte ich jede Gelegenheit, vorn bei den Truppen zu weilen, von erfahrenen Kommandeuren zu lernen und auch die Hinweise der Soldaten zu nutzen.

Bei meiner Rückkehr zum Stab, am 22. Juli, erfuhr ich, daß Gordow bereits am Vorabend nach Moskau gerufen worden war. Er kehrte tags darauf als Oberbefehlshaber der Stalingrader Front zurück.

Der Stab der 64. Armee hatte bereits vom Frontoberkommando Befehl erhalten, die 66. Marineinfanteriebrigade und die 137. Panzerbrigade am Westufer des Don zur Staniza Zimljanskaja vorgehen zu lassen. Sie sollten die gegnerischen Kräfte, die an dieser Stelle über den Don setzten, durch einen Stoß in die Flanke und in den Rücken vernichten. In der Nacht zum 23. Juli konzentrierten sich unsere Truppen auf Befehl Gordows in Suworowski. Da die Donbrücke bei Nishne-Tschirskaja aber keine mittelschweren, geschweige denn schwere Panzer trug, konnte die 137. Panzerbrigade nur ein motorisiertes Schützenbataillon mit 15 Panzern T-60 einsetzen.

Später erfuhren wir, wie stark die Gruppierung war, die der Gegner bei Zimljanskaja übergesetzt hatte. Doch leider besaß der Frontstab zum Zeitpunkt, als der Befehl unterzeichnet wurde, keine genauen Angaben, so daß er eine derart schwache Abteilung gegen das XXXXVIII. Panzerkorps der 4. Panzerarmee sowie das deutsche IV. und das rumänische VI. Armeekorps im Abschnitt der uns benachbarten 51. Armee der Südfront einsetzte.

Auch die Aufklärung der 64. Armee konnte die Lage nicht präzisieren. Obwohl ich mich gegen eine Aufsplitterung der Kräfte in kleine Abteilungen wandte, änderte Gordow seinen Befehl nicht. So flog ich denn mit einer U-2 nach Suworowski, um zu kontrollieren, wie der Befehl verwirklicht wurde.

Am 23. Juli, 10.00 Uhr, rückten die Truppen nach Zimljanskaja aus.

Auf dem Rückweg beschloß ich, die Frontlinie der Armee entlang zu fliegen, um mir die Stellungen von oben anzusehen. Südostwärts Surowikino stießen wir auf eine Ju 88, die in einer Steilkurve zum Anriff gegen uns ansetzte. Unsere U-2 war völlig unbewaffnet, und so begann ein Katze-und-Maus-Spiel.

Wohl zehnmal flog die faschistische Maschine zum Angriff an. Unser kleiner Doppeldecker schien unter dem Feuer der Bordwaffen auseinanderbrechen zu müssen. Auf der kahlen Steppe aber konnten wir nicht landen, da die Ju 88 uns sofort zusammengeschossen hätte. Mein Pilot orientierte sich nach der Sonne, er strebte nach Osten und suchte nach einem Weiler oder einem Wäldchen, hinter dem wir uns wenigstens für einige Augenblicke vor dem Gegner verbergen konnten. Doch die Steppe war leer. Nach dem zehnten Angriff schlug unser Flugzeug auf dem Boden auf und brach auseinander.

Da wir dicht über dem Boden geflogen waren, lief der Sturz für mich und für den Piloten verhältnismäßig glimpflich ab. Wir wurden nur herausgeschleudert; ich hatte eine Beule am Kopf und Schmerzen in Brust und Wirbelsäule, der Pilot Blutergüsse in den Knien.

Als der Gegner sah, daß unsere Maschine brannte, hielt er uns für tot. Er zog noch eine Schleife, drehte dann nach Westen ab und verschwand am Horizont. Bald darauf fand uns Hauptmann Semikow von der Operativen Abteilung der 62. Armee, später Held der Sowjetunion, der uns mit einem Wagen fortbrachte.

Am rechten Flügel der 62. Armee waren bereits erbitterte Gefechte mit der stärksten Gruppe des Gegners entbrannt, der ausgangs des 22. Juli den Hauptverteidigungsstreifen erreicht hatte. Trotz des heldenhaften Widerstands der vorgeschobenen Abteilungen drang der Gegner unter Verlusten weiter vor. Hartnäckig kämpfend, gingen die Abteilungen auf ihre Hauptstellung zurück. Ihr Rückzug über die offene, sonnendurchglühte Steppe, unter dem Druck der überlegenen Kräfte des Gegners war schwierig und verlustreich.

Obwohl die vorgeschobenen Abteilungen der 64. Armee – der 229. und 214. Schützendivision und der 154. Marineinfanteriebrigade – erst am 23. Juli den Abschnitt Zimla–Tormossin erreichten, wurden sie noch am selben Tag an den Flanken umgangen. Sie gerieten, dem Druck des gesamten LI. Armeekorps ausgesetzt, in eine schwierige Lage.

Bevor ich die Kampfhandlungen am großen Donbogen schildere, will ich kurz über die parteipolitische Arbeit in der 62. und der 64. Armee berichten.

Die Politorgane und Parteiorganisationen der 64. Armee befanden sich entweder noch in den Eisenbahntransporten oder zersplittert in einzelnen gemischten Kolonnen auf dem Marsch zu ihren Verteidigungsabschnitten.

Wesentlich günstiger war die Lage bei der 62. Armee. Nachdem sie die Weisung des Hauptquartiers erhalten hatte, eine Verteidigung am großen Donbogen zu beziehen, entsandte der Kriegsrat der Armee, geführt vom Mitglied des Kriegsrats Gurow und Brigadekommissar Wassiljew, die Parteiarbeiter zu den Einsatzstellen, damit sie den schnellen und organisierten Anmarsch der Truppen zu ihren Stellungen sicherten und diese uneinnehmbar machten. Offiziere des Stabes und der Politabteilung der Armee wurden zu den Truppenteilen und Einheiten entsandt, um die parteipolitische Arbeit in Übereinstimmung mit den Gefechtsaufgaben zu organisieren.

Besondere Aufmerksamkeit richtete der Kriegsrat der Armee auf die Verstärkung der Partei- und Komsomolorganisationen. Es sollte gewährleistet werden, daß in den Kompanien und Batterien vollwertige Grundorganisationen von Partei und Jugendverband entstanden. Am 20. Juli 1942 gab es in der Armee 3255 Mitglieder und 1744 Kandidaten der Kommunistischen Partei sowie 16425 Komsomolzen. Damit waren über 25 Prozent der Armeeangehörigen Mitglieder der Partei oder des Leninschen Komsomol.

Sobald die Truppenteile und Verbände der 64. Armee an der Front eintrafen, kam auch die parteipolitische Arbeit in Gang. Mit den Mitarbeitern der Politabteilung der Armee verbrachten die Kommandeure und Kommunisten des Stabes die meiste Zeit an der vordersten Linie am Westufer des Don. Sie empfingen die ankommenden Truppen, wiesen sie in ihre Verteidigungsabschnitte ein und verbanden die Erziehungsarbeit mit der Vorbereitung einer zuverlässigen Verteidigung.

Darüber hinaus führte man trotz der kurzen Zeit, die für die Verteidigungsvorbereitungen blieb, in den Armeen eine vielfältige und stetige parteipolitische Arbeit, die die Standhaftigkeit und Tapferkeit der Soldaten in den Verteidigungsoperationen am großen Donbogen und an den Zugängen von Stalingrad gewährleistete.

Am Morgen des 23. Juli griff der Gegner mit den Kräften der 16. Panzer- und der 113. Infanteriedivision des XIV. Panzerkorps das 84. Regiment der 33. Gardeschützendivision der 62. Armee an, während seine 60. motorisierte Infanteriedivision südlich Kletskaja einen Stoß gegen die Naht zwischen dem 1. und 2. Bataillon des 427. Regiments der am schwächsten organisierten und an langer Verteidigungsfront auseinandergezogenen 192. Schützendivision führte. Die Lage unserer Truppen komplizierte sich noch, da die 192. und die 33. Division weder über zweite Staffeln noch über Panzerreserven verfügten — sie waren bei den vorgeschobenen Bataillonen eingesetzt. Hinzu kam, daß innerhalb des Verteidigungsabschnittes große Lücken zwischen den Bataillonsstellungen klafften.

Am 24. Juli wurde die Verteidigung der 62. Armee am rechten Flügel bei Kletskaja—Jewstratowski—Kalmykow durchbrochen. Der Gegner setzte frische Kräfte ein und entwickelte seinen Stoß auf Manoilin—Majorowski sowie über Platonow auf Werchne-Businowka. Ausgangs des 24. Juli erreichten Vorausabteilungen der 3. und der 60. motorisierten Infanteriedivision im Raum Golubinskaja den Don sowie den Raum Skworin.

Angesichts dieser Lage entschloß sich der Oberbefehlshaber der 62. Armee, Generalmajor Kolpaktschi, am 24. Juli um 05.00 Uhr mit den Kräften des 13. Panzerkorps und Teilen der

33. Gardeschützendivision einen Gegenstoß mit dem Ziel zu führen, die Lage im Verteidigungsabschnitt der 33. Division und anschließend am gesamten rechten Flügel der Armee wiederherzustellen. Da dieser Gegenstoß um 10.00 Uhr erfolgen sollte, blieben für die Vorbereitung nur fünf Stunden.

Es war ein heldenhafter Versuch, den vielfach überlegenen Gegner zum Stehen zu bringen. Die Armeepresse war nicht imstande, alle Beispiele an Heldenmut und Kühnheit unserer Soldaten festzuhalten und zu verbreiten. Politmeldungen und Berichte über den Heroismus der Soldaten wurden dennoch jedem zugänglich gemacht. Wir erklärten den Soldaten, daß die faschistischen Truppen ungeheure Verluste hatten, daß man die Eindringlinge vernichten könne und daß hierzu Standhaftigkeit und militärisches Können erforderlich seien.

Die Nachricht von der Heldentat der vier Panzerjäger des 84. Garderegiments Pjotr Boloto, Grigori Samoilow, Alexander Belikow und Iwan Alejnikow verbreitete sich über die ganze Front. Die vier hatten sich auf einem Hügel südlich Kletskaja eingegraben und »häuslich« eingerichtet. Pjotr Boloto wog seinen schweren Rucksack in der Hand. »Verpflegung muß sein«, sagte er, »doch es geht zur Not auch ohne. Ohne Kanonen und Granaten aber wären wir im Handumdrehen erledigt.«

Das Kommando »Staub!« löste die Gefechtsvorbereitungen aus. Vier Augenpaare zählten die auf sie zurollenden Fahrzeuge. »Dreißig«, konstatierte Belikow, »sieben für jeden und noch zwei für uns alle.«

Die Panzer entfalteten sich zum Gefecht, an der Spitze ein schwerer Panzer, vermutlich einer der ersten »Tiger«, zu seiner Linken und Rechten je zwei Panzer P III. Den Schluß bildeten leichte Panzer P II. Die Panzersoldaten, die unsere Soldaten in den Gräben anscheinend noch nicht entdeckt hatten, blickten in ihren schwarzen Kombinationen aus den geöffneten Turmluken. Deutlich sah Pjotr Boloto das weiß umrandete Balkenkreuz. Er zielte auf den Sehschlitz des Spitzenpanzers und drückte auf den Abzug seiner Panzerbüchse. Der Panzer begann zu qualmen, verringerte die Geschwindigkeit und hielt. Aus den geöffneten Luken kletterte die Besatzung.

Mit einem zweiten Schuß setzte Alexander Belikow einen leichten Panzer in Brand. Anscheinend hatte das Geschoß den Kraftstoffbehälter getroffen. Kurz darauf nahmen Boloto und

Belikow gleichzeitig je einen P III unter gezielten Beschuß. Nach mehreren Schüssen hielten die Panzer und brannten. So ging es bis zum Abend, so lange, bis der Gegner den Angriff einstellte und zurückflutete. Fünfzehn seiner Kampfwagen blieben qualmend am Hügel zurück.

So bestanden die vier Helden ihr erstes Gefecht. Doch ihre Heldentat sollte nicht die letzte sein.

Zwar hatte die 64. Armee den vom Frontstab bezeichneten Verteidigungsabschnitt bezogen, doch nur ihre 214. Schützendivision unter General Birjukow und die Marineinfanteriebrigade unter Oberst Smirnow waren vollständig konzentriert und hatten fast drei Tage Zeit, die Verteidigung zu organisieren. Die 229. Schützendivision dagegen befand sich noch immer auf dem Marsch.

Nach meiner Einschätzung waren die 66. Marineinfanterie- und die 137. Panzerbrigade, die auf Befehl der Front von Suworowski auf Zimljanskaja vorgingen, an der Flanke vom Gegner bedroht.

Als ich vom Angriff des Gegners gegen die 62. Armee und unsere vorgeschobenen Abteilungen erfuhr, ersuchte ich den Frontoberbefehlshaber dringend, die Brigaden auf ihre Ausgangsstellungen zurückgehen zu lassen. Gordow war einverstanden, und die Brigaden machten am 24. Juli um 17.00 Uhr in Richtung Nishne-Tschirskaja kehrt.

Außerdem verlegte ich mit Gordows Billigung die 112. Schützendivision auf das rechte Donufer und ließ sie am Unterlauf des Tschir an der Naht zwischen der 62. und der 64. Armee Stellung beziehen.

Der am 24. Juli auf Entschluß von Generalmajor Kolpaktschi mit den Kräften des 13. Gardekorps (rund 150 Panzer), einem Regiment der 33. Gardedivision und einem Panzerbataillon mit Unterstützung dreier Artillerierregimenter geführte Gegenstoß brachte keine positiven Ergebnisse. Der Grund: Das erst unlängst aufgestellte 13. Panzerkorps handelte noch nicht geschlossen genug, und es blieb keine Zeit, das Zusammenwirken mit den anderen Truppenteilen und den Fliegerkräften zu organisieren.

Der Gegner nutzte seine Überlegenheit an Flugzeugen und Panzern aus und entwickelte den Angriff weiter. Seine 16. Panzer- und 113. Infanteriedivision drangen in den Raum Katschalinskaja ein und erreichten die Liska.

Gegen Ende des Tages gelang es dem Gegner, mit den Kräften seiner 3. und 60. Infanteriedivision die Stäbe der 184. und 192. Schützendivision im Raum Werchne-Businowka zu zerschlagen. Mit seinem Vorstoß in den Raum Golubinskaja–Malonabatowski aber drohte den Truppen auf dem rechten Flügel der 62. Armee die Einschließung.

Am Morgen des 25. Juli entschloß sich General Kolpaktschi, einen weiteren Gegenstoß gegen den in den Rücken seiner Armee durchgebrochenen Gegner zu führen. Hierfür zog er neben dem 13. Panzerkorps und Truppenteilen der 33. Gardeschützendivision die 196. Schützendivision mit dem 649. Panzerbataillon heran. Die 196. Division sollte ihren Verteidigungsabschnitt an die 229. Schützendivision der 64. Armee übergeben, sich im Raum des Staatsgutes »Pobeda Oktjabrja« konzentrieren und nach 75 Kilometern Fußmarsch am 26. Juli, 06.00 Uhr, einen Stoß in Richtung Skworin–Suchanowski–Werchne-Businowka führen. Obwohl sich die Division schon am Mittag des 25. Juli in Marsch setzte, erreichten nur die Voraustruppenteile ausgangs des 26. Juli den Raum Skworin, die Hauptkräfte trafen erst am 27. Juli ein.

Am 25. Juli führte der Gegner seine 100. Jägerdivision in den Kampf ein und zog die 305. und 376. Infanteriedivision nach. Gegen Mittag des 25. Juli brach eine Gruppe gegnerischer Panzer mit aufgesessenen MPi-Schützen zum Stab der Armee im Raum Wolodinski durch und nahm ihn unter Beschuß.

Mit der Vereinigung der 60. motorisierten und der 16. Panzerdivision des Gegners ausgangs des 25. Juli im Raum Suchanowski waren die 184. und 192. Schützendivision, das 84. und 88. Regiment der 33. Gardeschützendivision, die 40. Panzerbrigade, das 644. Panzerbataillon und drei Regimenter Verstärkungsartillerie eingeschlossen. Zur Führung dieser Truppen flog man den Leiter der Operativen Abteilung, Oberst Shurawljow, mit einer Gruppe von Offizieren in den Einschließungsraum. Sie organisierten auf der Linie Platonow–Jewstratowski–Kalmykow–Majorowski die Rundumverteidigung.

Im Laufe des 26. Juli führte die 62. Armee erbitterte Gefechte mit dem an ihrem rechten Flügel eingedrungenen Gegner.

Inzwischen wurden auf Befehl des Frontstabes bedeutende Kräfte konzentriert. Reserven des Hauptquartiers trafen ein. Die

1. und die 4. Panzerarmee, bestehend aus vier Panzerkorps mit rund 600 Panzern, formierten sich. Im Anmarsch waren außerdem die 126., 204., 205., 321., 399. und 422. Schützendivision sowie andere Verbände und Verstärkungstruppenteile. Das Hauptquartier des Oberkommandos und Stalin persönlich forderten, den Angriff des Gegners nicht nur zu stoppen, sondern diesen hinter den Tschir zurückzuwerfen.

Am 25. Juli 1942 erhielt ich meine Feuertaufe. Der Hauptstoß des Gegners, geführt mit zwei Infanteriedivisionen und einer Panzerdivision, traf unsere 229. Schützendivision am rechten Flügel. Die Division hielt einen etwa 15 Kilometer breiten Verteidigungsabschnitt mit nur fünf Bataillonen; die übrigen vier waren noch im Anmarsch. In ihren Gefechtsordnungen und in der Tiefe stand die 137. Panzerbrigade mit 5 Panzern KW, 9 T-34 und 20 T-60.

Das Gefecht begann am frühen Morgen. Zunächst griff der Gegner mit einer panzerverstärkten Infanteriedivision das 783. Regiment im Zentrum der 229. Schützendivision an. Trotz seiner zahlenmäßigen Überlegenheit schlugen unsere Bataillone standhaft die Angriffe zurück, schossen neun Panzer ab und vernichteten allein im Abschnitt des 783. Regiments 600 Mann.

In der zweiten Tageshälfte drang der Gegner bis zur Höhe 155,0 in unsere Verteidigung ein und nahm das Staatsgut. Der Divisionsgefechtsstand an der Höhe 155,0 wurde von MPi-Schützen überfallen, so daß sich der Divisionskommandeur schleunigst zurückziehen mußte und dabei die Verbindung zum 783. Schützenregiment und zum 2. Bataillon des 804. Schützenregiments verlor. Ein Offizier des Divisionsstabes, den er mit einem Panzer zu diesen Truppenteilen entsandt hatte, kehrte nicht zurück. Vermutlich ist er gefallen.

So endete mein erster Gefechtstag. Da sich die gesamten Reserven jenseits des Don befanden, vermochten wir die 229. Schützendivision nicht zu verstärken.

Am 26. Juli warf der Gegner um 05.00 Uhr nach Artillerievorbereitung und einem Luftangriff erneut Infanterie und Panzer in das Gefecht. Von meiner Beobachtungsstelle, 10 Kilometer nordwestlich Nishne-Tschirskaja, zählte ich über 80 Panzer, die unter dem Feuerschutz von Artillerie und Granatwerfern angriffen. Der Hauptstoß richtete sich auf die Milchfarm, gegen die Einheiten des 783. Schützenregiments.

Unter dem Schutz von Fliegerkräften drangen die deutschen Panzer in unsere Gefechtsordnungen ein. Eine Gruppe traf auf unsere KW-Kampfwagen. Diese hielten dem Angriff stand, während die leichten T-60 Verluste erlitten und sich in die Schluchten zurückzogen.

Als bald darauf der Kommandeur des 783. Schützenregiments fiel und der Kommissar verwundet wurde, wich das Regiment nach Osten zurück. Der Divisionskommandeur warf sofort die beiden eben eingetroffenen Bataillone des 804. Regiments ins Gefecht. Doch sein Versuch, den Angriff des Gegners zum Stehen zu bringen, kam bereits zu spät. Die Bataillone gerieten unter das Feuer gegnerischer Panzer und mußten sich hinwerfen. Einige Stunden später wurden sie von Infanterie und Panzern angegriffen und hielten, da sie sich nicht hatten eingraben können, nicht stand. Sie räumten die Höhen 161 und 156 und zogen sich auf die am rechten Ufer des Tschir gelegene Siedlung Sawinski zurück, von wo sie die Flanke der 62. Armee deckten.

Die Salven unserer Gardewerfer gegen Truppenansammlungen und die Artillerieschläge der 214. Division fügten dem Gegner hohe Verluste zu. Dennoch drangen seine Truppenteile weiter vor. Gegen Mittag warf er zwei Gruppen Panzer ins Gefecht. Mit etwa 40 Kampfwagen verfolgte die eine unsere auf den Tschir zurückgehenden Bataillone, während die andere in Richtung Nishne-Tschirskaja angriff.

Am Nachmittag wurde klar, daß der Gegner unsere Verteidigung am rechten Flügel im Abschnitt der 229. Schützendivision durchbrochen hatte. Er stieß zum Tschir vor und erreichte damit die Naht zwischen der 62. und der 64. Armee. Unsere Armee besaß auf dem Westufer des Don keine Reserven. Wir zogen die 66. Marineinfanteriebrigade mit Teilkräften der 137. Panzerbrigade, die ich auf dem Wege nach Zimljanskaja aus dem Raum Minajew zurückgenommen hatte, nach Nishne-Tschirskaja heran. Durch die nutzlosen Märsche ermüdet, kamen die Marineinfanteristen nur langsam voran, bei den Panzertruppen aber wurde der Kraftstoff knapp. Um den Durchbruch zu beseitigen und vor allem die Naht zwischen der 64. und der 62. Armee zu sichern, faßte ich den Entschluß, die 112. Schützendivision, die nach dem nächtlichen Marsch beim Chutor Logowski in Ruhestellung lag, mit zehn Panzern KW der 137. Panzerbrigade zu verstärken und sie beschleunigt über die Eisenbahnbrücke auf das andere Donufer zu verlegen. Sie sollte sich am Tschir von Staromaximowski bis zur Flußmündung in günstigen Stellungen festsetzen. Es ging darum, einen Stoß des Gegners in Flanke und Rücken der 62. Armee zu verhindern.

Dieses Manöver gelang. Gegen Abend des 26. Juli konnten wir die 112. Schützendivision übersetzen und sie an die Bahnstrecke Rytschkowski–Staromaximowski heranführen, wo sie Verbindung zur 229. Schützendivision herstellte. Ferner konnten wir Teilkräfte der 66. Marineinfanteriebrigade mit einer Artillerieabteilung nordwestlich Nishne-Tschirskaja in die zweite Staffel hinter der 229. Schützendivision nachziehen. Da jedoch die leichten Panzer der 137. Panzerbrigade aus Kraftstoffmangel Nishne-Tschirskaja nicht mehr erreichen konnten, mußten wir Nachschub vom Ostufer des Don für sie heranführen. Zur Sicherung der Naht zwischen der 214. und der 229. Division war ich gezwungen, an ihrer Stelle Bataillone der 66. Marineinfanteriebrigade mit ihrer Artillerieabteilung einzusetzen. Bald darauf wurden sie aus der Luft und später von Panzern angegriffen; sie gingen in Deckung und schlugen die Angriffe zurück.

Zu diesem Zeitpunkt war die Richtung Nishne-Tschirskaja am stärksten gefährdet. Mit einem Vorstoß seiner Panzer konnte der Gegner gleichzeitig die Übersetzstellen über den Don und den Tschir nehmen. Die Armee besaß keine Panzerabwehrmittel, denn die leichten Panzer der 137. Panzerbrigade lagen gezwungenermaßen fest. Unsere einzige Hoffnung blieb die bespannte Artillerieabteilung der 66. Marineinfanteriebrigade, deren Pferde zwar am Ende ihrer Kräfte waren, aber immerhin noch vorankamen.

Am 26. Juli gegen 14.00 Uhr stellte ich dem Abteilungskommandeur die Aufgabe, sich nordwestlich Nishne-Tschirskaja zu entfalten und den Gegner nicht an die Übersetzstellen über Don und Tschir heranzulassen.

Auf etwa 2 Kilometer breiter Front entfaltete die Abteilung schnell ihre drei Batterien in Gefechtsordnung. Die 1. und 3. unter den Brüdern Datrijew, beide Leutnants, und die 2. unter Leutnant Roshkow, mußten ungedeckt in Feuerstellung gehen, es blieb keine Zeit, sich vor dem Erscheinen der gegnerischen Panzer einzugraben. Ohne zu zögern nahmen die Marineartilleristen den Kampf auf. Etwa 25 gegnerische Panzer entfalteten sich 1,5 bis 2 Kilometer vor den Feuerstellungen unserer Batterien und eröffneten ein unregelmäßiges Feuer.

Auf den Befehl des stellvertretenden Abteilungskommandeurs, Leutnant D. U. Datrijew, stellten sich die Offiziere der Abteilung neben die Geschütze, um den Gegner im direkten Richten zu bekämpfen. Die Panzer verstärkten das Feuer, doch die Artilleristen schwiegen. Kaltblütig ließen sie den Gegner bis auf eine Distanz von 400 bis 600 Metern heran und empfingen ihn dann mit einem Feuerschlag. Zwei Panzer drehten sich auf der Stelle und begannen zu qualmen. Das Duell zwischen Panzern und Marineartilleristen begann. Ohne Rücksicht auf Verluste drangen die Panzer feuernd weiter vor. Einer nach dem anderen ging in Flammen auf; Rauch und Qualm lagen über dem Gefechtsfeld. Trotz des ungleichen Kampfes — die deutschen Panzersoldaten waren durch ihre Panzerung geschützt und in Bewegung, während unsere Batterien aus offenen Stellungen feuerten — wankte niemand. An die Stelle der Gefallenen und Verwundeten traten andere Genossen — Aufklärer und sogar Nachrichtensoldaten. Man befahl den Aufklärern, Panzerabwehrgranaten und Brandflaschen bereitzustellen.

Über eine Stunde dauerte das Gefecht. Unsere Artilleristen behielten die Oberhand. Nach dem Verlust von zwölf Panzern zog sich der Gegner zurück, und weder Panzer noch Infanterie erreichten bis zum Abend Nishne-Tschirskaja. Aus der Hartnäckigkeit unserer Artilleristen und Marineinfanteristen schloß der Gegner, er habe es mit einer gut vorbereiteten Verteidigung zu tun. Um den Widerstand an diesem Abschnitt zu brechen, setzte er Flugzeuge ein, die in Wellen von 20 bis 25 Maschinen unsere Gefechtsordnungen, den rückwärtigen Raum und die Übersetzstellen über Don und Tschir bombardierten.

Besonders verdient machten sich die Angehörigen der 66. Marineinfanteriebrigade, die den gegen die Staniza Nishne-Tschirskaja und die Übersetzstelle in diesem Raum gerichteten Angriff starker Panzergruppen abwehrten. Die Einnahme von Nishne-Tschirskaja am 26. Juli hätte es dem Gegner ermöglicht, am selben Tag über den Tschir zu setzen, dem Anmarsch der 112. Schützendivision zum Abschnitt Staromaximowski—Bahnhof Tschir—Rytschkowski zuvorzukommen und von Süden die Flanke und den Rücken der 62. Armee zu erreichen.

Anscheinend sollte es uns gelingen, den Gegner zum Stehen

zu bringen, ihm den Weg zu Don und Tschir zu verlegen und den entstandenen Durchbruch abzuriegeln. Doch da strömte auf die Meldung, daß deutsche Panzer 2 bis 3 Kilometer von ihnen entfernt seien, ein großer Teil der Sanitätsabteilungen, der Artillerieparks und Trosse auf dem westlichen Flußufer ungeordnet zur Übersetzstelle.

Obwohl ich sofort die anwesenden Mitarbeiter meines Stabes und den Generalmajor der Artillerie Broud zur Übersetzstelle entsandte, um Menschen und Fuhrwerke aufzuhalten, war es bereits zu spät. Faschistische Flieger, die die große Ansammlung entdeckt hatten, bombardierten sie.

Dabei fielen General Broud, der Leiter der Operativen Abteilung, Oberstleutnant Sidorin, der Chef Pioniere, Oberst Burilow und andere Stabsoffiziere.

Gegen Abend war die Donbrücke bei Nishne-Tschirskaja zerstört. Die 214. Schützendivision und beide Marineinfanteriebrigaden der 64. Armee blieben ohne Übersetzmöglichkeit am Westufer des Don zurück. Oberst Nowikow, der Chef des Stabes, und das Mitglied des Kriegsrates, Divisionskommissar Abramow, ergriffen im Hauptgefechtsstand des Stabes bei Ilmen-Tschirski überflüssigerweise die Initiative. Ohne mein Wissen — ich befand mich zu diesem Zeitpunkt noch in Nishne-Tschirskaja — befahlen sie der 214. Schützendivision, den beiden Marineinfanteriebrigaden und der 137. Panzerbrigade über Funk, hinter den Don zurückzugehen. Erst bei meiner Rückkehr zum Armeestab in der Nacht erfuhr ich von diesem Befehl und erschrak bis ins Mark bei dem Gedanken daran, was nachts auf dem Fluß ohne Übersetzstelle geschehen würde.

Wir durften nicht hinter den Don zurückgehen, sondern mußten an seinem Westufer eine Verteidigung organisieren, die sich mit den Flügeln auf beide Ufer stützte. Um die Truppen über diesen Entschluß zu informieren, mobilisierten wir sämtliche Nachrichtenmittel. Ich weiß im einzelnen nicht mehr, wie wir uns halfen, jedenfalls aber erhielten die Truppen noch rechtzeitig den Befehl. Der Rückzug an den Don nahm mehr oder weniger organisierten Charakter an, so daß es keine Verluste gab. Das Übersetzen kostete jedoch große Anstrengungen. Frontal bedrängten uns, die wir keine Übersetzmittel hatten, Truppenteile der 71. Infanteriedivision. Ein Regiment unserer 214. Division — ihr Kommandeur war General Birjukow — sicherte das Übersetzen. Der General und Kommissar Sobol, die den Rückzug der Division leiteten, bewiesen dabei große organisatorische Fähigkeiten und persönliche Tapferkeit. Nach dem Übersetzen über den Don bezogen die 214. Schützendivision und andere Verbände unserer Armee unverzüglich eine Verteidigung auf dem Ostufer.

Alle unsere Maßnahmen führten schließlich dazu, daß der entstandene Durchbruch an der gesamten Front der 64. Armee gegen Abend des 27. Juli abgeriegelt war. Zwar hatte der Gegner den ersten Verteidigungsstreifen der 64. Armee durchbrochen, doch es war ihm nicht gelungen, den Angriff zu entwickeln; er wurde am Tschir und am Don zum Stehen gebracht.

Drei Kampftage sind eine kurze Zeit, doch sie waren für mich, der ich erst vor kurzem an die Front gekommen war, in jeder Beziehung wichtig. Obwohl die Truppen am rechten Flügel der 64. Armee zurückgehen mußten, nahm mir dieser erste Mißerfolg nicht den Mut. Ich war überzeugt, daß die faschistischen Generale eines Tages selbst die ganze Bitterkeit der Niederlagen erleben würden, die ihnen dann die Rote Armee bereitete.

Der Erfolg des Gegners gründete sich in vieler Hinsicht auf die Tatsache, daß er zum Angriff antrat, bevor sich unsere Armee in den Regimentern und Divisionen gesammelt hatte. Hätten wir nur zwei oder drei Tage Zeit gehabt, eine Verteidigung zu organisieren, die Regimenter, Bataillone und Abteilungen zu sammeln und sich eingraben zu lassen, das Zusammenwirken der Feuermittel und die Nachrichtenverbindungen in die Wege zu leiten, Munition heranzuschaffen und eine normale Versorgung in Gang zu bringen, wäre es dem Gegner nicht gelungen, die Verteidigung der 64. Armee so schnell zu durchbrechen.

Im Abschnitt der 229. Schützendivision hatte ich bei der Beobachtung der Artillerievorbereitung des Gegners Schwächen in seiner Taktik festgestellt: Die Artillerie- und Granatwerferüberfälle erfolgten vereinzelt und richteten sich nicht gegen die Tiefe, sondern nur gegen die vorderste Linie. Es gab auch während des Gefechts kein großangelegtes Manöver mit dem Feuer.

Während meiner Ausbildung an der Frunse-Akademie hatte ich viele Operationen der Deutschen aus dem ersten Weltkrieg an der Westfront studiert. Ich kannte auch die Ansichten der deutschen Generale über die Rolle der Artillerie in einem zukünftigen Krieg, beispielsweise die Ideen des Generals von Bernhardi. Aber umsonst erwartete ich bei den ersten Gefechten am Don von der deutschen Artillerie ein klassisches Zusammenwirken, eine exakte Organisation der Feuerwalze, ein blitzartiges Manöver mit dem Feuer und hohe Beweglichkeit. Statt dessen sah ich nur die keineswegs neue Methode, einen Schützengraben nach dem anderen zu durchschlagen.

Hätten wir damals eine tiefer gegliederte Verteidigung gehabt — nicht nur fünf, sondern alle neun Bataillone — und dazu noch Panzerabwehrreserven, wäre es nicht nur möglich gewesen, den Angriff aufzuhalten, sondern dem Gegner auch hohe Verluste zuzufügen.

Die Panzer des Gegners griffen niemals ohne Infanterie und Unterstützung von Fliegerkräften an. Auf dem Gefechtsfeld spürte man nichts vom »Heldenmut« der deutschen Panzertruppen, von ihrer »Kühnheit und Schnelligkeit«, die in der ausländischen Presse so oft erwähnt wurden.

Die deutsche Infanterie war stark durch ihre Maschinenwaffen, doch schnelle Bewegungen auf dem Gefechtsfeld oder entschlossene Angriffe sah ich auch bei ihr nicht. Sie griff immer mit heftigem Feuer an, schoß aber oft ins Leere.

Als ein Regiment der 112. Division am 27. Juli zum Gegenangriff auf den Chutor Nowomaximowski überging, stellte sich die gegnerische Infanterie überhaupt nicht zum Kampf, sondern zog sich zurück; erst am nächsten Tag — nachdem Panzertruppen eingetroffen waren — nahm sie den Kampf um ihre am Vortag kampflos geräumten Stellungen auf.

Daß die vorderste Linie des Gegners nachts deutlich sichtbar durch Leuchtspurgeschosse aus automatischen Waffen und durch farbige Leuchtkugeln markiert war, ließ sich nur damit erklären, daß er entweder die Dunkelheit fürchtete oder sich ohne Schießen langweilte. Auch seine Truppenbewegungen konnten wir genau beobachten, denn die Kraftwagenkolonnen fuhren mit aufgeblendeten Scheinwerfern durch die nächtliche Steppe.

Exakter im Gefecht war die Luftwaffe. Ihre Nachrichtenverbindung und ihr Zusammenwirken mit den Bodentruppen funktionierten ausgezeichnet. Offensichtlich kannten die Piloten die Taktik ihrer eigenen wie auch unserer Landstreitkräfte. Geriet der Angriff der Infanterie durch unser Artillerie-, MG-

oder Gewehrfeuer ins Stocken, erschienen nach wenigen Minuten Sturzkampfbomber, bildeten einen Gefechtskreis und griffen unsere Gefechtsordnungen und Artilleriestellungen an.

Das waren meine ersten Feststellungen zur Taktik des Gegners. Den Gegner beobachten, seine Stärken und Schwächen studieren, seine Gewohnheiten erkennen bedeutet, ihn sehenden Auges zu bekämpfen, seine Fehler auszunutzen und zu vermeiden, eigene schwache Stellen gefährlichen Schlägen auszusetzen.

Vom 26. Juli bis zum Ende des Monats konzentrierten sich die Kampfhandlungen im wesentlichen auf den rechten Flügel der Armee im Raum Bolschaja Ossinowka–Jerizki–Werchne-Tschirskaja. In diesem Abschnitt versuchte der Gegner, die Gefechtsordnungen der 229. und 112. Division nordostwärts zu durchbrechen und zu den Übersetzstellen über den Don bei Logowski und Kalatsch im Rücken der 62. Armee vorzustoßen.

Damals hielt ich mich auf meiner B-Stelle auf der Höhe 111,1 nördlich der Ausweichstelle Rytschkowski auf. Von dort hatte ich direkte Nachrichtenverbindung zu den Kommandeuren der 229. und 112. Division und über den Stab der Armee auch zu den übrigen Truppenteilen. Wir kämpften mit wechselndem Erfolg. Mehrere Tage lang griff der Gegner mit Truppenteilen seines LI. Armeekorps an, die durch Panzer verstärkt waren. An einigen Tagen setzte er bis zu hundert Panzern gleichzeitig ein, während wir am ganzen Abschnitt nur zehn Panzer besaßen. Trotzdem schlugen unsere Truppenteile, voran die 112. Division, seine Angriffe zurück und gingen dann selbst zum Gegenangriff über.

So blieb es vier Tage lang. Am frühen Morgen des 31. Juli griffen die Regimenter der 229. und 112. Division, von den zehn Panzern und von Fliegerkräften unterstützt, an und warfen den Gegner hinter den Tschir zurück. Am Abend fingen wir einen Funkspruch, unterzeichnet mit »X«, auf. Er enthielt eine Einschätzung unserer Operationen. Ein deutscher Offizier meldete seinem Stab in der Heeresgruppe B: »Die bei Surowikino über den Tschir gesetzten Truppenteile des LI. Armeekorps wurden zerschlagen.«

Die 64. Armee war als Reservearmee formiert worden. Viele ihrer Soldaten und Kommandeure nahmen zum erstenmal an

Gefechten teil und erhielten hier ihre Feuertaufe. Sie erlebten Schwere und Bitterkeit des Rückzugs, doch sie verloren nicht den Mut. Die ersten Niederlagen untergruben ihr Selbstvertrauen nicht. Sie gingen zwar zurück, aber sie kämpften und hielten den Ansturm eines Gegners auf, von dessen Stärke sie mitunter keine Vorstellung hatten. Man durfte von ihnen nichts Unmögliches verlangen. Die Überlegenheit des Gegners war so groß, daß die Kräfte, über die die 64. Armee zu dieser Zeit verfügte, außerstande waren, sein Vordringen zu stoppen. Aber Soldaten und Kommandeure der 64. Armee verzögerten es und vereitelten die Absichten des faschistischen Oberkommandos, unsere Kräfte am Westufer des Don einzuschließen und zu vernichten.

In diesem Zusammenhang gedenke ich der beiden Kommandeure der 112. Schützendivision, der Genossen Sologub und Jermolkin, sowie der vielen anderen heldenhaften Kämpfer dieser Division. Sie hielten bis Ende Juli 1942 dem LI. Armeekorps und der 24. Panzerdivision am Tschir stand und hinderten die überlegenen Kräfte des Gegners daran, von Süden gegen die Flanke und den Rücken der Hauptkräfte der 62. Armee vorzustoßen. Später kämpften sie heldenhaft zwischen Don und Wolga und nahmen von Anfang bis zum Ende an den Verteidigungskämpfen in Stalingrad selbst teil. Beide Kommandeure kamen ums Leben — Sologub am Don und Jermolkin beim Sturm auf Orjol.

Ich gedenke ferner des Stellvertreters des Divisionskommandeurs, Held der Sowjetunion Michalizin, des Chefs Artillerie Godlewski, des Leiters der Politabteilung Morosow sowie der Politleiter Wassiljew, Orobej und Filimonow. Die Kämpfer der 112. Schützendivision haben unvergänglichen Ruhm erworben.

Die zweite Division, der die gleiche Aufgabe zufiel und die gegen denselben Gegner kämpfte, war die 229. Schützendivision unter Oberst Sashin. Noch unvollständig konzentriert, war sie dem Stoß des LI. Armeekorps und der 24. Panzerdivision ausgesetzt, die sie am 26. Juli gegen 16.00 Uhr an den Tschir drängten. Doch an diesem Abschnitt gruben sich ihre Truppen ein und wehrten die zahlreichen Angriffe des von Süden nach Nordosten zum Don und nach Kalatsch zielenden Gegners ab, der sich mit der im Raum Golubinskaja zum Don vorgestoßenen Hauptgruppierung zu vereinigen suchte.

Es war nicht die Schuld des Kommandeurs, daß seine Division am 8. August mit Teilen der 33. Gardedivision, der 399., 196., 181. und 147. Schützendivision westlich des Don eingeschlossen wurde. Von Oberst Sashin geführt, hielt die Division stand, wehrte an ihrem Abschnitt alle Angriffe des Gegners ab und schlug sich mit Teilkräften zum anderen Donufer durch.

Während der Kämpfe am Don nutzte ich jede Gelegenheit, Gefangene zu verhören und durch sie etwas über die Stimmung beim Gegner zu erfahren. Alles, was wahr ist, die meisten Gefangenen hielten ihre Zunge fest im Zaum oder beriefen sich auf ihren Eid und schwiegen hartnäckig. Doch nicht alle. Einmal wurde mir ein deutscher Jagdflieger vorgeführt. Nach einem Treffer hatte er nördlich Nowomaximowski notlanden müssen. Der Gefangene war erstaunlich gesprächig, gab freimütig die Standorte der gegnerischen Flugplätze bekannt, charakterisierte unsere und die eigene Technik. Er erklärte offen, daß das deutsche Oberkommando die eigenen Kräfte überschätze und die Macht der Sowjetunion, die es wie im ersten Weltkrieg für einen »Koloß auf tönernen Füßen« hielte, unterschätze. Wenn man auch in Soldatenkreisen nicht offen darüber spräche, täten es doch die Piloten unter sich recht häufig.

Der Gefangene hob hervor, daß die deutschen Bodentruppen immer öfter Fliegerkräfte zur Unterstützung anforderten, weil ihre Kräfte nicht ausreichten, »überall stark zu sein«, zumal jetzt, da sich die Angriffsfront erweitere. Die Luftwaffe, darunter auch die Jagdflieger, würden zweckentfremdet, das heißt statt zur Bekämpfung sowjetischer Fliegerkräfte gegen Bodentruppen eingesetzt. Er erklärte, die deutschen Piloten fürchteten die sowjetischen Jäger nicht, vor allem nicht die Flugzeuge älteren Typs, da die Messerschmitts ihnen eindeutig technisch überlegen seien, beispielsweise in der Geschwindigkeit um 75 Stundenkilometer und in der Bewaffnung um das Anderthalbfache. Doch das Können und die Tapferkeit unserer Flieger schätzte er hoch ein.

Erwähnt sei, daß die im Jahre 1942 bei unseren Fliegerkräften eingeführten Jagdflugzeuge La-5, Jak-7 und Jak-9 den Messerschmitts an Geschwindigkeit und Bewaffnung ebenbürtig waren.

»Die Hauptstoßkraft im Gefecht«, meinte der Pilot, »ist die Luftwaffe, auf sie bauen Flieger wie Bodentruppen. Ohne diese

Luftwaffe hätten wir weder im Westen noch im Osten erfolgreich sein können.«

Auf die Frage, wie er über den Ausgang des Krieges denke, zuckte er die Schultern und sagte: »Mit Rußland hat sich der Führer verrechnet. Er hat, wie viele Deutsche, den Russen nicht diese Hartnäckigkeit zugetraut. Daher ist es schwer, etwas über den Ausgang des Krieges zu sagen.«

Auf dem Höhepunkt der Kämpfe am Don rief mich General Kolpaktschi, der Oberbefehlshaber der 62. Armee, in meiner Beobachtungsstelle an. Er setzte mich davon in Kenntnis, daß der Kriegsrat der Front ihn als Armeeoberbefehlshaber abgelöst und an seiner Stelle Generalleutnant Lopatin ernannt habe. Am nächsten Tag traf Generalmajor Schumilow im Stab unserer Armee ein und übernahm das Oberkommando über die 64. Armee.

Inzwischen hatten wir eine Direktive der Front, unterzeichnet vom Chef des Stabes, Generalmajor Nikischow, erhalten. Sie wies uns an, durch einen gleichzeitigen Angriff der 62. und der 64. Armee die beiden Gruppierungen im Raum Werchne-Businowka und am Tschir zu vernichten. Dazu sollte die 64. Armee durch die 204. Schützendivision und das 23. Panzerkorps verstärkt werden. Die Direktive war am 28. Juli, 14.00 Uhr eingetroffen, der Angriffsbeginn aber auf den 29. Juli, 02.00 Uhr, also nur zwölf Stunden später, festgesetzt. Ich mußte jetzt mit Schumilow unverzüglich die 204. Schützendivision und das 23. Panzerkorps ausfindig machen, deren Standort uns unbekannt war. Auf unsere telefonische Anfrage beim Frontstab erhielten wir die Antwort: »Suchen Sie diese Truppen zwischen Don und Liska.«

Die ganze Nacht und den nächsten Vormittag durchstreiften wir suchend die Steppe. Erst gegen Mittag des 29. Juli stießen wir im Raum Shirkow auf eine Panzerbrigade des 23. Korps, deren Kommandeur aber weder auf eine Angriffshandlung vorbereitet war noch überhaupt von einer solchen wußte.

Auf der anschließenden Suche nach dem Stab des 23. Korps, der im Staatsgut »Pobeda Oktjabrja« liegen sollte, fuhren wir kurz beim Gefechtsstand der 62. Armee im Chutor Wolodinski vorbei. Der beliebte blonde General Lopatin war äußerlich ruhig und bewirtete uns mit einem guten Mittagessen. Er erklärte uns, die 62. Armee könne die Direktive des Frontstabes nicht ausführen, die Truppenteile seien nicht bereit, Munition sei nicht eingetroffen und der Kriegsrat der Front habe die Direktive nicht bestätigt. Die Gründe hierfür glaubte Lopatin zu kennen.

Unsere 1. und 4. Panzerarmee unter General Moskalenko und General Krjutschenkin führten Gegenstöße gegen den vorgehenden Gegner. Ein Stoß unserer 62. und 64. Armee aber sollte die Stöße der Panzerarmeen entwickeln. Doch vermochten weder die 1. und noch die 4. Panzerarmee den Gegner aufzuhalten und seine Truppenteile zu zerschlagen.

Lopatin setzte uns davon in Kenntnis, daß die 1. Panzerarmee, ohne ihren Gegenstoß zeitlich mit der 4. Panzerarmee koordiniert zu haben, in eine äußerst schwierige Lage geraten sei. Der Luftraum werde vom Gegner beherrscht. Konzentrierung und Übersetzen der 4. Panzerarmee über den Don seien mißlungen, es sei nicht zu gleichzeitigem Handeln gekommen.

Da ich zu meinem Armeestab zurückmußte, stellte ich die Suche nach der 204. Division und dem 23. Panzerkorps ein.

Am 30. Juli fuhr ich auf Gordows Befehl zum Stab der Stalingrader Front. Den 31. Juli verbrachte ich, indem ich darauf wartete, vom Frontoberbefehlshaber in Stalingrad empfangen zu werden. Obwohl Stalingrad zu diesem Zeitpunkt eigentlich bereits Frontstadt war, stellte ich keine spürbare Unruhe, sondern eher fehlende Anspannung angesichts der drohenden Gefahr fest. Die Bewohner konnten sich nur schwer vorstellen, daß ihre Stadt jeden Augenblick Schauplatz erbitterter Kämpfe werden konnte, daß es der Roten Armee nicht gelingen werde, den Gegner am Don zum Stehen zu bringen.

General Gordow empfing mich am Abend des 1. August. Er nahm gerade den Bericht des Oberbefehlshabers der Luftarmee, General Chrjukins, entgegen.

»Der Gegner ist in unseren Verteidigungsstellungen steckengeblieben«, sagte Gordow, »man kann ihn jetzt mit einem Schlag vernichten.«

Ich versuchte, ihm die tatsächliche Lage klarzumachen.

»Ich kenne die Lage an der Front ebensogut wie Sie«, unterbrach er mich. »Ich habe Sie herbeordert, um von Ihnen eine Erklärung zu erhalten, warum der rechte Flügel der 64. Armee hinter den Tschir zurückgegangen ist.«

»Der Rückzug war erzwungen!« erwiderte ich. »Wir kamen

nicht dazu, die Armee voll zu entfalten. Die 229. Division verfügte nur über die Hälfte ihrer Kräfte.«

»Machen Sie einen schriftlichen Bericht.« Gordow ließ mich nicht weiterreden. »Einen schriftlichen!«

Mir blieb nichts übrig, als ihn zu ersuchen, zur Armee zurückkehren und dort an Hand von Karten und Dokumenten einen ausführlichen Bericht verfassen zu dürfen.

Die Ansicht des Frontoberbefehlshabers und seines Stabes, daß der Gegner in unserer Verteidigung steckengeblieben sei, war irrig. Seit Beginn der Kämpfe im großen Donbogen hielt der uns an Kräften und Mitteln überlegene Gegner die Initiative fest in der Hand. Er kam lediglich an einzelnen Abschnitten nicht voran und hatte dort hohe Verluste. Als Beispiel erwähnte ich die 33. Gardedivision, die sich südwestlich Manoilin verteidigte. Am 22. Juli brach der Gegner den Widerstand der vorgeschobenen Abteilungen der 62. Armee am Zuzkan und am Tschir und versuchte, die operative Tiefe zu gewinnen. Doch die 33. Gardedivision harrte in ihren Stellungen aus und zwang ihn zum Rückzug.

Am nächsten Tag wiederholte er seinen Angriff. Er führte jetzt zwei Divisionen – die 16. Panzer- und die 113. Infanteriedivision – ins Gefecht ein. Doch die Gardisten wankten nicht. Zunächst bekämpften sie die anrollenden Panzer mit ihren Paks und Panzerbüchsen und, als die nicht ausreichten, auch mit Brandflaschen und Handgranaten. Dann vernichteten sie mit ihren Schützenwaffen die vorgehende Infanterie.

Gefechtsteilnehmer berichteten, daß ein Panzerangriff dem anderen folgte. Einzelne Panzer brachen in die Tiefe unserer Verteidigung ein. Dort wurden sie von den Einheiten der zweiten Staffel außer Gefecht gesetzt. Insgesamt verlor der Gegner an diesem Tag durch die Gardisten der 33. Division 50 Panzer und mehrere hundert Soldaten und Offiziere.

Im Zentrum der Verteidigung dieser Division hatte eine 76-mm-Batterie Feuerstellung bezogen. Batteriechef war Unterleutnant Sery und Führungszugführer Leutnant Nedelin.

»Jeder Zug erhielt etwa zweihundert Splittersprenggranaten«, berichtete mir später Nedelin. »Wir sollten verhindern, daß die Faschisten unsere Verteidigung durchbrachen. Jeder Artillerist kannte seine Aufgabe. Am frühen Morgen des 23. Juli tauchte eine starke Panzerkolonne auf, hinter ihr Lastwagen mit Munition und Treibstoff. Auf sie eröffnete unsere Batterie zuerst das Feuer. Ein Teil der Wagen begann zu brennen, die übrigen wendeten und jagten in die Steppe zurück. Inzwischen hatten sich etwa zwanzig Panzer entfaltet und gingen zum Angriff über. Vor uns lagen zwei Schützenzüge, die jedoch die anrollenden Kampfwagen nicht aufhalten konnten. Schon nach der ersten Salve unserer Batterie stoppten die faschistischen Panzer, obwohl kein einziger in Brand geraten war. Die Splittersprenggranaten wirkten wohl gegen LKWs, konnten aber einer Panzerung nicht viel anhaben.

Trotzdem gab der Batteriechef wieder das Kommando: ›Feuer!‹ Wir schossen jetzt im direkten Richten, und es begann ein Duell zwischen unseren vier Geschützen und den zwanzig Panzerkanonen des Gegners. Warum überrollten die Faschisten unsere Batterie nicht einfach? Vermutlich glaubten sie, da wir weiterfeuerten, statt zurückzugehen, sie hätten es an diesem Abschnitt mit starken Kräften zu tun.

Wenig später erschienen zweimotorige Flugzeuge über dem Gefechtsfeld, die unsere Batterie bombardierten und beschossen. Zusätzlich detonierten rings um uns die Granaten schwerer Geschütze, die aus der Tiefe auf uns feuerten. Wir hatten keinen Rückzugsbefehl, und in der offenen Steppe konnten wir, solange dieses Inferno andauerte, ohnehin nicht zurückgehen. So beschlossen wir, bis zur letzten Granate zu kämpfen.

Um uns dröhnte die Erde, Splitter und Erdbrocken flogen durch die Luft. Das dichte Steppengras brannte und fraß mit seinem Feuer unseren letzten Schutz, die Tarnung für die Geschütze. Im Gegensatz zu uns brauchten die Faschisten anscheinend mit Munition nicht zu sparen, wir aber kannten unsere Vorräte und knauserten mit jeder Granate.

Gegen sechzehn Uhr meldeten die Geschützführer aus ihren Stellungen, die Munition ginge zur Neige. Die Batterie hatte nur noch sechs, dann drei und schließlich nur noch eine Granate. Unser Feuer verstummte. Doch der Gegner traute dem Frieden nicht. Er ging erst nach einem mächtigen Feuerüberfall zum Angriff über. Die Panzer fuhren, immer noch feuernd, dicht an unsere Schützengräben heran. Da eröffneten ›Katjuschas‹ aus der Tiefe das Feuer, und die Panzer machten kehrt. Unser Batteriechef Sery fiel. Nur wenige überlebten. Ich wurde durch einen Granatsplitter verwundet. In der Sanitätsabteilung erfuhr ich, daß unsere Batterie nach dem Überfall der ›Katjuschas‹ auf neue Stellungen hatte zurückgehen können.«

Das ist nur eine von vielen Episoden, die beweisen, daß die Gardisten bis zur letzten Granate, bis zur letzten Patrone, gekämpft haben. Mit ihrer Standhaftigkeit banden die Kämpfer der 33. Gardedivision sowie der 192. und der 184. Schützendivision sage und schreibe drei Divisionen, die sich hier regelrecht festgerannt hatten. An schmalem Frontabschnitt waren sie in ein mehrtägiges Gefecht verwickelt, das für sie ungünstig verlief. Die Nachbardivisionen blieben in der Verteidigung und schlugen kleinere Angriffe des Gegners zurück.

Südlich Surowikino ging der Gegner trotz Kräfteüberlegenheit bis Ende Juli nicht über den Tschir hinaus vor. Daß er den Stoß seines LI. Armeekorps nicht weiterentwickelte, lag nicht allein an unseren Gegenstößen, die wir mit der 204. und 321. Schützendivision führten, und den Handlungen unserer 229. und 214. Schützendivision im Zusammenwirken mit dem 23. Panzerkorps, wie es im Buch »Der große Sieg an der Wolga« heißt. Entscheidend war auch, daß unsere 229. und 112. Schützendivision den Faschisten den Weg zum Don verlegten. Die 112. Division unter Oberst Sologub nahm standhaft die wuchtigsten Schläge des LI. Armeekorps auf sich und hielt dessen Vormarsch zu den Übersetzstellen am Don auf. Wäre es der Division nicht gelungen, eine Verteidigung entlang der Bahnstrecke Nowomaximowski—Rytschkowski zu beziehen, hätte der Gegner am 27. und 28. Juli die Übersetzstellen bei Kalatsch erreichen, sich mit der von Nordwesten her handelnden Hauptgruppierung vereinigen und seine Zange schon Ende Juli schließen können.

Auf dem rechten Flügel der 62. Armee gingen die für uns schweren Kämpfe weiter. Am 24. und 25. Juli entschloß sich die Führung der 62. Armee, mit eigenen Kräften und den zugeteilten Reserven gegen die durchgebrochenen Faschisten vorzugehen. Am 26. Juli forderte das Hauptquartier vom Oberkommando der Front, die Lage im Streifen der 62. Armee wiederherzustellen und darüber hinaus den Gegner hinter den Tschir zurückzuwerfen.

Zur Lösung dieser Aufgabe entschloß sich der Frontoberbefehlshaber, die Hauptkräfte der Front — die 1. und

4. Panzerarmee — in die Schlacht einzuführen. Ihre vier Panzerkorps und selbständigen Panzertruppenteile hatten etwa 600 Panzer, hauptsächlich leichte mit 22-mm-Kanone. Diese Panzer waren im Verein mit den Panzern der 62. Armee eine Kraft, fähig, nicht nur den Gegner zum Stehen zu bringen oder die Lage vom 22. Juli wiederherzustellen, sondern auch die am rechten, nördlichen Flügel der 62. Armee handelnden gegnerischen Hauptkräfte zu zerschlagen und hinter den Tschir zurückzuwerfen.

Ehe man den Gegner allerdings auftragsgemäß hinter den Tschir zurückwerfen konnte, mußte man ihn zerschlagen. Zu diesem Zeitpunkt befanden sich die Hauptkräfte der deutschen 6. Armee — die 113. Infanterie-, die 16. Panzer-, die 3. und 60. motorisierte Infanteriedivision sowie die 100. Jägerdivision und die 305. und 376. Infanteriedivision — vor dem rechten Flügel der 62. Armee. Nachdem sie bei Golubinskaja den Don erreicht hatten, wandten sie sich nach Süden, zu den Übersetzstellen bei Kalatsch, und stießen dem von Süden über den Tschir vordringenden LI. Armeekorps und der 24. Panzerdivision entgegen.

Laut Entschluß des Frontoberbefehlshabers sollte die 1. Panzerarmee unter Genossen Moskalenko am 27. Juli mit ihrem 13. und 28. Panzerkorps, ihrer 158. Panzerbrigade und ihrer 111. Schützendivision zuzüglich der 196. Schützendivision einen Gegenstoß führen. Die übrigen Divisionen der 62. Armee hatten aus der Bewegung aus dem Raum Kalatsch auf Werchne-Businowka anzugreifen. Das war die nächste Aufgabe. Es handelte sich dabei nicht um einen Flankenstoß, sondern um einen Gegenstoß gegen die Hauptkräfte des in Richtung Kalatsch vorgehenden Gegners.

In den ersten Augusttagen wurde klar, daß die Handlungen unserer Panzerarmeen nicht zur Vernichtung des Gegners im großen Donbogen geführt hatten. »Die gegnerische Gruppierung konnte nicht zerschlagen werden. Wie sich später aber zeigte, machte unser Gegenstoß die Absicht des Gegners zunichte, die 62. Armee, die im weiteren Verlauf zusammen mit der 64. Armee die Hauptrolle bei der Verteidigung von Stalingrad spielte, einzuschließen und zu vernichten.«[9]

Heute ist es leichter, sich eine Vorstellung von der damaligen

---

9 A. M. Wassilewski, Sache des ganzen Lebens, Berlin 1977, S. 205.

Lage zu machen, denn wir können in Ruhe unsere Kräfte mit denen des Gegners vergleichen. Damals aber entschieden nicht Tage, sondern Stunden über den Verlauf der Ereignisse.

Das Hauptquartier rechnete mit bedeutenden Erfolgen, nachdem es unserer Front zwei Panzerarmeen und Reserveschützendivisionen übergeben hatte. Womöglich dachte man gar daran, daß sich die gesamte Lage an der Front ändern würde. Dokumente aus jener Zeit lassen erkennen, weshalb das Hauptquartier zu so weitreichenden Schlüssen kam. Nehmen wir die Meldung des Oberbefehlshabers der 62. Armee, Kolpaktschi, die er am Vorabend des Gegenstoßes der 1. Panzerarmee an den Kriegsrat der Stalingrader Front richtete. Danach sah es bei seiner Armee am 25. Juli 1942 wie folgt aus:

»1. Der Gegner hat am 25. 7. den Angriff seiner Infanterie vor dem Zentrum und dem linken Flügel der Armee aktiviert und führte weiter motorisierte Truppen für Handlungen gegen den rechten Flügel heran. Durchgebrochene Gruppen setzten ihre Versuche fort, die Führung zu desorganisieren und Kalatsch zu erreichen.

2. Vom rechten Flügel, der 184. und 192. Schützendivision, liegen keine Angaben vor. Wir haben einen weiteren Verbindungstrupp mit Panzern ausgeschickt. Die 33. Gardedivision sowie die 181. und 147. Schützendivision halten ihre Stellungen und wehren die Angriffe ab.

3. Ich habe mich entschlossen, die von uns eingenommenen Abschnitte weiter zu verteidigen, die rechte Flanke des 13. Panzerkorps zu sichern, den in die Tiefe der Verteidigung der 196. Schützendivision durchgebrochenen Gegner zu zerschlagen und den Straßenknoten bei Ostrow zu halten.«

Die Meldung gibt nur vage wieder, wie kompliziert es bei der 62. Armee wirklich aussah. Man könnte aus ihr sogar schließen, eine erfolgreiche Verteidigung sei möglich gewesen. Zu diesem Zeitpunkt stieß der Gegner aber bereits bei Golubinskaja zum Don vor, bedrohte die dortigen Übersetzstellen, und für die gesamte 62. Armee entstand die Gefahr, eingeschlossen zu werden.

Aus der Meldung gewinnt man den Eindruck, als herrschte ein gewisses Gleichgewicht der Kräfte, und das ließ die Einführung von Truppenteilen der 1. Panzerarmee erfolgversprechend erscheinen. Deshalb drängte das Hauptquartier so auf einen Gegenstoß und ernannte den Generalmajor der Artillerie Moskalenko — heute Marschall der Sowjetunion — zum Oberbefehlshaber dieser Armee. Moskalenko war damals bereits sehr kampferfahren. Bei Kriegsbeginn an der Staatsgrenze im Einsatz, befehligte er im Juni 1941 eine Panzerabwehrartilleriebrigade und erlebte die ganze Mühsal des Rückzugs. Danach befehligte er ein Schützenkorps, eine mechanisierte Kavalleriegruppe und später eine Armee. Moskalenko hatte den Weg von der Staatsgrenze bis in die Donsteppen kämpfend zurückgelegt, er wußte genau, mit wem er es hier zu tun bekam.

Am 27. Juli war Moskalenko gezwungen, die Voraustruppen der Armee aus der Bewegung in das Gefecht zu werfen. Er konnte nicht warten, bis alle Kräfte konzentriert waren. Zwar stockte der Angriff des Gegners für einige Tage, doch die 1. Panzerarmee hatte bereits ihre Hauptkräfte verausgabt.

Zwei Tage darauf entfaltete sich beschleunigt die 4. Panzerarmee unter Generalmajor Krjutschenkin und wurde ins Gefecht eingeführt. Krjutschenkin, ebenfalls ein erfahrener und kämpferischer General, hatte zu Beginn des Krieges ein Kavalleriekorps befehligt. Wie Moskalenko führte er seine Armee in Teilen in das Gefecht ein, allerdings zu einem anderen Zeitpunkt. Der Gegner wurde zum Stehen gebracht, Kalatsch konnte er nicht aus der Bewegung nehmen.

Die Konzentrierung und Entfaltung der 1. und 4. Panzerarmee mit ihren Verstärkungsmitteln war dem Gegner nicht entgangen. Am 27. Juli, dem ersten Tag unseres Gegenstoßes, flog er über tausend Einsätze gegen unsere 1. Panzerarmee und führte eine große Anzahl Panzer und Artillerie gegen sie heran. Unsere Fliegerkräfte waren zu einem Gegenschlag nicht imstande, und unsere Armeen erlitten hohe Verluste. So waren ausgangs des 27. Juli im 13. Panzerkorps nur noch 27 Panzer einsatzfähig. Innerhalb von vier Tagen hatten wir etwa 125 Kampfwagen verloren.

Während der Gegner unseren Gegenstoß abwehrte, beabsichtigte er gleichzeitig, die nördlich Manoilin eingeschlossene Gruppierung der 62. Armee zu vernichten. Das sollten fünf Infanteriedivisionen und pausenlose Bombenangriffe besorgen. Unter diesen Bedingungen hielt Oberst Shurawljow die weitere Verteidigung für unmöglich und entschloß sich am 29. Juli, der

4. Panzerarmee über Werchne-Businowka entgegenzustoßen und zum kleinen Donbogen durchzubrechen. Mit Teilen des 13. Panzerkorps, das sich von Süden zu den Eingeschlossenen durchkämpfte, erreichte die Gruppe am 31. Juli den Raum Ossinski—Werchne-Golubaja und vereinigte sich hier mit der 4. Panzerarmee.

Die Hauptkräfte der 1. Panzerarmee, die wiederholt versuchten, den Angriff nach Norden zu entwickeln, blieben bis Ende Juli erfolglos.

Die 4. Panzerarmee konnte bis zum 29. Juli nur hundert Panzer des 22. Panzerkorps auf das rechte Donufer übersetzen. Dennoch erreichten die 182. Panzerbrigade und die 5. Panzerabwehrartilleriebrigade den Raum Werchne-Golubaja—Wenzy und die 173. Panzerbrigade bei Jewlampijewski und Malonabatowski die Golubaja. Hier stießen sie auf hartnäckigen Widerstand und blieben stecken. Die 176. Panzerbrigade und die 133. schwere Panzerbrigade der 4. Panzerarmee befanden sich währenddessen immer noch auf dem linken Donufer, und die 22. motorisierte Schützenbrigade verteidigte den Donübergang bei Trjochostrowskaja.

Konnte der Gegner auch Anfang August im großen Donbogen einige Erfolge erzielen, so hinderten ihn die Gegenstöße unserer Panzerarmeen doch am entscheidenden Sieg. Die Schlacht war damit allerdings nicht beendet, im Gegenteil, sie verschärfte sich noch und band immer stärkere Kräfte und Mittel. Unter hohen Verlusten, vor allem an Panzern, ließen unsere Truppen den angreifenden Gegner quasi verbluten.

In seinen Erinnerungen berichtet General Moskalenko hierzu: »Das wichtigste Ergebnis des Gegenstoßes der 1. Panzerarmee bestand darin, daß der Gegner, der den Don überschreiten und Stalingrad aus der Bewegung heraus erobern wollte, sein Ziel nicht erreichte. Auch sein Plan, die 62. Armee und die 1. Panzerarmee einzuschließen und zu vernichten, wurde vereitelt.«[10]

In der Zeit vom 28. bis 31. Juli kam es an der Stalingrader Front zu einer Krise. Am 28. Juli, 16.45 Uhr erhielt der Oberbefehlshaber der Stalingrader Front folgende Direktive des Hauptquartiers: »Mit dem Rückzug der 214. Schützendivision der 64. Armee

---

10 K. S. Moskalenko, In der Südwestrichtung, Bd. 1, Berlin 1978 S. 276.

südlich der Tschirmündung und mit dem Vordringen des Gegners zum westlichen Donufer ist die Richtung Nishne-Tschirskaja—Stalingrad gegenwärtig am stärksten bedroht und damit zur Hauptrichtung der Front geworden. Die Gefahr besteht darin, daß der Gegner, nachdem er den Don überschritten hat, Stalingrad von Süden umgehen und in den Rücken der Stalingrader Front vorstoßen kann.«

Doch es gelang der 112. Schützendivision der 64. Armee, im Raum Logowski über den Don zu setzen und bei Ossinowskaja—Werchne-Tschirskaja eine Verteidigung zu errichten. Mit der 229. Schützendivision warf sie den Gegner zurück und erreichte Werchne-Tschirskaja. Damit wurde die südliche Gruppierung der deutschen 6. Armee zum Stehen gebracht. Die Front stabilisierte sich an diesem Abschnitt für einige Zeit. Doch weiter südlich, aus dem Raum Zimljanskaja, drohte neue Gefahr.

Aus Stalingrad zurückgekehrt, erfuhr ich, daß starke Kräfte des Gegners, die am 31. Juli aus dem Raum Zimljanskaja die Bahnstrecke Tichorezk—Stalingrad entlang in Richtung Kotelnikowski zum Angriff angetreten waren, in den Rücken der 64. Armee und der gesamten Stalingrader Front vorstießen. Angesichts des hartnäckigen Widerstands im großen Donbogen hatte Hitler seine Weisung Nr. 45 geändert und gruppierte die Kräfte um. Von der gegen den Kaukasus gerichteten Heeresgruppe A zog er die 4. Panzerarmee unter General Hoth ab, übergab sie der Heeresgruppe B mit der Aufgabe, aus der Bewegung von Süden einen Stoß gegen Stalingrad zu führen, die Stadt zu erobern und die Truppen der Stalingrader Front in die Zange zu nehmen.

In dieser Lage wurde der bekannte Befehl des Volkskommissars für Verteidigung Nr. 227 vom 28. Juli 1942 erlassen, der in der politischen Arbeit jener Tage eine große Rolle spielte. Ungeschminkt wurde gesagt, wie gefährlich sich alles zugespitzt hatte und was zu tun war, um die Gefahr abzuwenden.

»Der Feind wirft immer neue Kräfte an die Front«, hieß es, und geht, ohne auf seine großen Verluste Rücksicht zu nehmen, vor, dringt in die Tiefe der Sowjetunion ein, erobert neue Gebiete, verwüstet und zerstört unsere Städte und Dörfer, vergewaltigt, beraubt und mordet die sowjetische Bevölkerung.

Gekämpft wird im Raum Woronesh, am Don, im Süden an den Toren des Nordkaukasus. Die deutschen Okkupanten drängen nach Stalingrad, zur Wolga und wollen um jeden Preis den Kuban und den Nordkaukasus mit ihren Reichtümern an Erdöl und Getreide erobern.

Der Feind hat bereits Woroschilowgrad, Starobelsk, Rossosch, Kupjansk, Waluiki, Nowotscherkassk, Rostow am Don, halb Woronesh genommen.

Nach dem Verlust der Ukraine, Belorußlands, des Baltikums, des Donezbeckens und anderer Gebiete ist unser Territorium viel kleiner geworden, haben wir viel weniger Menschen, Brot, Metall, Werke und Fabriken. Wir haben über 70 Millionen Menschen, über 800 Millionen Pud Getreide und über 10 Millionen Tonnen Metall der Jahresproduktion verloren.

Wir besitzen sowohl an Menschenreserven als auch an Getreidevorräten bereits kein Übergewicht über die Deutschen mehr. Weiter zurückgehen heißt, uns selbst zugrunderichten und gleichzeitig unsere Heimat zugrunderichten. Jeder neue Fußbreit von uns aufgegebenen Territoriums stärkt allseitig den Feind und schwächt in jeder Weise unsere Verteidigung, unsere Heimat.

Aus diesem Grunde muß ein für allemal mit jeglicher Rederei Schluß gemacht werden, daß wir die Möglichkeit hätten, ohne Ende zurückzugehen, daß wir viel Territorium hätten, daß unser Land groß und reich sei, die Bevölkerung groß und Brot immer im Überfluß vorhanden wäre.

Solches Geschwätz ist lügnerisch und schädlich, es schwächt uns und stärkt den Feind, da wir, wenn wir mit dem Rückzug nicht aufhören, ohne Brot, ohne Brennstoff, ohne Metalle, ohne Rohstoffe, ohne Fabriken und Werke und ohne Eisenbahnen sein werden.

Daraus folgt, daß es an der Zeit ist, mit dem Rückzug Schluß zu machen!

Keinen Schritt zurück! Das muß jetzt unsere Hauptlosung sein.

Jede Stellung, jeder Meter sowjetischen Territoriums muß hartnäckig, bis zum letzten Blutstropfen verteidigt werden, es ist notwendig, sich an jeden Fußbreit sowjetischen Bodens zu klammern und ihn bis zum letzten zu halten.

Unsere Heimat durchlebt schwere Tage. Wir müssen den Feind zum Stehen bringen und danach zurückwerfen und zerschlagen, gleich um welchen Preis. Die Deutschen sind nicht so stark, wie das den Panikmachern erscheint. Sie spannen die letzten Kräfte an. Ihrem Schlag jetzt, in den nächsten Monaten, standzuhalten bedeutet, für uns den Sieg zu sichern.

Können wir dem Schlag standhalten und danach auch den Feind nach Westen zurückwerfen? Ja, wir können das, da unsere Fabriken und Werke im Hinterland jetzt ausgezeichnet arbeiten und unsere Front immer mehr Flugzeuge, Panzer, Artillerie und Granatwerfer erhält.

Woran mangelt es uns?

Es mangelt an Ordnung und Disziplin in den Kompanien, in den Bataillonen, Regimentern und Divisionen, in den Panzertruppenteilen und in den Fliegerstaffeln. Hier liegt jetzt unser Hauptmangel. Wir müssen in unserer Armee strengste Ordnung und eiserne Disziplin schaffen, wenn wir die Lage meistern und unsere Heimat verteidigen wollen ...

Eisernes Gesetz der Disziplin muß ab jetzt die Forderung für jeden Kommandeur, jeden Rotarmisten und jeden Politarbeiter sein: ›Keinen Schritt zurück ohne Befehl der höchsten Führung.‹«

Mit dem von Stalin unterzeichneten Befehl machten die Politorgane jeden Kommandeur und jeden Soldaten bekannt.

Zwar war die Losung »Keinen Schritt zurück« nicht neu, aber noch kein Dokument hatte so offen die Lage unseres Landes dargelegt. Im Grunde richtete sich dieser Befehl an das ganze sowjetische Volk, denn die Rote Armee war eine Volksarmee, Fleisch und Blut des multinationalen Sowjetvolkes. Daß Partei und Regierung ein offenes Wort an das Volk richteten, fand ein leidenschaftliches Echo und mußte zum Erfolg führen. Jeder Soldat, jeder Kommandeur war von seiner Verantwortung gegenüber der Heimat und dem Volk durchdrungen, denn es gab tatsächlich kein Fleckchen mehr, auf das man hätte zurückgehen können.

In der 64. Armee war die Politarbeit von Beginn an gut organisiert. Es gab Politinformationen selbst in den kleinsten Einheiten, und wir wachten über das Wachstum der Partei- und Komsomolorganisationen.

Seitdem die Armee den Befehl kannte, Verteidigungsstellungen zu beziehen, waren Kommandeure und Politarbeiter bei den Soldaten. Sie marschierten mit ihnen zu den vordersten Stellungen, und sie überwanden wie sie in Gewaltmärschen die Weiten der Steppe. Die Politarbeiter erläuterten die Aufgaben, die vor der Armee standen, und erklärten Taktik und Methoden des Gegners. Nun war der historische Befehl Nr. 227 eingetroffen, er leitete eine neue Etappe in der politischen Arbeit ein. Ohne etwas zu beschönigen konnten die Politarbeiter jetzt den Soldaten die tatsächliche Lage klarmachen und fordern, daß alle Befehle exakt ausgeführt würden. Die Kommandeure aller Ebenen erkannten, daß der Rückzug kein Allheilmittel mehr war. Es wäre jedoch naiv zu glauben, erst der Befehl hätte einen Umschwung in der Psyche der Soldaten bewirkt. Er drückte vielmehr aus, was seit Beginn des Sommerfeldzugs bei uns allen herangereift war. Ohne daß sich Hunderttausende unserer tragischen Lage bewußt geworden wären, hätte der Befehl allein nichts erreicht. Schmerz, Zorn und Erbitterung beherrschten unsere Soldaten in den Tagen des schweren Rückzugs. Viele wandten sich an mich. »Daß wir im vergangenen Jahr zurückgingen, ist verständlich«, sagten sie. »Der überraschende Schlag, der Verlust vieler Flugzeuge und Panzer, bevor wir den Kampf aufnehmen konnten. Jetzt aber haben wir Panzer, Flugzeuge, überhaupt Waffen, und könnten den Feind zum Stehen bringen. Warum also gehen wir zurück?«

In jenen Tagen lagen dem Stab bereits Angaben über Reaktionen des Gegners auf diesen Befehl vor. Eigentlich hätte man annehmen können, daß er trotz des Bewußtseins seiner Kraft und seiner Überlegenheit wenigstens beunruhigt wäre. Das Gegenteil traf zu. Der Kommandeur eines deutschen Korps hatte beispielsweise nichts eiligeres zu tun, als seinerseits einen Befehl zu erlassen, in dem er seinen Soldaten versicherte, Stalins Befehl sei für den Gang der militärischen Ereignisse bedeutungslos. Doch schon wenige Tage später mußte sich der General berichtigen. In einem zweiten Befehl wies er seine Offiziere warnend darauf hin, daß mit verstärktem Widerstand der Russen gerechnet werden müsse. Und der ehemalige faschistische Offizier Hans Doerr schreibt, daß etwa seit dem 10. August verstärkter Widerstand des Gegners festzustellen gewesen sei.

So endeten die Versuche des Gegners, unsere Truppen im großen Donbogen aus der Bewegung zu umfassen und anschließend Stalingrad zu erobern. Die deutschen Generale klagten in ihren Meldungen darüber, daß sich die Taktik der sowjetischen Führung geändert habe, daß die sowjetischen Soldaten nicht mehr flohen, daß sie weder zurückgingen noch sich gefangen gäben, sondern bis zur letzten Patrone kämpften. Die Eroberung Stalingrads erschien dem Gegner Anfang August durchaus nicht mehr einfach.

Bei uns kam es um diese Zeit zu Veränderungen in der Führung. Die Stalingrader Front wurde in zwei Fronten — die Stalingrader und die Südostfront geteilt. Reserven des Hauptquartiers waren eingetroffen. Dennoch fiel es uns nicht leicht, die in Schwung geratene faschistische Kriegsmaschine zum Stehen zu bringen. Noch mehrere Monate hindurch erlebten wir, die gesamte Rote Armee und unser Volk, die Bitterkeit der Niederlagen an unseren Fronten.

Unsere Alliierten aber zögerten die Eröffnung einer zweiten Front im Westen hinaus.

Die Südgruppe

Nach meiner Rückkehr zur Armee war ich gerade im Begriff, den von General Gordow befohlenen schriftlichen Bericht über die Kämpfe vom 25. bis 30. Juli zu verfassen, als mich General Schumilow zu sich rief. Bei ihm traf ich den gesamten Kriegsrat der Armee. Man erörterte nach dem Vortrag des Stabschefs die Lage im Süden, auf dem linken Flügel der Armee. Die Nachrichten waren alarmierend. Die 4. Panzerarmee unter General Hoth, die bei Zimljanskaja den Don überschritten und am linken Ufer acht Divisionen, darunter eine Panzer- und eine motorisierte Division, konzentriert hatte, war zum Angriff übergegangen, hatte die Verteidigung der 51. Armee durchbrochen und die Bahnstrecke Stalingrad—Salsk durchschnitten. Jetzt wurde klar, daß der Gegner aus dem Raum Zimljanskaja den Hauptstoß seiner 4. Panzerarmee gegen Stalingrad richtete, um der Armee Paulus' zu Hilfe zu kommen. Dieser Schlag sollte den linken Flügel der 64. Armee und der gesamten Stalingrader Front von Süden umfassen.

General Schumilow forderte mich auf, an diesen Brennpunkt zu fahren, die Lage zu klären und notwendige Maßnahmen zu treffen. Meine Frage, ob der Kriegsrat der Front damit einverstanden sei, bejahte Schumilow.

In Begleitung von G. I. Klimow als Adjutant, von Rewold Sidorin als Ordonnanz, den Fahrern Kajum Kalimulin und Wadim Sidorkow sowie Funkern mit einer Funkstation RAF machte ich mich mit drei Kraftwagen — in einem befand sich die Funkanlage — südwärts auf den Weg.

Unterwegs schaute ich beim Stab der 214. Division in der Siedlung Werchne-Rubeshny vorbei. Hier traf ich den Divisionskommandeur Birjukow, den ich seit dem 24. Juli nicht mehr gesehen hatte. Birjukow berichtete über die Lage. An seinem

Frontabschnitt war es verdächtig ruhig. Der Gegner versuchte weder den Don zu forcieren noch klärte er aktiv auf.

Ich saß mit General Birjukow neben einem Strohschober, bei Donwasser mit wer weiß woher beschafften Eisstücken darin, als wir plötzlich in das Feuer schwerer Geschütze gerieten. In unserer Nähe detonierten etwa 30 Granaten. Kaum war es wieder ruhiger geworden, verabschiedete ich mich von Birjukow und fuhr in Richtung Generalowski zum Stab der 29. Schützendivision.

Noch ein Wort zur 214. Schützendivision. Sie gehörte zu den besten in der 64. Armee. Ohne zu wanken hatte sie am 25. und 26. Juli den Angriff des ihr an Kräften weit überlegenen LI. Armeekorps abgewehrt. Hätte der Gegner sie nicht von Norden umfaßt, wäre sie nicht hinter den Don zurückgegangen. Ihr Kommandeur, General Birjukow, und alle Divisionsangehörigen bewältigten unter schwierigen Bedingungen den Rückzug und vereitelten alle Versuche des Gegners, sie in den Don zu werfen, ihren Rückzug zu stören. Die Division hatte sich jetzt zuverlässig am Ostufer des Don befestigt. In den nachfolgenden Kämpfen verteidigte sie die verantwortlichsten und gefährlichsten Frontabschnitte. In der Periode der Gegenoffensive aber schlug die 214. Division den Gegner in der Hauptstoßrichtung.

Gegen Abend des 2. August erreichten wir den Stab der 29. Schützendivision, die sich mit Front nach Süden am Axai zwischen Gorodskoi und Nowoaxaiski verteidigte. Nördlich von ihr lag die 214. Division, und südlich von Potjomkinskaja, von der Axaimündung bis Werchne-Kurmojarskaja, verteidigte sich das der Armee zugeteilte 255. Selbständige Kavallerieregiment. Zum linken Flügel der 29. Schützendivision im Raum Nowoaxaiski war die 154. Marineinfanteriebrigade im Anmarsch.

Ferner war mir bekannt, daß ein Befestigter Raum längs der Myschkowa Verteidigung bezog. Doch das war im Hinterland, nördlich des Axai.

Ich übernachtete im Stab der 29. Division. Am nächsten Morgen, dem 3. August, fuhr ich, begleitet von zwei Schützengruppen und ausgerüstet mit einer Funkstation, die ich von der 29. Division mitgenommen hatte, mit zwei Fahrzeugen weiter, um in Richtung Werchne-Jablotschny—Kotelnikowski aufzuklären. Die Sicht in der Steppe war ideal, etwa 8 Kilometer weit.

Als wir uns von Norden Werchne-Jablotschny näherten, kamen uns von Süden zwei Infanteriekolonnen mit Artillerie entgegen: die 138. Schützendivision unter Oberst Ljudnikow und die 157. Schützendivision unter Oberst Kuropatenko. Beide Divisionen gehörten zur 51. Armee unter General Trufanow. Bei Zimljanskaja und Remontnaja vom Gegner angegriffen, hatten sie hohe Verluste erlitten. Da ihre Verbindung zur Armee abgerissen war, entschlossen sie sich, nach Norden, auf Stalingrad, zurückzugehen. Mit ihnen marschierten zwei Gardewerferregimenter mit unvollständiger Bedienung unter dem Stellvertreter des Chefs Artillerie der Armee, Generalmajor Dmitrijew.

Ich unterstellte mir die beiden Divisionen und entschloß mich, sie hinter den Axai zu führen, eine Verteidigung von Nowoaxaiski bis Shutowo zu beziehen und auszubauen und meinen einen Flügel bis zur Bahnlinie Tichorezk—Stalingrad auseinanderzuziehen. Als zweite Staffel dieser Divisionen setzte ich die 154. Marineinfanteriebrigade ein, die einen Abschnitt von Werchne-Kumskaja bis zur 12 Kilometer ostwärts gelegenen Straßenkreuzung bezog. Meinen improvisierten zeitweiligen Stab verlegte ich in die Staniza Werchne-Kumskaja und ernannte einen Stabsoffizier aus Trufanows 51. Armee namens Lotozki zum Chef.

Die 154. Marineinfanteriebrigade hatte am 20. Juli eine Verteidigung am Westufer des Don im Raum Suworowski, südlich der 214. Schützendivision, inne, mit dem linken Flügel auf den Fluß gestützt. Mehrere Tage lang wehrte sie die Angriffe des überlegenen Gegners ab. Die Seeleute blieben in diesen Gefechten standhaft und mutig. Sie schlugen alle Angriffe zurück und fügten dem Gegner hohe Verluste zu. Auch im Kampf zu Lande, von ihrer Tradition »Alle für einen« geleitet, ließen sie den Gegner auf 100 bis 200 Meter heran, zwangen ihn mit ihrem Feuer nieder, setzten ihm mit Handgranaten zu und gingen zum Bajonettkampf über. Ohne ein einziges Geschütz oder Gewehr zu verlieren, ohne auch nur einen einzigen gefallenen oder verwundeten Genossen zurückzulassen, ging die Brigade befehlsgemäß auf das linke Ufer zurück. Mit Oberst Smirnow an der Spitze bildete die Brigade die zuverlässigste Reserve meiner Gruppe.

Dann stellte ich die Verbindung zum Stab der Stalingrader Front her und berichtete dem Operativen Diensthabenden ausführlich über die Lage am Südabschnitt der Front. Zum Stab der 64. Armee erhielt ich keine Verbindung.

Aus dem Frontstab teilte man mir mit, daß auf den Bahnhöfen Tschilekow und Kotelnikowski die frische 208. sibirische Schützendivision ausgeladen werde, die mir zu unterstellen sei. Auf meine Frage, wo sich der Divisionsstab befinde, erhielt ich keine klare Antwort.

Nachdem ich Ljudnikow, Kuropatenko und Smirnow meinen Befehl bestätigt hatte, an ihren Abschnitten am Axai eine Verteidigung vorzubereiten, fuhr ich am 4. August morgens zur Aufklärung über Generalowski nach Südwesten.

Zu meiner Beruhigung begegneten uns in der Steppe einzelne Soldaten und Fuhrwerke von Ljudnikows und Kuropatenkos Divisionen, ein Zeichen, daß der Gegner nicht in der Nähe sein konnte. Doch in Werchne-Jablotschny berichteten Einwohner, daß rumänische Truppen bei Werchne-Kurmojarskaja auf das linke Donufer übersetzten. Wir wandten uns kurz nach Südosten in Richtung der Bahnstrecke Tichorezk—Stalingrad.

Nahe der Staniza Gremjatschaja aber trafen wir Soldaten und Fuhrwerke, die an der Eisenbahn nach Süden zurückgingen. Mit Mühe fand ich in der Menge einen Offizier, der mir die Hiobsbotschaft übermittelte, daß am 3. August auf dem Bahnhof Kotelnikowski überraschend mehrere Transporte der 208. Division nach dem Ausladen von Flugzeugen und Panzern des Gegners angegriffen worden seien. Die unversehrt gebliebenen Einheiten gingen an der Bahnstrecke zurück. Wo sich der Divisionskommandeur, die Regimentskommandeure und die Stäbe aufhielten, konnte ich nicht erfahren.

Neben der Ausweichstelle Nebykowski hatte ein Bataillon mit Front nach Süden eine Kette gebildet, die Schützengräben aushob. Der Bataillonskommandeur meldete, von Süden zurückgehende Armeeangehörige hätten ihm berichtet, daß in Kotelnikowski deutsche Panzer aufgetaucht seien, deshalb habe er sich entschlossen, auf eigene Faust eine Verteidigung zu beziehen. Über seinen Regiments- oder Divisionskommandeur konnte er nichts sagen. Sein Bataillon sei eben erst ausgeladen worden. Ich billige seine Maßnahme, befahl ihm, die Zurückgehenden aufzuhalten, und versprach, vom nächstgelegenen Stab, den ich auf dem Bahnhof Tschilekow anzutreffen hoffte, Verbindung zu ihm aufzunehmen.

Tatsächlich fanden wir dort mehrere Truppenteile der 208. Division, die gerade ausgeladen wurden! Noch war die Nachricht von der Zerschlagung der vier Züge in Kotelnikowski nicht bis hierher gedrungen. Am Bahnkörper drängten sich Soldaten, Feldküchen dampften, und die rückwärtigen Einheiten entfalteten sich.

Ich machte einen Transportführer ausfindig, einen Bataillonskommandeur im Range eines Majors, erklärte ihm kurz die Lage im Süden und befahl ihm, starke Deckungen zu den Höhen 141,8 und 143,8 an der Siedlung Nebykowo vorzuschieben, die übrigen Einheiten vom Bahnhof fortzuführen und die Befehle seines Divisions- und Regimentskommandeurs abzuwarten.

Wir machten unsere Funkstation an der Milchfarm Nr. 1 einsatzbereit und wollten Verbindung zum Frontstab herstellen. Ich erinnere mich noch an das Rufzeichen »Akustik«. Außer uns befanden sich in der Siedlung dieser Milchfarm Einheiten der 208. Division. Nach etwa einer Viertelstunde meldete mein Adjutant Klimow, »Akustik« antworte.

Da erblickte ich am klaren Mittagshimmel drei Staffeln unserer Flugzeuge, die von Norden direkt auf uns Kurs nahmen. Deutlich erkannte ich unsere Iljuschins. Plötzlich krachten Detonationen. Als ich mich umwandte, sah ich, daß die Flugzeuge den Bahnhof Tschilekow und die dort mit dem Ausladen beschäftigten Einheiten bombardierten.

Ich befahl dem Funker, verschlüsselt durchzugeben: »Auf dem Bahnhof Tschilekow bombardieren unsere Flieger unsere Transporte!« Während ich die Übermittlung verfolgte, entging mir, wie eine Staffel die Siedlung der Milchfarm mit Bomben angriff. Dann bildeten die Flugzeuge einen Gefechtskreis und beharkten uns im Sturzflug mit Blei.

Im Krieg kommen solche Fehler vor, wenn auch selten, und nicht immer gelingt es, den Schuldigen zu ermitteln. Der Stab der Front hatte die Entladestation der 208. Division nachträglich geändert, es jedoch nicht mehr geschafft, die Divisionsführung und die Eisenbahner darüber zu informieren. Und unsere Piloten griffen an, ohne zu überlegen, daß der Gegner zu diesem Zeitpunkt die Strecke überhaupt nicht benutzte, dort also keinerlei Truppen von ihm sein konnten. So gab es zwar keinen Schuldigen, doch kostete uns dieser Irrtum erhebliche Opfer.

Unsere Funkstation wurde ebenfalls zerstört, damit hatte ich weder Funkverbindung zum Stab noch zu den Divisionen.

Bevor ich wegfuhr, mußte ich den Kommandeur der 208. Division, Oberst Wysokoboinikow, sprechen. Ich fand ihn gegen Abend bei der Ausweichstelle Birjukowski. Er war außer sich, und ich konnte ihn verstehen.

»Genosse General«, sagte er. »Wie soll ich mit meinen Soldaten nach solchen Verlusten reden? Was soll ich ihnen sagen? Ich kann die Division kaum wieder sammeln!«

Ich ließ den Kommissar, den Stabschef und den Leiter der Politabteilung kommen und legte mit ihnen an Hand der taktischen Karten die nächsten Schritte fest.

Ich befahl, in der Nacht sämtliche Truppenteile der Division zu sammeln, sie hinter den Axai zurückzuführen und eine Verteidigung von der Siedlung Antonow bis zum Chutor Shutowo 1 zu errichten. Darüber hinaus sollte sie verstärkt aufklären und dabei besonders den linken Flügel im Auge behalten.

Mit Sorge erfüllte mich der Umstand, daß der Gegner keine weitere Entladestation angegriffen hatte. Ob es sich um eine List handelte? Wie, wenn er uns seitlich, ostwärts der Bahnstrecke Stalingrad—Salsk—Tichorezk in direkter Richtung auf Stalingrad umging?

Nach mir zur Verfügung stehenden Aufgaben konnte man annehmen, daß sich der Gegner nicht auf Gefechte mit unseren an der Strecke Kotelnikowski und weiter westlich stehenden Truppenteilen einlassen wollte, daß er vielmehr beabsichtigte, durch ein tief umfassendes Manöver über Pimen-Tscherni Plodowitoje und Tinguta zu erreichen. Wie später bekannt wurde, stießen die Kolonnen des XXXXVIII. Panzerkorps aus dem Raum Kotelnikowski tatsächlich in dieser Richtung vor.

In der Nacht brachen wir zum behelfsmäßigen Stab der Südgruppe auf. Zum Glück schien der Mond, so daß wir ohne Scheinwerferlicht durch die Steppe fuhren. An einer Kreuzung, etwa 10 Kilometer südlich Generalowski, sichteten wir eine Kavalleriepatrouille, der wir ein Schützenkommando unserer Sicherung mit einem Kraftwagen entgegenschickten.

»Halt! Wer da?«

Die Kavalleristen antworteten, und alles verlief ohne Zwischenfall. Es war eine Patrouille des 255. Selbständigen Kavallerieregiments, das sich von Werchne-Kurmojarskaja zurückzog. Vom Patrouillenführer erfuhren wir, daß der Gegner dort seit dem frühen Morgen mit starken Kräften den Don überschritt. Die weit auseinandergezogenen Kavalleristen hatten ihn hier nicht aufhalten können. Ich befahl dem Patrouillenführer: »Sagen Sie Ihrem Regimentskommandeur, er soll an der Front Potjomkinskaja—Werchne-Jablotschny aufklären, die Handlungen des Gegners verfolgen und auf einen eventuellen Anmarsch seiner Truppen aus dem Raum Kotelnikowski achten. Die Verbindung mit mir ist über den Stab der 29. Division in Generalowski zu halten.«

Als ich dort eintraf, erfuhr ich, daß die 29. Division auf Befehl des Frontstabes von ihrem Abschnitt abgezogen und beschleunigt ostwärts, in den Raum der Staniza Abganerowo, verlegt werde. Der Stab der Front hatte die von Südwesten herannahende Gefahr erkannt und ergriff entsprechende Maßnahmen. Man verlegte den Stab der 64. Armee in den Raum Sety, südwestlich Stalingrad. Die am Don kämpfenden Truppen der 64. Armee wurden der 62. Armee übergeben.

Nach zwei Tagen pausenlosen Einsatzes waren meine Begleiter erschöpft. Wir blieben über Nacht in Generalowski.

Am Morgen des 5. August weckte uns das Krachen von Detonationen aus der Steppe. Faschistische Flieger bombardierten die Kolonnen unserer weder durch Flugzeuge noch Flakartillerie geschützten 29. Schützendivision, die nach Nordosten, in Richtung Werchne-Kumskaja, marschierten, und griffen sie im Tiefflug an.

Am selben Morgen wurde dem Kommandeur des 255. Kavallerieregiments befohlen, den von der 29. Schützendivision geräumten Abschnitt, einschließlich Tschaussowski und Generalowski zu verteidigen. Zwar reichte dazu ein einziges Kavallerieregiment nicht aus, doch wir hatten keine anderen Kräfte. Die geringe Aktivität des Gegners, der hauptsächlich kleinere rumänische Einheiten gegen unsere Kavalleriedeckung einsetzte, rettete die Lage und ließ uns annehmen, daß er sich für eine andere Stoßrichtung entschieden hatte.

Unsere Aufklärer stellten fest, daß sich die bei Werchne-Kurmojarskaja über den Don gesetzten Truppen ebenfalls nach Nordosten gewandt und zugleich schwache Deckungen an den Axai geworfen hatten. Ihr Manöver war leicht zu durchschauen, sie sollten die linke Flanke der Hauptkräfte von Hoths 4. Panzerarmee sichern, die Stalingrad von Kotelnikowski angreifen und dabei von Südosten umgehen sollte.

Unsere Truppenaufklärung stellte ferner fest, daß der Gegner nach der Einnahme von Kotelnikowski nicht auf dem kürzesten Weg an der Bahn entlang vorging, sondern seine Hauptkräfte über Pimen-Tscherni−Darganow−Umanzewo in Marsch gesetzt hatte und in den Raum Tinguta−Plodowitoje−Abganerowo stieß.

Ich informierte den Stab der Front über die Lage im Süden und erhielt den kategorischen Befehl, mit den mir verbliebenen Kräften die Stellungen am Axai zu halten. Andere Aufgaben und Instruktionen erhielt ich nicht. Von Angehörigen des Stabes, die viel herumkamen, von Telefonisten und aus den unerschöpflichen Quellen der »Soldatenpost« wußte ich, daß in unserem Hinterland größere Umgruppierungen stattfanden.

Ich erwartete einen Angriff der deutsch-rumänischen Truppen, denn unsere Umgruppierung konnte ihnen nicht entgangen sein. Ein von diesen Truppen geführter Stoß aus dem Raum Krugljakow und vom Bahnhof Shutowo her konnte das Manöver der 64. Armee und der anderen Truppen vereiteln.

Ich befahl meinen Truppen, sich auf eine hartnäckige Verteidigung ihres Abschnitts am Axai vorzubereiten, kontrollierte vor allem die Verteidigungsbereitschaft der Artillerie und schickte nach allen Seiten Aufklärungsgruppen aus. Als Reserve blieben mir die 154. Marineinfanteriebrigade und zwei Gardewerferregimenter. Letztere hatten sich sorgfältig in Balkas getarnt.

Der Angriff der deutsch-rumänischen Truppen begann am 5. August abends, an der Naht von Ljudnikows und Kuropatenkos Divisionen. Der Gegner richtete seinen Hauptstoß gegen die 8 Kilometer breite Front zwischen den Ortschaften Tschikow und Dorofejewski. Seine Infanterie überschritt den Axai und drang an einigen Stellen in unsere Verteidigung ein. Die Panzer blieben noch am Südufer zurück. Vermutlich bereitete man Übersetzmittel vor.

Es war klar, wenn der Gegner erst einen Brückenkopf am Nordufer gebildet hatte, würde er versuchen, über Nacht eine Übersetzstelle für seine Panzer einzurichten, damit er am Morgen des 6. August mit seinen Hauptkräften angreifen konnte. In dieser Erkenntnis sah ich bereits das Ergebnis meiner, wenn auch noch geringen persönlichen Erfahrungen aus den Gefechten am rechten Donufer.

Im Glauben an die Unfehlbarkeit seiner taktischen und operativen Methoden handelte der Gegner nach demselben Schema wie jenseits des Flusses: zuerst die Flieger, dann Artilleriefeuer, danach Infanterie, gefolgt von Panzern. Ein anderes Verfahren beim Angriff selbst über ein kleines Wasserhindernis kannte er nicht. Als daher unsere Aufklärer und Beobachter am Abend des 5. August Ansammlungen von Infanterie, Artillerie und Trossen vor unserer Front, vor allem aber in der Balka Popowa erkannten, gab es nichts zu überlegen. Wir wußten, der Gegner würde genau in dieser Reihenfolge handeln.

Ich beschloß, den Angriff zu vereiteln. Mein Plan war einfach: bei Tagesanbruch ein Feuerüberfall auf die Ausgangsstellungen des Gegners und dann in geschlossenem Gegenangriff seine Infanterie hinter den Axai zurückwerfen.

Wir unternahmen keine komplizierten Manöver und ließen nur die beiden Gardewerferregimenter in Feuerstellung gehen. Unsere Artillerie und die Granatwerfer feuerten auf Ziele, auf die sie sich bereits eingeschossen hatten. Unseren Schützentruppenteilen blieb nichts weiter zu tun, als sich nach dem Feuerüberfall zu erheben und zum Angriff überzugehen. Wir hatten keine Panzer, und ich rechnete auch nicht mit der Unterstützung durch Fliegerkräfte, da wir keine Verbindung zu ihnen herstellen konnten.

Doch selbst bei diesen einfachen Manövern war mir nicht wohl in meiner Haut. Ich hatte die Truppen erst während des Rückzugs gesammelt und kannte ihre Leistungsfähigkeit nicht. Ich hoffte aber, sollte der Angriff mißlingen oder nicht zustandekommen, daß wir wenigstens unsere Verteidigungsfront halten könnten.

Die deutschen Panzer – die Hauptgefahr – standen noch am jenseitigen Ufer des Axai. Gelang es dem Gegner, sie in der Nacht überzusetzen, war unser Angriff von vornherein aussichtslos, denn wir hatten weder Panzerabwehrartillerie noch Panzergranaten. Die Lage war gefährlich, aber Zögern konnte sie nur noch verschlimmern. Es wurde Nacht. Der Gegner benahm sich fahrlässig. Die Kraftfahrzeuge in seinen Stellungen fuhren mit Scheinwerferlicht. Die Panzer warteten auf Übersetzmöglichkeiten. Ich überlegte: Der Gegner wird also seine gepanzerte Faust erst dann einsetzen, wenn seine Flugzeuge über uns erscheinen, seine Artillerie unsere Feuerpunkte niederhält und seine Infanterie angreift. Er will unsere Gräben wie immer mit seinen Kettenfahrzeugen plattwalzen. Doch daraus wird nichts!

In der Nacht suchte ich die Divisionskommandeure Ljudnikow und Kuropatenko auf und übergab ihnen den Plan der Handlungen für den Morgen des 6. August. Sie verstanden mich sofort und begannen mit der Vorbereitung des Angriffs.

Unsere Hoffnung auf das Überraschungsmoment erfüllte sich. Als es hell wurde, eröffnete unsere Artillerie das Feuer gegen die Truppenansammlungen. Wir sahen von der Höhe 147,0, wie die Infanterie in Balkas und Deckungen auseinanderlief, gefolgt von der Artillerie. Alles drängte ungeordnet nach Süden. Die panikartig hinter den Axai zurückflutenden Truppen verhinderten auch das Übersetzen der Panzer.

So konnten wir den für den 6. August geplanten Angriff fast ohne eigene Verluste vereiteln. Weit schwieriger war es, der Infanterie beizukommen, die sich am Vorabend in der Steppe in Gefechtsordnung eingegraben hatte.

Der Gegner erlitt am 6. August hohe Verluste an Gefallenen, Verwundeten und Gefangenen. Wir eroberten acht Geschütze, viele Gewehre und Maschinengewehre.

Ich wußte jetzt, daß unsere Truppen ihren Kampfgeist nicht verloren hatten. Sie schlugen sich tapfer, schritten geschlossen zum Angriff und wehrten den Gegner standhaft und ohne Panik ab. Genau darauf kam es an. Wir hielten dem Gegner nicht nur stand, sondern gerbten ihm gehörig das Fell. Ich meldete dem Frontstab den Gefechtsverlauf der letzten 24 Stunden und erfuhr, daß sich bei Abganerowo und Tinguta, dem jetzigen Standort des Stabes der 64. Armee, Truppen konzentrierten, die sich auf eine kräftige Abwehr des Gegners vorbereiteten.

In der Führung der Front hatte es Veränderungen gegeben. Die Generale Gordow und Nikischow waren abgelöst worden. Frontoberbefehlshaber war jetzt Generaloberst Jeremenko, den ich seit 1938 aus meiner Dienstzeit im Belorussischen Militärbezirk kannte. Dort hatten wir häufig gemeinsam an Truppenübungen teilgenommen. Bereits in der Nacht schickte ich ihm ein kurzes Schreiben mit dem Vorschlag, sich nicht auf passive Verteidigung zu beschränken, sondern bei jeder Gelegenheit zum Gegenangriff überzugehen. Ich wollte mit den mir unterstellten Kräften über Tschilekow einen Stoß gegen Darganow oder Pimen-Tscherni führen.

Ich bekam keine Antwort und weiß nicht einmal, ob Jeremenko mein Schreiben erhalten hat.

Wenig später erfuhr ich, daß unser Munitionslager am Wolgaufer hochgegangen war. Uns drohte »Munitionshunger«. Während wir bisher soviel Munition erhielten, wie wir transportieren konnten, kamen unsere Fahrzeuge jetzt oft leer zurück.

Am 7. August griff der Gegner wieder in derselben Richtung an und drang gegen Mittag 5 bis 6 Kilometer in unsere Verteidigung ein. Wir entschlossen uns, die Lage auch diesmal durch einen Gegenangriff wiederherzustellen. Die Aufgabe lautete kurz: den Gegner zerschlagen und hinter den Axai zurückwerfen. Doch wollten wir nicht am Tage angreifen, wenn seine Flieger besonders aktiv waren, und auch nicht am Morgen, wie am 6. August, sondern zwei Stunden vor Sonnenuntergang. Dann blieb kaum noch genügend Helligkeit für einen Luftangriff, und die Panzer befanden sich, von der Infanterie getrennt, noch auf der anderen Seite des Flusses.

Wir gingen diesmal nicht frontal vor, sondern von den Flanken aus: Ljudnikow von Nordwesten nach Südosten, aus der Balka Pestschanaja in Richtung Höhe 78,9; Kuropatenko von Nordosten nach Südwesten, aus der Balka Leskina in Richtung Höhe 79,9. Beide Angriffe sollten an der Höhe 36,5 zusammentreffen.

Der mit beiden Divisionskommandeuren mündlich abgestimmte Plan hatte Erfolg. Der Gegner bezog wieder einmal tüchtig Hiebe und wurde zurückgeworfen. Wir machten mehrere Dutzend Gefangene. So ging es bei uns am Axai etwa eine Woche lang. Die deutsch-rumänischen Truppen griffen fast täglich an.

In diesen Gefechten entwickelten wir spezielle Methoden und eine besondere Taktik. Gewöhnlich eröffnete der Gegner seine Angriffe zwischen 10.00 und 12.00 Uhr. Um den Axai zu überschreiten und bis zu unserer ersten Linie vorzurücken, die nichts weiter als eine verstärkte Gefechtssicherung war, brauchte er zwei bis drei Stunden. Dabei unterstützte er seine vorgehende Infanterie durch Artillerie und schwache Fliegerkräfte – zwei bis drei Staffeln.

Unsere Sicherung eröffnete das Feuer und ging dann unter

dem Schutz der eigenen Artillerie langsam auf die Hauptstellung zurück. So konnte der Gegner nie zum Angriff ansetzen und benötigte erneut zwei bis drei Stunden, bis er an unsere Hauptstellung heran war. Um sie durchbrechen zu können, mußte er Kräfte und Feuermittel nachziehen sowie die Nachrichtenverbindung und die Führung organisieren. Damit verging Zeit. Vor Einbruch der Dunkelheit war er nicht in der Lage anzugreifen. Das Nachtgefecht aber scheute er. Am Abend oder bei Tagesanbruch, wenn seine Fliegerkräfte auf den Flugplätzen waren, gingen wir dann zum Gegenangriff über. Nach einem Feuerüberfall der Artillerie und der Granatwerfer führten unsere Truppen einen kurzen aber heftigen Schlag gegen die schwächste Stelle der Gefechtsordnungen des Gegners und warfen ihn auf seine Ausgangsstellungen zurück. Das wiederholte sich mehrere Male.

Am 12. August gliederte man der Südgruppe auf Befehl des Frontstabes die 66. Marineinfanteriebrigade und den Stalingrader Befestigten Raum ein.

Mit diesen Truppenteilen, die unsere ziemlich dünnen Gefechtsordnungen, vor allem auf dem rechten Flügel, einigermaßen verdichteten, schufen wir unter Ausnutzung natürlicher Hindernisse — Don, Schluchten und Balkas — eine feste Verteidigung.

Zur selben Zeit verteidigten sich durch das Panzerkorps unter Tanastschischin verstärkte Truppen der 64. Armee hartnäckig gegen die von Süden auf Plodowitoje und Abganerowo vorstoßende 4. Panzerarmee.

Wäre es möglich gewesen, zwei oder drei Schützendivisionen und zwei Panzerbrigaden im Raum Werchne-Kumskaja—Shutowo zu sammeln, hätten wir mit diesen Kräften den Axai entlang nach Osten vorstoßen, der 4. Panzerarmee in die Flanke und in den Rücken fallen und sie damit in eine schwierige Lage bringen können.

Am 17. August erhielten wir vom Frontstab den Befehl, auf die Myschkowa zurückzugehen. Der Stab der Gruppe arbeitete sofort einen entsprechenden Plan aus. Ich war sicher, daß sich die Südgruppe ohne Verluste vom Gegner lösen und auf ihre neue Linie zurückgehen werde. Nachdem ich die letzten Weisungen gegeben hatte, legte ich mich schlafen, um in aller Frühe zu den Truppen zu fahren. Um Mitternacht aber weckte mich der stellvertretende Frontoberbefehlshaber, Generalleutnant Filip Iwanowitsch Golikow. Er machte sich mit meinem Plan für den Rückzug bekannt und zeigte mir sicherheitshalber auf der Karte den neuen Verteidigungsstreifen. Er vergewisserte sich, daß wir die notwendigen Vorkehrungen getroffen hatten, falls uns der Gegner verfolgen sollte, und legte sich dann ebenfalls zur Ruhe.

Die Truppen beschleunigten ihren noch vor Mitternacht begonnenen Rückzug und erreichten ohne Verluste die neue Linie. Der Gegner kam uns sehr spät auf die Schliche, denn erst am Abend des 18. August erschienen seine Aufklärungsflugzeuge über der Myschkowa. Er versuchte jedoch nicht, uns anzugreifen; anscheinend hielt er es nicht für zweckmäßig. Zu dieser Zeit spielten sich die Hauptereignisse in anderen Richtungen ab: in Wertjatschi und in Stalingrad, auf dem rechten Flügel der 62. Armee und der 4. Panzerarmee, die einen Brückenkopf am kleinen Donbogen verteidigte, und bei Plodowitoje, Tundutowo und Stalingrad auf dem linken Flügel der 64. Armee. In diesen Kämpfen waren mehr Truppen und Technik eingesetzt als am Axai. Damals führte die von General Schumilow befehligte 64. Armee im Zuge einer standhaften und aktiven Verteidigung im Raum Plodowitoje–Abganerowo mehrere heftige Gegenstöße und zwang den Gegner sogar, seine Angriffe zeitweilig einzustellen.

Die Lage in der Führung der 64. Armee war normal, ihre Stimmung kämpferisch. Ich erinnere mich gern an mein stets kameradschaftliches Verhältnis zu Schumilow.

Auf Weisung des Frontoberbefehlshabers wurden die Truppen der Südgruppe vom rechten Flügel abgezogen und zur Verdichtung unserer Gefechtsordnungen in die Hauptstoßrichtung der 4. deutschen Panzerarmee verlegt. Ljudnikows Division bezog eine Verteidigung im Raum der Ausweichstelle Kilometer 74; Kuropatenkos Division im Raum Wassilewka–Abganerowo.

Zwar drängte die 6. Armee unter Paulus in der Zeit vom 8. bis 10. August in Richtung Stalingrad die 62. Armee zurück und wehrte die Gegenstöße der 1. Panzerarmee im großen Donbogen ab, sie setzte jedoch nicht über den Don, und das, obwohl die von Süden gegen Stalingrad vorstoßende Panzerarmee Hoths Abganerowo genommen und Tinguta erreicht hatte.

Paulus wagte nicht, sofort über den Don zu setzen, um von Westen gegen Stalingrad vorzustoßen und dabei sechs Schützendivisionen der 62. Armee mit Verstärkungsmitteln im großen Donbogen, im Raum Surowikino—Wolodinski—Bolschaja-Ossinowka, sowie Truppenteile der 4. Panzerarmee unter General Krjutschenkin im kleinen Donbogen hinter sich zu lassen.

Die sechs Schützendivisionen der 62. Armee waren vom 8. bis 10. August vom XI. und LI. Armeekorps und vom XIV. und XXIV. deutschen Panzerkorps eingeschlossen. Der Oberbefehlshaber der 62. Armee, Lopatin, der diese Entwicklung vorausgesehen hatte, bat um Genehmigung, seine sechs Divisionen auf das linke Donufer zurückzuführen. »Bedauerlicherweise faßten der Frontstab und das Hauptquartier keinen rechtzeitigen Entschluß zu diesem Vorschlag.«[11]

Dieses Versäumnis kostete die Divisionen der 62. Armee hohe Verluste. Nur geringe Kräfte ohne technische Kampfmittel konnten nachts die Einschließung durchbrechen und wurden dann zur Neuformierung ins tiefe Hinterland verlegt.

Bis zum 11. August konzentrierte Paulus seine Hauptkräfte gegen die 4. Panzerarmee unter General Krjutschenkin im kleinen Donbogen, den er am 16. August, mit Ausnahme eines von der 1. Gardearmee gehaltenen Brückenkopfes in die Hand bekam; anschließend erst forcierte die 6. Armee bei Nishne-Akatow und Wertjatschi den Don.

Wie entwickelten sich die Dinge im einzelnen? Am frühen Morgen des 15. August ging der Gegner nach starker Flieger- und Artillerievorbereitung mit den Hauptkräften im Zentrum unserer Verteidigung, in Richtung Oskin—Sirotinskaja und das rechte Donufer entlang in Richtung Trjochostrowskaja zum Angriff über. Er durchbrach unsere Verteidigung in beiden Richtungen und erreichte gegen 12.00 Uhr die Siedlung Rodionow. Nach Einschätzung der Lage entschloß sich der Frontoberbefehlshaber, frische Kräfte in das Gefecht einzuführen und am 17. August einen Gegenstoß mit dem Ziel zu führen, den durchgebrochenen Gegner zu vernichten und die Lage am kleinen Donbogen wiederherzustellen, wie sie bis zum 13. August bestanden hatte. Dazu zog man die 321., 205., 343. und die 40. Gardeschützendi-

---

11 Welikaja pobeda na Wolge, hrsg. von K. K. Rokossowski, Moskau 1965, S. 81 (russ.).

vision heran. Sie sollten auf dem rechten Flügel der 4. Panzerarmee angreifen. Auf dem linken Flügel sollten die neu eingetroffenen Divisionen der 1. Gardearmee – die 37. und 39. Gardeschützendivision, die 18. Schützendivision – und das 22. Panzerkorps den Gegenstoß führen.

Die der 62. Armee aus der Frontreserve übergebene, durch die 193. Panzerbrigade und das 5. Gardewerferregiment verstärkte 98. Schützendivision sollte in der Nacht zum 16. August bei Wertjatschi den Don forcieren und die am linken Donufer auf Trojochostrowskaja vorstoßenden Verbände des Gegners in einem mit den Truppen der 4. Panzerarmee gemeinsam geführten Stoß gegen Rodionow vernichten.

Dem Oberbefehlshaber der 21. Armee fiel die Aufgabe zu, mit der 63. Schützendivision den Don bei Malo-Kletskaja zu forcieren und am Morgen des 17. August gegen Orechowski vorzustoßen.

War der Plan eines Gegenstoßes in vier Richtungen auch verlockend, fügte er sich doch offensichtlich weder in Zeit noch Raum. Innerhalb von 24 Stunden dazu erforderliche Kräfte zu konzentrieren, sie über den Don zu setzen und ein Zusammenwirken zu organisieren war unmöglich.

Der Gegner nutzte seinen am 15. August erzielten Erfolg aus und setzte am Morgen des folgenden Tages den Angriff fort. Ausgangs des 16. August war fast der gesamte Brückenkopf am kleinen Donbogen in seiner Hand. Unsere in der 1. Gardearmee vereinigten Truppenteile hielten am rechten Donufer einen kleinen, 10 bis 12 Kilometer tiefen Brückenkopf bei Kremenskaja–Schochin–Sirotinskaja. Ostwärts Sirotinskaja und weiter südlich befand sich das gesamte rechte Donufer in den Händen des Gegners, der im Raum Nishne-Akatow sogar einen kleinen Brückenkopf am linken Ufer bilden konnte.

Seit dem Morgen des 17. August richteten sich die Bemühungen der Hauptkräfte der deutschen 6. Armee darauf, den Don zu forcieren und den Brückenkopf bei Nishne-Akatow zu erweitern. Es gelang ihm in der Zeit vom 17. bis 20. August, unter hohen Verlusten die Verteidigungsstellungen unserer 4. Panzerarmee zu durchbrechen und die 39. Gardedivision, die 18. und 184. Schützendivision und die 22. motorisierte Schützenbrigade nach Osten zurückzuwerfen. Der Durchbruch entstand an der Naht zwischen der 4. Panzer- und der 62. Armee. Alle Versuche der beiden Armeen, den Gegner aus dem Brückenkopf zu werfen, blieben erfolglos.

Es gelang uns zwar nicht, den Gegner zum Stehen zu bringen und zu verhindern, daß er die zur Wolga führenden Straßen erreichte, immerhin durchkreuzten wir aber seine Angriffstermine und verzögerten sein Vormarschtempo. Von Tag zu Tag wuchs die Standhaftigkeit unserer Soldaten und Kommandeure. Die Erde bedeckte sich mit den Gefallenen des Gegners. Wir lernten, ihn im Zurückgehen zu schlagen.

Die 62. und die 64. Armee verdienen es, von mir erwähnt zu werden. In diesen Verbänden entstand und wuchs der Massenheroismus, das echte Massenheldentum der Verteidiger Stalingrads.

In jenen Tagen vollbrachten 16 Gardisten des 111. Gardeschützenregiments mit dem Kommunisten Unterleutnant Kotschetkow an der Spitze eine Heldentat. Sie hatten auf einer Höhe im Raum Kletskaja Stellung zu beziehen. In dem Bewußtsein, daß sie bis zum Anmarsch von Verstärkungen ein schweres Ringen zu bestehen haben würden, gaben sie einander das Wort, keinen Schritt zu weichen. Zunächst wurden sie viermal von einer kleineren Abteilung Infanterie angegriffen. Dann setzte der Gegner eine Kompanie MPi-Schützen gegen sie ein. Auch die wurden zurückgeschlagen.

Am frühen Morgen des folgenden Tages gingen zwölf faschistische Panzer gegen die tapfer Ausharrenden vor. Sie hatten nicht eine einzige Panzerbüchse; viele waren verwundet, besonders schwer ihr Kommandeur. Ein Gefecht auf Leben und Tod entbrannte. Einer der Gardisten warf sich mit einem Bündel Handgranaten vor die Ketten des vordersten Panzer, ihm folgte auf der Stelle ein zweiter Genosse, nach ihm ein dritter und vierter. Die vier gesprengten Panzer brannten lichterloh auf dem Gefechtsfeld. Die Faschisten verloren die Nerven, einige Fahrzeuge machten kehrt. Nur zwei der stählernen Ungeheuer rollten hartnäckig weiter vor.

Von den 16 Gardisten waren nur noch vier am Leben: Tschirkow, Stepanenko, Schukmatow und Unterleutnant Kotschetkow. Sie hätten im Schützengraben Deckung suchen oder sich in eine Schlucht retten können. Aber das hätte bedeutet, dem Gegner das Feld zu überlassen und ihm den Weg zur Wolga zu öffnen. Tschirkow, Stepanenko und Schukmatow brachten ihren sterbenden Kommandeur in Deckung, ergriffen Bündel Handgranaten, warfen sich mit dem Ruf: »Wir ergeben uns nicht!« vor die gegnerischen Panzer und vernichteten sie.

Die Verstärkung, die sich dem von den Gardisten verteidigten Abschnitt näherte, erblickte am Hang die Reste der ausgebrannten Panzer. Ohne zu weichen, hatten die Verteidiger der Höhe den Kampf gegen den an Kräften überlegenen Gegner aufgenommen und dabei ihr Leben gelassen.

Übrigens stellte sich nach dem Krieg heraus, daß einer der Gardisten überlebt hatte. Sein Name ist P. A. Burdin. Schwer verwundet war er ins Lazarett geschafft worden, genesen und hatte mit seiner Truppe Berlin erreicht.

Die Schlacht zwischen Wolga und Don

Mit dem 20. August verlagerte sich die Schlacht in der Richtung Stalingrad nach Osten, auf die Landenge zwischen Wolga und Don. Die Hauptkräfte der 6. Armee und der 4. Panzerarmee zielten jetzt auf Stalingrad. Beide Armeen und die Hauptverstärkungsmittel waren mit dem einzigen Ziel vereinigt, Zeit und Raum zu gewinnen. Die Kräfte unserer beiden Fronten — der Stalingrader Front und der Südostfront — aber waren am 23. August bis zur Wolga gespalten. Als ich am 24. August auf Wunsch Schumilows zum Dorf Wassiljewka fuhr, von wo der Kommandeur eines Verbandes erbitterte Kämpfe mit dem angreifenden Gegner gemeldet hatte, entdeckte ich nördlich Wassiljewka und Kapkinskaja an der Höhe 110,4 die B-Stelle des Kommandeurs eines der Division Kuropatenkos zugeteilten Artillerieregiments. Gegnerische Panzer und Infanterie stießen dorthin vor, doch das Regiment blieb untätig.

Ich fragte den Kommandeur: »Warum feuern Sie nicht?«
»Die Munition wird knapp«, antwortete er zögernd.
So lautete gewöhnlich die Antwort eines Kommandeurs, der den Rückzug antreten wollte.
»Ich befehle Ihnen, sofort die Geschütze zu laden und das Feuer zu eröffnen!«
»Gegen welche Gruppe?«
»Gegen die feindlichen Reserven.«
Aus der Siedlung Birsowaja sah man deutlich starke Gruppen gegnerischer Infanterie vorrücken.

Nach einigen Salven liefen sie auseinander und verstreuten sich in den Balkas. Dann strömten auch von dort Soldaten, Fuhrwerke und Kraftwagen fort. Die Faschisten fürchteten unser gezieltes Feuer.

Als kurz darauf der Divisionskommandeur eintraf, organisierten wir einen zusätzlichen Feuerschlag der Divisionsartillerie, und die Schützenregimenter gingen zum Angriff über. Nach zweistündigem Gefecht fielen Wassiljewka und Kapkinskaja in unsere Hand. Der Gegner zog sich ungeordnet nach Süden zurück.

Am nächsten Tag fuhr ich zum Gefechtsstand von Ljudnikows Division an der Ausweichstelle Kilometer 74. Er war nichts weiter als ein 1,5 Meter breiter und 6 Meter langer Deckungsgraben, so eng, daß ich trotz der Aufforderung Ljudnikows zögerte hineinzukriechen.

Obwohl ringsum Granaten schwerer Artillerie des Gegners detonierten, konnte ich meinen Blick nicht vom Gefechtsfeld lösen. Dort hatte der Gegenangriff unserer Truppen begonnen. Die Hauptkraft, ein Panzerbataillon mit Schützeneinheiten Ljudnikows, hatte gerade in das Gefecht eingegriffen. Ich sah, wie deutsche Panzer und Infanteristen zurückwichen. Aber nach 20 bis 30 Minuten erschienen Flugzeuge, die im Sturzflug angriffen. Unsere Panzer und Schützen machten halt und eröffneten das Feuer von der Stelle. Es kam zu einem Panzerduell. Keiner entschloß sich wegzugehen. Das währte mehrere Stunden.

Ich informierte Schumilow, daß die Lage an diesem Abschnitt stabil sei, und fuhr dann zum Abschnitt der 29. Division, zum 10 Kilometer nördlich Abganerowo gelegenen Sowchos Jurkin.

Unterwegs machten wir an einem ausgebrannten T-34 halt, um etwas zu essen. Wir waren ausgehungert, und unser Proviant schien nicht zu reichen. Doch kaum hatten wir uns gesetzt, die Konserven geöffnet und nach dem Brot gelangt, als wir etwa einen Meter von unserer feldmäßigen Tafelrunde entfernt einen aus dem Gras ragenden schwärzlich verwesten Menschenarm erblickten. Der Appetit verging uns; wir ließen die auf einer Zeitung ausgebreiteten Lebensmittel liegen und fuhren weiter.

Auf dem Gefechtsstand der 29. Division traf ich wieder Generalleutnant Golikow, den es offensichtlich nicht im Frontstab hielt. Hier wurden wir Zeuge, wie Fliegerkräfte des Gegners die eigene Infanterie angriffen. Es geschah nach kurzem Feuergefecht, in dem Augenblick, als sich unsere Einheiten schnell auf eine neue Linie zurückzogen und die gegnerische Infanterie im gleichen Tempo nachrückte. In Gruppen von 20 bis 30 Maschinen bombardierten die Faschisten eine halbe Stunde lang die eigenen Leute. Diese liefen auseinander und schossen Dutzende weißer Leuchtkugeln. Doch die Stukas setzten ihr Werk fort, bis ihre Bomben abgeworfen waren.

Ein einfaches, aber gut durchdachtes zügiges Manöver: indem sich unsere Schützeneinheiten schnell aus den von den gegnerischen Fliegern aufs Korn genommenen Stellungen zurückzogen, lockten sie dessen Infanterie unter die Schläge der Stukas.

Gegen Abend beschloß ich, zum Armeegefechtsstand in eine etwa 10 Kilometer ostwärts Sety gelegene Balka zurückzukehren.

Auf der Fahrt zur Ausweichstelle Kilometer 74 sahen wir eine lange Kette von Rotarmisten, die die Eisenbahn überschritten hatten und nach Norden zurückgingen. Alles war ruhig, wir konnten nicht feststellen, vor wem sie sich zurückzogen, wer sie verfolgte. Wir hielten sie an, schickten sie wieder hinter den Bahnkörper zurück und befahlen ihnen, sich dort einzugraben. Bald darauf stellten sich auch die Zug- und Kompanieführer ein. Sie gehörten zu Ljudnikows Division. Ich befahl ihnen, die Stellung zu halten.

Da es dunkelte und wir Gefahr liefen, auf den Gegner zu stoßen, konnten wir Ljudnikows Gefechtsstand nicht mehr erreichen. An einem Bahnübergang begegneten wir einem Mitarbeiter der Politabteilung der Armee, dessen Name mir entfallen ist. Er berichtete, daß Schumilow und der ganze Stab an den Telefonen säßen und mich suchten. Jetzt fiel mir ein, daß ich seit zehn Stunden nicht mehr beim Stab angerufen hatte.

Schumilow und seine engsten Mitarbeiter, die Mitglieder des Kriegsrates Serdjuk und Abramow und der Stabschef, Genosse Laskin, waren immer kameradschaftlich. Wir verständigten uns schnell, arbeiteten gut zusammen und waren umeinander besorgt. Diese wohltuende Atmosphäre herrschte bis zum letzten Tag meines Einsatzes bei dieser Armee. Und jetzt glaubten sie mich verloren.

Ihre Besorgnis war nicht unbegründet. Damals kam es vor, daß »herumstreunende« Generale nicht mehr zurückkehrten, entweder kamen sie um oder gerieten in Gefangenschaft.

Als ich den Bunker betrat, rief Schumilow: »Da ist er ja!« Dann telefonierte er sofort mit dem Chef des Frontstabes und meldete meine Rückkehr.

Kurz darauf erschien ein Mitglied des Kriegsrates, alle machten mir heftige Vorwürfe. Aber ich las in ihren Gesichtern kaum verhüllte Freude über meine Rückkehr. Sie hatten bereits Ljudnikow und die Kommandeure der Truppenteile beauftragt, mich zu suchen und wenigstens mein zerschossenes Auto aufzutreiben. Doch nun war ich wohlbehalten und mit unbeschädigtem Wagen zurück.

Vier von den fünf Korps der deutschen 6. Armee setzten am 23. August aus den Brückenköpfen am Ostufer des Don zum Angriff an. Das VIII. Armeekorps sollte über Kotluban—Kusmitschi in Richtung Jersowka anreifen, um die Stalingrader Operation von Norden zu sichern, das XIV. Panzerkorps über Borodkin — Ausweichstelle Konny in Richtung Rynok—Spartanowka, das LI. Armeekorps über Rossoschka—Gumrak unmittelbar auf Stalingrad, das XXIV. Panzerkorps aus dem Raum Kalatsch über Karpowka ebenfalls in Richtung Stalingrad. Das XVII. Korps blieb hinter dem Don. Gleichzeitig setzte die 4. Panzerarmee ihren Vorstoß fort und führte von Süden über Tundutowo ihren Hauptstoß gegen die Stadt.

Mit dem 20. August begannen die 4. Panzerarmee und die 6. Armee taktisch eng zusammenzuwirken. Am 21. August eröffneten das XXXXVIII. Panzerkorps und das IV. Armeekorps von Hoths Armee den Angriff und drangen an der Naht der 64. und 57. Armee in Richtung Tundutowo 15 Kilometer in unsere Stellungen ein. Es bestand die Gefahr, daß Hoths Armee von Süden nach Stalingrad und zur Wolga durchbrach.

Der Oberbefehlshaber der Südostfront und der Stalingrader Front[12], Jeremenko, zog zur Verstärkung der Verteidigung gegen Hoths Armee vier Panzerabwehrartillerieregimenter, vier Gardewerferregimenter und die 56. Panzerbrigade von der Front der 62. Armee und der 4. Panzerarmee ab und verlegte sie in den bedrohten Abschnitt der 57. Armee südlich Stalingrad. Zwar halfen sie, Hoths Vormarsch aufzuhalten, doch schwächte ihre Verlegung vom Don nach Süden die Verteidigung der 62. Armee und der 4. Panzerarmee, an deren Naht sich die Paulusarmee von Westen zum Angriff auf Stalingrad bereitmachte.

12 Beide Fronten wurden ab 9. August unter General Jeremenko vereinigt. General Gordow wurde zum Stellvertreter des Oberbefehlshabers für die Stalingrader Front ernannt.

Der Gegner beabsichtigte, nördlich Stalingrad die Wolga zu erreichen und gleichzeitig die rechte Flanke der 62. Armee tief zu umfassen. Anscheinend war er bestrebt, seinen Plan zur Einschließung der 62. und der 64. Armee exakt zu verwirklichen und die von Westen und Süden vorgeschobenen Keile an der Wolga zusammenzuführen.

Die deutschen Truppen, die von Hitler Befehl erhalten hatten, Stalingrad bis zum 25. August zu nehmen, stürmten ohne Rücksicht auf Verluste zur Wolga. Der für die Stadt so tragische 23. August 1942 brach an. Mehrere Infanteriedivisionen und eine Panzerdivision durchbrachen unter großen Verlusten im Abschnitt Wertjatschi—Peskowatka die Verteidigung der 62. Armee. Der Gegner warf mehrere Infanterie-, zwei motorisierte und eine Panzerdivision des XIV. Panzer- und des VIII. Armeekorps in den entstandenen Durchbruch. Von hundert Panzern unterstützte Vorausabteilungen erreichten nördlich Rynok die Wolga.

Die Lage war ernst. Die geringste Verwirrung konnte uns verhängnisvoll werden. Um Panik hervorzurufen und dann in die Stadt einbrechen zu können, setzte der Gegner eine Armada Bombenflugzeuge gegen Stalingrad ein, die innerhalb eines Tages fast 2 000 Einsätze flogen, die heftigsten des ganzen Krieges. Die sich 50 Kilometer die Wolga entlang erstreckende Riesenstadt stand in Flammen. Leid und Tod hielten bei Tausenden Stalingrader Familien Einzug. Unsere Flak schoß am 23. August etwa 90 Flugzeuge ab. Das Bombardement dauerte bis zur Dunkelheit an.

Dennoch entstanden bei den Verteidigern weder Panik noch Verwirrung. Der Aufruf des Kriegsrates der Front und der städtischen Parteiorganisation fand bei den Soldaten und der Zivilbevölkerung lebhaften Widerhall. Die bekannten Werke — das Traktorenwerk, »Barrikady«, »Roter Oktober« und das Elektrizitätswerk — wurden zu Bastionen der Verteidigung. Die Arbeiter produzierten Waffen und verteidigten die Betriebe an der Seite der Truppen. Ergraute Veteranen — Verteidiger des alten Zarizyn —, Stahlwerker und Traktorenbauer, Wolgamatrosen und Schauerleute, Eisenbahner und Werftarbeiter, Angestellte und Hausfrauen, Väter und Kinder — sie alle verteidigten einmütig ihre Heimatstadt. Bald kamen ihnen die Truppen von General Sarajew, von Oberst Gorochow und

Oberst Andrjussenko sowie von Oberstleutnant Bolwinow zu Hilfe.

Die Schlacht wurde immer erbitterter. Jeder Meter Boden kostete den Gegner große Opfer. Je mehr er sich der Stadt näherte, desto hartnäckiger wurde der Widerstand, desto tapferer schlugen sich die sowjetischen Soldaten. Unsere Verteidigung war wie eine Sprungfeder, die zusammengedrückt ihre Spannkraft erhöht.

Über diese Kämpfe schreibt der 1. Adjutant der Armee von Paulus: »Der Gegner kämpft um jeden Fußbreit Boden. Fast unglaublich mutet uns ein Bericht des Generals der Panzertruppen v. Wietersheim an, Kommandierender des XIV. Panzerkorps. Solange sein Korps isoliert kämpfen mußte, erhielten wir nur dürftige Nachrichten. Nun aber berichtete er, daß die Einheiten der Roten Armee bei Abwehr unserer Angriffe von der ganzen Bevölkerung Stalingrads mit höchster Entschlossenheit unterstützt werden. Nicht nur im Bau von Stellungen, Sperren und Gräben. Nicht nur dadurch, daß Werke und große Gebäude in Festungen verwandelt wurden. Viel mehr noch mit der Waffe. Arbeiter in werktäglicher Kleidung lagen tot auf dem Schlachtfeld, oft noch mit Gewehr oder Maschinenpistole in den erstarrten Händen. Arbeiter umklammerten noch im Tod das Steuer abgeschossener Panzer. Das hatten wir bisher noch nie erlebt.«[13]

In diesen Tagen zeichneten sich im Raum Malyje Rossoschki, etwa 40 Kilometer westlich Stalingrad, 33 Angehörige des 1 379. Regiments der 87. Schützendivision der 62. Armee unter dem stellvertretenden Politleiter Leonid Kowaljow aus. Obwohl vollständig eingeschlossen, wichen sie nicht zurück. Siebzig Panzer griffen ihre Stellungen an. Ihre Lebensmittelvorräte gingen zur Neige, und sie hatten in der Hitze keinen Tropfen Wasser mehr, dennoch wankten die Helden nicht. Sie schossen 27 Panzer in Brand und vernichteten etwa 150 Gegner. Angesichts des heftigen Widerstands an den Zugängen von Stalingrad verstärkte der Gegner seine Kräfte weiter. Die Schlacht nahm immer größere Ausmaße an.

Obwohl die Faschisten am 23. August nördlich Stalingrad die Wolga erreicht hatten, konnten sie den Durchbruch nicht er-

---

13 Wilhelm Adam, Der schwere Entschluß, Berlin 1978, S. 87.

weitern und den nördlichen Teil der Stadt nicht erobern. Die Siedlungen Rynok, Spartanowka und Orlowka, deren Verteidigung wir rechtzeitig organisiert hatten, wurden ihnen zum unüberwindlichen Hindernis. Hier kämpften Hunderte Stalingrader Werktätige und Angehörige der Luftverteidigung Schulter an Schulter mit den Soldaten der 62. Armee.

Und im Süden, bei der 64. Armee, gelang es dem Gegner nicht, zur Wolga durchzubrechen. Unsere Truppen schlugen ihn in Gegenangriffen zurück.

Am schwächsten war unsere Verteidigung am Bahnhof Kotluban und an der Ausweichstelle Konny, an der rechten Flanke der 62. Armee. Hätten die Eindringlinge aus dem Raum Konny auch nur zwei Divisionen die Bahnstrecke entlang nach Süden eindrehen lassen, wäre es ihnen leichtgefallen, zum Bahnhof Woroponowo, in den Rücken der 62. und 64. Armee, vorzustoßen und sie von Stalingrad abzuschneiden.

Anscheinend aber wollten die faschistischen Generale zwei Fliegen mit einer Klappe schlagen – Stalingrad aus der Bewegung nehmen und unsere beiden Armeen einschließen. Sie waren so eifrig bei der Sache, daß sie unseren zunehmenden Widerstand nicht bemerkten. Es entging ihnen auch, daß ihre eigene Angriffsfront und ihre Verbindungslinien weit auseinandergezogen waren. Ihre Hoffnung auf Panik und Unsicherheit nach dem barbarischen Bombardement erfüllte sich nicht.

Ende August verlief die Verteidigungsfront der 62. und der 64. Armee von der Siedlung Latoschinka über Rynok–Orlowka–Siedlung Sowjetski–Ljapitschew – südostwärts am Jerik und an der Myschkowa entlang bis Wassiljewka und schließlich über den Sowchos Jurkin an der Eisenbahn entlang bis Tundutowa.

Praktisch befanden sich beide Armeen in einem Sack, dessen Boden am Donufer, an der Siedlung Ljapitschew, lag und dessen Seiten bis nach Rynok im Norden und Tundutowo im Süden reichten. Um südlich Tundutowo bei Krasnoarmejsk ebenfalls zur Wolga durchzubrechen, hätte Hoths Panzerarmee eine Entfernung von 15 Kilometer Luftlinie zurücklegen müssen.

Da Hitler die Lage für günstig hielt, Stalingrad samt seinen Vororten schnell zu erobern, befahl er Paulus und Hoth am 25. August, die Stadt zu nehmen. Die 62. und die 64. Armee befanden sich in einer schwierigen Lage. Nur die Entschlossenheit und Standhaftigkeit aller, vom Soldaten bis zum Frontoberbefehlshaber, konnten unsere Truppen retten. Der Beschluß des Hauptquartiers und Stalins persönlicher Entschluß, mit allen Kräften um die Stadt zu kämpfen, war allgemein bekannt. Wir wußten, daß über das Schicksal und den Ausgang des gesamten Feldzugs des Jahres 1942 hier, an der Wolga, entschieden wurde.

Wie Moskau im Jahre 1941, war Stalingrad 1942 der Punkt, auf den sich die wichtigsten strategischen, politischen, ökonomischen Ziele und Aufgaben sowie das Prestige des ganzen Krieges konzentrierten. Die Kämpfe an der Wolga steigerten sich zu einem Furioso, daß es der Welt im Herbst 1942 den Atem verschlug. Alles hing davon ab, ob die sowjetischen Truppen Stalingrad halten könnten.

Ungeachtet ihrer schwierigen Lage verteidigten sich die 62. und die 64. Armee nicht nur, sondern führten heftige Stöße gegen die Hauptkräfte des Gegners. In der letzten Oktoberdekade hieß es vor allem, den von Kotelnikowski über Tundutowo zur Wolga vorstoßenden südlichen Keil des Gegners, der unsere gesamten Kräfte im Raum Stalingrad bedrohte, zum Stehen zu bringen.

Das Hauptquartier verstärkte systematisch die Stalingrader und die Südostfront. Vom 1. bis 20. August hatte es 15 Schützendivisionen und drei Panzerkorps hierher in Marsch gesetzt. Doch die beschränkte Durchlaßfähigkeit der Bahnen verzögerte ihre Ankunft an der Front. Bis zum 20. August waren nur fünf Schützendivisionen im Raum Katschalinskaja eingetroffen; und die Panzerkorps konnten Stalingrad nicht vor dem 23. oder 24. August erreichen. Die gespannte Lage zwischen Don und Wolga zwang den Frontoberbefehlshaber, die eintreffenden Verbände überstürzt, ohne Orientierung über die Lage an der Front und ohne Gefechtsvorbereitung einzuführen.

So wurde am 23. August die 315. Schützendivision aus der Reserve des Hauptquartiers in Eilmärschen in den Raum Gorodischtsche verlegt, wo sie am inneren Verteidigungsgürtel Stellung zu beziehen hatte. In der zweiten Tageshälfte wurde sie von Fliegerkräften und danach von Panzern, die aus dem Raum Wertjatschi durchgebrochen waren, angegriffen.

Die 35. Gardeschützendivision unter Generalmajor Glaskow, die am mittleren Verteidigungsgürtel eingesetzt werden sollte, konnte ihren Abschnitt erst in der Nacht zum 23. August mit

Vorausabteilungen erreichen. Eine dieser von Hauptmann Stoljarow befehligten Abteilungen nahm südlich Kotluban den Kampf gegen starke Panzerkräfte und motorisierte Infanterie des Gegners auf. Fünfmal versuchten die Faschisten, die Stellungen im Sturm zu nehmen, doch jedesmal fluteten sie unter hohen Verlusten zurück. Als auf dem Höhepunkt des Gefechts Hauptmann Stoljarow verwundet wurde, übernahm Hauptmann Ruben Ruiz Ibarruri, Sohn der Vorsitzenden der Kommunistischen Partei Spaniens, Dolores Ibarruri, das Kommando. Er wurde tödlich verwundet.

Hauptmann Ibarruri erhielt postum den Titel Held der Sowjetunion. Er ruht in der Heldenstadt Stalingrad.

Ohne ihren Verteidigungsabschnitt beziehen zu können, mußte die von überlegenen Kräften angegriffene 35. Gardedivision in den Raum Samofalowka zurückgehen.

Um den zur Wolga durchgebrochenen Gegner zu schlagen, bildete man zwei Sturmgruppen. Der ersten, unter dem Stellvertreter des Oberbefehlshabers der Stalingrader Front, Generalmajor Kowalenko, mit dem 4. und 16. Panzerkorps und der 84., 24. und 315. Schützendivision, fiel die Aufgabe zu, am Morgen des 25. August einen Stoß in Richtung der Balka Suchaja Metschetka zu führen. Die zweite Gruppe mit dem 2. und 23. Panzerkorps unter dem Chef der Panzer- und mechanisierten Truppen der Stalingrader Front, Generalleutnant Schtewnew, hatte über Orlowka in allgemeiner Richtung Jersowka anzugreifen. Durch gemeinsame Handlungen sollten beide Gruppen die nördlich Stalingrad zur Wolga durchgebrochene Gruppierung des Gegners einschließen und vernichten.

Zur Wiederherstellung der Verteidigungsfront am linken Donufer hatte der linke Flügel der 4. Panzerarmee mit der 27. Gardedivision und der 298. Schützendivision mit einem von Norden aus Wertjatschi geführten Stoß den ihm gegenüberstehenden Gegner zu vernichten und das linke Donufer im Abschnitt Nishne-Gnilowski–Wertjatschi zu erreichen; der 62. Armee am rechten Flügel mit der ihr zugeteilten 35. Gardeschützendivision und der 169. Panzerbrigade fiel die Aufgabe zu, auf Peskowatka vorzustoßen, ausgangs des Tages den Abschnitt Wertjatschi–Peskowatka zu nehmen und sich dabei am Donufer mit der 4. Panzerarmee zu vereinigen.

Der Stab der Stalingrader Front blieb in Stalingrad. Um die

Truppenführung zu erleichtern, organisierte man am 26. August im Raum Malaja Iwanowka eine Hilfsführungsstelle unter dem Stellvertreter des Frontoberbefehlshabers, Generalmajor Kowalenko, und dem Chef des Stabes der Front, Generalmajor Nikischow.

Die Stöße der Gruppen Kowalenko und Schtewnew versetzten das XIV. Panzerkorps in eine schwierige Lage. Da sich der Durchbruch am 26. August auf 4 Kilometer verengte, mußte Paulus das Korps aus der Luft versorgen.

Der Gegner hatte zu dieser Zeit ein starkes Infanterie- und Panzerabwehrfeuer organisiert. Seine Fliegerkräfte bombardierten und beschossen unsere Truppen methodisch schon auf dem Marsch und hinderten sie, sich bei Tageslicht organisiert vorzubereiten und in das Gefecht einzutreten.

Die Gegenstöße der 4. Panzerarmee am linken und der 62. Armee am rechten Flügel, mit dem Ziel, im Raum Nishne-Gnilowski–Wertjatschi–Peskowatka das linke Donufer zu erreichen, blieben erfolglos.

Die für die Front bestimmten Reserven des Hauptquartiers, die erst am 23. August auf ihren 100 Kilometer vom Gebiet der Kampfhandlungen entfernten Entladestationen Frolowo und Log einzutreffen begannen, waren in der Krise des Gefechts nicht zur Stelle.

Hier möchte ich einige Worte zu unseren Nachrichtenverbindungen sagen. Im zweiten Kriegsjahr waren sie unsere schwache Stelle. Während sich der Gegner auf allen Führungsebenen des Funks bediente, herrschte bei uns die immer wieder gestörte Drahtverbindung vor. Wir mußten Offiziere ausschicken, eine Methode, die es schwer machte, die in den Weiten der Steppe verstreuten Truppen zu führen. Weder Zeit noch Mittel reichten, die Entschlüsse des Frontstabes in die Tat umzusetzen. Die schlecht funktionierende Nachrichtenverbindung machte auch eine rechtzeitige und exakte Information über die Lage an der vordersten Linie unmöglich. Der Krieg der Motoren aber erforderte eine weit größere Beweglichkeit auf allen Ebenen der Truppenführung.

Während wir unter dem sich verstärkenden Druck des Gegners zurückgingen, erreichten Befehle mit dem Wörtchen »unverzüglich« die Truppenteile häufig erst, wenn diese in den Befehlen erwähnte Ortschaften bereits geräumt hatten oder auch der betreffende Truppenteil aufgehört hatte, als Gefechtseinheit zu existieren.

In diesen Tagen höchster Gefahr arbeitete die städtische Parteiorganisation besonders angestrengt. Das vom ersten Sekretär des Gebietskomitees der KPdSU, Genossen Tschujanow, geleitete städtische Verteidigungskomitee verwandelte sich in ein Kampforgan des Kriegsrates der Front. In den Industrievierteln wurden Arbeiterbataillone zur Verteidigung der Werke aufgestellt. Die Parteiorganisation der Stadt, des Gebiets und der Armee unter Leitung des Kriegsrates der Front und der Politverwaltung waren unermüdlich tätig, die Menschen zu mobilisieren. Hunderte von Kommunisten gingen an die Front, in die vorderste Linie. Daneben wurde ein schonungsloser Kampf gegen alle Arten von Panikmacherei und Feigheit geführt. Auch hierbei wirkten die Kommunisten an den verantwortlichsten Abschnitten des Kampfes.

Es sei mir gestattet, ein für die Verteidigung der Stadt bedeutsames Dokument zu zitieren.

Aufruf
des vom Sekretär des Stalingrader Gebietskomitees, Genossen A. S. Tschujanow, geleiteten städtischen Verteidigungskomitees

»Werte Genossen! Liebe Stalingrader! Wieder, wie vor 24 Jahren durchlebt unsere Stadt schwere Tage. Die blutrünstigen Faschisten drängen zu unserem strahlenden Stalingrad, zum großen russischen Strom, der Wolga. Stalingrader! Geben wir unsere Stadt nicht der Schändung durch die Deutschen preis. Erheben wir uns geschlossen zur Verteidigung unserer geliebten Stadt, unserer Heime, unserer Familien. Überziehen wir sämtliche Straßen mit unpassierbaren Barrikaden. Machen wir jedes Haus, jedes Häuserviertel, jede Straße zu einer uneinnehmbaren Festung. Auf zur Errichtung von Barrikaden! Verbarrikadiert jede Straße.

Im bedrohlichen Jahr 1918 verteidigten unsere Väter siegreich Zarizyn. Verteidigen auch wir im Jahre 1942 Stalingrad, die Rotbannerstadt!

Alles zum Barrikadenbau! Alle, die in der Lage sind, Waffen zu tragen, auf zur Verteidigung der Heimatstadt, des heimatlichen Herdes!«

In den brennenden Vierteln kämpften heldenhaft Abteilungen des zivilen Luftschutzes, Sanitätseinheiten und Feuerlöschkommandos. Nicht in der Produktion tätige Frauen, Kinder, alte Leute und Verwundete wurden auf das linke Wolgaufer gebracht. Trotz hoher Verluste durch Bombenangriffe bewerkstelligten Schiffe des Flußhafens und der Wolgakriegsflottille unter Beschuß die Evakuierung. Sie schafften vom linken Ufer Truppen und Technik auf das rechte, während Teilkräfte der Kriegsflottille mit ihrem Feuer Schläge gegen den zum nördlichen Stadtrand durchgebrochenen Gegner führten.

Die Parteiorganisationen des Gebiets und der Stadt leisteten unter den neu eingetroffenen Truppen eine große organisatorisch-politische Arbeit. Jede Minute, jede Stunde nutzend, brachten sie, abgestimmt mit den Armeeparteiorganisationen, ein Zusammenwirken der Arbeiterabteilungen mit den Kompanien und Bataillonen der Armeetruppenteile zustande. Das belagerte Stalingrad verwandelte sich in eine kämpfende Festungsstadt. Unter Leitung der Parteiorgane und -organisationen wurde alles zur Abwehr des heimtückischen Gegners mobilisiert. Die aus der Tiefe des Landes eintreffenden Truppen, die in der Stadt den kämpferischen Zusammenschluß von Truppen und Einwohnern erlebten, wurden gefestigt in ihrer Entschlossenheit, bis zum letzten zu kämpfen.

Zwar vermochten unsere Gegenstöße die auf vollen Touren laufende Kriegsmaschine Hitlers im großen Donbogen und zwischen Wolga und Don nicht zum Stehen zu bringen, aber sie brachten seine Angriffspläne zeitlich durcheinander. Im Rauch der Feuerbrünste während der Kämpfe vom Juli und August zeichnete sich bereits das Dunkel der Niederlage für die faschistischen Truppen ab.

Vom 21. August bis Monatsende, als die 62. Armee und die 4. Panzerarmee den von Westen und Norden, aus dem Raum Akatowka und Orlowka geführten Angriff der Paulusarmee abwehrten, kämpften die 64. und die 57. Armee erbittert gegen die Hauptkräfte von Hoths Panzerarmee. Ihre linke Flanke durch die Divisionen des rumänischen VI. Armeekorps, das XXXXVIII. Panzer- und das IV. Armeekorps gesichert, richtete diese Armee ihren Hauptstoß an der Eisenbahn entlang nach Krasnoarmejsk. Angriffe des Gegners wechselten mit Gegenangriffen der 57. und der 64. Armee. Das Gefechtsfeld wurde von

Westen durch die Bahnhöfe Tundutowo und Abganerowo, von Osten durch den Zaza- und den Sarpa-See begrenzt. Auf seiten des Gegners handelten in diesem Raum etwa 250 Panzer. Am 24. August gelang es der 14. und der 24. deutschen Panzerdivision sowie der 29. motorisierten Infanteriedivision, von Süden zur Siedlung Soljanka durchzubrechen; weiter vorzudringen vermochte sie jedoch nicht. Die heldenhafte Verteidigung und die Gegenangriffe der 422., 244. und 15. Gardeschützendivision brachten den Angriff zum Stehen. Zweifellos spielten dabei die am 21. und 22. August vom Don in diesen Raum verlegten Panzerabwehr- und Artillerieregimenter sowie die Gardewerfer eine positive Rolle.

In den Gefechten zeichneten sich vor allem die Artillerieeinheiten aus, die insgesamt 60 Panzer bewegungsunfähig oder in Brand schossen.

Nach starker Luftvorbereitung gingen 20 Panzer des Gegners mit aufgesessenen MPi-Schützen gegen die Stellungen eines Feuerzuges des 43. Artillerieregiments der 15. Gardedivision vor. Der Zugführer, Obersergeant Chwastanzew, ließ die Panzer bis zur Schußentfernung im direkten Richten herankommen, eröffnete das Feuer und machte schon mit den ersten Schüssen zwei Panzer bewegungsunfähig. Die übrigen Panzer erwiderten das Feuer und kehrten um. Kurze Zeit später griffen Fliegerkräfte den Artilleriezug an; aus der Bewegung feuernd, gingen die Panzer erneut zum Angriff über. Viele Artilleristen waren verwundet. Chwastanzew befahl ihnen, nach hinten zurückzugehen, und führte mit fünf Soldaten das Feuer mit dem einzigen unversehrt gebliebenen Geschütz weiter. Mit mehreren Treffern schoß Chwastanzew einen weiteren Panzer bewegungsunfähig. Dann ging ihm die Munition aus. Von drei Seiten umfaßten die gegnerischen Panzer die Feuerstellung des Zuges. Die Geschützbedienungen waren gefallen. Mit einer Panzerbüchse schoß Chwastanzew aus nächster Nähe einen Panzer bewegungsunfähig. Als die übrigen weiter vorgingen, sprang Chwastanzew, eine Handgranate in der Hand, aus dem Graben und schleuderte sie gegen den Spitzenpanzer, doch ohne Erfolg. Er sprang in den Graben zurück, den der Panzer glattzuwalzen begann. Als der Panzer sich zurückzog, erhob Chwastanzew sich noch einmal und schleuderte ihm seine letzte Handgranate nach. Er konnte nicht mehr sehen, wohin sie flog.

Die Sowjetregierung würdigte seine Heldentat postum mit dem Titel Held der Sojwetunion.

Heldentaten unserer Artilleristen wie diese gab es Dutzende und Hunderte.

Die deutsche 4. Panzerarmee, die unter hohen Verlusten an Menschen und Technik etwa eine Woche lang vergeblich gekämpft hatte, mußte auf einen weiteren Vorstoß auf Krasnoarmejsk und von dort aus zur Wolga verzichten. Die Zange, die sich nach Erreichen der Wolga an ihrem rechten Ufer entlang von Norden nach Süden über Rynok, Spartanowka, Stalingrader Traktorenwerk und von Süden nach Norden über Krasnoarmejsk, Beketowka vorschiebend schließen sollte, blieb offen. Die heldenhafte Verteidigung mit den Kräften der 62., 64. und 57. Armee und der Stalingrader Werktätigen vereitelte dieses Vorhaben.

Am 28. und 29. August gruppierte das faschistische Oberkommando seine Truppen gedeckt vom rechten Flügel auf den linken, genauer gesagt, ins Zentrum, in den Raum Abganerowo—Kapkinski, um und verlegte in denselben Raum auch die 14. und 24. Panzerdivision, die 29. motorisierte Infanteriedivision sowie die 6. und 20. rumänische Infanteriedivision, mit dem Ziel, sie nach einem Stoß über die Siedlungen Sety und Nariman mit der 6. Armee zu vereinigen. Damit waren die gesamte 62. Armee und zwei Divisionen der 64. Armee von der Einschließung bedroht.

Unsere Aufklärung erkannte dieses Manöver jedoch rechtzeitig, und der Frontoberbefehlshaber befahl beiden Armeen, auf die neue Verteidigungslinie Rynok—Orlowka—Sowchos Nowaja Nadeshda—Bolschaja und Malaja Rossoschka—Ostufer der Rossoschka—Ostufer der Tscherwlennaja—Nowy Rogatschik—Iwanowka zurückzugehen.

In der Nacht zum 30. August, in der ich mit dem Chef Pioniere der 64. Armee, Oberst Bordsilowski, eine Erkundungsfahrt entlang der Tscherwlennaja unternahm, mußten wir im Dorf Pestschanka beim Chef Rückwärtige Dienste der 64. Armee, General Alexandrow, übernachten. Am nächsten Morgen sahen wir bei der Erkundung des Raumes Nowy Rogatschik zurückgehende Truppenteile der 62. Armee. Bei Karpowka wurde bereits gekämpft. Die Truppen der 64. Armee waren 30 bis 50 Kilometer von dieser Stellung entfernt, und ich machte mir Sorgen, ob es ihnen wie am 17. August gelingen würde, sich unbemerkt vom Gegner abzusetzen und auf ihre neue Linie zurückzugehen.

Gegen Mittag trafen wir General Golikow, der im Auftrag des Frontoberbefehlshabers denselben Raum erkundete. Genosse Golikow war froh, jemanden gefunden zu haben, dem er diesen Abschnitt übergeben konnte, und ich freute mich, aus seiner Reserve ein Panzerabwehrartillerieregiment zu erhalten, mit dem ich hier und da die Furten über die Tscherwlennaja decken konnte.

Am Abend des 30. August klärten deutsche Flugzeuge diese Stellungen auf und warfen mehrere Bomben auf die Batterien des Panzerabwehrartillerieregiments. Ich informierte Schumilow über das Ergebnis meiner Aufklärung, über die Lage an der neuen Linie und die der benachbarten Truppenteile der 62. Armee. Dann warteten wir die ganze Nacht bis zum Mittag des 31. August auf die Truppen, die hierher zurückgehen sollten. Bereits am Morgen war allerdings klar, daß es ihnen nicht gelungen war, sich unbemerkt vom Gegner zu lösen.

Der Rückzug der 64. Armee fiel mit dem Beginn des neuen Angriffs der gegnerischen Panzerdivisionen zusammen. Panzer und Flieger griffen unsere Truppenteile pausenlos an. Diese bezogen, sobald sie die Tscherwlennaja überschritten hatten, Stellung. Den Gefechtsstand der Armee brachte man in der Balka Karawatka und den Stab im Sowchos Gornaja Poljana unter. Die Flügel der 62. und der 64. Armee vereinigten sich an der Siedlung Nowy Rogatschik. Am linken Flügel traf die 64. Armee mit der 57. Armee unter General Tolbuchin zusammen. Dort wagte der Gegner nicht, unsere neue Stellung aus der Bewegung anzugreifen.

Als am 1. September der rechte Flügel der Paulusarmee mit dem linken Flügel der Panzerarmee unter Hoth an der Tscherwlennaja im Raum Rogatschik zusammentrafen, waren die Hauptkräfte der 62. und 64. Armee bereits nach Osten zurückgeführt und hatten entlang der Rossoschka und der Tscherwlennaja eine Verteidigung bezogen. Damit hatte der Gegner seine Zange nicht am Wolgaufer entlang bei gleichzeitiger Eroberung Stalingrads schließen können, sondern erreichte dies nur weiter westlich, ohne daß sich sowjetische Truppen in der geschlossenen Zange befanden.

Von diesem Zeitpunkt an richteten sich die Hauptkräfte der

beiden faschistischen Armeen im wesentlichen auf den zentralen Teil der Stadt, entlang der Bahnstrecken Kalatsch—Stalingrad und Stalingrad—Kotelnikowski.

Am 1. September zog der Gegner anscheinend Kräfte heran, die Ausgangsstellungen für einen neuen Angriff bezogen. Am 2. September bombardierte er heftig unsere rückwärtigen Einrichtungen, Feuerstellungen und Nachrichtenzentralen. Unsere Zwischenstation in der Balka Jagodnaja fiel aus. Wie es schien, wußte der Gegner nicht nur, wo unsere Nachrichtenstellen lagen, sondern kannte sogar unsere Gefechtsstände.

Nach heftigem Luftangriff und Artilleriebeschuß griff der Gegner am Morgen des 3. September an der gesamten Front an. Er konnte auf dem linken Flügel der Armee gegen 12.00 Uhr die Tscherwlennaja überschreiten. Der Frontoberbefehlshaber forderte uns auf, sofort die Lage wiederherzustellen. General Schumilow erhielt den Befehl, sich zur Höhe 128,2 zu begeben und den Gegenangriff persönlich zu leiten.

Ich blieb mit dem Mitglied des Kriegsrates Abramow und den Nachrichten- und Führungsmitteln in der Balka Karawatka beim Vorwerk Popow, wo uns gegen Mittag General Golikow aufsuchte. Er informierte sich über die Lage, übermittelte uns mündliche Weisungen des Kriegsrates der Front und fuhr dann an der Front entlang weiter. Eine halbe Stunde später bombardierte man uns. Anscheinend hatte die Luftaufklärung unseren Gefechtsstand entdeckt. Aber wir durften den Platz, an dem sich unsere Nachrichtenzentrale befand, und von dem aus die Truppenführung erfolgte, nicht verlassen. Außerdem konnten wir uns während des Angriffs in der offenen Steppe ohnehin nicht bewegen.

So mußten wir in unseren Unterständen, deren Decke aus einer höchstens 25 Zentimeter starken Bohlen- und Erdschicht bestand, bleiben und weiterarbeiten. Mein Arbeitstisch stand dem Abramows gegenüber. Die 6 Quadratmeter Grundfläche mit den Erdwänden unter der niedrigen Decke erinnerten an ein Grab. Es war heiß, stickig und staubig. Durch die undicht verlegten Bohlen und Bretter rieselte der Sand. Nach ein paar Stunden aber hatten wir uns an unsere Lage gewöhnt und beachteten weder das Dröhnen der Motoren noch die Detonationen der Bomben.

Plötzlich war es, als würde unser Unterstand hochgeschleudert. Ein ohrenbetäubendes Krachen ertönte. Ich weiß nicht mehr, wie wir uns auf dem Boden wiederfanden. Tische und Schemel waren durcheinandergeworfen. Über uns lag ein von einer Staubwolke verhangener Himmel, Erdbrocken und Steine flogen umher, ringsum Schreie und Stöhnen.

Als sich der Staub etwas verzogen hatte, sahen wir 6 bis 8 Meter von unserem Unterstand entfernt einen Trichter von 15 Meter Durchmesser und 7 Meter Tiefe. Daneben verstümmelte Leichen, umgestürzte Kraftwagen und die beschädigte Funkanlage; auch die Kabel waren unterbrochen.

Ich entschloß mich, die Verbindung zu den Truppen von der Zwischenstation bei Jagody, 2 Kilometer südlich des neuerrichteten Hauptgefechtsstands, aufrechtzuerhalten.

Nachdem ich den Wagen zu mir beordert hatte, machte ich mich mit meinem Adjutanten Klimow und dem Fahrer Kalimulin auf den Weg. Kaum hatten wir die Balka verlassen, als der Gegner unseren Gefechtsstand mit kleinkalibrigen Bomben bombardierte. Im Tiefflug warfen seine Ju 88 jedesmal zehn bis zwölf Bomben über der Balka ab und machten dann auf einzelne Fahrzeuge Jagd. Einem Flugzeug, das hinter uns her war, entgingen wir nur durch Selbstbeherrschung und Berechnung. Ohne unseren Verfolger aus den Augen zu lassen, rief ich Kajum zu: »Geradeaus, nicht abbiegen!«

Als sich die erste Bombe vom Flugzeug löste, befahl ich, scharf nach rechts einzuschwenken, worauf unser Wagen in voller Fahrt eine Wendung um 90 Grad machte. Als die Bomben die Erde erreichten, waren wir bereits 100 Meter von der Einschlagstelle entfernt.

Die Junkers warf ungefähr 20 Bomben ab, ohne Schaden anzurichten. Nur unsere Autobatterie wurde durchschlagen. Die Säure ergoß sich in den Motor, der nicht mehr ansprang.

Während sich Kajum am Motor zu schaffen machte, sah ich vom Vorwerk Zybenko deutsche Panzer vorrücken. Zuerst ein Dutzend, dann mehr – insgesamt waren es etwa 100 Panzer, die das Tal der Tscherwlennaja verließen. Sie formierten sich zur Kolonne, mit der Spitze nach Norden, in Richtung Ausweichstelle Bassargino.

Die Panzer hatten bei Warwarowka und Zybenko die Verteidigung durchbrochen, als die Fliegerkräfte unsere Truppen und den Gefechtsstand der Armee angriffen. Jetzt waren die Panzer etwa 2 Kilometer von unserem Gefechtsstand entfernt.

Unsere Artillerie nahm sie bald darauf unter Feuer, und ich entschloß mich, nicht mehr zur Zwischenstation zu fahren. Als ich zu Fuß zu unserem zerstörten Gefechtsstand zurückkehrte, traf ich wieder General Golikow. Anscheinend war er gekommen, um zu sehen, was von uns übriggeblieben war. Die Verbindung zum Stab funktionierte wieder, und wir erfuhren, daß gegnerische Truppen die Verteidigung der 64. Armee nicht nur bei Zybenko, sondern auch bei Nariman durchbrochen hatten. Im Verteidigungsstreifen der 62. Armee hatte der Gegner die Verteidigung an der Rossoschka durchbrochen und die Ausweichstelle Bassargino erreicht.

Bis zum Einbruch der Dunkelheit blieb ich im Gefechtsstand. Erst in der Nacht rief Schumilow uns zum 5 Kilometer westlich Beketowka im Wald gelegenen Gefechtsstand ab.

Die 62. und die 64. Armee zogen sich unter schweren Gefechten auf ihre letzten Stellungen in Richtung Stalingrad zurück. Die Straßen waren von Kolchosbauern und Sowchosarbeitern, die mit ihren Familien unterwegs waren, verstopft. Alle strebten den Wolgaübergängen zu, trieben das Vieh fort und nahmen das wertvolle Inventar mit, damit es nicht dem Feind in die Hände fiel.

Hier eine Schilderung des Direktors des Viehzuchtsowchos »13 Jahre Rote Arbeiter-und-Bauern-Armee«, Dmitri Iwanowitsch Solowjow. Nach der Räumung hatte der aus der Charkower Gegend evakuierte Sowchos zeitweilig neben dem Bahnhof Prudboi, bei der etwa 57 Kilometer westlich der Wolga gelegenen Feldbaubrigade des Marinowsker Kolchos, Station gemacht. Solowjow schrieb: »Um über die Ereignisse an der Front auf dem laufenden zu sein, hielten wir Verbindung zu den Truppenteilen. Wir erkundigten uns, ob nicht Gefahr drohe, mit dem gesamten Sowchoseigentum in die Hände der Faschisten zu fallen.

Der Stab des Panzertruppenteils, mit dem wir zuletzt Kontakt hatten, war mit unbekanntem Ziel abgezogen. Faschistische Flugzeuge warfen Bomben und Flugblätter über uns ab und beschossen uns im Tiefflug.

In der Nacht zum 28. August verließ die Sowchoskolonne Prudboi. Die Straßen waren menschenleer, und wir konnten nichts über die Lage erfahren. Hinter dem Bahnhof trafen wir den Chef einer Pionierkompanie, Karpenko, der nach dem Abzug unserer Truppen Minen auf Straßen und Brücken verlegte. Von ihm erfuhr ich, daß nur noch die Straße zum Sowchos Rogatschinsk passierbar war. Doch die Sommernächte sind kurz, und die Kolonne hatte bis zum Tagesanbruch nicht mehr als 15 Kilometer zurückgelegt. Tagsüber verbargen wir uns in Hocken, Getreidefeldern und Heuschobern. Die faschistischen Flugzeuge ließen uns keine Ruhe und beschossen unsere Kolonne mit Maschinengewehren. Ihr erstes Opfer war der Fahrer Ossip Serikow. Er hatte im Feld ein Gewehr gefunden und das Feuer erwidert.

Am Abend suchte ich mit dem Auto auf Feldwegen die Straße zur Ausweichstelle Bassargino. Wie mir Bauern unterwegs berichteten, war sie noch nicht von Faschisten besetzt. Tatsächlich waren keine feindlichen Truppen an der Ausweichstelle. Am Morgen des 31. August machten wir bereits in einer Balka hinter der Ausweichstelle Bassargino Rast. An diesem Tag kamen durch Beschuß faschistischer Flugzeuge eine Frau und zwei Kinder ums Leben.

Am Abend setzte sich die Kolonne in Richtung Bahnhof Woroponowo in Marsch. In der Nacht begegneten wir einem Personenwagen mit Kommandeuren. Sie sagten, wenn wir uns beeilten, kämen wir noch zur Stadt durch.

Am 1. September, bei Tagesanbruch, machte unsere Kolonne in einem Wald am Rande der Stadt halt. Wir hatten keine Verluste mehr. Alle waren froh, der tödlichen Gefahr entronnen zu sein.

Ich machte mich zu Fuß auf den Weg, um die Lage zu erkunden. Die Stadt brannte, umgestürzte Masten, Trümmer und ein Gewirr von Leitungen versperrten die Straßen. Ein Park, in dem sich die Kommunisten der Stadt, die an die Front gingen, versammelt hatten, war von Trichtern zerwühlt. Es gab nicht einen einzigen vom Feuer verschonten Baum mehr.

In einem Erdbunker an der Zarizamündung traf ich den Charkower Bürger Demtschenko, der versprach, beim Übersetzen auf das andere Wolgaufer behilflich zu sein. Um uns einen Weg für unsere Autos, Traktoren und Pferdefuhrwerke durch die zerstörte Stadt zu bahnen, brauchten wir etwa 24 Stunden.

Drei Tage wartete unsere Kolonne an der zentralen Übersetzstelle unter unaufhörlichen Bombardements auf das Übersetzen. Die Menschen kamen kaum aus den Kellern heraus. An der Srednjaja-Achtuba-Brücke, an der unsere Kolonne am 6. September halt machte, stießen wir auf verwundete Sowchosarbeiter, die mit unserem Vieh vorausgefahren waren. Die Faschisten hatten den Viehtransportzug an der Ausweichstelle Srednjaja Achtuba durch Bombenwürfe vernichtet. Bei dem Versuch, die Sowchosherde zu retten, kamen vierzehn Arbeiter ums Leben, acht wurden verwundet.«

Diese Zeilen geben Aufschluß über die Lage und die Haltung der Sowjetmenschen. Ohne das eigene Leben zu schonen, taten sie ihr Bestes, um ihren Staat im Kampf zu unterstützen.

Es war bitter, die letzten Kilometer und Meter Boden aufzugeben. Aber selbst in diesen schweren Tagen des Rückzugs ließen die sowjetischen Soldaten den Mut nicht sinken und kämpften weiter.

Am 5. September nahm der Gegner den Bahnhof Woroponowo, zog Reserven heran und wollte über den Bahnhof Sadowaja seinen Angriff fortsetzen. Ein in diese Richtung geführter Stoß konnte uns besonders gefährlich werden, weil über Sadowaja die Naht zwischen der 62. und der 64. Armee verlief. Ich fuhr mit einer Gruppe von Armeestabsoffizieren in drei Autos zu der 2 Kilometer von Woroponowo entfernten Siedlung Pestschanka. Unsere Aufgabe war, diesen Abschnitt zu verstärken. Vom Nordwestrand der Siedlung konnte man den Bahnhof Woroponowo, wo deutsche Flak, Infanterie und Panzer standen, gut einsehen. Eine Siebenerstaffel Iljuschins erschien. Wir beobachteten, wie sie die Fla-Geschütze und Panzeransammlungen angriffen.

In das Schauspiel vertieft, bemerkten wir nicht, wie uns von Süden mehrere Ju 88, die unsere Fahrzeuge entdeckt hatten, anflogen und angriffen. Zum Glück war ein guter Unterstand in der Nähe. Hier hatte vor drei Tagen der Chef Rückwärtige Dienste, General Alexandrow, gearbeitet. Ohne lange zu überlegen, gingen wir in Deckung. Es war auch höchste Zeit. Ich weiß nicht, wieviele Flugzeuge den Westrand der Siedlung anflogen, doch uns schien, als detonierten alle Bomben in der Nähe unseres Unterstands. Der Angriff dauerte zehn Minuten.

Als sich der Staub verzogen hatte und wir feststellten, daß die Hälfte unseres Unterstands abgedeckt war, wunderten wir uns, daß niemand von den Bomben oder von den Splittern der Holzabdeckung verletzt worden war. Im Freien sahen wir, wie etwa

25 deutsche Panzer, gefolgt von Infanterie, aus Woroponowo unsere Stellungen in Werchnjaja Jelschanka angriffen. Unsere dort gut getarnt stehenden Panzer und die Infanterieeinheiten davor empfingen sie mit ihrem Feuer.

Nach den ersten Salven gerieten sieben Panzer in Brand; die übrigen wendeten scharf und rollten zu ihren Ausgangsstellungen zurück.

Hier möchte ich den Ausführungen eines Teilnehmers an diesem Gefecht, des heutigen Majors der Reserve Kiritschenko, zu jener Zeit Zugführer im 101. Regiment der 35. Gardeschützendivision, Raum geben. Er schreibt: »Nach den hartnäckigen Gefechten am Bahnhof Kotluban und am Dorf Malyje Rossoschki erhielt unser Regiment Befehl, sich auf Stalingrad zurückzuziehen. Die ganze Nacht lang kämpften sich die Einheiten des Regiments durch die Gefechtsordnungen des Gegners, der in kleinen Gruppen in den Rücken unserer Truppenteile vorgestoßen war.

Als wir am Morgen des 5. September den Stadtrand von Stalingrad erreichten, wurde uns befohlen, sofort in die Nähe des Bahnhofs Woroponowo vorzugehen und die dort durchgebrochenen Panzer des Gegners aufzuhalten.

Die erste Kompanie, die sich in der Marschformation ganz vorn befand, erreichte den befohlenen Abschnitt und begann sich einzugraben.

Hier lag vor unserer Ankunft eine 76-mm-Brigade in Stellung, die inzwischen in die Tiefe der Verteidigung zurückgenommen worden war. Bald darauf wurde unserer Kompanie ebenfalls befohlen, hinter die Eisenbahn zurückzugehen, wo die übrigen Einheiten des Regiments Verteidigung bezogen hatten. Auf Befehl des Kompaniechefs bezog ich mit meinem Zug die nach Abzug einer Batterie freigewordene Feuerstellung. Hinter uns, am Westrand von Werchnjaja Jelschanka und in den weiter südlich gelegenen Gärten, standen unsere gut getarnten Panzer.

Um diese Zeit erschienen 25 bis 30 Panzer vor der Front der Kompanie. Sie konzentrierten sich in einer 700 bis 800 Meter von uns entfernten Balka und machten sich zum Angriff bereit.

Kaum hatten wir unsere Stellungen bezogen, als die Panzer, von Artilleriefeuer unterstützt, zum Angriff antraten. Ich ließ sie 200 bis 300 Meter an unsere Stellungen heran und gab dann das

Kommando: ›Feuer!‹ Gleichzeitig eröffneten unsere Panzer aus ihren Deckungen das Feuer. Schon die ersten Schüsse machten fünf Panzer bewegungsunfähig, zwei von ihnen begannen zu qualmen. Der Gegner geriet durch das überraschende und treffsichere Feuer in Verwirrung. Nach dem Verlust der fünf Panzer und mehrerer Dutzend aufgesessener MPi-Schützen zog er sich auf seine Ausgangsstellungen zurück. Eine kurze Kampfpause erfolgte. Etwas später trat der Gegner, von Fliegerkräften und Artillerie unterstützt, erneut zum Angriff an. Zuerst erschienen die ›Musikanten‹ — Flugzeuge mit eingeschalteten Sirenen — und griffen in Neunerstaffeln im Sturzflug unsere Stellungen und den Rand der Siedlung Werchnjaja Jelschanka an. Die Stellungen unserer Schützen waren besonders schweren Fliegerschlägen ausgesetzt.

Zwar wurde dieser Angriff ebenfalls abgeschlagen, doch erlitten auch wir hohe Verluste. Von unserer Kompanie waren nur noch wenige übrig. Neben unseren Gräben brannten vier weitere von uns und unseren Panzersoldaten bewegungsunfähig geschossene Panzer. In meinem Zug waren mit mir noch sieben Mann einsatzfähig. Wir hatten alle Panzerabwehrmittel verschossen. Ich befahl, auf den Westrand von Werchnjaja Jelschanka zurückzugehen. Wer sich vom Gegner hatte lösen können, weiß ich nicht. Ich wurde durch den Luftdruck einer Detonation verletzt und verschüttet und erlangte erst in der Sanitätsabteilung das Bewußtsein wieder.«

Sämtliche Angriffe wurden abgewehrt, wenn auch unter hohen Verlusten, vor allem in den Schützeneinheiten. In diesen Gefechten zeichneten sich besonders unsere Panzersoldaten aus, die mit treffsicherem Feuer etwa 15 Panzer außer Gefecht und in Brand setzten.

Bei den Panzersoldaten traf ich den Kommandeur dieses Truppenteils, Oberst Lebedew. Wir hatten im Jahre 1937 in Kisselewitschi zusammen Dienst getan. Damals befehligte ich eine mechanisierte Brigade und er ein Bataillon. Diese kurze Begegnung sollte unsere letzte sein. Lebedew fiel, immer bei seinen Panzern, bald darauf an den unmittelbaren Zugängen von Stalingrad.

Auf unserem Rückweg zum Stab, den wir über den Sowchos Gornaja Poljana nahmen, sahen wir mehrere Junkers über einem Wäldchen kreisen und dann im Sturzflug niedergehen. Anscheinend hatten sie dort Truppenansammlungen und Fahrzeuge gesichtet. Unsere schweren Fla-MGs nahmen sie unter Feuer. An der Straße stand in einem Garten ein LKW mit aufmontiertem Maschinengewehr. Eine Ju 88 löste sich aus dem Gefechtskreis und griff ihn an. Die beiden MG-Schützen verloren nicht den Kopf und eröffneten das Feuer. Man sah, wie die Leuchtspurgeschosse den Flugzeugrumpf durchlöcherten. Vergeblich versuchte die Maschine zu entkommen; etwa 100 Meter vor unseren MG-Schützen schlug sie auf.

Nachdem der Gegner die Verteidigungsfront am Stalingrader Außengürtel durchbrochen und uns gezwungen hatte, auf den inneren Verteidigungsgürtel zurückzugehen, setzte er seine Hauptkräfte entlang der Eisenbahnstrecke Karpowka—Sadowaja gegen die Naht zwischen der 62. und der 64. Armee ein. Er wollte die Stadt um jeden Preis aus der Bewegung heraus nehmen.

Gegen die 62. Armee und den rechten Flügel der 64. Armee kämpfte eine starke Gruppierung — 10 bis 12 Infanterie-, 3 Panzer- und 3 motorisierte Infanteriedivisionen, mit etwa 600 Panzern, unterstützt von über 500 Flugzeugen der Luftflotte 4. An diesem Gefechtsabschnitt flog der Gegner täglich rund 1 000 Einsätze, die Angriffe auf die Stadt selbst nicht gerechnet.

Der Gegner war der Südostfront, die Stalingrad verteidigte und aus bereits stark geschwächten Verbänden bestand, um ein vielfaches überlegen. Einige unserer Divisionen zählten nur noch 500 bis 1 000 Mann. Die in den Streifen der 62. und der 64. Armee handelnden Panzerbrigaden besaßen insgesamt nur noch 146 Panzer. Wie nachstehende Tabelle zeigt, war die Überlegenheit des Gegners im Streifen der 62. Armee noch größer.

Angesichts der schwierigen Lage bei Stalingrad forderte das Hauptquartier in seiner Direktive vom 3. September von seinem Vertreter, Armeegeneral G. K. Shukow, entschlossenes Handeln. »Die Lage bei Stalingrad hat sich verschlechtert«, hieß es. »Der Gegner ist drei Werst von der Stadt entfernt. Stalingrad kann heute oder morgen genommen werden, wenn die Nordgruppe nicht sofort Hilfe leistet. Fordern Sie von den Befehlshabern der nördlich und nordwestlich stehenden Truppen, den Gegner sofort anzugreifen ... Verzögerung bedeutet jetzt Verbrechen.«

Kräfteverhältnis zwischen der 62. Armee und dem Gegner

	62. Armee	Gegner	Kräfteverhältnis
Menschen	45 000	80 000	1 : 1,8
Geschütze, Kaliber 76 mm und darüber	85	630	1 : 7,5
Panzerabwehrgeschütze	260	490	1 : 1,9
Granatwerfer, Kaliber 86 mm und darüber	150	760	1 : 5
Panzer	108	390	1 : 3,6

Zu dieser Zeit konzentrierten sich nördlich der Stadt drei Armeen der Stalingrader Front: die 24. Armee unter Generalmajor Koslow mit 5 Schützendivisionen und einer Panzerbrigade und die 66. Armee unter Generalleutnant Malinowski mit 6 Schützendivisionen und 4 Panzerbrigaden. Außerdem stand die Auffüllung und Konzentrierung der 1. Gardearmee unter Moskalenko mit 8 Schützendivisionen und der auf dem Marsch zur Front befindlichen 4., 7. und 16. Panzerkorps kurz vor der Vollendung. Der Stalingrader Front wurde außerdem die 16. Luftarmee mit etwa 100 Flugzeugen eingegliedert. Auf Weisung des Hauptquartiers sollte sie zur Unterstützung der von Norden und Nordwesten angreifenden Truppen eingesetzt werden.

Zur Lösung der vom Hauptquartier gestellten Aufgabe entschloß sich der Oberbefehlshaber der Stalingrader Front, für den geplanten Gegenstoß die Kräfte der 4. Panzerarmee am linken Flügel einzusetzen. Der 8. und 16. Luftarmee wurde befohlen, die Truppengruppierungen der Front während ihrer Konzentrierung zu decken und durch Schläge gegen Kräfte und Technik des Gegners den Angriff unserer Truppen zu sichern.

Ziel des Gegenstoßes war, die Kräfte des Gegners zwischen Don und Wolga zu vernichten, das linke Donufer und die Donskaja Zariza zu erreichen.

Wir wußten, daß man nördlich Stalingrad, zwischen Wolga und Don, starke Kräfte für einen Gegenstoß konzentrierte, die den zwischen Wertjatschi und der Wolga entstandenen Korridor durchbrechen, den Gegner von der Stadt zurückwerfen und eine Vereinigung mit der 62. Armee herbeiführen sollten.

Mit dem Vorstoß der deutschen Truppen von der Linie Rossoschka—Tscherwlennaja zum inneren Verteidigungsgürtel verringerte sich deren Vormarschtempo. Der Gegner nahm aus der Bewegung eine Auffüllung und Umgruppierung seiner Kräfte vor und bereitete sie auf einen Sturm auf die Stadt vor.

Wir, die Verteidiger der Stadt, nahmen an, daß Hauptquartier und Frontoberkommando einen geeigneten Zeitpunkt für einen Stoß gegen die Flanke der Gruppierung wählen würden, und zwar im Augenblick, in dem die Paulusarmee, in Straßenkämpfe verwickelt, steckenblieb.

Jetzt ist allgemein bekannt, was nördlich Stalingrad vor sich ging.

Ursprünglich war der Angriffstermin der 1. Gardearmee unter Moskalenko auf den 2. September festgesetzt. Doch zu diesem Zeitpunkt hatte die Armee ihre Ausgangslinien noch nicht erreicht.

Vertreter des Hauptquartiers bei der Stalingrader Front war, ausgestattet mit den Vollmachten eines Stellvertreters des Obersten Befehlshabers, Armeegeneral G. K. Shukow. Das Hauptquartier drängte ihn ständig, die drei Armeen in das Gefecht einzuführen. In seinen Erinnerungen erwähnt Shukow folgende Äußerung des Obersten Befehlshabers auf die Bitte, den Zeitpunkt für den Gegenstoß bis zu einer vollständigen Konzentration der Truppen und Verstärkungsmittel zurückzustellen.

»Sie glauben wohl, der Gegner wird warten, bis Sie in Gang kommen? Jeremenko behauptet, der Gegner könne Stalingrad beim ersten Ansturm nehmen, wenn Sie nicht unverzüglich aus dem Norden vorstoßen.«

Weiter berichtet Shukow: »Ich erwiderte, ich sei nicht mit Jeremenko einverstanden und bitte um die Erlaubnis, wie früher vereinbart, am 5. zu beginnen. Die Fliegerkräfte würden auf meinen Befehl den Gegner sofort mit allen vorhandenen Kräften aus der Luft angreifen.«[14]

Zwar war ich damals weit davon entfernt, Gespräche dieser Art zu führen und mir ein öffentliches Urteil über Handlungen hoher Stäbe zu erlauben, doch bestätige ich voll und ganz Shukows Meinung. Der Gegner war am inneren Verteidigungsgürtel zum Stehen gebracht, und sein Angriffstempo hatte sich

---

14 G. K. Shukow, Erinnerungen und Gedanken, Bd. 2, Berlin 1980, S. 80.

verlangsamt. Zu einer Stadt durchzubrechen und sie zu nehmen ist zweierlei. Unsere Truppen schlugen sich hartnäckig in den Vororten, und der Gegner blieb zwangsläufig in Straßenkämpfen stecken.

Aber das Hauptquartier drängte.

Am 3. September trat die 1. Gardearmee zum Angriff an. Ohne ausreichende Artillerie- und Luftvorbereitung und Unterstützung und ohne die gesamten Kräfte an ihre Ausgangsstellung herangeführt zu haben, geriet der Angriff unter Feuererwiderung und dem Schlag von Fliegerkräften schon in den ersten Minuten ins Stocken.

Am inneren Verteidigungsgürtel vollzog der Gegner zu dieser Zeit eine Umgruppierung seiner Kräfte, ohne den Angriff auf die Stadt zu eröffnen. Bis zum 5. September gab es auch bei uns keine Veränderungen.

Am 5. September eröffnete Shukow auf Befehl des Hauptquartiers mit der 1. Gardearmee, der 24. und der 66. Armee den Angriff. Auch er war nicht ausreichend vorbereitet und brachte, wie Shukow berichtet, bei ungenügender Dichte unseres Artilleriefeuers nicht die erwarteten Erfolge. Unsere Truppen wurden zum Stehen gebracht.

Bis zum 15. September dauerten die schweren Kämpfe nördlich der Stadt an. Den Truppen, die nach 50 Kilometer langem Marsch unmittelbar in das Gefecht eingeführt wurden, gelang es weder voranzukommen und den Gegner aus seinen Stellungen zu werfen noch nach Süden, zur Stadt, durchzubrechen.

Am 12. September richteten der Stellvertreter des Obersten Befehlshabers, Shukow, und der Vertreter des staatlichen Verteidigungskomitees, Malenkow, folgendes Dokument an das Hauptquartier:

»Moskau, an Genossen Stalin.

Wir stellen den Angriff der 1., 24. und 66. Armee nicht ein und setzen ihn hartnäckig fort. Wie wir Ihnen berichteten, nehmen alle verfügbaren Kräfte und Mittel an ihm teil.

Eine Vereinigung mit den Stalingradern gelang deshalb nicht, weil wir an Artillerie wie an Fliegerkräften schwächer waren als der Gegner. Unsere 1. Gardearmee, die als erste den Angriff eröffnete, besaß nicht ein einziges Verstärkungsartillerierregiment, nicht ein einziges Panzer- oder Luftabwehrregiment.

Die Lage bei Stalingrad zwang uns, die 24. und 66. Armee einzusetzen, ohne ihre vollständige Konzentrierung und den Anmarsch der Verstärkungsmittel abzuwarten. Die Schützendivisionen nahmen unmittelbar nach 50 Kilometer langem Marsch das Gefecht auf.

Eine solche bruchstückweise Einführung der Armee in das Gefecht, ohne Verstärkungsmittel, machte es uns unmöglich, die Verteidigung des Gegners zu durchbrechen und uns mit den Stalingradern zu vereinigen. Dafür aber zwang unser schnell geführter Stoß den Gegner, seine Hauptkräfte von Stalingrad gegen unsere Gruppierung zu richten. Das erleichterte die Lage der Verteidiger der Stadt, die andernfalls vom Gegner genommen worden wäre. Andere und dem Hauptquartier unbekannte Aufgaben haben wir uns nicht gestellt.«

Da vollständige Angaben fehlten, war es meiner Meinung nach damals weder Shukow noch Malenkow möglich, das ganze Gewicht der von Paulus verlegten Truppen gegen unseren von Norden geführten Angriff richtig einzuschätzen. So entstand die im Dokument enthaltene Behauptung, der Gegner habe seine Hauptkräfte abgezogen. Aus eigenen wie aus deutschen Quellen aber wissen wir jetzt zuverlässig, daß Paulus nur zwei Divisionen von den nordwestlichen Zugängen der Stadt abgezogen hatte. Zwölf Divisionen standen bereit, Stalingrad anzugreifen.

In dem von Marschall der Sowjetunion K. K. Rokossowski herausgegebenen Buch »Der große Sieg an der Wolga« werden diese Ereignisse wie folgt eingeschätzt: »Die Hauptursache des Mißerfolgs der sowjetischen Truppen, trotz ihrer Überlegenheit an Kräften und Mitteln zu Beginn der Angriffshandlungen, war, daß die Gruppierung auf dem linken Flügel der Stalingrader Front nicht der entstandenen Lage entsprach und keine klar umrissene Hauptstoßrichtung für die Lösung der wichtigen Aufgabe – Vereinigung mit der 62. Armee – besaß. Die Armeen griffen auf bis zu 12 Kilometer breiten Streifen, in auseinandergezogenen Gefechtsordnungen und innerhalb genau festgelegter Grenzen an. Ihre Verbände kamen nicht dazu, sich ausreichend im offenen Gelände zu orientieren und das Zusammenwirken und die Truppenführung zu organisieren. Die Gruppierung des Gegners und sein Verteidigungssystem waren zu Beginn wie auch im Verlauf des Angriffs nicht aufgeklärt worden. Die Artillerie und die reaktiven Werfer besaßen daher keine vollständigen Angaben, hielten zwangsläufig im Zuge der Artillerievorbereitung zweitrangige Ziele nieder und ließen die Hauptobjekte außer acht. Die Ausgangslinien der Infanterie für den Angriff waren zu weit von der vordersten Linie des Gegners entfernt.«[15]

Zweifellos ist dies die objektivste Einschätzung der Handlungen unserer Führung auf dem linken Flügel der Stalingrader Gruppierung des Gegners.

Während die Faschisten den Gegenstoß der Stalingrader Front abwehrten, richteten sie gleichzeitig von Westen den Hauptstoß unmittelbar gegen die Stadt, und zwar in drei Richtungen: mit dem LI. Armeekorps in Richtung Gumrak—Gorodischtsche; am heftigsten mit dem XXXXVIII. Panzerkorps in Richtung Karpowka—Woroponowo—Kuporosnoje, gegen die Naht zwischen der 62. und der 64. Armee; und schließlich mit dem IV. Armeekorps in Richtung Beketowka, um die Wolga zu erreichen.

Zehn Tage lang wehrten die 62. und die 64. Armee die Angriffe ab und gingen unter schweren Gefechten langsam auf den inneren Verteidigungsgürtel zurück. Dabei kam es auch zu Nahkämpfen. Einige Einheiten wurden vollständig aufgerieben, doch hielten sie ihren Verteidigungsabschnitt bis zum letzten Mann.

Um zu verhindern, daß der Gegner zur Wolga durchbrach und den Strom forcierte, traf das Oberkommando der Front Maßnahmen zur Verteidigung des linken Wolgaufers im Abschnitt Sredne-Pogromnoje—Swetly Jar. Die hier entfalteten fünf Panzerbrigaden des 2. Panzerkorps hatten jedoch keine Panzer.

Außerdem wurde am linken Wolgaufer eine in vier Untergruppen gegliederte Frontartilleriegruppe geschaffen: die nördliche mit 86 Geschützen und Granatwerfern zur Unterstützung der 62. Armee; die südliche mit 64 Geschützen und Granatwerfern zur Unterstützung der 64. Armee; als dritte die bewegliche Untergruppe der Wolgakriegsflottille mit 16 Geschützen und als vierte eine Gruppe Flakartillerie.

Am 12. September mußten die 62. und die 64. Armee unter dem Druck überlegener Kräfte des Gegners trotz heldenhaften Widerstands auf den städtischen Verteidigungsgürtel zurückgehen. Gleichzeitig erreichte der Gegner im Raum Kuporosnoje die

---

15 Welikaja pobeda na Wolge, S. 157f.

Wolga und isolierte die 62. Armee von den übrigen Truppen der Front. Ihr fiel jetzt die Aufgabe zu, den zentralen Teil Stalingrads und die Industrieviertel zu verteidigen. Die Verteidigungsfront der Armee verlief vom rechten Wolgaufer an der Siedlung Rynok über Orlowka–ostwärts Gorodischtsche und Rasguljajewka–Versuchsstation–Bahnhof Sadowaja–Kuporosnoje. Die maximale Entfernung vom Wolgaufer betrug bei Orlowka etwa 10 Kilometer. Am 13. September begannen die Kämpfe um die Stadt selbst.

In den anderthalb Monaten meines Fronteinsatzes hatte ich viel gelernt. Ich hatte den Gegner im Gefecht studiert, begann seine operativen und taktischen Absichten zu durchschauen. Die operative Kunst der deutschen Generale gipfelte in dem Prinzip, an einem Punkt in der Tiefe zusammenlaufende Stoßkeile vorzutreiben. An Fliegerkräften und Panzern überlegen, durchbrachen so die Eindringlinge verhältnismäßig leicht unsere Verteidigung. Da die Keile den Anschein einer Einschließung erweckten, veranlaßten sie unsere Truppenteile zurückzugehen. Wurde aber einer dieser Keile durch hartnäckige Verteidigung oder Gegenangriffe aufgehalten oder zerschlagen, hing der zweite, nach einer Stütze suchend, haltlos in der Luft.

So war es jenseits des Don. Als wir den einen Stoßkeil des LI. Armeekorps am Tschir aufhielten, blieb der andere im Raum Werchne-Businowka hängen. Das gleiche ereignete sich im Süden. Die 64. und die 57. Armee schlugen im August die Angriffe des Gegners von Süden und Südwesten zurück, worauf die zweite Gruppierung, die nördlich Stalingrad die Wolga erreicht hatte, über eine Woche lang untätig blieb.

Der Gegner verfuhr stets nach derselben taktischen Schablone. Seine Infanterie griff erst dann energisch an, wenn seine Panzer bereits das Angriffsziel erreicht hatten. Diese warteten meist, bis eigene Fliegerkräfte über unseren Truppen erschienen. Durchkreuzte man dieses Programm, geriet der Angriff ins Stocken, und der Gegner flutete zurück.

So war es am Don, als die 112. Division bei Werchne-Tschirskaja und Nowomaximowski mehrere Tage lang die Angriffe des Gegners zurückschlug. Seine Fliegerkräfte scheuten den Angriff auf unsere Stellungen, neben denen wir zum Schutz der Eisenbahnbrücke über den Don massiert Flakartillerie eingesetzt hatten.

Auch am Axai warfen wir seine Infanterie zurück, als die Panzer nicht mehr dazu kamen, sie zu unterstützen. Das gleiche geschah bei Plodowitoje, Abganerowo und an anderen Abschnitten. Die Eindringlinge hielten unseren überraschenden Schlägen, vor allem dem Feuer unserer Artillerie und unserer Granatwerfer, nicht stand. Ein einziger geglückter Feuerüberfall unserer Artillerie auf Truppenansammlungen, und sie liefen panikartig auseinander.

Die Deutschen wichen dem Nahkampf aus. Sie eröffneten bereits aus einer Entfernung von einem Kilometer und mehr, das heißt aus doppelter Schußweite, das Feuer aus ihren Maschinenpistolen, vermutlich, um sich selber Mut zu machen und unsere Soldaten zu schrecken. Kamen wir im Gegenangriff näher, warfen sie sich hin oder zogen sich zurück.

Gut organisiert war ihre Nachrichtenübermittlung zwischen Infanterie, Panzern und Fliegerkräften, vor allem mit Leuchtkugeln und Funkgeräten. Die Infanterie empfing ihre Flieger mit Dutzenden und Hunderten solcher Signale, um ihre Front zu kennzeichnen. Nachdem unsere Soldaten und Kommandeure die Bedeutung dieser Signale erkannt hatten, nutzten sie sie aus, um den Gegner irrezuführen.

Während ich die taktischen und operativen Methoden des Gegners studierte, suchte ich gleichzeitig nach Gegenmitteln. Vor allem dachte ich darüber nach, wie man die Überlegenheit der Luftwaffe auf dem Gefechtsfeld und ihre psychische Wirkung auf unsere Soldaten aufheben oder abschwächen konnte. Ich erinnerte mich an die Gefechte während des Bürgerkrieges. Damals mußten wir oft unter dem Feuer der Artillerie und Maschinengewehre angreifen. Wir näherten uns dem Feind im Laufschrittt, damit seine Artillerie sich nicht mehr auf uns einschießen konnte. Sobald wir bis auf 500 oder 400 Meter herangekommen waren, stürmten wir vor, und unser kräftiges »Hurra« entschied den Kampf.

Auch jetzt müßte der Nahkampf bei Tag und Nacht in den verschiedenen Varianten die beste Kampfmethode sein. So nah an den Gegner heran, daß seine Fliegerkräfte unsere vorderste Linie nicht bombardieren könnten. Der deutsche Soldat sollte fühlen, daß er sich vor dem Lauf russischer Waffen mit ihrem tödlichen Blei befand.

Diese Überlegungen kamen mir, als ich über das Schicksal

Stalingrads nachdachte. Gerade hier mußte es möglich sein, dem Gegner den Nahkampf aufzuzwingen und seinen Haupttrumpf — die Flieger — wirkungslos zu machen.

Am 11. September 1942 beorderte man mich zum Kriegsrat der Front — dem vereinigten Kriegsrat der Stalingrader und der Südostfront. Ich verabschiedete mich von Schumilow, Abramow, Serdjuk, Laskin und den anderen Genossen und fuhr nach Beketowka zum Frontstab. Er lag in Jamy, am linken Wolgaufer.

Über einen Monat hatte ich die Zone der Kampfhandlungen nicht verlassen und unseren rückwärtigen Raum nicht gesehen.

Die Strecke war mühevoll, die Feldwege mit zurückgehenden Truppen oder Flüchtlingen verstopft. Faschistische Flugzeuge flogen verbrecherische Angriffe auf die ostwärts ziehende Zivilbevölkerung. An den Übersetzstellen kam es zu Stauungen. Die Fähren über die Wolgaarme fuhren unregelmäßig und legten überladen vom Ufer ab.

Am Ufer selbst stauten sich Fuhrwerke und Kraftfahrzeuge mit Verwundeten. Mir wurde schwer ums Herz, aber ich konnte ihnen nicht helfen. Als die Wartenden meine Dienstgradabzeichen erkannten, überschütteten sie mich mit Fragen. »Wie steht es in der Stadt?« »Werden wir Stalingrad aufgeben?« »Wann kommt der Rückzug zum Stehen?«

Zwar kannte ich die Pläne des Hauptquartiers und der Frontführung nicht, doch ich war gewiß, daß wir Stalingrad mit allen Kräften verteidigen würden.

»Wir geben Stalingrad nicht preis!« versicherte ich den Verwundeten. »Das kann nicht sein! Es gibt keine weitere Rückzugsmöglichkeit!«

Aber als sie mich fragten, wann der Transporter käme und wohin es weiterginge, konnte ich ihnen nichts sagen.

Die Verwundeten lagen unter freiem Himmel. Ihre blutgetränkten staubigen Verbände sahen wie gefärbte Baumrinde aus. Ärzte und Krankenschwestern konnten sich vor Erschöpfung kaum noch auf den Beinen halten.

An einer Übergangsstelle befand sich ein Lazarett. Ich betrat den Operationsraum. Man operierte gerade einen Soldaten, der durch einen Granatsplitter am Gesäß verwundet worden war. Die Gesichter des Chirurgen und der Schwester waren vor Überarbeitung und Erschöpfung bleicher als ihre Kittel. Der Verwundete stöhnte. In einem Becken neben dem Operationstisch lag blutdurchtränkter Mull. Der Chirurg streifte mich mit einem Blick und operierte weiter. Kaum hatte er die eine Operation beendet, wartete schon die nächste auf ihn — die wievielte wohl an diesem Tag? Ein anderer Soldat mit einer Kopfwunde kam auf den Operationstisch. Er murmelte Zusammenhangloses. Man nahm ihm die Verbände ab. Er mußte entsetzliche Schmerzen haben, aber er schrie nicht, er stöhnte nur. An den anderen Operationstischen das gleiche Bild. Ich bekam kaum noch Luft und hatte einen unangenehmen Geschmack auf der Zunge. Auch hier war die Front.

In der Dunkelheit gelang es mir, über die Wolga zu kommen. Das Westufer stand in Flammen. Der Feuerschein erleuchtete den Fluß und das Ostufer; man brauchte keine Scheinwerfer. Die gewundenen Straßen führten mich wiederholt fast bis ans Wasser. Von Zeit zu Zeit heulten deutsche Granaten über die Stadt und den Fluß und detonierten am linken Ufer. Die Faschisten nahmen die Straßen, die von Osten in die Stadt führen, systematisch unter Beschuß. Ein Neuling hätte denken müssen, daß in der Stadt jedes Leben erloschen, alles zerstört und niedergebrannt sei. Aber ich wußte, am anderen Ufer wurde weitergekämpft, tobte ein Titanenkampf.

Wir fuhren zu viert: Ich, mein Adjutant Klimow, der Fahrer Kajum Kalimulin und die Ordonnanz Rewold Sidorin. Gegen Mitternacht erreichten wir das Dorf Jamy, besser gesagt, die Stelle, wo es noch vor kurzem gestanden hatte. Die Faschisten hatten es mit Ferngeschützen und durch Bomben zerstört. Was übrig geblieben war, wurde von unseren eigenen Truppen für den Bau von Unterständen verwandt oder verheizt. Natürlich war der Stab der Front nicht zu finden, und niemand konnte mir über seinen jetzigen Standort Auskunft geben.

Ich weiß nicht mehr, wie lange wir im Gelände herumirrten. Gegen 02.00 Uhr stießen wir auf den Unterstand des Chefs Rückwärtige Dienste der 64. Armee, General Alexandrow. Ich weckte ihn, und er brachte mich zum Stab.

Dort hauste man in Unterständen, die mit Strauchwerk getarnt waren. Der diensthabende General sagte mir, die Mitglieder des Kriegsrates und der Chef des Stabes seien vor kurzem zur Ruhe gegangen. Er wußte nicht, weshalb man mich herbeordert hatte, und forderte mich auf, mich bis zum nächsten Morgen auszuruhen. So blieb mir nichts übrig, als bei General Alexandrow zu übernachten.

Zum erstenmal seit Beginn der Kämpfe schlief ich ruhig. Die Schlacht tobte 8 bis 10 Kilometer von hier entfernt, der Gegner befand sich jenseits der Wolga, und ich befüchtete keine unerwarteten nächtlichen Vorkommnisse.

Am 12. September meldete ich mich Punkt 10.00 Uhr beim Stab der Front und wurde sofort vom Oberbefehlshaber, Genossen Jeremenko, und dem Mitglied des Kriegsrates, Genossen Chruschtschow, empfangen.

Man ernannte mich zum Oberbefehlshaber der 62. Armee und stellte mir meine Aufgaben, denen folgender Sinn zugrunde lag: Der Gegner habe sich entschlossen, die Stadt um jeden Preis zu nehmen, doch Stalingrad dürfe den Faschisten nicht preisgegeben werden. Einen weiteren Rückzug könne es nicht geben. Der Oberbefehlshaber der 62. Armee, General Lopatin, aber sei der Meinung, daß seine Armee Stalingrad nicht würde halten können.

»Wie fassen Sie, Genosse Tschuikow, Ihre Aufgabe auf?« fragte mich abschließend der Frontoberbefehlshaber.

Mir kam diese Frage unerwartet, doch blieb keine Zeit zu überlegen. Alles war klar und selbstverständlich. So sagte ich: »Wir dürfen Stalingrad nicht preisgeben. Die Stadt ist dem ganzen Sowjetvolk lieb und teuer. Die Aufgabe Stalingrads würde die Moral unseres Volkes untergraben. Es wird alles geschehen, die Stadt zu halten. Vorläufig habe ich keine Wünsche, bitte aber den Kriegsrat, mich im Bedarfsfall zu unterstützen. Ich schwöre, die Stadt nicht zu verlassen. Wir werden Stalingrad halten oder dort sterben.«

Der Oberbefehlshaber und das Mitglied des Kriegsrates sagten, ich hätte meine Aufgabe richtig verstanden. Wir verabschiedeten uns. Ich wollte möglichst schnell allein sein, um mir klarzuwerden, ob ich meine Kräfte nicht überschätzt hätte. Ich fühlte die ganze Last der mir übertragenen Verantwortung. Die Aufgabe war schwierig, denn der Feind stand bereits am Stadtrand.

Ich suchte den Stabschef der Front, General Sacharow, auf, um zu erfahren, wo der Gefechtsstand der 62. Armee lag.

Unsere Sachen waren schnell gepackt. Wir durften nur das Notwendigste mitnehmen, um den Wagen nicht zu überladen. Ich befahl der Ordonnanz, am linken Ufer zu bleiben, die rückwärtigen Dienste der 62. Armee zu suchen und sich ihnen anzuschließen. Er sah mich mit Tränen in den Augen an.

»Was ist?«

Er schwieg. Da erinnerte ich mich, wie er meine Ordonnanz wurde.

Rewold war der Sohn des Kommunisten Oberstleutnant Timofej Sidorin, den ich vor dem Krieg als operativen Mitarbeiter im Stab des Belorussischen Militärbezirks kennengelernt hatte. Ich traf ihn an der Stalingrader Front als Leiter der Operativen Abteilung beim Stab der 64. Armee wieder. Am 26. Juli 1942 kam Oberstleutnant Sidorin an der Übersetzstelle über den Don ums Leben. Ich hatte Sidorin und seinen Sohn wiederholt zusammen gesehen, denn sie waren unzertrennlich. Am Abend des 26. Juli erschien der junge Mann in meinem Gefechtsstand und meldete: »Genosse Oberbefehlshaber, ich bringe die Leiche des gefallenen Oberstleutnants Sidorin.«

Ich wußte, daß es Rewolds Vater war, und suchte nach Worten, ihn zu trösten. Da sagte der neben mir sitzende Divisionskommissar, Mitglied des Kriegsrates, Konstantin Kirikowitsch Abramow, so nebenher: »Übergib die Leiche dem Kommandanten des Stabes. Sag ihm, er möge das Grab vorbereiten und für das Orchester und alles übrige sorgen.«

Abramow kannte Rewold nicht, ahnte nicht, wie diesem ums Herz war, daher seine trockene Antwort. Als Rewold fort war, sagte ich: »Er ist doch der Sohn von Oberstleutnant Sidorin.«

Abramow sah mich bestürzt an.

»Ist es die Möglichkeit!« rief er und lief ihm nach.

Der sechzehnjährige Rewold Timofejewitsch Sidorin hatte den Vater überredet, ihn mit an die Front zu nehmen. Der Vater ließ ihn als einfachen Soldaten in die Wachkompanie des Stabes der Armee aufnehmen. Rewold zeichnete sich durch Kühnheit aus, handhabte treffsicher seine Maschinenpistole und führte die ihm erteilten Aufträge präzise aus.

An der Beisetzung konnte ich nicht teilnehmen. Als ich am nächsten Morgen zu meinem Beobachtungsstand fahren wollte, sah ich Sidorin wieder. Er lag schluchzend auf der Erde.

Ich rief, ohne lange zu überlegen: »Soldat Sidorin, setz dich sofort zu mir in den Wagen, du kommst mit. Laß dir eine Maschinenpistole und reichlich Munition geben!«

Er sprang auf, schüttelte den Staub ab, brachte seine Feldbluse in Ordnung und schoß wie ein Pfeil los, meinen Befehl auszuführen. Als er wiederkam, setzte er sich ruhig in den Wagen. Unterwegs kamen wir ins Gespräch, und ich erfuhr, daß seine Mutter lebte. Sie war nach Sibirien evakuiert. Ich fragte ihn behutsam, ob er zu ihr fahren wolle. Seine Augen füllten sich mit Tränen; ich merkte, daß ich einen Fehler begangen und an seine Wunde gerührt hatte. Er antwortete entschieden: »Nein. Auch wenn Sie mich nicht mehr haben wollen, ich bleibe an der Front, um meinen Vater und die anderen zu rächen.«

Seit dieser Zeit trennte sich Sidorin nicht eine Minute von mir. Er war ruhig, ja sogar fröhlich im Gefecht und fürchtete nichts. Nur abends weinte er mitunter heimlich um seinen Vater.

Als ich ihm jetzt in die Augen sah, nahm ich ihn wieder mit mir in die brennende Stadt.

Rewold Sidorin dient bis heute als Oberstleutnant in den sowjetischen Streitkräften. Er legte im Großen Vaterländischen Krieg einen ruhmreichen Kampfweg zurück.

Der Mamajewhügel

Gegen Abend des 12. September fahren wir zur Übersetzstelle in Krasnaja Sloboda. Die Motorfähre hat bereits einen T-34 geladen und nimmt gerade einen zweiten an Bord. Man läßt uns nicht hinauf, bis ich mich ausweise.

Der Stellvertreter für technische Ausrüstung des Kommandeurs der Panzerdivision stellt sich mir vor. Ich bitte ihn, kurz über die Lage in seinem Verband zu berichten.

»Gestern abend besaß das Korps noch etwa vierzig Panzer, von denen rund die Hälfte einsatzfähig war, die beschädigten werden als feste Feuerpunkte verwendet.«

Unsere Fähre umschifft eine Sandbank an der Golodny-Insel und hält auf die zentrale Übersetzstelle zu. Von Zeit zu Zeit detonieren im Wasser Granaten. Aber das Feuer ist ungezielt und nicht gefährlich. Wir nähern uns dem Ufer. Man sieht von weitem, wie sich die Angelegestelle mit Menschen füllt. Aus Erdspalten, Trichtern und Deckungsgräben werden Verwundete getragen; Menschen mit Bündeln und Koffern tauchen auf. Alle haben bis zum Eintreffen der Fähre irgendwo vor Feuer und Bomben Schutz gesucht. Ihre Gesichter sind rauchgeschwärzt, von Tränen und Staub verkrustet. Von Hunger und Durst erschöpfte Kinder strecken ihre kleinen Arme zum Wasser aus. Es drückt einem das Herz ab. Bitterkeit steigt in mir auf.

Unser Wagen verläßt die Fähre. Im Frontstab hatte man uns mitgeteilt, daß der Stab der 62. Armee in einer Balka der Zariza nahe ihrer Mündung liege.

Die Straßen sind wie ausgestorben. An den Bäumen kein grüner Zweig. Alles hat das Feuer verschlungen, auch die Holzhäuser, von denen nur noch die Schornsteine aufragen. Viele Steinbauten sind ausgebrannt, ohne Fenster und Türen, die Dächer eingestürzt. Aus den wenigen unbeschädigten Häusern strömen Menschen mit Bündeln, Samowaren und Geschirr, das sie zum Landungsplatz schleppen.

Wir fahren an der Wolga entlang zur Zarizamündung und dann durch die Balka zur Astrachaner Brücke. Aber der Gefechtsstand der 62. Armee ist nirgends zu finden. Es dunkelt. In der Nähe des Bahnhofs begegnen wir endlich einem Offizier, dem Kommissar eines Pioniertruppenteils, der weiß, wo der Gefechtsstand der 62. Armee liegt. Ich lasse ihn einsteigen, und er begleitet uns zum Fuß des Mamajewhügels.

»Halt! Wer da?«

Wir sind am Ziel. Eine Schlucht, frisch ausgehobene Gräben und Unterstände. Der Mamajewhügel! Wie hätte ich damals annehmen können, daß er zum Schauplatz höchster Anspannung der Kämpfe um Stalingrad werden würde, daß hier, auf diesem Flecken, kein Fußbreit Boden von detonierenden Granaten und Fliegerbomben verschont bleiben werde.

Die Irrfahrt ist zu Ende; ich bin im Unterstand des Chefs des Stabes der Armee, Nikolai Iwanowitsch Krylow.

Krylow war mir von früher nicht bekannt, doch ich wußte, daß er führend an der Verteidigung von Odessa und Sewastopol beteiligt war. Eine zufällige Begegnung auf den Straßen des Krieges. Jeder von uns hatte viele davon. Man traf sich und ging auseinander. Die Bekanntschaft mit Krylow aber währte ein ganzes Leben, bis zu der traurigen Stunde, da ich den besten Freund, den mir mein langes Leben schenkte, Nikolai Iwanowitsch, Marschall der Sowjetunion, auf seinem letzten Weg zum Roten Platz geleitete. Nicht nur die Kämpfe um Stalingrad oder der Umstand, daß wir gemeinsam viele Tage und Nächte unter dem Feuer des Gegners verbrachten, festigte unsere Freundschaft, sondern die gemeinsame Trauer über den Verlust unserer Kampfgefährten.

Damals aber kannten wir einander nicht und wußten nicht, ob unsere Charaktere übereinstimmen würden an dem Platz, an den der Lauf der Ereignisse uns gestellt hatte.

Krylows Unterstand war dies eigentlich nur dem Namen nach: eine breite, mit Reisig, Stroh und einer 10 bis 20 Zentimeter dicken Erdschicht gedeckte breite Spalte, mit einer Erdbank an der einen, einem Erdbett und Erdtisch an der anderen Seite. Die Decke bebte unter den detonierenden Granaten. Die Deutschen beschossen bereits den Hügel. Es war ein methodischer Beschuß von Flächen, aber noch nicht von Zielen. Sand rieselte auf die ausgebreiteten Karten.

Im Unterstand befanden sich der untersetzte, energische General Krylow und die diensthabende Telefonistin, Jelena Bakarewitsch, ein blauäugiges achtzehnjähriges Mädchen. Krylow telefonierte mit fester, lauter und wütender Stimme. Genossin Bakarewitsch mit zwei Kopfhörern sagte zu jemand: »Er spricht auf der anderen Leitung.«

Ich legte meine Legitimation auf den Tisch. Krylow ließ sich nicht stören und fuhr fort, jemanden herunterzuputzen. Dann warf er einen Blick auf das Dokument, beendete das Gespräch und begrüßte mich. Beim trüben Schein der rußenden Petroleumlampe sah ich sein strenges, doch symphathisches Gesicht.

»Sehen Sie, Genosse Oberbefehlshaber«, erklärte er, »da hat doch der Kommandeur des Panzerkorps seinen Gefechtsstand ohne Erlaubnis von der Höhe 107,5 unmittelbar an das Wolgaufer verlegt, damit sitzt er jetzt in unserem Rücken. So ein Unfug!«

Ich stimmte zu und setzte mich an den Tisch. Immer wieder klingelte das Telefon. Die Telefonistin reichte Krylow den Hörer. Er gab Anweisungen für den nächsten Tag. Ich hörte zu und dachte über den Sinn seiner Gespräche nach, ich wollte ihn nicht stören. Gleichzeitig studierte ich seine Operationskarte mit Vermerken und Pfeilen, um mich über das Geschehen zu informieren. Ich begriff, er war jetzt zu beschäftigt, um mir in Ruhe die Lage erklären zu können. Ich mußte mich auf ihn verlassen und durfte weder seine Tätigkeit unterbrechen noch seinen Plan für den nächsten Tag ändern. Ich hätte im Augenblick, selbst wenn erforderlich, doch nichts ändern können.

Die Amerikaner sagen: Zeit ist Geld; aber in Stalingrad war Zeit Blut. Verlorene Zeit kostete das Blut unserer Menschen. Krylow hatte mich anscheinend begriffen. Er fuhr während seiner Gespräche langsam mit dem Bleistift über die Karte, stellte und erläuterte den Kommandeuren gründlich die Aufgaben und führte mich so in das Kampfgeschehen ein. Wir verstanden uns.

Während der gesamten Kämpfe um die Stadt blieben wir unzertrennlich, hausten im selben Unterstand, schliefen und aßen gemeinsam und teilten Freud und Leid. Krylow war Chef des Stabes der Armee und mein erster Stellvertreter. In der schweren Zeit lernten wir uns gründlich kennen; auch in schwierigsten Situationen gab es zwischen uns keine Meinungsverschiedenheiten in der Beurteilung der Ereignisse. Besonders schätzte ich seine Kampferfahrung, die er bei der Verteidigung von Odessa und Sewastopol gewonnen hatte, sein gründliches Wissen, sein Organisationstalent und die Fähigkeit, mit Menschen zusammenzuarbeiten.

Ehrlichkeit, Verständnis und Pflichtbewußtsein, das waren die Hauptwesenszüge des Kommunisten Krylow.

Ich meldete über Funk dem Kriegsrat der Front mein Eintreffen und die Übernahme des Oberbefehls über die 62. Armee, dann ging ich an die Arbeit. Zunächst mußte ich klären, aus welchem Grund der Kommandeur des Panzerkorps trotz des Befehls »Keinen Schritt zurück« seinen Gefechtsstand eigenmächtig an das Wolgaufer verlegt hatte. Ich ließ ihn ans Telefon rufen.

»Der Kommandeur des Panzerkorps ist am Apparat«, meldete die Genossin Bakarewitsch und reichte mir den Hörer. Ich nannte ihm meinen Namen und fragte, warum er eigenmächtig gehandelt habe. Der General erwiderte, der Granatwerferbeschuß, die Verluste an Menschen, die mangelnde Standhaftigkeit seiner Truppenteile und andere Gründe hätten ihn dazu gezwungen. Ich erkundigte mich, ob zum Zeitpunkt seines Entschlusses eine Nachrichtenverbindung zum Gefechtsstand des Armeestabes bestanden habe. Er antwortete: »Ich weiß es nicht, werde es aber gleich feststellen.«

Ich befahl dem General, mit seinem Kommissar sofort auf dem Mamajewhügel zu erscheinen.

Dann betrat ein alter Bekannter, das Mitglied des Kriegsrates, Divisionskommissar Gurow den Unterstand. Mit ihm hatte ich bereits, wenn auch nicht im selben Unterstand, so doch höchstens wenige Meter voneinander entfernt zusammengearbeitet. Wir waren auf Beobachtungsstellen zusammengetroffen, hatten gemeinsam die Lage analysiert und die entsprechenden Entschlüsse gefaßt. Gurow war ein Politleiter, der sich gut in militärischen Dingen auskannte. Er stellte nicht nur Forderungen, sondern zeigte, wie man militärische Entschlüsse und die Durchführung von Operationen politisch sicherstellte. Da er sämtliche Mitarbeiter des Stabes und die Kommandeure der Verbände gut kannte, wußte er, wem man bestimmte Aufgaben übertragen konnte, und gab oft entsprechende Empfehlungen.

Die Leiter der einzelnen Stabsabteilungen mit ihren Stellvertretern stellten sich vor.

Bald darauf meldete man mir den Kommandeur und den Kommissar des Panzerverbandes. Ich ließ sie sofort eintreten, bat die anderen zu bleiben und fragte, an den Korpskommandeur gewandt: »Wie würden Sie als sowjetischer General und Befehlshaber eines Gefechtsabschnitts darüber denken, wenn sich Ihnen unterstellte Kommandeure und Stäbe ohne Erlaubnis in das Hinterland zurückzögen? Wie schätzen Sie vom Standpunkt des Befehls Nr. 227 des Volkskommissars für Verteidigung Ihre Handlung, die eigenmächtige Verlegung des Gefechtsstands Ihres Verbandes hinter den Gefechtsstand der Armee ein?«

Er blieb mir die Antwort schuldig. Kommandeur und Kommissar waren tief beschämt.

Ich wies sie streng darauf hin, daß ich ihr Verhalten für Desertion hielte, und befahl ihnen, bis zum 13. September, 04.00 Uhr, wieder den Gefechtsstand auf der Höhe 107,5 zu beziehen.

Gurow bestätigte meine Entscheidung mit einem kurzen »In Ordnung« und befahl dem Kommissar, ihm in seinen Unterstand zu folgen. Ich weiß nicht, wovon sie sprachen, aber als wir uns wieder trafen, sagte Gurow: »Laß uns auch künftig so verfahren.«

In diesem Augenblick erschien in meinem Gefechtsstand der stellvertretende Frontoberbefehlshaber, Generalleutnant Golikow. Ich war froh, ihn auf dem Mamajewhügel bei der Übernahme des Oberbefehls über die 62. Armee wiederzusehen. Er war stets an der Front unterwegs und über die Lage bei allen Armeen im Bilde. Er urteilte immer vernünftig und sagte offen seine Meinung über den Verlauf der Gefechte und der gesamten Schlacht. Auch dieses Mal gab er mir wertvolle Informationen.

Genosse Golikow verließ uns bald wieder. Er versprach, dem Kriegsrat der Front zu berichten, daß man der Armee mit einigen frischen Divisionen helfen müsse. Sein Versprechen kam uns sehr gelegen, waren doch fast alle Verbände und Truppenteile der 62. Armee in den verflossenen Gefechten erheblich geschwächt worden. Einige Divisionen zählten nur noch ein- bis zweihundert Schützen. Golikow war sich darüber klar, daß die Stadt mit den derart geschwächten Kräften der 62. Armee nicht gehalten werden konnte.

Die der Armee im Juli und Anfang August eingegliederten Divisionen hatten bereits in den Kämpfen am großen Donbogen hohe Verluste erlitten. Von den alten Schützendivisionen waren nur noch die 112. und Teile der 196. geblieben.

Ich machte mich mit der Arbeit Krylows vertraut, lernte meine anderen Stellvertreter kennen und war gegen 02.00 Uhr bis auf Einzelheiten bereits gut über die Lage informiert.

Ausgangs des 12. September sah es folgendermaßen aus: Die deutsche 6. Armee und mehrere Divisionen der 4. Panzerarmee gingen gegen die 62. Armee vor. Erste Truppenteile hatten nördlich der Siedlung Rynok und bei Kuporosnoje südlich Stalingrad die Wolga erreicht. Das kräftige Hufeisen drückte unsere Armee frontal und an den Flanken an die Wolga.

Im Norden hielt die 16. deutsche Panzerdivision mit halbkreisförmiger, nach Süden und Norden gerichteter Front den Abschnitt Latoschinka – Höhe 135,4 besetzt. Weiter links, zwischen den Punkten 135,4 und 147,6, befand sich mit Front nach Süden die 60. motorisierte Infanteriedivision. Im Abschnitt Höhe 147,6 – Höhe 108,8 – Höhe 129,1 stand mit Front nach Osten die 389. Infanteriedivision. Den Abschnitt 129,1 – Gorodischtsche einschließlich hielt die 100. Jägerdivision besetzt.

Diese vier Divisionen umfassende Gruppierung mit Verstärkungsmitteln, die etwa eine 20 Kilometer breite Front einnahmen, verhielt sich ziemlich passiv. Anscheinend hatten die voraufgegangenen Kämpfe sie schwer mitgenommen. Sie wurden aufgefüllt und gingen zeitweilig zur Verteidigung über.

Weiter südlich kämpfte an einer 6 Kilometer breiten Front, die über Gorodischtsche–Alexandrowka zum Krankenhaus verlief, eine Stoßgruppe, bestehend aus der 295., 94. und 71. Infanteriedivision mit bedeutenden Verstärkungsmitteln und der 24. Panzerdivision. Ihr Angriff richtete sich über den Mamajewhügel und den Hauptbahnhof gegen die zentrale Übersetzstelle.

Im Abschnitt Höhe 147,5 – Minin-Vorstadt – Kuporosnoje war auf einer 6 Kilometer breiten Front die südliche Stoßgruppe eingesetzt: die 29. motorisierte Infanterie –, die 14. Panzer- und die rumänische 20. Infanteriedivision. Ihre Stoßrichtung führte geradenwegs nach Osten, zur Wolga.

Wie unsere Aufklärung meldete, standen die nächsten Reserven des Gegners im Raum Gumrak (eine Division) und im Raum Woroponowo—Karpowka—Malaja Rossoschka (zwei bis drei Divisionen).

Die gegen die 62. Armee eingesetzte Gruppierung bestand aus 9 Divisionen mit Verstärkungsmitteln und der Gruppe Stachel, unterstützt von der Luftflotte 4 mit 1 000 einsatzbereiten Flugzeugen aller Typen. Ihre nächste Aufgabe war klar: Stalingrad nehmen, die Wolga erreichen, das heißt, kämpfend 5 bis 11 Kilometer vorgehen und uns in den Fluß werfen.

Die Anzahl der Divisionen und Brigaden der 62. Armee gibt kein reales Bild von ihrer Stärke und Kampfkraft. So besaß zum Beispiel am Morgen des 14. September eine Panzerbrigade nur einen einzigen Panzer, zwei weitere Brigaden, die alle Panzer verloren hatten, wurden bald darauf zur Neubildung auf das linke Ufer zurückgezogen. Eine aus verschiedenen Divisionen und Brigaden zusammengesetzte Abteilung bestand am Abend des 14. September nur noch aus etwa 200 Mann, also weniger als einem strukturmäßigen Bataillon. Die Stärke der benachbarten 244. Schützendivision betrug höchstens 1 500 Mann, die Anzahl der einsatzfähigen Soldaten aber entsprach der eines strukturmäßigen Bataillons. 666 Mann zählte die 42. Schützenbrigade, davon aber höchstens 200 kampffähige Soldaten, und bei der 35. Gardedivision unter Oberst Dubjanski am linken Flügel kamen nicht mehr als 250 Mann für den Kampf in Frage. Bei den übrigen Verbänden und Truppenteilen sah es etwa gleich aus. Von den 40 bis 50 Panzern, über die das Panzerkorps unter General Popow verfügte, waren 30 beschädigt und wurden als feste Feuerpunkte eingesetzt. Nur die NKWD-Division von Oberst Sarajew und drei selbständige Schützenbrigaden hatten einen halbwegs normalen Bestand.

Die 62. Armee hatte keine Tuchfühlung mit ihrem rechten und linken Nachbarn. Unsere Flanken stützten sich auf die Wolga.

Während die Faschisten täglich 1 000 bis 3 000 Einsätze flogen, erreichten unsere Fliegerkräfte kaum den zehnten Teil. Der Gegner behielt die Luftüberlegenheit. Ein Teil unserer Flakartillerie war zerschlagen, der Rest hatte sich auf das linke Wolgaufer zurückgezogen und konnte lediglich den Fluß und einen schmalen Streifen am rechten Ufer decken. Nur wenige Batterien waren am rechten Ufer zurückgeblieben. Wenn auch vom 13. September an das 1 079. und 748. Flakregiment in die

Kämpfe eingegriffen und die Artilleriegruppe unter Oberst Jerschow gebildet wurde, reichte das nicht aus. Von Tagesanbruch bis in die Dunkelheit kreisten über der Stadt, über unseren Gefechtsordnungen und über der Wolga deutsche Flugzeuge.

Wir beobachteten sie und hatten bald heraus, daß sie nicht sehr sicher im Bombenwerfen waren. Sie bombardierten unsere vorderste Linie nur, wenn das Niemandsland, das heißt der Abstand zwischen Freund und Feind, genügend groß war. Das brachte uns auf die Idee, den Zwischenraum so klein wie möglich zu halten, ihn bis auf Handgranatenwurfweite einzuschränken.

Vor allem mußten wir den Kampfgeist der Armee heben, und zwar sofort. Die Verluste und Abgänge, der Mangel an Munition und Verpflegung, die Schwierigkeiten beim Ersatz von Menschen und Technik wirkten sich nachteilig auf die Kampfmoral aus. Bei vielen Soldaten kam der Wunsch auf, sich so schnell wie möglich hinter die Wolga zurückzuziehen, um der Hölle von Stalingrad zu entrinnen.

Die Parteiorganisationen und die Politabteilung der Armee bemühten sich sehr, dagegen anzukämpfen. Großes in dieser Beziehung leisteten auch meine Gehilfen und Kampfgefährten: Divisionskommissar Gurow, die Generale Krylow und Posharski, Oberst Witkow, Brigadekommissar Wassiljew und andere. Kommandeure und Politarbeiter der Truppenteile hatten begriffen, daß wir bis zum letzten Mann, bis zur letzten Patrone um Stalingrad kämpfen würden.

Wir versammelten den Kriegsrat der Armee, der die folgenden Aufgaben festlegte und realisierte, ohne die es unmöglich gewesen wäre, die Schlacht weiterzuführen.

1. Den Armeeangehörigen mußte die Erkenntnis vermittelt werden, daß es keine Möglichkeit gab, weiter zurückzugehen und daß der Feind geschlagen werden mußte. Der Kampf um die Stadt, als letzte Linie, war schonungslos zu führen. Dem Ruf der Partei und dem Befehl des Volkes folgend, mußten wir Sowjetsoldaten sie halten oder sterben. — Als erste Maßnahme übermittelte man diese Aufgaben über die Kommandeure und Politarbeiter allen Armeeangehörigen, Partei- und Komsomolorganisationen.
2. Der Kriegsrat der Armee faßte den Beschluß, in den Großbetrieben der Stadt aus Arbeitern und Angestellten bewaff-

nete Abteilungen zu bilden, die imstande waren, mit den Truppen gemeinsam und sogar ohne deren Mitwirkung ihre Betriebe zu verteidigen. Sie erhielten Waffen und Ausrüstung wie die Truppen. — Arbeiter und Angestellte setzten unter Bombenhagel und Artilleriebeschuß beschädigte oder ausgefallene Technik instand. Die in Kompanien und Bataillone gegliederten Abteilungen wurden im Einverständnis und unter Leitung der Partei- und Sowjetorganisationen gebildet.

3. Der Kriegsrat der Armee untersagte jeden eigenmächtigen, vom Armeeoberbefehlshaber und dem Chef des Stabes nicht ausdrücklich genehmigten Rückzug aus den bezogenen Stellungen.
4. Der Kriegsrat beschloß, der Oberbefehlshaber und der Stab der Armee bleiben am rechten Wolgaufer, in Stalingrad, und ziehen sich unter keinen Umständen auf das linke Ufer oder auf die Inseln zurück.

Diese Beschlüsse des Kriegsrates wurden allen Soldaten zur Kenntnis gebracht und auf Partei- und Komsomolversammlungen erörtert. Gleichzeitig mußten wir uns mit der Umbildung einiger Truppenteile befassen, da es in der Armee nicht einen Verband oder Truppenteil gab, der wenigstens zur Hälfte komplett gewesen wäre. So zog man während der Kämpfe im September mehrere Divisionen und Brigaden zur Neuformierung auf das linke Wolgaufer zurück und vereinigte vereinzelte Truppenteile zu neuen Verbänden. Das bedeutete keinen Rückzug auf das linke Wolgaufer, sondern entsprach militärischer Notwendigkeit.

Am 13. September gegen 02.00 Uhr hatten wir den Operationsplan für die nächsten zwei bis drei Tage ausgearbeitet.

»Wie steht's bei euch eigentlich mit dem Essen?« wandte ich mich an Krylow.

»Auch das gibt es hin und wieder«, antwortete Gurow für ihn.

Unsere Adjutanten brachten Brot, Konserven und kalten Tee. Wir stärkten uns und gingen zu Bett, jeder mit dem gleichen Gedanken: Was wird der nächste Tag bringen?

Um vor allem die Übersetzstellen vor Artilleriebeschuß zu schützen, beschlossen wir, uns an beiden Flanken hartnäckig zu verteidigen, im Zentrum aber durch Einzelangriffe die Ausweichstelle Rasguljajewka und die von dort nach Südwesten führende Eisenbahnlinie bis zur scharfen Biegung in Richtung Gumrak zu erobern. Damit hätten wir die Front im Zentrum der Armee begradigen, den Bahnkörper als Panzersperre benutzen und Gorodischtsche und Alexandrowka nehmen können. Für diese Operation bestimmten wir das durch Schützentruppenteile verstärkte und von der Hauptmasse unserer Artillerie unterstützte Panzerkorps, das sich am 13. September umgruppieren und am 14. angreifen sollte. Aber der Gegner kam uns zuvor.

Am nächsten Morgen weckte uns heftiges Artilleriefeuer. Flieger griffen erneut an.

Um 06.00 Uhr ging der Gegner aus Richtung Rasguljajewka mit etwa einer Infanteriedivision und 40 bis 50 Panzern zum Angriff über. Sein Stoß richtete sich über die Flugplatzsiedlung gegen den Hauptbahnhof und den Mamajewhügel. An den Flügeln unserer Armee beschränkte sich der Gegner darauf, unsere Kräfte zu fesseln. Er griff mit einem Bataillon von Norden in Richtung Orlowka die Gefechtsordnungen einer Schützenbrigade und auf dem linken Flügel mit einzelnen Bataillonen die Gefechtsordnungen eines Regiments an.

Die Schlacht im Zentrum und auf dem linken Flügel dauerte den ganzen Tag an. Der Gegner führte neue Reserven heran, entwickelte seinen Angriff und überschüttete unsere Gefechtsordnungen buchstäblich mit Granaten. Seine Flieger kreisten ständig über dem Schlachtfeld. Man konnte vom Mamajewhügel das Gefechtsfeld und die Luftkämpfe gut beobachten. Etwa ein Dutzend Flugzeuge, auch eigene, bohrten sich brennend in die Erde. Trotz hartnäckigen Widerstands der sowjetischen Bodentruppen und Fliegerkräfte gewann der überlegene Gegner die Oberhand.

Seine Handlungen betrachteten wir als gewaltsame Aufklärung, der in ein bis zwei Tagen der Angriff seiner Hauptkräfte folgen würde.

Auf unseren Gefechtsstand auf der Kuppe des Mamajewhügels hagelte es Bomben und Granaten. Krylow und ich arbeiteten im selben Unterstand. Von Zeit zu Zeit gingen wir zum Scherenfernrohr, um den Verlauf der Schlacht zu beobachten. Mehrere Unterstände wurden zerstört, der Stab erlitt Verluste.

Immer wieder rissen die Leitungen, und die Funkverbindung war oft längere Zeit gestört. Wir setzten alle Nachrichtensoldaten ein, die Leitungen instandzubringen. Selbst die diensttuenden

Telefonistinnen verließen wiederholt ihre Apparate, um kriechend die Leitungsschäden zu suchen und zu beheben. Am 13. September konnte ich nur ein einziges Mal mit dem Frontoberbefehlshaber sprechen. Ich informierte ihn kurz über die Lage und bat ihn, mir in den nächsten Tagen zwei bis drei frische Divisionen zu schicken. Wir hatten keine Kräfte mehr, den Gegner abzuwehren. Gegen 16.00 Uhr riß die Verbindung zu den Truppen trotz aller Bemühungen der Funker fast ganz ab.

Unsere Lage war nicht erbaulich. Zwar vernichtete die 115. Schützenbrigade das von Norden in Richtung Orlowka angreifende Bataillon, doch im Zentrum wurden unsere Truppenteile unter Verlusten nach Osten, an den Waldrand westlich der Siedlungen Barrikady und Roter Oktober abgedrängt. Der Gegner eroberte die Höhe 126,3, die Flugplatzsiedlung und das Krankenhaus. Am linken Flügel räumte das zusammengesetzte Regiment die MTS ostwärts des Bahnhofs Sadowaja. An den übrigen Abschnitten wiesen unsere Truppen vereinzelte Angriffe ab und schossen 16 Panzer in Brand.

Noch vor Eintritt der Dunkelheit mußte ich mich entscheiden, entweder den am Vorabend ausgearbeiteten und beschlossenen Plan einer aktiven Verteidigung weiterzuverfolgen oder mit Rücksicht auf den begonnenen Angriff des Gegners zu energischeren Handlungen überzugehen. Ich durfte nicht länger zögern, denn eine Umgruppierung für den Gegenangriff konnte wegen der Luftangriffe nur im Schutz der Dunkelheit stattfinden.

Wir entschlossen uns für den Gegenangriff. Um dem Gegner zuvorzukommen, setzten wir den Beginn auf den frühen Morgen des 14. September fest. Unsere Möglichkeiten waren beschränkt, wir konnten keine starken Kräfte bereitstellen. Aber der Gegner, der wissen mußte, wie es um uns stand, war bisher auf keine aktiven Handlungen gefaßt. Ich dachte an das Prinzip Suworows »Überraschen heißt siegen.« Wir rechneten nicht mit einem schnellen Sieg, aber wir suchten den Gegner zu verblüffen und seine Pläne zu durchkreuzen. Außerdem war es wichtig, ihm durch einen Überraschungsangriff wenigstens teil- und zeitweise die Initiative zu nehmen.

Um 22.30 Uhr erhielten die Truppen den Befehl zum Gegenangriff mit konkreten Aufgaben für jeden Truppenteil.

Die 38. motorisierte Schützenbrigade, verstärkt durch eine Kompanie motorisierter Schützen und die ihr zugeteilte Artille-

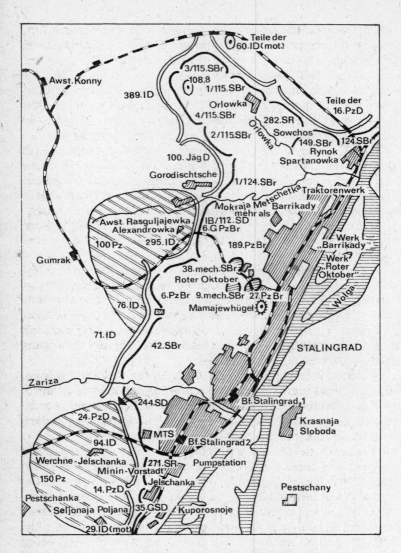

Karte 1　Die Lage bei Stalingrad am 13. September 1942

rieabteilung, sollte in Richtung der Siedlung südostwärts Rasguljajewka angreifen. Sarajews Division fiel die Aufgabe zu, mit einem Regiment den Gegner in Richtung der Höhe 126,3 und danach der Höhe 144,3 anzugreifen.

Das aus verschiedenen Teilen der Armee zusammengesetzte Regiment mit der ihm zugeteilten Panzerbrigade sollte in Richtung Flugplatzsiedlung und Höhe 153,7 angreifen. Die 42. Selbständige Schützenbrigade hatte sich bereitzuhalten, durch einen Stoß in Richtung Krankenhaus und Höhe 153,7 am Gegenangriff mitzuwirken. Allen am Gegenangriff beteiligten Truppenteilen wurde befohlen, zusammenzuwirken und eine zuverlässige Nachrichtenverbindung zu sichern. Die übrigen Truppenteile sollten ihre Stellungen halten. Drei Panzerabwehrartillerieregimenter, drei Artillerieregimenter der Reserve des Oberkommandos und drei Gardewerferregimenter unterstützten den Gegenangriff.

Der 13. September hatte mir gezeigt, daß man vom Mamajewhügel aus die Truppen nicht führen konnte, die ständige Störung der Nachrichtenverbindung durch Beschuß verhinderte es. So beschlossen wir, unseren Gefechtsstand in die Balka der Zariza zu verlegen. Nur die Armeebeobachtungsstelle blieb auf dem Mamajewhügel. Der Frontstab hatte uns die Verlegung schon vor zwei Tagen erlaubt.

Es waren kritische Tage für die 62. Armee und alle Truppen, die Stalingrad verteidigten. Der schon für den Zeitraum vom 5. bis 15. September geplante Gegenstoß der 1. Gardearmee, der 24. und 66. Armee, mit dem Ziel, nach Stalingrad durchzubrechen und sich mit den Stalingradern zu vereinigen, fand nicht statt. Ein neuer, am 18. September mit dem gleichen Ziel mit den benachbarten Flügeln der 1. Gardearmee und der 24. Armee aus dem Raum Kotluban zu führender Stoß war erst in Vorbereitung. Die in den voraufgegangenen Kämpfen stark mitgenommene 62. Armee aber mußte beschleunigt durch frische Divisionen verstärkt werden, um den Gegner zum Stehen zu bringen, die Stadt zu halten und viele kampfunfähig gewordene Stäbe von Truppenteilen und Verbänden aus der Stadt zu führen.

Mit dem 13. September begann die Periode der blutigsten und hartnäckigsten Schlacht, die als Verteidigung Stalingrads in die Geschichte eingegangen ist. Sie dauerte bis zum 19. November, bis zur Gegenoffensive. Diese Verteidigungsschlacht war für die

Truppen, vor allem die der 62. Armee, ein ununterbrochener Kampf auf Leben und Tod, ohne operative Pausen und ohne nächtliche Kampfruhe für die eine wie die andere Seite. Die Verteidigung der 62. Armee war keinen Augenblick passiv; sie war offensiv und ließ dem Gegner keine Atempause.

Am 13. September betrug der maximale Abstand zwischen dem Gegner und der Wolga 10 Kilometer; Stalingrad, das sich zwar rund 50 Kilometer entlang der Wolga erstreckte, hatte nur eine maximale Breite von etwa 5 Kilometern. Um die Stadt und vor allem ihr nördliches Industriegebiet zu nehmen, hätte der Gegner höchstens 10 Kilometer zurückzulegen brauchen. Doch das Unerwartete geschah. Die faschistischen Truppen vermochten diese 10 Kilometer nicht zu überwinden, obwohl Hitler seine besten, dem Verteidiger zahlenmäßig um ein Mehrfaches überlegenen Kräfte in die Schlacht warf.

Mit atemloser Spannung verfolgte die Welt diese Schlacht.

Hier einige kurze Auszüge aus der amerikanischen und englischen Presse: »Im unvorstellbaren Chaos wütender Brände, dichten Rauches, detonierender Bomben, zerstörter Gebäude und Leichen, hielten die Verteidiger der Stadt sie mit der leidenschaftlichen Entschlossenheit, nicht nur zu sterben, wenn es notwendig war, sich nicht nur zu verteidigen, wo erforderlich, sondern auch anzugreifen, wo es möglich war, ohne Rücksicht auf das eigene Opfer, das ihrer Freunde und das ihrer Stadt. Solche Kämpfe lassen sich nicht nach strategischen Berechnungen messen: Sie werden mit glühendem Haß und einer Leidenschaft geführt, die London selbst in den schwersten Tagen deutscher Luftangriffe nicht erlebte. Aber mit solchen Kämpfen gewinnt man den Krieg«, so die »New York Herald Tribune«.

Die britische Zeitung »Reynolds News« vermerkte am 29. September zur Verteidigung von Stalingrad: »Zum zweitenmal im Verlauf einer Generation ist Stalingrad zum Symbol des Lebenswillens des russischen Volkes geworden. Vor 24 Jahren wurden die Reaktionäre, die die junge Sowjetrepublik vernichten wollten, selbst an den Ufern der Wolga vernichtet. Heute fordert ein noch schlimmerer Despotismus blutige Opfer auf den Straßen der Stadt, die den gewaltigsten Angriffen der Kriegsgeschichte standhält. Das Epos Stalingrads wird ewig leben. Der Heroismus des russischen Volkes, die Kunst der russischen Kommandeure wird die ganze Welt begeistern.«

Hinter der Wolga gibt es für uns kein Land mehr

Am 14. September bei Tagesanbruch verlegten wir unseren Gefechtsstand in den sogenannten Zarizyner Unterstand, ein großes, in Dutzende einzelner Verschläge unterteiltes, an Decke und Wänden mit Brettern verschaltes Gewölbe. Im August war hier der Stab der Stalingrader Front untergebracht gewesen. Die etwa 10 Meter starke Erdabdeckung konnte nur von 1 000-Kilo-Bomben durchschlagen werden, und nicht einmal an allen Stellen. Von den zwei Ausgängen des Unterstands führte der untere zur Zariza, der obere zur Puschkinstraße.

Krylow und ich verließen den Mamajewhügel gemeinsam. Gurow war schon früher weggefahren. Als Führer durch die Stadt begleitete uns der Stellvertreter des Chefs der Panzer- und mechanisierten Truppen der Armee, Oberstleutnant Wainrub. Über Stalingrad kreisten deutsche Flieger. Sie suchten sich im Feuerschein ihre Bombenziele.

Wir arbeiteten uns durch Ruinen und zerstörte Straßen, bis sich mein Wagen, 500 Meter vom neuen Gefechtsstand entfernt, in einem Gewirr von Telefon- und Telegrafendrähten verfing und steckenblieb. Auch Krylows und Wainrubs Wagen hielt. Während unseres Aufenthalts von drei Minuten detonierten in unserer Nähe über ein Dutzend kleiner Bomben. Zum Glück wurde niemand getroffen, wir erreichten wohlbehalten unser Ziel.

Wir hatten keine Zeit zu schlafen oder auszuruhen. Ich mußte überprüfen, ob die Nachrichtenverbindungen funktionierten und die Truppen für den Gegenangriff bereit waren. Alles verlief normal. Anscheinend ruhten, von den Nachtfliegern abgesehen, die Truppen des Gegners oder bereiteten sich auf nächste Kämpfe vor.

Um 03.00 Uhr begann unsere Artillerievorbereitung, um 03.30 Uhr der Gegenangriff. Ich ließ mich mit dem Oberbefehlshaber der Front verbinden, informierte ihn über die Lage und den Beginn des Gegenangriffs und bat ihn, unseren Angriff bei Sonnenaufgang durch Fliegerkräfte abzuschirmen. Er sagte zu und machte mir zugleich die erfreuliche Mitteilung, daß uns aus der Reserve des Hauptquartiers die 13. Gardeschützendivision zugeteilt würde. Sie sollten sich am Abend des 14. September an den Wolgaübergängen bei Krasnaja Sloboda sammeln.

Wenn es auch nur eine Division war, freuten wir uns doch sehr. Zwar führte die Armee am 14. September ihren Gegenstoß, doch versprach dieser mit einzelnen schwer mitgenommenen Truppenteilen geführte Stoß keinen großen Erfolg.

Wir schickten sofort den Chef Pioniere, Oberst Tupitschew, mit einer Gruppe von Stabsoffizieren nach Krasnaja Sloboda, die Gardedivision zu empfangen. Dann setzten Krylow und ich uns erneut mit den Truppenteilen in Verbindung, um die Lage zu klären.

Zunächst hatte unser Gegenangriff im Zentrum der Armee einigen Erfolg, doch dann setzte der Gegner bei Tagesanbruch starke Fliegerkräfte ein. Gruppen von 50 bis 60 Flugzeugen bombardierten pausenlos unsere Gefechtsordnungen, griffen sie im Tiefflug an und drückten sie zu Boden. Der Angriff lief sich fest. Um 12.00 Uhr setzte der Gegner starke Infanterie- und Panzerkräfte ein und begann unsere Gefechtsordnungen zurückzudrängen. Sein mit großer Kraft geführter Stoß richtete sich gegen den Hauptbahnhof und den Mamajewhügel. Die Angreifer stürmten ohne Rücksicht auf Verluste vor. Kraftwagenkolonnen mit Infanterie und Panzern brachen in die Stadt ein. Anscheinend hielten die Faschisten das Schicksal Stalingrads für besiegelt, denn alle suchten so schnell wie möglich das Stadtzentrum und die Wolga zu erreichen, um dort zu plündern. Unsere in Häusern, Kellern, Feuernestern und hinter Mauervorsprüngen versteckten Soldaten — Scharfschützen, Panzerjäger und Artilleristen — sahen, wie betrunkene Faschisten von den Autos sprangen und gröhlend bei Mundharmonikamusik auf den Bürgersteigen tanzten.

Die Eindringlinge kamen zu Hunderten ums Leben. Aber immer neu einströmende Reserven überschwemmten die Straßen. MPi-Schützen sickerten ostwärts der Eisenbahn in die Stadt ein und drangen zum Bahnhof und zur Technikersiedlung vor. Der Kampf tobte 800 Meter vom Armeegefechtsstand entfernt.

Es bestand die Gefahr, daß der Gegner vor dem Anmarsch der 13. Gardeschützendivision den Bahnhof nahm, die Armee in zwei Teile spaltete und die zentrale Übersetzstelle erreichte.

In der Minin-Vorstadt am linken Flügel tobten ebenfalls erbitterte Kämpfe. Der Gegner gab auch am rechten Flügel keine Ruhe. Die Lage wurde von Stunde zu Stunde ernster.

Ich besaß noch eine kleine Reserve: meine einzige schwere Panzerbrigade mit 19 Panzern, die hinter dem linken Flügel der Armee neben dem Silo am südlichen Stadtrand stand. Ich befahl, ein Panzerbataillon sofort zum Gefechtsstand der Armee zu verlegen. Nach ungefähr zwei Stunden war es mit neun Panzern zur Stelle. Krylow hatte inzwischen aus Stabsmitarbeitern, Angehörigen der Politabteilung und der Wachkompanie zwei Gruppen gebildet. Die erste, mit sechs Panzern unter dem Leiter der Operativen Abteilung, dem Kommunisten Salisjuk, sollte die Straßen, die vom Bahnhof zum Hafen führten, decken. Die zweite Gruppe, mit drei Panzern unter Oberstleutnant Wainrub, setzten wir zur Technikersiedlung in Marsch, aus der der Gegner die Wolga und die Übersetzstelle mit schweren MGs beschoß.

Beide Gruppen bestanden fast ausschließlich aus Kommunisten. Sie ließen die Faschisten nicht näher kommen und deckten die ersten Fähren mit den Gardisten von Rodimzews Division. Um 14.00 Uhr erschien er selbst, Held der Sowjetunion Generalmajor Alexander Iljitsch Rodimzew, Kommandeur der 13. Gardeschützendivision. Staubig und verschmutzt stand er vor uns. Er hatte unterwegs wiederholt in Trichtern und Ruinen vor Stukas Deckung nehmen müssen.

Rodimzew meldete mir, seine Division sei vollzählig, ihre Stärke betrage rund 10 000 Mann, aber es fehle an Waffen und Munition. Über 1 000 Mann hätten keine Gewehre. Der Kriegsrat der Front beauftragte Generalleutnant Golikow, die Waffen bis zum Abend zu beschaffen und sie in den Raum Krasnaja Sloboda bringen zu lassen. Das hieß aber noch nicht, daß wir die Waffen rechtzeitig erhielten. Ich befahl meinem Stellvertreter für Rückwärtige Dienste, General Lobow, alle seine Mitarbeiter auf dem linken Ufer zu mobilisieren, die Waffen der Etappentruppenteile der Armee einzusammeln und sie der 13. Gardeschützendivision zur Verfügung zu stellen.

Rodimzew kannte die Lage an der Front. General Krylow hatte

die Gabe, unterwegs bestens informieren zu können, und so war auch Rodimzew in die Lage eingeführt. Seine Aufgabe lautete, die Division in der Nacht zum 15. September auf das rechte Ufer nach Stalingrad überzusetzen. Die Divisionsartillerie, ausgenommen die Panzerabwehrartillerie, sollte auf dem linken Ufer in Feuerstellung gehen und von dort die Handlungen der Schützentruppenteile unterstützen. Panzerabwehrkanonen und Granatwerfer wurden in die Stadt übergesetzt.

Die Division griff sofort in den Kampf ein. Zwei Schützenregimenter sollten das Stadtzentrum, die Technikersiedlung und den Bahnhof von den Faschisten säubern und den Mamajewhügel decken. Ein Schützenbataillon blieb als Reserve am Armeegefechtsstand zurück. Trennungslinien der Division: rechts — Mamajewhügel, Eisenbahnschleife, links — die Zariza. Der Gefechtsstand der Division war am Wolgaufer neben der Übersetzstelle in vorhandenen Unterständen und Erdspalten zu errichten, zu denen bereits Nachrichtenverbindung bestand.

»Wie ist die Stimmung?« fragte ich Rodimzew am Schluß unseres Gesprächs.

»Ich bin Kommunist und werde Stalingrad nicht verlassen.«

Ich fügte hinzu: »Sobald Ihre Division die vorderste Linie erreicht hat, unterstelle ich Ihnen alle Einheiten und Truppenteile, die selbständig in diesem Abschnitt kämpfen.«

Nach einigem Überlegen meinte Rodimzew, es sei ihm peinlich, daß sein Gefechtsstand hinter dem der Armee läge. Ich beruhigte ihn und erwiderte, daß ich mit der Vorverlegung seines Gefechtsstands einverstanden sei, sobald seine Division ihre Aufgaben gelöst habe.

Ich betonte, daß sich der Gegner bestimmt nicht passiv verhalten werde. Da er entschlossen sei, uns um jeden Preis zu vernichten und Stalingrad zu erobern, dürften wir uns nicht nur verteidigen und seine Angriffe zurückschlagen, sondern müßten jede Gelegenheit für einen Gegenangriff nutzen, ihm unseren Willen aufzwingen und durch aktive Handlungen seine Pläne durchkreuzen.

Es war ungefähr 16.00 Uhr, fünf Stunden bis zum Eintritt der Dunkelheit. Würden sich unsere zersplitterten und zerschlagenen Truppenteile und Einheiten im Mittelabschnitt noch zehn oder zwölf Stunden halten können? Das war jetzt meine größte Sorge. Wären die Soldaten und Kommandeure dieser fast übermenschlichen Aufgabe nicht gewachsen, bliebe die frisch eingetroffene 13. Gardeschützendivision am linken Ufer und würde Zeuge einer bitteren Tragödie.

Man meldete mir, das zusammengesetzte Regiment habe viele Kommandeure verloren und sei ohne Führung. Wir besaßen keine Reserven mehr; unsere letzte Reserve, die Stabswache und die Stabsoffiziere, war im Gefecht. Durch die Abdeckung des Unterstands drangen das Dröhnen deutscher Flugzeugmotoren und Bombendetonationen.

Ich ließ Oberst Sarajew rufen, der sich, wie Krylow sagte, als Garnisonschef für unabhängig hielt und Befehlen der Armee nur widerwillig nachkam. Er berichtete mir ausführlich über den Zustand seiner Division und der von seinen Truppenteilen gehaltenen Verteidigungsabschnitte, über die Lage in der Stadt und in den Werksiedlungen. Ich entnahm daraus, daß die Verteidigungsanlagen, die vor allem aus kleinen, nur zu 25 bis 30 Prozent ausgebauten Feuernestern bestanden, kein festes Rückgrat der Verteidigung bilden konnten. Ich hatte mich selbst vom Zustand einiger Anlagen, insbesondere der Barrikaden, überzeugt.

Auf meine Frage, ob er sich darüber im klaren sei, daß seine Division jetzt zur Armee gehöre und er sich dem Kriegsrat der Armee unterzuordnen habe, oder ob es notwendig sei, den Kriegsrat der Front anzurufen, um diese an sich klare Tatsache zu bestätigen, erwiderte Sarajew, er betrachte sich als Angehörigen der 62. Armee.

Doch ich konnte auf keinen seiner Truppenteile als Reserve rechnen, denn es war unmöglich, sie von ihren Stützpunkten abzuziehen. Aber Sarajew verfügte noch über einige von Kommandanten befehligte Betriebsschutzabteilungen und Wachabteilungen der Stadtbezirke. Ihre Stärke betrug insgesamt 1 500 Mann. Sie waren allerdings nur ungenügend bewaffnet. Ich befahl Oberst Sarajew, feste Gebäude im Stadtzentrum auszusuchen und sie unter dem Befehl kommunistischer Kommandeure mit je 50 bis 100 Mann zu besetzen. Sie sollten sich dort befestigen und bis zum letzten aushalten. Ich sagte ihm, seine Division und seine bewaffneten Abteilungen würden von der Armee Waffen und Munition empfangen, und forderte ihn auf, ständig Verbindung mit dem Armeegefechtsstand zu halten.

Sarajew vermerkte in meiner Gegenwart auf dem Stadtplan die besonders wichtigen Objekte. Ich billigte seine Vorschläge.

Sarajew, der sich als Divisionskommandeur und vor allem als Chef der Garnison in der Stadt und den Verbindungen zwischen den Industrieobjekten gut auskannte, half mir tatkräftig, in vielen Betrieben und festen Gebäuden bewaffnete Abteilungen zu organisieren. Schulter an Schulter mit den Angehörigen der 62. Armee kämpften die Einwohner der Stadt bis zum letzten gegen die faschistischen Eindringlinge. Nie wird die Heimat, wird Stalingrad das vergessen.

Krylow, der Zeuge meines Gesprächs mit Sarajew war, bat ihn zu sich, um eine feste Nachrichtenverbindung, Information und Truppenführung zu organisieren.

Unsere Nachrichtenverbindung zu den Truppenteilen war oft gestört. Mit Gurow verließ ich durch den Ausgang zur Puschkinstraße mehrmals den Unterstand; wir wollten uns wenigstens dem Lärm nach über den Verlauf des 400 bis 500 Meter entfernt tobenden Kampfes orientieren.

Historiker behaupten, daß es manchem Heerführer in großen Schlachten nur an einem einzigen Bataillon gefehlt habe, um den entscheidenden Sieg zu erringen. Ich denke, Paulus verfügte in diesen Tagen über viele Bataillone, um die 62. Armee in zwei Teile zu spalten und die Wolga zu erreichen. Aber die Tapferkeit unserer Soldaten vereitelte alle Bemühungen des Gegners.

Kurz vor Einbruch der Dämmerung erschien der Kommandeur der Panzerbrigade, Major Chopko, und meldete, sein einziger Panzer sei beschädigt und stehe auf einem Bahnübergang in der Nähe des Bahnhofs. Er fragte, was er tun solle.

Da der Panzer zwar bewegungsunfähig geschossen war, jedoch feuern konnte und die noch ungefähr hundert Mann starke Brigade mit Maschinenpistolen und Pistolen bewaffnet war, befahl ich: »Gehen Sie sofort zum Panzer zurück, sammeln Sie Ihre Leute und halten Sie den Bahnübergang, bis die 13. Gardeschützendivision anrückt. Andernfalls ...«

Er verstand und stürzte davon, den Befehl auszuführen. Wie ich später erfuhr, erfüllte Chopko seinen Auftrag in Ehren.

Die Dämmerung brach herein, und der Kampf flaute ab. Man sah jetzt weniger deutsche Flugzeuge. Ich verbrachte lange Zeit am Telefon, um zu erfahren, wo sich die Truppenteile der 13. Gardedivision befanden, was sie unternahmen und wie die Übersetzmittel vorbereitet wurden. Dann wertete ich mit den Stabsmitarbeitern die Kämpfe dieses Tages aus.

Es sah trübe aus. Der Gegner war dicht an den Mamajewhügel und an die Bahnstrecke, die durch die Stadt zum Hauptbahnhof führte, herangerückt. Noch hielten wir den Bahnhof. Im Stadtzentrum hatten aber deutsche MPi-Schützen viele Gebäude besetzt. Sie waren durch unsere gelichteten Gefechtsordnungen eingedrungen.

Unsere Truppenteile im Zentrum der Armee waren aufgerieben. Bomben und Granaten hatten die Beobachtungsstelle auf dem Mamajewhügel zerstört. Der linke Flügel der Armee meldete, daß er zwar die Angriffe abgeschlagen habe, der Gegner aber Kräfte sammle, aufkläre und einen neuen Angriff vorbereite.

Die Einschätzung des Allgemeinzustands der Truppen und der Lage verbot mir, den Kriegsrat der Front um Hilfe irgendwelcher Art zu bitten. Ich wußte, daß er sein Möglichstes tat, unsere Lage zu erleichtern. In der Nacht zum 15. September waren alle Übersetzstellen über die Wolga in Betrieb. Die 13. Gardedivision benutzte sie.

In dieser Nacht schloß niemand im Stab ein Auge. Ein Teil der Offiziere war an der vordersten Linie und ordnete die Einheiten; andere kämpften an der Technikersiedlung und am Bahnhof und sicherten die Überfahrt von Rodimzews Division. Die dritte Gruppe empfing von der zentralen Anlegestelle die übergesetzten Bataillone und führte sie durch die zerstörten Straßen nach vorn.

In dieser Nacht konnten wir nur das 34. und das 42. Regiment übersetzen, da in der Morgendämmerung deutsche Flugzeuge auftauchten. Wir mußten abbrechen.

Die beiden Regimenter bezogen im Stadtzentrum den Abschnitt zwischen der Krutoischlucht und dem Bahnhof. Das 1. Bataillon des 42. Regiments schickten wir zum Bahnhof. Ein Bataillon von Sarajews Division verteidigte mit Einheiten der 112. Schützendivision Jermolkins den Mamajewhügel. Zur Linken, südwestlich vom Bahnhof, verteidigten sich die Reste der Panzerbrigade, des zusammengesetzten Regiments und der 42. Schützenbrigade Batrakows. An den übrigen Abschnitten blieb alles unverändert.

Am Morgen des 15. September griff der Gegner an zwei Abschnitten gleichzeitig an: Im Zentrum gingen, von Panzern unterstützt, Truppenteile seiner 295., 76. und 71. Infanteriedivision gegen den Bahnhof und den Mamajewhügel vor und am linken Flügel Truppenteile seiner 24. und 14. Panzer- und 94. Infanteriedivision gegen die Minin-Vorstadt und Kuporosnoje. Am rechten Flügel war es verhältnismäßig ruhig. Dem Angriff ging ein heftiger Luftüberfall voraus, anschließend kreisten die Flugzeuge über unseren Gefechtsordnungen.

Der Kampf war für uns von vornherein schwierig. Die in der Nacht eingetroffenen frischen Truppenteile aus Rodimzews Division hatten sich kaum zurechtgefunden und befestigt, als sie von überlegenen Kräften angegriffen wurden. Fliegerkräfte drückten buchstäblich alles, was auf den Straßen war, an den Boden.

Besonders erbittert wurde am Bahnhof und in der Minin-Vorstadt gekämpft. Der Bahnhof wechselte im Laufe des Tages viermal den Besitzer und blieb erst in der Nacht in unserer Hand. Die vom 34. Regiment aus Rodimzews Division angegriffene Technikersiedlung dagegen konnte vom Gegner gehalten werden. Unter schweren Verlusten wurden Batrakows Schützenbrigade und Einheiten von Sarajews Division auf den Abschnitt Lessopossadotschnaja zurückgedrängt. Auch die Gardeschützendivision unter Dubjanski und die selbständigen Einheiten anderer Truppenteile erlitten hohe Verluste und gingen auf den westlichen Stadtrand südlich der Zariza zurück.

Auf Grund widersprüchlicher Nachrichten ließ sich schwer erkennen, in wessen Händen sich der Mamajewhügel am Abend des 15. September befand. Deutsche MPi-Schützen waren die Zariza entlang zur Eisenbahnbrücke durchgesickert und beschossen unseren Gefechtsstand. Die Wache griff erneut ins Gefecht ein. Trotz der Kontrollen an den Eingängen unseres Unterstands waren die Gänge von Menschen überfüllt, die vor den pausenlosen Luftangriffen und dem Beschuß Schutz suchten. Angehörige der Nachrichtentruppenteile der Armee, des Wachbataillons, der Armeewirtschaftsabteilungen, Verbindungsoffiziere der Truppenteile, Kraftfahrer und andere passierten in sogenannten dringenden Angelegenheiten die Eingänge und blieben. Der Unterstand hatte keine Ventilation. Hitze und stickige Luft raubten uns fast die Besinnung, vor allem in der Nacht, so daß wir abwechselnd hinausgingen, um Luft zu schöpfen. Die Stadtviertel südlich der Zariza brannten. Es war taghell. Über unseren Köpfen und zu unseren Füßen pfiffen die Geschosse deutscher MPi-Schützen. Aber nichts konnte uns in dem stickigen Unterstand halten.

In dieser Nacht bangten wir um das Schicksal des Mamajewhügels. Wenn der Gegner ihn eroberte, beherrschte er die Stadt und die Wolga. Ich befahl deshalb, noch in dieser Nacht die auf der anderen Seite der Wolga verbliebenen Einheiten des 39. Regiments unter Jelin überzusetzen. Es sollte bei Tagesanbruch am Mamajewhügel Verteidigung beziehen und um jeden Preis seine Kuppe halten.

Da es immer schwieriger wurde, die ganze Armee vom Unterstand in der Balka zu führen, befahl ich General Posharski, mit einigen Offizieren der Operativen Abteilung und des Artilleriestabes neben der Anlegestelle gegenüber dem Südufer der Saizewski-Insel einen Hilfsgefechtsstand an der Wolga einzurichten. Von Posharski geleitet, war er die verbindende Instanz zwischen dem Armeestab und den Truppenteilen des rechten Flügels.

Der Gegner hatte in den Kämpfen am 15. September allein über 2 000 Gefallene, und gewöhnlich beträgt die Zahl der Verwundeten das Drei- bis Vierfache. So büßte er am 14. und 15. September 8 000 bis 10 000 Mann und 54 Panzer ein. Aber auch unsere Truppenteile hatten hohe Verluste an Menschen und Technik und gingen zurück. Das war kein befohlener organisierter Rückzug von Linie zu Linie. Unsere Soldaten krochen, meist verwundet, in kleineren Trupps — nicht einmal in Einheiten — vor den deutschen Panzern zum nächsten Streifen, wo sie aufgefangen und zu Einheiten vereinigt, vor allem aber mit Munition versehen, wieder in den Kampf geworfen wurden.

Die Faschisten begriffen schnell, daß Stalingrad auf Anhieb nicht zu nehmen war und seine Verteidiger kräftig zuschlagen konnten. Sie wurden vorsichtiger, bereiteten ihre Angriffe sorgfältig vor und zogen ohne Mundharmonikas und ohne Lieder ins Gefecht, in den sicheren Tod.

Die Kämpfe am 13., 14. und 15. September in der Stadt zeigten, daß es viel leichter war, die Eindringlinge in den Ruinen zu vernichten als in den kahlen Steppen zwischen Wolga und Don. Trotz überlegener Kräfte erlitt der Gegner beim Vorgehen auf schmalen Straßen und zwischen Häuserruinen riesige Verluste. Oft wußte er nicht, woher das Feuer kam und wo der Tod auf ihn lauerte.

»Der Boden an der Wolga, auf den Straßen der Stadt, in Gärten und Parks wurde schlüpfrig von Blut, und die Faschisten glitten darauf, wie auf einer schiefen Ebene, ihrem Untergang entgegen«, sagten die Verteidiger. Unsere Soldaten und Kommandeure wußten, daß es kein Zurück gab. Sie begriffen vor allem, daß man die Faschisten schlagen konnte, daß sie keineswegs unverwundbar waren und daß man sie mit Maschinengewehren und Maschinenpistolen vernichten konnte. Unsere Panzerjäger ließen die deutschen Panzer bis auf 100 Meter heranrollen und brachten sie dann kaltblütig zur Strecke.

Am 16. und 17. September wurde mit zunehmender Erbitterung gekämpft. Der Gegner führte frische Reserven ein und griff pausenlos die 13. Gardedivision und die 42. Schützenbrigade im Zentrum der Armee an. Besonders hartnäckige Kämpfe tobten wieder um den Mamajewhügel und am Bahnhof.

Am Morgen des 16. September eroberte Jelins Regiment mit Einheiten der 112. Schützendivision den Mamajewhügel zurück, dann stockte der Angriff. Es kam zu Begegnungsgefechten, genauer gesagt, zu tödlichen Zusammenstößen, die sich bis Ende Januar 1943 fortsetzten.

Der Gegner wußte ebensogut wie wir, daß der Besitz des Mamajewhügels die Herrschaft über Stadt, Werksiedlungen und Wolga bedeutete, deshalb schonte er weder Kräfte noch Mittel, ihn zu erobern. Wir aber waren entschlossen, den Hügel unter allen Umständen zu halten. Wir zerschlugen dort viele Panzer- und Infanteriedivisionen. Auch auf unserer Seite gab es keine Division, die nicht diese erbitterten, blutigen, beispiellos zähen und harten Kämpfe durchstehen mußte.

1 000-Kilo-Bomben und Granaten bis zu einem Kaliber von 203 mm wühlten die Erde um, kehrten das Unterste zu oberst. Den Ausschlag gab jedoch der Nahkampf mit Bajonett und Handgranate. Der Mamajewhügel behielt selbst bei starkem Schneefall seine dunkle Farbe; der Schnee taute sofort und vermischte sich durch das Artilleriefeuer mit der Erde.

Zeitweilig flauten die Kämpfe um die Technikersiedlung ab, um dann mit neuer Kraft aufzuleben. Sobald unsere Angriffe oder unser Feuer nachließen, beschoß der Gegner die zentrale Übersetzstelle an der Wolga. So mußten wir immer wieder angreifen, um ihn, der sich in der Technikersiedlung eingenistet hatte und weitere Kräfte heranzog, zu fesseln.

In die Geschichte der Kämpfe um Stalingrad ist ein Haus eingegangen, das sogenannte Pawlowhaus. Jakow Fedotowitsch Pawlow war nicht etwa der Hausbesitzer, sondern er verwandelte es mit seinen Soldaten in eine Festung, die die faschistischen Eindringlinge manches Hundert Soldaten und Offiziere kostete und allen Sturmangriffen und langer Belagerung standhielt. Fünfzig Tage lang tobte der Kampf um dieses Haus. Weiter ostwärts steht heute noch ein vierstöckiges Gebäude, dessen Schornstein zur Hälfte von Granaten abgetragen ist. Es ist die einstige Mühle, die mit dem Pawlowhaus im gemeinsamen Verteidigungssystem ein Hindernis für den zur Wolga drängenden Gegner war. Auf Wunsch der Veteranen unter den Stalingradkämpfern hat man die Mühle in dem Zustand belassen, in dem sie sich in den Tagen der Verteidigung befand. Von Kugeln und Granaten gezeichnet, ist sie Zeuge der heroischen Kämpfe des Jahres 1942. Neben der Mühle entsteht ein Museum, in dem mit zahlreichen Exponaten der Verteidigung von Zarizyn und der Stalingrader Schlacht gedacht wird.

Am Bahnhof wurde, wie gesagt, mit wechselndem Erfolg gekämpft. Jeder Angriff kostete auf beiden Seiten Dutzende und Hunderte das Leben. Die Kräfte der Kämpfenden schmolzen dahin, die Einheiten lichteten sich.

Der zähe Widerstand unserer Soldaten im Stadtzentrum, vor allem der der 13. Gardedivision, durchkreuzte Paulus' Pläne. Dieser warf schließlich die gesamten Kräfte seiner im Raum Woroponowo—Pestschanka—Sadowaja konzentrierten zweiten Stoßgruppe in das Gefecht.

Zwei Panzerdivisionen, eine motorisierte und eine Infanteriedivision griffen, mit Menschen und Technik aufgefüllt, energisch den linken Flügel unserer Armee an. Dieser Angriff überraschte uns nicht, aber wir besaßen keine Kräfte mehr, ihn abzuwehren. Der Gegner zahlte trotz seiner fünfzehn- bis zwanzigfachen Überlegenheit für jeden Fußbreit Boden einen hohen Preis.

Als Gipfel der Hartnäckigkeit gelten in der Kriegsgeschichte Kämpfe, in denen das Angriffsobjekt — Stadt oder Dorf — mehrmals den Besitzer wechselt. So war es auch in Stalingrad. Am südlichen Stadtrand steht ein Silo, ein mächtiges Gebäude. Dort wurde vom 17. bis 20. September Tag und Nacht gekämpft.

Nicht nur das Silo insgesamt, selbst einzelne Stockwerke und Lagerräume gingen immer wieder von Hand zu Hand. Hier eine telefonische Meldung des dort handelnden Divisionskommandeurs, Oberst Dubjanski: »Die Lage hat sich geändert. Zuerst waren wir im oberen Teil des Silos und die Deutschen im unteren. Dann haben wir sie unten hinausgeworfen. Dafür sind sie oben eingedrungen. Jetzt wird im oberen Teil gekämpft.«

In Stalingrad gab es Dutzende und Hunderte solcher hartnäckig verteidigter Objekte, in denen wochenlang mit wechselndem Erfolg um jeden Raum, jeden Mauervorsprung, jeden Treppenabsatz gekämpft wurde.

Am Morgen des 16. September meldete ich dem Kriegsrat der Front, daß wir keine Reserven mehr hätten, der Gegner aber immer wieder frische Truppen in den Kampf einführe. Noch ein paar Tage derart blutiger Kämpfe, und die Armee sei entkräftet und aufgerieben. Ich bat, sie sofort durch zwei oder drei Divisionen zu verstärken.

Offensichtlich kannte die Frontführung unsere Lage und schätzte die Bedeutung der Kämpfe in der Stadt richtig ein. Aus den Kämpfen vom 12. bis 16. September ging klar hervor, daß Truppen, die sich in einer Stadt verteidigten, dem Angreifenden wesentlich höhere Verluste zufügen konnten, als dies Gegenstöße in offener Steppe angreifender ganzer Armeen vermochten. So konnten die Truppen der Stalingrader Front und danach der Donfront die 8 bis 10 Kilometer breite Verteidigung des Gegners nicht durchbrechen und sich nicht mit der 62. Armee vereinigen. Die deutsche 6. Armee und die 4. Panzerarmee schafften es innerhalb mehrerer Monate nicht, die 5 bis 10 Kilometer bis zur Wolga zu überwinden und die gelichteten Truppen der 62. Armee in den Strom zu werfen.

Da die hartnäckige Verteidigung in der Stadt die Armee entkräftet hatte, setzte die Front eine Marineinfanterie- und eine Panzerbrigade für sie in Marsch. Die 92. Marineinfanteriebrigade war vollzählig, ihre Soldaten — Nordmeermatrosen — waren vorzügliche Kämpfer. Sie sollte den Verteidigungsabschnitt an der Eisenbahn beziehen: Begrenzung im Norden die Zariza, im Süden das Eisenbahndreieck.

Die Panzerbrigade, die nur über leichte Panzer mit 45-mm-Kanonen verfügte, hatte an der Eisenbahnschleife einen halben Kilometer ostwärts des Mamajewhügels eine Rundumverteidigung zu bilden und zu verhindern, daß der Gegner zur Wolga vordrang.

Ich möchte noch einmal auf die Standhaftigkeit unserer Soldaten in den Kämpfen um das Silo am südlichen Stadtrand zurückkommen. Der Leser wird mir nicht verübeln, wenn ich einige Zeilen aus dem Brief eines Teilnehmers dieser Kämpfe wiedergebe. Der ehemalige Führer eines Maschinengewehrzuges der Marineinfanteriebrigade, Andrej Chosjainow aus Orjol, schrieb mir: »Vor kurzem wurden im Rundfunk einige Kapitel aus Ihrem Buch ›Die Armee des Massenheroismus‹ verlesen. Ich saß mit meiner Familie am Radio und hörte, wie Sie Heldentaten der Truppenteile, Einheiten und einzelner Soldaten der 62. Armee aufzählten und die großen Leistungen der Matrosen und Soldaten der Nordmeermatrosenbrigade erwähnten. Ihre Worte haben mich sehr bewegt. Mein zehnjähriger Sohn bemerkte es und fragte: ›Vati, warum bist du so aufgeregt?‹ ›Ich kann diese Septembertage nie vergessen‹, antwortete ich.

Wir wurden in Nishnjaja Achtuba von einem Offizier des Stabes der 62. Armee empfangen; er wies auf das brennende Stalingrad. Unsere Brigade setzte in der Nacht zum 17. September über die Wolga und nahm bereits bei Tagesanbruch den Kampf auf. Jeder kannte seine Aufgaben. Die Mitarbeiter des Stabes und der Politabteilung der 62. Armee hatten uns gut über die Lage informiert.

Ich weiß noch, wie ich in der Nacht zum 18. September nach heißem Gefecht zum Bataillonsgefechtsstand gerufen wurde. Ich erhielt den Befehl, mich mit meinem Maschinengewehrzug zum Silo vorzuarbeiten und das Gebäude um jeden Preis zu halten. Wir erreichten noch vor Tagesanbruch unser Ziel und meldeten uns beim Kommandeur der Besatzung. Das Silo verteidigte der Rest eines Gardebataillons – nicht mehr als 30 bis 35 Mann, die Leicht- und Schwerverwundeten mit eingerechnet. Die Gardisten waren froh, daß wir kamen. Sogar Scherzworte flogen hin und her. Unser Zug bestand aus 18 Mann, und wir waren gut bewaffnet: zwei schwere Maxims, ein leichtes MG, zwei Panzerbüchsen, drei Maschinenpistolen und ein Funkgerät.

Am 18. September erschien bei Tagesanbruch an der Südseite des Silos ein faschistischer Panzer mit weißer Flagge. Was sollte das bedeuten? Aus dem Panzer tauchte ein Offizier mit einem Dolmetscher auf. Der Offizier versuchte uns zu überreden, uns der ›heldenmütigen‹ deutschen Armee zu ergeben. Weiterer Widerstand sei nutzlos. ›Räumt das Silo‹, mahnte uns der Faschist, ›sonst gibt's keinen Pardon. Wir werden euch in einer Stunde bombardieren und zermalmen.‹ Unsere Antwort war kurz: ›Bestell allen Faschisten über Funk, sie möchten sich zum Teufel scheren. Die Parlamentäre können nach Hause gehen, aber zu Fuß.‹ Als sich der Panzer wieder in Bewegung setzen wollte, brachten wir ihn durch eine Salve unserer Panzerbüchsen zum Stehen.

Bald darauf griff uns der Feind mit zehnfach überlegenen Kräften — Infanterie und Panzern — von Süden und Norden an. Weitere Angriffe folgten. Über uns kreiste ein ›Rahmen‹ — ein feindlicher Aufklärer. Er lenkte das Feuer und meldete die Lage am Silo. Neun Angriffe schlugen wir ab.

Dabei mußten wir mit Munition sparen; der Nachschub war schwierig.

Im Silo brannte der Weizen, das Kühlwasser in den Maschinengewehren war verdampft, und die Verwundeten verlangten zu trinken. Nirgends gab es Wasser, überall nur Hitze und Rauch. Unsere Lippen waren rissig vom Durst. So wehrten wir drei Tage lang Tag und Nacht den Feind ab. Tagsüber kletterten viele auf die höchsten Stellen des Silos und bekämpften den Gegner. Nachts stiegen wir herunter und bildeten eine Rundumverteidigung. Unser Funkgerät fiel schon am ersten Tag aus. Die Nachrichtenverbindung war abgerissen.

Der 20. September brach an. Gegen 12.00 Uhr erschienen an der Süd- und Westseite des Silos zwölf feindliche Panzer. Wir hatten keine Munition für unsere Panzerbüchsen mehr und keine einzige Handgranate. Die Panzer näherten sich von zwei Seiten und beschossen uns fast aus nächster Nähe. Aber wir hielten stand. Wir feuerten mit unseren Maschinengewehren und Maschinenpistolen auf die Infanterie und hinderten sie, in das Silo einzudringen. Eine Granate zerriß ein Maxim mit dem Schützen; in einer anderen Abteilung des Silos durchschlug ein Granatsplitter den Kühlmantel des zweiten und verbog den Lauf. Jetzt hatten wir nur noch unser leichtes MG. Unter den Detonationen der einschlagenden Granaten barst der Beton. Bei dem dichten Rauch des brennenden Weizens konnte wir uns kaum noch sehen. Wir warnten uns gegenseitig mit dem Ruf: ›Achtung, Köpfe weg!‹

Dann tauchten hinter den Panzern MPi-Schützen auf, 150 oder 200. Sie griffen äußerst vorsichtig an und warfen Handgranaten. Wir fingen sie auf und warfen sie zurück. Bei jedem feindlichen Vorstoß riefen wir wie ein Mann: ›Hurra! Vorwärts! Für die Heimat!‹

Es gelang den Faschisten, an der Westseite in das Gebäude einzudringen, doch die von ihnen eroberten Räume wurden sofort durch unser Feuer blockiert. Der Kampf tobte jetzt innen. Wir hörten das Atmen des Feindes und jede seiner Bewegungen, konnten ihn aber im dichten Rauch nicht sehen. Deshalb schossen wir auf Geräusche.

Am Abend zählten wir während einer kurzen Atempause unsere Munition. Sie war knapp, anderthalb Trommelmagazine für das leichte Maschinengewehr, 20 bis 25 Schuß für jede Maschinenpistole und ungefähr 8 bis 10 Patronen für jedes Gewehr. Das war viel zu wenig, um uns verteidigen zu können. Wir waren eingeschlossen. Wir beschlossen, uns nach Beketowka, zum Südabschnitt durchzuschlagen, denn ostwärts und nördlich vom Silo waren deutsche Panzer.

In der Nacht zum 21. September versuchten wir durchzubrechen; uns deckte das leichte Maschinengewehr. Zunächst ging alles gut; die Faschisten hatten uns an dieser Stelle nicht erwartet. Wir schlichen an der Balka und am Bahndamm entlang, dann stießen wir auf eine Granatwerferbatterie, die im Schutze der Dunkelheit in Stellung ging.

Dabei überrannten wir drei Granatwerfer und eine Lore mit Granaten. Beim Zusammenstoß fielen sieben Deutsche. Der Rest ergriff die Flucht und ließ Waffen und sogar Brot und Trinkwasser zurück. Trinken! Trinken! war der einzige Gedanke. Endlich konnten wir unseren Durst löschen und etwas essen. Dann zogen wir weiter, und dann — ich weiß nicht, was aus meinen Kameraden geworden ist. Erst am 25. oder 26. September kam ich in einem dunklen feuchten Keller zur Besinnung: ölverschmiert, ohne Feldbluse, der rechte Stiefel fehlte, Arme und Beine versagten den Dienst, der Kopf dröhnte.«

Am 17. September erfuhr ich, daß die Stalingrader Front, die zwischen Wolga und Don lag, im Abschnitt Akatowka—Kusmitschi nach Süden zum Angriff übergehen würde, um die Gruppierung des Gegners zu vernichten und sich mit den Truppen, die Stalingrad verteidigten, also mit der 62. und der 64. Armee, südwestlich der Stadt zu vereinigen. Die Nachricht von der Offensive einer ganzen Front begeisterte mich. Der Kriegsrat der Armee überlegte sofort, wie wir die Offensive unterstützen könnten. Unsere an die Wolga gedrängte 62. Armee mußte sich an den Flanken unbedingt mit ihren Nachbarn vereinigen. Wir entschlossen uns, die aktive Verteidigung im Zentrum der Armee fortzusetzen und am rechten Flügel mit zwei Schützenbrigaden und einem Regiment von Sarajews Division anzugreifen, um uns schneller mit den Truppen zu vereinigen, die nördlich Stalingrads kämpften.

Am Abend teilte mir Generaloberst Jeremenko mit, der Stoß der Stalingrader Front werde in den nächsten Tagen erfolgen. Die 62. Armee müsse mit dem rechten Flügel ihren Nachbarn unterstützen und aus dem Raum Siedlung Roter Oktober — Mamajewhügel nach Südwesten vorgehen, um den Gegner im westlichen Teil von Stalingrad abzuschneiden und zu vernichten. Als Verstärkung wurde uns die 95. Schützendivision unter Gorischny zugeteilt, die sich am Abend des 18. September an der Übersetzstelle sammelte.

Da unser Gefechtsstand pausenlos vom Gegner unter Feuer gehalten wurde, genehmigte man uns, den Unterstand in der Balka an der Zariza zu räumen und einen neuen, einen Kilometer nördlich der Anlegestelle »Roter Oktober« zu beziehen.

Am Abend des 17. September verlief die Front unserer Armee am rechten Flügel unverändert von Rynok bis zum Mamajewhügel. Vereinzelte Angriffe in diesem Abschnitt wurden abgeschlagen. Die Front im Zentrum hatte eine gebrochene Linie: Der Mamajewhügel und der Hauptbahnhof waren in unserer Hand, die Technikersiedlung dagegen hielt der Gegner. Von dort beschoß er die zentrale Übersetzstelle. Die Front des linken Flügels stützte sich bei der Pumpstation auf die Wolga.

Als frische Truppenteile eintrafen, gliederte man die Reste des zusammengesetzten Regiments in Batrakows Schützenbrigade ein, und die übrigen Truppenteile des Südflügels, die ebenfalls hohe Verluste erlitten hatten, wurden Dubjanskis 35. Gardedivision übergeben. Die Stäbe überführte man zur Neuformierung auf das linke Wolgaufer.

Da nur noch die 42. und die 92. Schützenbrigade sowie Dubjanskis Division am linken Flügel blieben, vereinfachte sich die

Truppenführung. In der Nacht zum 18. September verlegten wir den Armeegefechtsstand an den neuen Standort. Nachrichtenmittel, Hilfskräfte und einzelne Stabsmitarbeiter quartierten wir schon am Abend um. Als letzte brachen der Kriegsrat, der Chef des Stabes und die operativen Mitarbeiter auf. Da man in den Straßen häufig auf deutsche MPi-Schützen und sogar auf Panzer stieß, war es gefährlich, mit den Dokumenten diesen Weg zu nehmen. So entschlossen wir uns, die Hauptgruppe der Stabsoffiziere und den Kriegsrat über das linke Ufer ans Ziel zu bringen; eine schwierige Aufgabe. Von der Zarizamündung mußten wir in Booten auf das linke Ufer nach Krasnaja Sloboda übersetzen, von dort mit Autos zur Übersetzstelle 62 im Norden und dann mit einem Panzerboot wieder auf das rechte Ufer gelangen.

Für die Überfahrt nach Krasnaja Sloboda sorgte Oberst Witkow mit seinen Mitarbeitern. Um 24.00 Uhr verließ unsere Karawane, schwer bepackt mit Dokumenten und persönlichen Sachen, den Unterstand und erreichte trotz der Dunkelheit wohlbehalten die Übersetzstelle. Vereinzelt heulten Granaten über uns hinweg.

Nach der Überfahrt suchten wir etwa eine Stunde lang in den Siedlungen Bokaldy und Krasnaja Sloboda unsere Wagen. Als wir sie gefunden hatten, schlug Gurow mir vor, bei der Wirtschaftsabteilung des Stabes, 5 Kilometer von Krasnaja Sloboda entfernt, in der staatlichen Baumschule einzukehren, sich dort zu waschen, zu essen und anschließend zum neuen Gefechtsstand zu fahren. Wir baten Krylow, die Kolonne zu führen und versprachen, ihm dafür etwas Eßbares mitzubringen.

Dann fuhren Gurow, ich und mein Adjutant zur Baumschule. Man empfing uns, als kämen wir aus dem Jenseits. Nach einem Dampfbad erhielten wir frische Wäsche und warme Soldatenjacken und aßen, bis wir nicht mehr konnten. Beim Tee verging die Zeit wie im Flug. Die Fenster waren verdunkelt, und wir bemerkten nicht, daß es Tag wurde. Wir waren entsetzt; die Fähre verkehrte nur nachts, und wir fürchteten, zu spät zu kommen. Was würden Krylow und die Offiziere des Stabes von uns denken, wenn wir heute den Gefechtsstand nicht mehr erreichten?

Wir sprangen in unsere Wagen und jagten zur Übersetzstelle. Da ich den Weg nicht kannte, übernahm Gurow die Führung.

Doch er verwechselte die Straßen, und wir befanden uns wieder in Krasnaja Sloboda und mußten umkehren.

Als wir uns der Übersetzstelle 62 näherten, sah ich nur ein einziges Boot. Wollte es nicht gerade ablegen? Da begannen auch noch die Räder im Sand zu mahlen, und die Wagen rührten sich nicht von der Stelle. Wenn jetzt das letzte Boot abfährt, und wir den ganzen Tag am Ufer bleiben müssen? Was kann inzwischen nicht alles mit der Armee, mit Stalingrad geschehen? Mir sträubten sich die Haare; ich stürzte zur Anlegestelle. Das Boot löste sich bereits von der Brücke. Ich sammelte alle meine Kräfte und sprang aus dem Lauf auf das Deck. Es glückte — ich war an Bord! Jetzt kam Gurow zum Hafen gerannt. Ich rief dem Mann am Steuer zu: »Zurück!«

Dieser drehte langsam den Kopf zu mir herum und fragte: »Wer bist du denn überhaupt?«

»Der Oberbefehlshaber der 62. Armee.«

Der Kommandant wendete und ließ auch Gurow und den Adjutanten an Bord springen. Dann ging es in voller Fahrt zum rechten Ufer.

Der Kommandant entschuldigte sich, daß er mich nicht erkannt hatte. Nach zehn Minuten waren wir an Land. Ich drückte ihm kräftig die Hand und dankte ihm herzlich. Er und seine Besatzung waren zufrieden und winkten noch lange mit ihren Matrosenmützen. Dann verschwand das Boot hinter der Saizewski-Insel am linken Ufer.

Am neuen Gefechtsstand begrüßten uns Krylow, Witkow und die anderen. Alles war in gehobener Stimmung: Wir waren wieder beisammen.

Am Abend zählten wir die »Abgänge«. Meine Stellvertreter für Artillerie, Pionier- und Panzertruppen fehlten.

Der Kriegsrat ernannte meine neuen Stellvertreter: Generalmajor Posharski für die Artillerie und Oberstleutnant Wainrub für die Panzertruppen. Da wir keinen Stellvertreter für die Pioniere fanden, schickte der Kriegsrat der Front auf meine Meldung bald darauf Generalmajor der Pioniertruppen Kossenko, der dann bis zur Ankunft von Oberst Tkatschenko mehrere Wochen mein Vertreter für diese Waffengattung war.

Um dem Leser einen genaueren Überblick über die Kämpfe in Stalingrad zu vermitteln, möchte ich in diesem Buch einige der täglichen operativen Meldungen wiedergeben. Diese Meldungen

500 bis 1000 Meter vom Gegner entfernt abzufassen, unter pausenlosem Bombardement, unter Artillerie-, Granatwerfer- und Maschinengewehrbeschuß, war gewiß nicht leicht.

Meldung vom 19. September 1942: »Die Armee verteidigte weiter ihre Abschnitte und griff mit Teilkräften an mit dem Ziel, den nach Stalingrad durchgebrochenen Gegner zu vernichten.

Der Gegner leistete den angreifenden Truppenteilen zähen Widerstand. Im Stadtzentrum tobten erbitterte Straßenkämpfe. Unsere Truppenteile warfen den Gegner aus den eroberten Gebäuden und Feuernestern.

Die Truppenteile und Einheiten der 124. und 149. Schützenbrigade und das 282. Regiment der 10. Division drangen unter Artillerie- und MG-Beschuß langsam vor.

Die 115. Schützenbrigade und das 724. Schützenregiment hielten zuverlässig ihre Stellungen im Raum Orlowka.

Die Truppenteile des Panzerkorps verteidigten weiter ihre bisherigen Stellungen, nahmen mit den Kräften der 9. motorisierten Schützenbrigade die Höhe 126,3 und gingen langsam weiter vor. Die in den Kampf eingeführte neu eingetroffene 137. Panzerbrigade drang gegen hartnäckigen Widerstand ebenfalls etwas weiter vor.

Die 95. Schützendivision konnte nur mir zwei Regimentern — dem 90. und 161. — zum Angriff übergehen. Sie nahmen die Kuppe des Mamajewhügels und mußten sich wegen heftigen Artillerie- und Granatwerferbeschusses hinwerfen.

Die 112. Schützendivision schlug weiter die Angriffe des Gegners südlich des Mamajewhügels zurück und hielt die Eisenbahnbrücke über die Krutoischlucht.

Die 13. Gardeschützendivision führte schwere Straßenkämpfe im Stadtzentrum mit der Aufgabe, es vom Gegner zu säubern. Die Division hatte im Verlauf der Kämpfe hohe Verluste.

Die Reste der Truppenteile und Einheiten der 244. Schützen- und der 35. Gardeschützendivision, der 10. und 42. Schützen-und der 133. Panzerbrigade führten im Laufe des Tages hartnäckige Straßenkämpfe südlich der Zariza. Die Lage dieser Truppenteile ausgangs des Tages konnte nicht ermittelt werden.

Die neueingetroffene 92. Schützenbrigade entfaltet sich und bereitet von der Zariza bis zum Silo einschließlich die Verteidigung des Südflügels der Armee vor.

Im Laufe dieses Tages verlor der Gegner etwa 1600 Soldaten

und Offiziere, ein Flugzeug, 32 Maschinengewehre, 5 Geschütze, 12 Panzer und 35 Kraftfahrzeuge.

Der Armeeoberbefehlshaber hat sich entschlossen, im Laufe der Nacht eine Aufklärung durchzuführen, sich an den erreichten Abschnitten zu befestigen und am 20. 9. 42, bei Tagesanbruch, den Angriff gemeinsam mit den Truppen der von Norden angreifenden Stalingrader Front weiterzuführen.«

Der neue Armeegefechtsstand hatte weder Unterstände noch Deckungsgräben, die wenigstens gegen Kugeln oder kleinere Granatsplitter hätten schützen können. Am Steilufer über uns standen Erdöltanks und ein Betonbehälter für Erdölrückstände. Auf einer Sandbank türmten sich Werkzeugmaschinen, Motoren und andere Fabrikausrüstungen, die nicht mehr hatten fortgeschafft werden können. In Ufernähe lagen halbzerstörte Lastkähne und viel angeschwemmtes Holz.

Die Stabsmitarbeiter richteten ihre Arbeitsplätze auf Lastkähnen oder einfach unter freiem Himmel ein. Der Kriegsrat und der Chef des Stabes nahmen am Fuß des Steilufers in rasch ausgehobenen Splittergräben, die nicht einmal von oben abgedeckt waren, Quartier.

Die Pioniere, die sofort mit dem Bau von Unterständen begannen, überzeugten sich vorher nicht einmal davon, ob die Erdöltanks leer waren, eine Fahrlässigkeit, für die wir später schwer büßten.

Um im Zusammenwirken mit der von Norden angreifenden 1. Gardearmee, der 24. und 66. Armee die gegen Stalingrad vordringenden Truppen des Gegners abzuschneiden und zu zerschlagen, bereiteten sich die Truppen des rechten Flügels der Armee auf einen Gegenstoß vom Mamajewhügel südwestwärts vor.

Der 18. September begann wie gewohnt. Bei Tagesanbruch erschienen deutsche Flugzeuge und bombardierten unsere Gefechtsordnungen. Ihr Hauptschlag richtete sich gegen den Bahnhof und den Mamajewhügel. Dann eröffneten Artillerie und Granatwerfer das Feuer. Unsere Artillerie antwortete. Der Kampf tobte mit zunehmender Stärke, bis um 08.00 Uhr der Himmel über der Stadt plötzlich wie leergefegt war. Daran erkannten wir, daß die Truppen der Stalingrader Front, die nördlich Stalingrad kämpften, zu aktiven Handlungen übergegangen waren. Eine gewaltsame Aufklärung hatte begonnen. Um 14.00 Uhr wurde klar, wie sie ausgegangen war: Die wieder zu Hunderten erscheinenden Bomber setzten ihre Angriffe auf die Gefechtsordnungen der 62. Armee verstärkt fort. Also war die gewaltsame Aufklärung im Norden beendet oder steckengeblieben.

Die faschistischen Flieger reagierten sofort auf jede Aktivität, vor allem aus nördlicher Richtung. An ihrem Verhalten errieten wir die Lage an unseren anderen Frontabschnitten.

Für die sechsstündige Atempause zwischen den Bombenangriffen waren wir unseren Nachbarn dankbar; wir nutzten sie, um unsere Stellungen zu verbessern.

Auf dem rechten Flügel erzielten unsere seit dem Morgen angreifenden Truppenteile einen kleinen Erfolg. Die Schützenbrigade von Oberst Gorochow nahm die Höhe 30,5 und ein Regiment aus Sarajews Division die Höhe 135,4. Im Abschnitt des Panzerkorps eroberte die 38. motorisierte Schützenbrigade die ganze Obstplantage südwestlich der Siedlung Roter Oktober.

Einheiten von Jermolkins Division und Jelins 39. Garderegiment kämpften hartnäckig am Mamajewhügel. Im Laufe des Tages 100 bis 150 Meter vorangekommen, setzten sie sich oben fest. Im Stadtzentrum und am linken Flügel der Armee wurde nach wie vor erbittert gekämpft. Trotz erdrückender Überlegenheit kam der Gegner zu keinem Erfolg. Unsere Truppenteile hielten ihre Stellungen mit Ausnahme des Bahnhofs, der in fünf blutigen Kampftagen fünfzehnmal den Besitzer wechselte und erst Ende des 18. Septembers vom Gegner genommen wurde.

Wir hatten keine Truppen mehr, den Bahnhof im Gegenangriff zurückzuerobern. Die 13. Division unter General Rodimzew war schwer mitgenommen. Nach der Überfahrt hatte sie sofort in den Kampf eingreifen müssen, um den Hauptstoß der faschistischen Truppen aufzufangen, als diese Stalingrad aus der Bewegung zu nehmen versuchten. Die Gardisten fügten dem Gegner hohe Verluste zu. Zwar mußten sie ihm einige Stadtviertel überlassen, doch es war kein Zurückweichen und kein Rückzug, denn es gab niemanden mehr, der hätte zurückgehen können. Die Gardisten kämpften bis zum letzten Mann; nur Schwerverwundete krochen vereinzelt zurück. Diese berichteten, die faschistischen Eindringlinge hätten den Bahnhof genommen, dabei aber hohe

Verluste erlitten. Die Gardesoldaten — jetzt von den Hauptkräften der Division abgeschnitten — setzten sich einzeln oder in Gruppen von zwei bis drei Mann in Stellwerken, in den Kellern der Bahnhofsgebäude, hinter Bahnsteigen und unter Eisenbahnwaggons fest und erfüllten selbständig weiter ihre Aufgabe. Sie nahmen den Gegner im Rücken und an den Flanken unter Feuer und bekämpften ihn bei Tag und Nacht. Ihre Taktik des Straßenkampfes zwang die deutschen Offiziere, ihre Kompanien und Bataillone in ständiger Bereitschaft zu halten und immer neue Kräfte nach allen Seiten zu werfen, um die vereinzelten Widerstandsnester zum letzten entschlossener sowjetischer Soldaten auszuschalten.

In dieser Periode beschäftigte mich immer wieder der Gedanke, den ich seit den ersten Tagen meines Fronteinsatzes hatte: Was kann man der gut durchgearbeiteten, wenn auch schablonenhaften Taktik des Gegners entgegensetzen? Im Vordergrund meiner Überlegungen stand der Soldat. Er trägt stets die Hauptlast des Krieges. Er tritt dem Feind als erster von Angesicht zu Angesicht entgegen und kennt die Psychologie seiner Soldaten oft besser als der General, der die Gefechtsordnungen des Gegners von seiner Beobachtungsstelle aus verfolgt. Er studiert auch den Charakter seines Gegners, denn die Natur hat ihm Verstand, Herz und die Fähigkeit verliehen, nicht nur den Willen seines Kommandeurs zu erfassen, sondern auch die Lage und die Absichten des Gegners richtig einzuschätzen. Er kennt dessen Armee natürlich nicht so gut wie ein Stabsoffizier und sieht das Gefechtsfeld nicht in solcher Breite wie wir von unseren Beobachtungsstellen, dafür spürt er am Verhalten der gegnerischen Soldaten im Gefecht, beim Sturm- oder Gegenangriff deutlicher als jeder andere die moralischen Kräfte des Gegners. Diese Kräfte nicht nur allgemein, sondern unmittelbar auf dem Gefechtsfeld zu erkennen ist letzten Endes der wichtigste und entscheidende Faktor eines jeden Gefechts.

Ein gut ausgebildeter Soldat, der die moralischen Kräfte des Gegners kennt, fürchtet diesen selbst im hitzigsten Gefecht nicht. So blieben unsere Soldaten, auch wenn sie verwundet waren, auf dem Gefechtsfeld und suchten den Feind zu schlagen — erzogen durch die Kommunistische Partei in Liebe zur Heimat und Ergebenheit gegenüber ihrem Volk. Nach den Weisungen des Zentralkomitees weckten die Politorgane der Armee, die Partei-

und Komsomolorganisationen in jedem Soldaten den Glauben an unsere gerechte Sache, riefen mit konkreten Beispielen aus dem Kampfgeschehen der Truppenteile und den Taten unserer Helden ein hohes Verantwortungsgefühl gegenüber der Heimat in ihnen wach und stählten seine Kampfmoral. Ich konnte mich auf die Standhaftigkeit unserer Soldaten verlassen und deshalb eine grundlegende Änderung der Taktik unserer Einheiten im Straßenkampf ins Auge fassen.

Wir mußten jedes Haus, auch wenn sich nur ein einziger unserer Soldaten darin befand, zu einer Festung machen. Er kannte die allgemeine Aufgabe der Armee und würde sie, ganz auf sich allein gestellt, im Keller oder auf dem Treppenabsatz kämpfend, selbständig lösen. Im Straßenkampf ist der Soldat oft sein eigener General. Wer nicht an die Fähigkeiten des Soldaten glaubt, kann niemals Kommandeur sein.

Ich beriet mich mit dem Mitglied des Kriegsrates, Genossen Gurow, und dem Chef des Stabes, Genossen Krylow, und wir entschlossen uns, noch während der Kämpfe um den Bahnhof unsere Taktik zu ändern. Dazu mußten wir mit den bisherigen Gepflogenheiten brechen: In den Kompanien und Bataillonen gab es jetzt neben Zügen und Abteilungen als neue taktische Einheiten kleinere Sturmgruppen.

Am 18. September erhielten wir folgenden Befehl des Stabes der Südostfront, der die 62. Armee damals angehörte.

»Auszug aus dem Gefechtsbericht Nr. 00122. Stab der SOF. 18. 09. 1942, 18.00 Uhr.

Unter den Schlägen der Verbände der Stalingrader Front, die zum allgemeinen Angriff in Richtung Süden übergegangen sind, erleidet der Gegner im Abschnitt Kusmitschi–Suchaja Metschetka–Akatowka schwere Verluste. Er zieht aus dem Raum Stalingrad–Woroponowo Truppenteile und Verbände ab und wirft sie über Gumrak nach Norden, um dem Angriff unserer nördlichen Gruppierung entgegenzuwirken.

Mit dem Ziel, die Stalingrader Gruppierung des Gegners im Zusammenwirken mit der Stalingrader Front zu zerschlagen, befehle ich:

1. Der Oberbefehlshaber der 62. Armee bildet im Raum des Mamajewhügels eine Stoßgruppe aus mindestens drei Schützendivisionen und einer Panzerbrigade und führt einen Stoß in

Richtung nordwestlicher Stadtrand von Stalingrad, mit dem Ziel, den Gegner in diesem Raum zu vernichten. Tagesaufgabe: den Gegner in Stalingrad vernichten und die Linie Rynok—Orlowka — Höhe 128,0 — Höhe 98,9 — nordwestlicher Stadtrand von Stalingrad dauerhaft sichern.

Der Chef Artillerie der Front sichert den Stoß der 62. Armee durch einen kraftvollen Artillerieangriff im Streifen Gorodischtsche—Gumrak rechts und Zariza links.

Die Schützendivision Gorischnys wird ab 18.09.1942, 19.00 Uhr, der 62. Armee unterstellt. Der Oberbefehlshaber der 62. Armee sorgt dafür, daß bis zum 19.09.1942, 05.00 Uhr, der größere Teil der Division auf den nördlichen Flußübergängen im Raum ›Roter Oktober‹ die Wolga überschreitet. Er setzt sie für einen Stoß ein, der von der Höhe 102,0 gegen den nordwestlichen Stadtrand zu führen ist.

Beginn des Angriffs der Infanterie: 19.09.1942, 12.00 Uhr.«

Im ersten Absatz des Befehls wird gesagt, der Gegner ziehe eine Reihe von Truppenteilen und Verbänden aus der Stadt ab. Wie später bekannt wurde, waren die im Befehl gemachten Angaben über den Gegner nicht zutreffend. Dieser setzte, abgesehen von seinen Fliegerkräften, nicht einen einzigen Truppenteil aus Stalingrad gegen die angreifende Stalingrader Front ein.

Die Armeeaufklärung vernahm in diesen Tagen besonders gründlich Kriegsgefangene und studierte die in Gefechten erbeuteten Stabsdokumente des Gegners. Nicht eine einzige Aussage bestätigte die Mitteilung des Frontstabes über die Verlegung deutscher Truppen von Stalingrad nach Norden.

An Hand unserer Informationen konnten wir ziemlich genau feststellen, welche Verbände des Gegners vor der 62. Armee handelten. Von Rynok bis Kuporosnoje, an der Naht zu unserem linken Nachbarn, der 64. Armee, handelten neun gegnerische Divisionen: die 14., 24. und 16. Panzerdivision, die 29. motorisierte Infanteriedivision und die 71., 94., 295. und 389. Infanterie- sowie die 100. Jägerdivision.

Von den 500 Panzern des Gegners waren infolge hoher Verluste bis zum 25. September nur noch 150 übrig. Auch seine Fliegerkräfte waren ziemlich abgekämpft. An Stelle von 40 bis 50 Flugzeugen der Anfangsperiode kreisten jetzt abwechselnd nur noch 10 bis 20 Maschinen über der Stadt.

Doch kehren wir zur Lage am 18. September und dem Befehl der Front zum Gegenangriff zurück. Danach sollte Gorischnys Division die Wolga überschreiten und innerhalb von 12 bis 18 Stunden ihre Ausgangsstellungen beziehen. Da die Übersetzstellen aber unter äußerst schwierigen Bedingungen in Betrieb gehalten wurden, genügte diese Frist keinesfalls.

Das Übersetzen der Division ist jedoch nur eine Seite der Aufgabe. Der Befehl der Front wies die 62. Armee an, mindestens drei Divisionen für den Gegenstoß bereitzustellen. Woher aber sollten wir diese drei Divisionen nehmen? Weder in der zweiten Staffel noch in der Armeereserve hatten wir sie. Alles, was Waffen tragen konnte, kämpfte an der vordersten Linie und war in Straßenkämpfe verwickelt.

Doch der Befehl der Front mußte ausgeführt werden.

Alle Ebenen, vom Armeestab bis zu den Stäben sämtlicher Verbände und Truppenteile bewiesen bei der Vorbereitung des Angriffs großes Organisationstalent und operatives Können. Am 18. September, 23.50 Uhr, unterzeichnete ich einen Armeebefehl, in dem nach den erbitterten Abwehrkämpfen, nach zwar langsamem, jedoch stetigem Zurückweichen endlich wieder das Wort Angriff erschien. Es erfüllte die abgekämpften, erschöpften Truppen mit ungeheurer Begeisterung. Wenn es zum Angriff geht, verfügen wir also noch über Kräfte, ist Schluß mit der Verteidigung, sagten sie.

Der Angriffsbeginn wurde auf den 19. September, 12.00 Uhr, festgesetzt. Seit dem frühen Morgen beobachteten wir aufmerksam das Verhalten des Gegners, doch die erwartete Verwirrung oder ein Abzug von Truppen aus unserem Frontabschnitt blieb aus. Wir stellten lediglich fest, daß seine Fliegerkräfte weniger aktiv waren. Das deutete darauf hin, daß unsere Truppen ihre aktiven Handlungen im Norden fortsetzten.

Um 12.00 Uhr traten unsere Truppenteile, unterstützt von Artillerie der Frontartilleriegruppe und Fliegerkräften, zum Angriff an. Daß keine gegnerischen Flugzeuge in der Luft waren, erleichterte unsere Aufgabe, wenn auch Flieger in Straßenkämpfen keine entscheidende Rolle spielten.

Als dann gegen 17.00 Uhr wieder Flugzeuge über Stalingrad erschienen, wußten wir, daß sich unsere Angriffe an der Nordflanke des Gegners festgelaufen hatten. Der Angriff der Stoßgruppe der 62. Armee entwickelte sich im Zentrum und am linken

Flügel zum Begegnungsgefecht. Nur am rechten Flügel verhielt sich der Gegner verhältnismäßig ruhig.

Am 19. September wurde am Mamajewhügel den ganzen Tag über mit wechselndem Erfolg gekämpft. Die motorisierte Schützenbrigade nahm die Höhe 126,3; ein Regiment der 112. Schützendivision erreichte in Tuchfühlung mit der Schützenbrigade die Linie nördlich des höchsten Punktes der Dolgischlucht. Zwei Regimenter von Gorischnys Division — sie waren in der Nacht zum 19. September übergesetzt — wurden aus der Bewegung in den Kampf geworfen. Sie überschritten unvorbereitet und ohne vorherige Aufklärung die Kuppe des Mamajewhügels und wurden sofort in ein Begegnungsgefecht mit angreifender Infanterie und Panzern verwickelt. Einheiten der 112. Schützendivision schlugen seit dem Morgen heftige Angriffe des Gegners zurück und hielten ausgangs des Tages die Linie Eisenbahnstrecke vom Mamajewhügel bis zu den Straßen in Polotnjanyje, wo sich die Dolgischlucht teilt, und die Straßenbrücke über die Krutoischlucht auf der Artjomowskistraße.

Vor mir liegt ein Brief des Oberstleutnants der Reserve Gussew, Mitglied der KPdSU seit 1939, der seit dem 14. September in der 112. Schützendivision kämpfte. Die Politverwaltung der Front hatte ihn auf persönlichen Wunsch zu einem, wie er sagte, »beliebigen beim Werk ›Roter Oktober‹ kämpfenden Truppenteil« abkommandiert. Er schreibt: »Mein Vater hat 35 Jahre lang als Walzwerker dort gearbeitet. Ich bin am Mamajewhügel geboren und habe hier Kindheit und Jugend verlebt. Mein Vater wirkte bei der Verteidigung von Zarizyn mit. Auch ich mußte meine geliebte Heimatstadt, als sie brannte, verteidigen.

Über die Übersetzstelle 62 erreichte ich das rechte Ufer. Der Artilleriebeschuß war so heftig, daß mir das Steilufer der Wolga wie die Bordwand eines riesigen Panzerkreuzers erschien. Auf dem Gelände des Werkes ›Roter Oktober‹ fand ich den Gefechtsstand der 112. Schützendivision und meldete mich beim Divisionskommandeur Jermolkin und dem Kommissar Lipkind. Auf die Frage des Genossen Jermolkin, wo ich früher gedient hätte, berichtete ich, daß ich am 22. Juni 1941 als Angehöriger der dreimal mit Orden ausgezeichneten 7. mechanisierten Frunse-Division in den Kampf eingetreten sei. Jermolkin blickte mich an. ›Gussew, erkennst du mich nicht?‹ fragte er. Da ging mir ein

Licht auf. Jermolkin befehligte damals das 15. Regiment der 7. Division. Wir wurden zusammen bei Kiew eingeschlossen und schlugen uns organisiert zu unseren Truppen bei Charkow durch.

Divisionskommandeur Jermolkin war unserer Sache grenzenlos ergeben, doch mitunter jähzornig. Nach besten Kräften bemühte er sich, die seiner Division gestellten Aufgaben zu erfüllen und die Tradition der Sibirier und des gefallenen Divisionskommandeurs Sologub fortzusetzen.

Am selben Tag lernte ich auch die hervorragenden Kampfgefährten Jermolkins kennen: seinen Stellvertreter, Held der Sowjetunion Michailizyn, den Chef Artillerie Godlewski sowie die angesehenen Politarbeiter Wassiljew, Orobej, Kuwschinnikow, Jantschenko und andere, die sich fast immer bei den Einheiten aufhielten, an den Kämpfen teilnahmen und Beiträge für die Divisionszeitung schrieben.

Die 112. Schützendivision, die zu dieser Zeit etwa 800 kampffähige Soldaten zählte, verteidigte sich an der Front ostwärts Gorodischtsche—Mamajewhügel. Bald darauf schickte man mich zum 416. Schützenregiment, das sich mit der 156. Selbständigen Panzerjägerabteilung der 112. Schützendivision zum Sturm auf den vom Gegner vorübergehend besetzten Mamajewhügel vorbereitete. Der Regimentskommandeur, Hauptmann Assejew, ein aufgeschlossener Mann, hatte die Todesfurcht bereits überwunden. Er geleitete mich zur Panzerjägerabteilung. Wir trafen den Abteilungskommissar, Politleiter Filimonow, an, der sofort einen Melder zum Kommandeur, dem Chef der 45-mm-Batterie, Leutnant Otschkin, schickte.

Zu viert beschäftigten wir uns unter Leitung von Hauptmann Assejew mit der Frage, wie man den Mamajewhügel unter möglichst geringen Verlusten nehmen könnte.

Der Sturm begann am frühen Morgen des 16. September. Die Stalingrader Front führte gleichzeitig einen Angriff. Der Sturm dauerte zwei Tage. Unsere Soldaten überwanden das heftige Feuer der Faschisten. Trotz des massierten Bombardements bahnten sie sich den Weg. Der Kommandeur des 416. Schützenregiments war in der vordersten Linie der Stürmenden zu finden. Leutnant Otschkin wurde am Kopf verwundet. Sein Gesicht und die Feldbluse waren blutüberströmt. Wir kamen nicht dazu, ihn zu verbinden; er und seine Soldaten schoben ihre Kanonen vor, machten die Faschisten mit ihren Maschinenpistolen nieder und warfen Handgranaten in die Feuernester. So eroberten das 416. Regiment und die 156. Panzerjägerabteilung über Leichen und Blut die Kuppe des Mamajewhügels zurück und warfen den Gegner im Zusammenwirken mit Truppenteilen der 95. Schützendivision hinter die Dolgischlucht.«

Die 13. Gardedivision Rodimzews, die im Stadtzentrum in heftige Kämpfe verwickelt war, hatte schon in den voraufgegangenen Gefechten schwere Verluste erlitten. Offensichtlich war der Gegner entschlossen, die Division um jeden Preis zu überrennen, die Wolga an der zentralen Übersetzstelle zu erreichen und die Armee zu spalten.

Die beiden Schützenbrigaden mit den Resten von Dubjanskis 35. Gardedivision und Bubnows Panzerbrigade führten Straßenkämpfe von der Zariza bis zur Waldaistraße und weiter nach Südosten bis zum Wolgaufer.

Unsere Kräfte am Mamajewhügel entsprachen etwa denen des Angreifers, dagegen war er uns im Abschnitt der 13. Gardeschützendivision und weiter südlich mehrfach überlegen.

Die Kämpfe am 19. September hatten gezeigt, daß der Gegner nicht daran dachte, Truppen von Stalingrad nach Norden abzuziehen, sondern immer hartnäckiger versuchte, die 62. Armee zu vernichten, um in Stalingrad freie Hand zu erhalten.

Wir waren von allen Seiten an die Wolga gedrängt. Die Übersetzstellen lagen ständig unter dem Beschuß von Artillerie und Granatwerfern. Angesichts dieser Lage faßte der Kriegsrat der Armee eine Reihe wichtiger Entschlüsse. In erster Linie mußten wir Übersetzmöglichkeiten über die Wolga schaffen, um zu verhindern, daß die Verbindung und die Versorgung vom linken Ufer unterbrochen wurde. Eine schwierige Aufgabe, denn die Wolga war vom Gegner einzusehen. Da wir zum Übersetzen von Truppen und Munition mehrere Stellen brauchten, genehmigten wir neben den beiden Übersetz- und Anlegestellen der Armee Übersetzmöglichkeiten für jede einzelne Division. Mochte die Kapazität der Anlegestellen noch so gering sein, halfen sie doch den Divisionen vor allem bei der Evakuierung Verwundeter und beim Nachschub von Munition. Sämtliche Übersetzmittel wurden erfaßt und unter strenge Kontrolle gestellt.

Für die Telefon- und Funkverbindung zu den Truppen erarbeitete der Chef Nachrichten der Armee, Oberst Jurin, ein besonderes Schema. Er verfügte stets über Reservekanäle durch Drahtleitungen, die er auf dem Flußgrund verlegte. Wenn ein Leitungssystem ausfiel, gingen wir auf ein anderes über. Außerdem hatten wir auf dem linken Wolgaufer eine Nachrichtenstelle errichtet, über die wir die Verbindung mit den Divisionen am rechten Ufer aufrechterhielten. Bei massierten Bombenangriffen und Artilleriebeschuß wurde an unserem Ufer die Nachrichtenverbindung zu den Truppen häufig gestört.

In jenen Tagen bemühte sich der Gegner, das Übersetzen frischer Kräfte nach Stalingrad zu verhindern. Vom frühen Morgen bis in den späten Abend kreisten seine Stukas über der Wolga, und abends eröffnete die Artillerie das Feuer. Da nicht nur die Anlegestellen, sondern auch deren Zugänge Tag und Nacht unter Beschuß lagen, war das Übersetzen von Truppen und Gütern für die 62. Armee ungeheuer schwierig.

Einheiten, die in der Nacht auf das rechte Ufer übersetzten, mußten sofort in die Stellungen gebracht, das Material an die Truppen verteilt werden; andernfalls wurde alles von Bomben vernichtet. Auf dem rechten Ufer hatten wir keine Pferde oder Autos; wir hätten sie weder unterbringen noch vor Kugeln, Bomben und Granaten schützen können. Alle übergesetzten Güter wurden von Soldaten in die Stellungen geschafft, von denselben Soldaten, die am Tage die wütenden Angriffe des Gegners zurückschlugen. Ohne Schlaf oder Atempause schleppten sie nachts Munition, Lebensmittel und Pioniergerät. Das erschöpfte sie und beeinträchtigte sie in ihrer Kampfkraft, und das nicht nur tage- oder wochenlang, sondern solange die Kämpfe um Stalingrad andauerten.

Während der ganzen Zeit wurde das Artilleriedepot an den Anlegestellen von Oberstleutnant Sokolow geleitet, das Lebensmitteldepot von Oberstleutnant Spassow und Major Sinowjew. Sie arbeiteten ständig zwischen Munitionsstapeln, die jederzeit in die Luft fliegen konnten.

Am 19. September wurde die 284. Schützendivision unter Batjuk, die am Ostufer der Wolga eintraf, in die 62. Armee eingegliedert. Wir erwarteten sie bereits ungeduldig, denn an diesem Tag war im Stadtzentrum eine sehr schwierige Lage entstanden. Hier kämpften die Regimenter von Rodimzews Division und auf dem Mamajewhügel die 95. und 112. Schützendivision. Doch zur zentralen Anlegestelle konnte keine einzige Einheit mehr übersetzen, sie war ausgeschaltet.

Am Abend erfuhren wir, daß die Stalingrader Front am 20. September erneut von Norden angreifen sollte. Daher entschloß ich mich, unsere Gegenangriffe vom Mamajewhügel nach Südwesten fortzusetzen. Allerdings glaubten wir nach dem mißglückten ersten Gegenstoß nicht mehr an den Erfolg weiterer Angriffe.

In der Nacht erhielt die 62. Armee Befehl, am 20. September den Angriff mit allen verfügbaren Kräften fortzusetzen, um die Aufgabe zu erfüllen, die sie am Vortag nicht hatte lösen können. Wir kannten die schwierige Lage bei Rodimzew, konnten ihm aber nicht ein einziges Bataillon schicken. Nur ihr eigenes 39. Regiment, das bis zum 19. September am Mamajewhügel gekämpft hatte, gaben wir der Division zurück.

Die Reste der 35. Gardedivision waren nach einer Woche pausenloser Kämpfe gegen einen mehrfach überlegenen Gegner so erschöpft und ausgeblutet, daß wir uns entschlossen, ihre Soldaten und die noch vorhandene Technik der 42. und 92. Schützenbrigade zu übergeben und ihre Stäbe zur Formierung einer Division hinter die Wolga zurückzuführen.

In diesen Tagen hatten wir ernste Meinungsverschiedenheiten mit dem Chef Artillerie der Front. Er verlangte, auch die Artillerietruppenteile, die mit ihren Divisionen zur Verstärkung der 62. Armee eingetroffen waren, auf das rechte Wolgaufer nach Stalingrad überzusetzen. Der Kriegsrat der Armee war entschieden dagegen. Wir ließen die Artillerie der Schützendivisionen am linken Ufer, verlegten aber die Beobachtungsstellen nach Stalingrad, um von dort aus das Feuer der Geschütze und Batterien auf breiter Front zu leiten, und baten, nur die Granatwerfer und die Panzerabwehrartillerie mit ihren Truppenteilen überzusetzen.

Wie bereits gesagt, hatten wir in der Stadt weder Pferde noch andere Zugmittel. Damit aber verlor die Artillerie ihre Beweglichkeit, denn unmöglich konnten Kanonen und Haubitzen mit Menschenkraft durch die von Bomben und Granaten zerwühlten Straßen und Ruinen gezogen werden. Schließlich wurde in der zweiten Septemberhälfte auch die Zufuhr von Granaten über die Wolga immer schwieriger; sie mußte manchmal ganz eingestellt werden. Der Gegner konnte am Tag alle ostwärtigen Zugänge des

Flusses einsehen und nahm, als er am 22. September die zentrale Anlegestelle erreicht hatte, jedes Boot unter gezieltes Feuer. Sich auf nächtliche Munitionstransporte zu verlassen war ebenfalls gewagt, denn der Gegner kannte die Übersetzstellen und beleuchtete die Wolga die ganze Nacht mit Leuchtbomben und -kugeln. Es war viel leichter, die Munition 100 Kilometer bis an die Wolga zu bringen, als sie über den einen Kilometer breiten Strom zu schaffen.

Der Kriegsrat der Front akzeptierte unseren Standpunkt.

Der Entschluß, die Divisionsartillerie am linken Ufer zurückzulassen, wirkte sich günstig auf die Verteidigungs- und Angriffskämpfe in der Stadt aus. Jeder Divisions- und Brigadekommandeur, der seine Geschütz- und Haubitzregimenter am anderen Ufer zurückgelassen hatte, konnte ihr Feuer stets auf beliebige Frontabschnitte lenken. Ebenso konnte der Chef Artillerie der Armee, Generalmajor Posharski, das Feuer aller Batterien der Brigaden und Divisionen, falls notwendig, auf einen Raum konzentrieren.

Seit dem 20. September versammelten sich bei mir täglich um 17.00 Uhr die Generale Krylow, Posharski, Gurow und Oberst German, der Chef Aufklärung, zur Besprechung. Nach Angaben der Aufklärung suchten wir die Planquadrate heraus, in denen der Gegner für den Angriff Truppen zusammenzog. Dort überfielen wir sie kurz vor Tagesanbruch mit dem Feuer unserer Artillerie und den Salven der »Katjuschas«. Jede Granate oder Rakete, die ins Zentrum einer solchen Ansammlung traf, war wirkungsvoller als unser bewegliches oder unbewegliches Sperrfeuer. Mit diesen gezielten Feuerschlägen vernichteten wir die lebende Kraft des Gegners und zermürbten ihn moralisch. Nach solchen nächtlichen Feuerüberfällen gingen die Faschisten demoralisiert ins Gefecht.

Am 20. September begann der Kampf bei Tagesanbruch.

Auf dem rechten Flügel der 62. Armee (Rynok—Orlowka—Rasguljajewka) wurde der Gegner gebunden, am Mamajewhügel griff er mit frischen Kräften die Regimenter der 95. Division an.

Gegen Mittag berichtete mir der Divisionskommandeur wie folgt: »Abgesehen von unbedeutenden Veränderungen — etwa hundert Meter nach der einen oder anderen Seite — ist die Lage unverändert.«

»Bedenken Sie«, warnte ich ihn, »daß auch Differenzen von nur hundert Metern zum Verlust des Hügels führen können.«

Gorischny überlegte und erwiderte dann: »Ich kann fallen, den Mamajewhügel aber werde ich nicht aufgeben.«

Oberst Gorischny und sein Politstellvertreter Wlassenko schätzten den Verlauf der Kämpfe richtig ein; aus dieser Übereinstimmung war zwischen ihnen eine feste Freundschaft geworden. Beide ergänzten einander. Gorischny war nicht nur Kommandeur, sondern auch Kommunist und schenkte der politischen Erziehung seiner Truppe große Beachtung. Und da Wlassenko ein umfangreiches operatives Wissen besaß, konnte er über einschlägige Fragen mitreden.

Wenn ich am Fernsprecher ihre Lagemeldungen entgegennahm, zweifelte ich nie an der Zuverlässigkeit und Objektivität ihrer Einschätzung, gleichviel, ob sie von Gorischny oder von Wlassenko kam. Beide waren gut über die operative Lage im Bilde und kannten die Gewohnheiten des Gegners.

Ihre Division war gleich nach Rodimzews in Stalingrad eingetroffen. Auch sie griff aus der Bewegung heraus sofort nach der Überfahrt in den Kampf um den Mamajewhügel ein und kämpfte dann am Traktorenwerk und am Werk »Barrikady«. Ihre Regimenter, oftmals nur noch die Stäbe, wurden der Reihe nach für kurze Zeit hinter die Wolga zurückgeführt, wo sie sich kurz ausruhen, ihre Kompanien auffüllen konnten und dann wieder in den Kampf gingen.

Gorischny und Wlassenko waren in den erbittertsten Phasen des Kampfes auf ihrer Beobachtungsstelle und leiteten ruhig und sicher Angriff und Gegenangriff.

Selbst am Wolgaufer entlang war es schwierig, zu ihrem Gefechtsstand zu gelangen, denn die Schlucht zwischen den Werken »Barrikady« und »Roter Oktober« lag im Schußbereich gegnerischer Scharfschützen. Weil hier in den ersten Tagen viele unserer Soldaten gefallen waren, nannten wir sie die Todesschlucht. Um weitere Verluste zu vermeiden, mußten wir quer durch die Schlucht eine Steinmauer ziehen. Nur gebückt und dicht an die Mauer gedrückt, konnte man lebend den Gefechtsstand erreichen.

Genosse Gorischny ist jetzt Generalleutnant, Genosse Wlassenko lebt als Generalmajor in Kiew. Als ich ihn vor kurzem traf, klagte er gesprächsweise über sein Herz und meinte: »Der Motor beginnt zu streiken.« Wlassenko hatte in Stalingrad und an anderen Fronten viel ausgehalten und dabei sein Herz überanstrengt.

Die Lage im Abschnitt der 13. Gardeschützendivision wurde immer schwieriger. Gegen Mittag des 20. September sickerten feindliche MPi-Schützen in den Raum der zentralen Anlegestelle ein und beschossen den Divisionsgefechtsstand. Einige Einheiten des 42. Garderegiments der Division waren halb eingeschlossen, die Nachrichtenverbindung immer wieder unterbrochen. Zu Rodimzews Stab entsandte Stabsoffiziere aber kamen unterwegs ums Leben. Jelins Regiment marschierte zur zentralen Anlegestelle und verspätete sich, weil es unterwegs von Fliegerkräften pausenlos bombardiert worden war.

Das Artilleriefeuer, mit dem die Armee die Division nur vom linken Ufer unterstützen konnte, reichte natürlich nicht aus.

An der Zariza, links von Rodimzews Division, kämpften erbittert die Bataillone der 42. Schützenbrigade unter Batrakow, der 92. Fernostmarineinfanteriebrigade und ein Regiment von Sarajews Division. Da auch zu ihnen die Nachrichtenverbindung oft gestört war, hatten wir wenig Informationen über die Lage in diesem Abschnitt. Klar war nur, daß der Gegner frische Kräfte herangezogen hatte, um unter allen Umständen durch das Zentrum unserer Verteidigung zur Wolga durchzubrechen und den Durchbruch zu erweitern. Wir mußten unsere Gegenangriffe am Mamajewhügel fortsetzen, andernfalls erhielt der Gegner die Möglichkeit, sich mit allen Kräften auf unseren linken Flügel zu stürzen und unsere Truppenteile, die sich im Stadtzentrum verteidigten, zu vernichten.

Ein in der Nacht zum 22. September nach Stalingrad übergesetztes Schützenregiment der 284. Division ließen wir ostwärts des Mamajewhügels als Armeereserve Stellung beziehen.

Gegen 02.00 Uhr erhielt ich einen Anruf des Oberbefehlshabers der Front, Generaloberst Jeremenko, der mir mitteilte, daß eine Panzerbrigade der Stalingrader Front im Norden die Front des Gegners durchbrochen habe und sich jeden Augenblick im Raum Orlowka mit uns vereinigen müsse. Ich weckte alle, setzte mich ans Telefon und wartete die ganze Nacht auf die freudige Nachricht von der Vereinigung der Truppen der Stalingrader Front mit der 62. Armee. Vergeblich! Nach einigen Tagen erfuhren wir, daß die Brigade ihr Ziel nicht erreicht hatte. Sie war mit ihrem Kommandeur, Oberst Schidsjajew, in der Tiefe der Gefechtsordnungen des Gegners in erbittertem Ringen völlig aufgerieben worden.

Am 21. und 22. September wurde die Lage der 62. Armee kritisch. Die Truppen des Gegners, die im Abschnitt der 13. Gardeschützendivision, wenn auch unter hohen Verlusten, die 2. Nabereshnajastraße und mit Vorausabteilungen die zentrale Übersetzstelle erreichten, spalteten die Armee in zwei Teile. Am Abend des 21. September hatte die Front der 13. Division folgenden Verlauf: Krutoischlucht – 2. Nabereshnajastraße – Platz des 9. Januar – die Straßen Solnetschnaja – Kommunistitscheskaja – Kurskaja – Orlowskaja – Proletarskaja – Gogolstraße – Ufer der Zariza. Mehrere Einheiten waren eingeschlossen und schlugen sich bis zur letzten Patrone. Da genauere Angaben über das Schicksal des 1. Bataillons von Jelins Regiment fehlten, erschien in allen Berichten und später in der Presse und in den Büchern über die Stalingrader Schlacht die Nachricht, das Bataillon, das um den Bahnhof gekämpft habe, sei am 21. September 1942 aufgerieben worden; nur Unterleutnant Koleganow sei am Leben geblieben.

Ich muß sagen, daß ich diese Meldung bis zuletzt anzweifelte, denn am Verhalten des Gegners merkte ich, daß am Bahnhof und links davon immer noch unsere Soldaten kämpften und den Faschisten schwere Verluste zufügten. Ich wußte nicht, wer sich dort so tapfer schlug, und mich bedrückte das Schicksal dieser Menschen. Als ich nach dem Krieg meine Aufzeichnungen »Die Armee des Massenheroismus« veröffentlicht und Auszüge daraus im Rundfunk gelesen hatte, erreichten mich viele Zuschriften, unter anderem der Brief eines Invaliden des Großen Vaterländischen Krieges, des Genossen Anton Kusmitsch Dragan. Er schrieb mir, er könne über das Schicksal des Bataillons nach der Einnahme des Bahnhofs durch die Faschisten Auskunft geben. Seine Zeilen bewegten mich sehr, nach 15 Jahren sollte ich endlich etwas über das Schicksal dieser Menschen erfahren. Ich hatte nie glauben können, daß die Soldaten, die sich sieben Tage lang so standhaft gegen die Faschisten geschlagen hatten, in einer einzigen Nacht umgekommen sein oder die Waffen gestreckt haben sollten. Ich hatte mich nicht geirrt.

Im Sommer 1958 besuchte ich während meines Urlaubs den

Schreiber dieses Briefes. Er lebt im Dorf Lukowizy, Gebiet Tschernigow. Wir erkannten uns auf den ersten Blick.

Anton Kusmitsch erinnerte mich bei der Begrüßung an unsere erste Begegnung: »Wissen Sie noch, wie Sie mich am Abend des fünfzehnten September an der Kirche in der Puschkinstraße fragten: ›Oberleutnant, wo sind deine Leute? – Ach so, hier; dann stelle ich dir die Aufgabe, die Faschisten aus dem Bahnhof herauszuschlagen. Klar?‹«

»Ja, ich erinnere mich.« Und vor mir sah ich wieder das zerschossene Haus, das Ufer voll Rauch, an dem die Soldaten mit Gewehren und Maschinenpistolen entlangzogen, und einen kleinen, beweglichen, mit Handgranaten behängten Oberleutnant mit entzündeten Augen. Das war Anton Kusmitsch. Er führte damals die 1. Kompanie des 1. Bataillons aus dem 42. Schützenregiment von Rodimzews Division. Wieder sehe ich, wie dieser junge Kommunist schnell seine Kompanie entfaltet, sich mit ihr in Richtung Bahnhof entfernt und in der einbrechenden Dunkelheit verschwindet. Wenige Minuten später hörte man von dort den Lärm eines lebhaften Feuergefechts. Die Kompanie hatte den Kampf aufgenommen.

»Wenn es Ihnen recht ist, erzähle ich alles der Reihe nach«, sagte Anton Kusmitsch, nachdem wir uns gesetzt hatten.

»Als ich meine Kompanie zum Bahnhof geführt und das Feuergefecht gegen die Faschisten eröffnet hatte, kam Bataillonskommandeur Tscherwjakow zu mir, putzte seine Brille und sagte: ›Man muß den Faschisten die Verbindung abschneiden und sie dort fesseln. Haltet euch so lange wie möglich und nehmt Handgranaten mit.‹

Ich verständigte die Kompanie, und wir brachen auf, den Bahnhof zu umgehen. Es war Nacht. Ringsum tobte der Kampf. In kleinen Gruppen hatten sich unsere Einheiten in halbzerstörten Häusern festgesetzt. Mit Mühe wehrten sie den Ansturm des Gegners ab. Das Bahnhofsgebäude schien in seiner Hand zu sein. Wir überschritten von links die Gleise. An der Kreuzung trafen wir auf einen bewegungsunfähig geschossenen sowjetischen Panzer und ungefähr zehn Panzersoldaten. Wir sammelten uns in der Nähe des Gebäudes und stürzten uns in den Nahkampf.

Das kam überraschend – erst eine Handgranate, dann ein Soldat. Die Faschisten feuerten blind um sich und flüchteten.

So eroberte die Kompanie den Bahnhof. Als die Faschisten wieder zu sich kamen und merkten, wie wenig wir waren, hatten wir uns längst festgesetzt. Bis zum nächsten Morgen stürmten sie mehrmals von drei Seiten gegen den Bahnhof, wiedergewinnen konnten sie ihn nicht.

Wir merkten kaum, daß der Morgen graute; ein neuer schwerer Morgen in Stalingrad. Die Faschisten warfen Hunderte von Bomben über dem Bahnhof ab. Den Bomben folgte Artilleriebeschuß. Das Gebäude brannte, die Mauern barsten, das Eisen krümmte sich, aber die Menschen kämpften weiter.

Bis zum Abend gelang es den Faschisten nicht, das Gebäude zu erobern. Schließlich merkten sie, daß sie es im Frontalangriff nicht nehmen konnten, und umgingen uns. Wir kämpften jetzt auf dem Bahnhofsplatz, hitzige Gefechte entbrannten am Springbrunnen und längs der Gleise.

Dabei wollten uns die Deutschen in den Rücken fallen; sie sammelten sich in einem Eckgebäude des Bahnhofsplatzes, zu unserer Orientierung Nagelfabrik genannt. Unsere Aufklärer hatten nämlich festgestellt, daß dort Nägel lagerten. Wir durchschauten das Manöver und griffen selbst in diese Rictung an, unterstützt vom Feuer der Granatwerferkompanie Oberleutnant Sawoduns, die inzwischen an den Bahnhof herangekommen war. Es gelang uns jedoch nur, den Feind aus einer Abteilung herauszuschlagen, die Nachbarabteilung blieb in seiner Hand.

Jetzt tobte der Kampf im Inneren des Gebäudes. Die Kompanie war mit ihren Kräften fast am Ende. Nicht nur sie, das ganze Bataillon befand sich in sehr schwieriger Lage. Als der Bataillonskommandeur verwundet wurde und auf die andere Seite der Wolga gebracht werden mußte, übernahm Oberleutnant Fedossejew das Kommando.

Von drei Seiten drückten die Faschisten gegen das Bataillon. Es fehlte an Munition. An Essen und Schlafen war gar nicht zu denken. Am schlimmsten war der Durst. Um wenigstens für die Maschinengewehre Wasser zu beschaffen, durchschossen wir die Leitungsrohre, aus denen es dann tropfenweise sickerte. Zeitweise flaute das Gefecht ab, um dann mit neuer Kraft aufzulodern. Immer wieder mußten wir uns mit Messern, Spaten und Gewehrkolben verteidigen. In der Morgendämmerung zogen die Faschisten Reserven heran und warfen eine Kompanie nach der anderen gegen uns. Wir konnten ihren Ansturm kaum noch aufhalten. Auf meine Lagemeldung an Oberleutnant Fedossejew schickte er uns die dritte Schützenkompanie mit Unterleutnant Koleganow zu Hilfe, die jedoch unterwegs wiederholt angegriffen wurde. Der große, hagere Unterleutnant im Soldatenmantel war voller Ziegelstaub, führte seine Kompanie trotzdem heran und meldete knapp: ›Kompanie mit zwanzig Mann zur Stelle.‹

An den Bataillonsstab berichtete er: ›In der Nagelfabrik eingetroffen. Die Lage ist schwierig. Doch solange ich am Leben bin, wird das Gesindel nicht durchkommen!‹

Sie kämpften erbittert bis in die späte Nacht. Kleine Gruppen deutscher MPi- und Scharfschützen drangen in unseren Rücken vor, setzten sich auf Dachböden, in Hausruinen und Kanalisationsschächten fest und machten auf uns Jagd.

Der Bataillonskommandeur befahl mir, eine Gruppe MPi-Schützen zu bilden und sie in den Rücken der Deutschen zu schicken. Ich führte den Befehl aus. Doch darüber habe ich in meinem Tagebuch geschrieben.« Damit überreichte mir Anton Kusmitsch seine Aufzeichnungen. Ich gebe sie wörtlich wieder.

»18. September. Die Freiwilligengruppe der MPi-Schützen ist vor kurzem lautlos im Dunkel der Nacht verschwunden. Jeder kennt seine Aufgabe, weiß, daß sie schwer und gefahrvoll ist. Die Soldaten werden in den Rücken des Gegners eindringen und dort einzeln kämpfen.

Jeder hat Munition und Verpflegung für fünf Tage empfangen und ist informiert worden, wie er sich verhalten muß. Bald nach ihrem Abmarsch wurden die Deutschen unruhig. Sie können sich wohl nicht erklären, wer ihren Kraftwagen — er war gerade mit Munition eingetroffen — in die Luft gesprengt und wer ihre MG- und Artilleriebedienungen außer Gefecht gesetzt hat.

Vom Morgen bis zum Mittag hingen über der Stadt ganze Schwärme feindlicher Flugzeuge. Einige lösten sich, gingen im Sturzflug nieder und überschütteten im Tiefflug Straßen und Hausruinen mit einem Kugelhagel; andere brausten mit heulenden Sirenen über die Stadt, um Panik auszulösen. Es hagelte Brandbomben; überall detonierten schwere Sprengbomben. Die Stadt stand in Flammen.

In der Nacht zum 19. September sprengten die Faschisten in der Nagelfabrik die Mauer, die unsere Abteilung vom übrigen Gebäude trennte, und warfen Handgranaten. Die Gardisten schafften es kaum, sie durch die Fensteröffnungen zurückzuwerfen. Unterleutnant Koleganow wurde schwer verletzt. Viele Soldaten fielen.

Koleganow brachten dann zwei Gardisten mühsam aus der Feuerlinie zur Wolga. Was mit ihm geschah, weiß ich nicht mehr.«

»Und wie ging es dann weiter?« fragte ich.

»Noch über 24 Stunden kämpften wir in der Nagelfabrik. Die Gardisten der Granatwerferkompanie von Oberleutnant Sawodun unterstützten uns. Ihre Granaten hatten sie längst verschossen und kämpften jetzt als Schützen. Sie setzten sich hinter den Straßensperren fest und eröffneten ein heftiges Feuer. Gegen Abend, es war bereits der 20. September, meldeten unsere Beobachter intensive Umgruppierungen des Gegners. Die Deutschen zogen Artillerie und Panzer an den Bahnhof heran. Das Bataillon erhielt den Befehl, sich auf die Abwehr eines Panzerangriffs vorzubereiten.

Ich bildete aus meiner Kompanie mehrere Gruppen mit Panzerbüchsen, Handgranaten und Brandflaschen. Doch es kam an diesem Tag zu keinem Panzerangriff.

In der Nacht war eine Stalingraderin unter Lebensgefahr aus dem Feindgebiet zu uns gekommen und hatte berichtet, daß die Deutschen einen Panzerangriff vorbereiteten. Sie gab uns wertvolle Informationen über die Stellungen der feindlichen Einheiten. Sie hieß Maria Widenejewa. So wie sie leisteten uns die Einwohner oft Kundschafterdienste und versorgten uns auch mit Wasser. Die Namen der meisten Patrioten sind leider unbekannt geblieben. Ich erinnere mich nur noch an ein junges Mädchen, die Soldaten riefen es Lisa. Bei einem Bombenangriff kam es ums Leben.

Und dann brach der 21. September an, der schwerste Tag für unser Bataillon. Die Faschisten stürmten, von Panzern und Artillerie unterstützt, vom Morgen an wutentbrannt zum Angriff vor. Die Stärke des Feuers und die Erbitterung der Kämpfenden waren beispiellos. Der Feind warf alle verfügbaren Mittel und Reserven ins Gefecht, um unseren Widerstand zu brechen. Dennoch kam er nur unter schweren Verlusten voran und konnte erst in der zweiten Tageshälfte unser Bataillon in zwei Teile spalten.

Der eine Teil mit dem Stab wurde abgeschnitten. Die Faschisten schlossen ihn am Warenhaus ein und griffen von allen Seiten an. Im Innern des Gebäudes entbrannte ein Nahkampf. Der Bataillonsstab unter Oberleutnant Fedossejew nahm den ungleichen Kampf auf. Diese tapfere kleine Schar setzte ihr Leben voll ein. Zu ihrer Hilfe eilten wir mit vier Gruppen dorthin, doch die Faschisten hatten bereits Panzer herangezogen, die mit ihrem heftigen Feuer alles Lebende hinwegfegten. Oberleutnant Fedossejew und seine tapferen Kampfgefährten fielen.

Ich übernahm den Befehl über die Reste der Einheit, konzentrierte sie an der Nagelfabrik und schickte dem Regimentskommandeur Jelin eine Lagemeldung. Doch der Melder kehrte nicht mehr zurück. Unser Bataillon hatte die Verbindung zum Regiment verloren und kämpfte von nun an selbständig.

Der Nachschub war unterbrochen, wir geizten mit jedem Schuß. Ich befahl, Beutewaffen und die Patronentaschen der Gefallenen einzusammeln. Gegen Abend versuchte der Gegner erneut, unseren Widerstand zu brechen, und rückte dicht an unsere Stellungen heran. Die Kräfte unserer Einheit wurden immer geringer, wir mußten unseren Verteidigungsraum immer mehr verkleinern. Langsam zogen wir uns auf die Wolga zurück. Dabei blieb die Entfernung zum Gegner so gering, daß die Deutschen nur sehr schwer ihre Artillerie und ihre Flieger gegen uns einsetzen konnten.

Unterwegs machten wir in Gebäuden halt und bauten sie zu Widerstandsnestern aus. Die Soldaten krochen erst aus den Stellungen zurück, wenn der Fußboden unter ihnen brannte und die Flammen ihre Uniformen versengten. Während des ganzen Tages überließen wir den Faschisten nur zwei Häuserblocks.

An der Kreuzung der Krasnopiterskaja- und der Komsomolskajastraße setzten wir uns in einem dreistöckigen Eckgebäude fest. Es war unsere letzte Verteidigungslinie. Von dort beherrschten wir mit unseren Waffen alle Zugänge. Ich befahl, die Eingänge zu verbarrikadieren und Fenster und Maueröffnungen in Schießscharten zu verwandeln. In einem schmalen Fensterloch der Kellerwohnung brachten wir das schwere Maschinengewehr in Stellung. Da wir nur noch einen Patronengurt besaßen, hatte ich mich entschlossen, es erst im letzten Augenblick einzusetzen.

Zwei Gruppen zu je sechs Mann brachen auf dem Dachboden und im dritten Stock die Trennwände ab und legten Steinbrocken und Träger zurecht, um sie auf die angreifenden Faschisten niederfallen zu lassen, sobald diese dicht herangekommen waren. Im Keller wurde Platz für Schwerverwundete geschaffen. Die Besatzung bestand aus vierzig Mann.

Es begannen schwere Tage. Ein Angriff folgte dem anderen. Nach jedem Ansturm glaubten wir, für den nächsten würden unsere Kräfte nicht mehr ausreichen, doch irgendwie gelang es uns immer wieder, die Faschisten abzuwehren.

So tobte das Gefecht fünf lange Tage und Nächte hindurch. Der Keller füllte sich mit Verwundeten; nur neunzehn Mann blieben einsatzfähig. Wasser gab es nicht, einige Kilo angekohltes Getreide waren unsere ganze Verpflegung. Die Faschisten wollten uns durch Ermattung in die Knie zwingen. Sie stellten ihre Angriffe ein, beschossen uns aber pausenlos mit ihren schweren Maschinengewehren.

Wir dachten nicht an unsere Rettung, sondern wollten unser Leben so teuer wie möglich verkaufen. Es gab keinen anderen Ausweg. Doch einer war ein Feigling. Ein Leutnant sah den scheinbar sicheren Tod vor sich und wurde kleinmütig. Um sein Leben zu retten, beschloß er, uns im Stich zu lassen und in der Nacht über die Wolga zu fliehen. Er mußte sich über das Verabscheuungswürdige seiner Tat im klaren sein. Er verleitete noch einen Soldaten zu dem schändlichen Verrat. Sie schlichen sich in der Nacht heimlich zur Wolga, bauten ein Floß und stießen es ins Wasser. In Ufernähe wurden sie beschossen, der Soldat wurde getötet. Der Leutnant aber erreichte am anderen Ufer den Wirtschaftszug unseres Bataillons und meldete, das Bataillon sei aufgerieben.

›Dragan habe ich selbst an der Wolga beerdigt‹, behauptete der Verräter.

Nach einer Woche kam die Wahrheit heraus. Und ich, ich lebe heute noch.

Die Faschisten griffen wieder an. Ich lief nach oben zu unseren Soldaten. Ihre abgemagerten, geschwärzten Gesichter blickten angestrengt, die schmutzigen Verbände waren vom geronnenen Blut durchtränkt. Fest umspannten die Hände die Waffen. Furchtlos erwarteten sie den Feind. Die Sanitäterin Ljuba Nesterenko lag im Sterben, aus ihrer Brustwunde quoll Blut. Noch umkrampfte ihre Hand ein Päckchen mit Verbandmull, sie hatte gerade einen Genossen verbinden wollen.

Der faschistische Angriff wurde abgeschlagen. In der eintretenden Stille hörten wir das Kampfgetöse vom Mamajewhügel und vom Industrieviertel. Wie konnten wir ihnen, den Verteidigern von Stalingrad, helfen? Wie wenigstens einen Teil der Kräfte des Gegners, der seine Angriffe auf unser Gebäude eingestellt hatte, auf uns ziehen?

Wir entschlossen uns, auf unserem Haus die rote Fahne zu hissen; die Faschisten sollten nicht denken, daß wir den Kampf aufgaben. Doch rotes Tuch hatten wir nicht. Was nun? Da zog ein Schwerverwundeter sein Hemd aus, durchtränkte es ganz mit seinem Blut und hielt es mir hin.

Die Faschisten brüllten durch ihre Sprachrohre: ›Ergib dich, Russe, bist sowieso erledigt!‹

In diesem Moment stieg über unserem Gebäude die rote Fahne hoch!

›Du lügst, du räudiger Hund! Wir werden noch lange leben‹, antwortete mein Melder, der Soldat Koshuschko.

Wir wehrten den nächsten Ansturm wieder mit Steinen ab, schossen auch manchmal und warfen unsere letzten Handgranaten. Plötzlich hörten wir hinter der fensterlosen Rückwand das Klirren von Raupenketten. Panzerabwehrgranaten hatten wir schon nicht mehr, nur noch eine einzige Panzerbüchse mit drei Schuß. Ich gab sie dem Panzerjäger Berdyschew und schickte ihn durch den Hinterausgang zur Ecke, damit er aus nächster Nähe schießen konnte.

Er hatte kaum seine Stellung eingenommen, als er von feindlichen MPi-Schützen überfallen und gefangengenommen wurde. Ich weiß nicht, was Berdyschew den Faschisten erzählte, denke aber, daß er sie irreführte, denn sie griffen nach einer Stunde genau aus der Richtung an, in die mein schweres Maschinengewehr gerichtet war.

Die Faschisten rechneten damit, daß uns die Munition ganz ausgegangen sei. Frech verließen sie, laut randalierend, aufrecht ihre Deckung und zogen in dichter Kolonne die Straße entlang.

Da führte ich sorgsam den letzten Gurt ein. Alle 250 Schuß jagte ich in den gröhlenden, schmutziggrauen Haufen. Ich wurde am Arm verwundet, blieb aber bei meinem MG. Die Erde war von Gefallenen übersät. Die überlebenden Faschisten stürzten zu ihren Deckungen.

Eine Stunde später führten sie Berdyschew auf einen

Trümmerhaufen und erschossen ihn vor unseren Augen, weil er sie in das Schußfeld meines Maschinengewehrs geführt hatte.

Dann folgten keine Angriffe mehr. Auf unser Haus hagelte es Granaten. Die Faschisten rasten vor Wut und feuerten aus allen Rohren. Wir konnten kaum den Kopf heben. Und wieder hörten wir das typische Aufheulen der Panzermotoren. Von der Ecke des Nachbarblocks rollten niedrige deutsche Panzer auf uns zu. Es war aus. Die Gardisten verabschiedeten sich voneinander. Mein Melder ritzte mit seinem Finnmesser in die Wand: ›Hier kämpften und starben für die Heimat die Gardesoldaten Rodimzews.‹ Wir hoben in der linken Kellerecke ein Loch aus und vergruben dort die Dokumente des Bataillons und eine Kartentasche mit den Partei- und Komsomolmitgliedsbüchern der Verteidiger des Hauses. Dann durchbrach die erste Salve die Stille. Ein starker Schlag, das Gebäude schwankte und stürzte donnernd zusammen.

Ich weiß nicht, wann ich wieder zu mir kam. Es war dunkel. In der Luft hing ätzender Ziegelstaub. Neben mir hörte ich gedämpftes Stöhnen. Dann kroch Koshuschko auf mich zu und tastete nach mir.

›Sie leben!‹ hauchte er.

Wir waren nicht allein am Leben geblieben, noch mehrere halb betäubte und verwundete Soldaten lagen auf dem Fußboden. Die Trümmer des dreistöckigen Hauses hatten uns unter sich begraben, und wir konnten kaum atmen. Jetzt ging es weder um Essen noch um Wasser, am dringendsten brauchten wir frische Luft.

Auch in solcher Dunkelheit erkannten wir das Antlitz des Freundes und spürten die Nähe des Genossen. Mühsam begannen wir uns aus unserem Grab zu befreien. Wir arbeiteten schweigend, von kaltem Schweiß bedeckt. Die Wunden waren schlecht verbunden und schmerzten, zwischen den Zähnen knirschte der Ziegelstaub. Das Atmen wurde immer schwerer, doch niemand klagte oder stöhnte.

Nach einigen Stunden hatten wir es geschafft. Im Durchbruch blinkten die Sterne, frische Luft strömte herein.

Die völlig erschöpften Gardisten preßten sich gegen die Öffnung und atmeten gierig die kühle Herbstluft. Bald war das Loch so groß, daß wir hindurchkriechen konnten. Der nur leicht verwundete Koshuschko arbeitete sich als erster ins Freie, um aufzuklären. Nach einer Stunde kehrte er zurück und meldete: ›Genosse Oberleutnant, wir sind von allen Seiten von Deutschen eingeschlossen, auch an der Wolga sind welche, sie verminen das Ufer, und daneben laufen deutsche Patrouillen.‹

Wir faßten den Entschluß, uns zu den Unsern durchzuschlagen. Der erste Versuch mißlang. Wir stießen auf eine starke Abteilung deutscher MPi-Schützen, der wir nur mit knapper Not entkamen. Also zurück in den Keller und warten, bis der Mond hinter Wolken verschwindet. Endlich verdunkelte sich der Himmel. Wir krochen aus unserem Schlupfwinkel und versuchten vorsichtig, die Wolga zu erreichen. Wir stützten uns aufeinander und bissen die Zähne zusammen, um nicht vor Schmerzen zu stöhnen; sechs Mann waren von uns noch übriggeblieben, alle verwundet. Koshuschko ging voraus. Er war unsere Gefechtssicherung und unsere Hauptstoßkraft.

Stalingrad war in Qualm gehüllt, die Trümmer rauchten. Die Erdöltanks an der Wolga standen in Flammen, auf der Eisenbahnstrecke brannten Waggons. Von links drangen die Geräusche des andauernden, erbitterten Gefechts zu uns, unterbrochen von heftigen Detonationen. Am Himmel sprühte das vielfarbige Feuerwerk der Leuchtspurgeschosse, die Luft war voll von schwerem Brandgeruch. Dort wurde über das Schicksal der Stadt entschieden.

Dann sahen wir im Schein der Leuchtkugeln vor uns an der Wolga deutsche Patrouillen. Wir schlichen näher heran und merkten uns die Stelle, an der wir durchbrechen konnten. Das Wichtigste, von dem alles abhing, war jetzt, die Patrouille lautlos auszuheben. Einer der Soldaten lief bis dicht an einen einzelnstehenden Eisenbahnwaggon heran. Dort konnte man den Faschisten überraschen. Koshuschko kroch, den Dolch zwischen den Zähnen, zum Waggon. Wir sahen den Mann auf ihn zukommen. Ein kurzer Stoß, und der Gegner sank lautlos zusammen.

Koshuschko zog ihm rasch den Mantel aus, schlüpfte hinein und ging langsam auf den nächsten Posten zu. Nichtsahnend kam dieser ihm entgegen; auch er wurde ausgeschaltet. Wir überschritten, so schnell wir konnten, den Bahnkörper, überquerten wohlbehalten im Gänsemarsch das Minenfeld, und vor uns lag die Wolga. Die schweren, bleigrauen Fluten umspülten grüßend das Ufer. Das Wasser war eiskalt, doch wir waren so durstig, daß wir uns kaum sattrinken konnten. Aus herausgefischten Baumstämmen bauten wir mühevoll ein Floß und ließen uns von der Strömung treiben. Wir hatten keine Ruder und paddelten mit den Händen, um möglichst weit an die Stromschnelle heranzukommen. Gegen Morgen wurden wir an eine Sandbank getrieben, wo uns Flakartilleristen empfingen. Sie betrachteten staunend unsere in Lumpen gehüllten Gestalten, unsere abgezehrten, unrasierten Gesichter und konnten es kaum fassen, daß wir zu ihnen gehörten. Sie bewirteten uns mit wunderbarem Zwieback und mit Fischsuppe, einer Fischsuppe — in meinem ganzen Leben habe ich nie wieder solche schmackhafte Fischsuppe gegessen. Es war allerdings unsere erste Mahlzeit nach drei Tagen. Am nächsten Tag brachten uns die Genossen zur Sanitätsabteilung.«

Damit endete der Bericht Anton Kusmitsch Dragans über das Schicksal des 1. Bataillons vom 42. Regiment der 13. Gardeschützendivision nach dem 21. September. Seine Erzählung beweist, wie die Verteidiger Stalingrads kämpften — selbständig, in kleinen Gruppen, um jedes Haus, auch wenn sie von ihren Truppenteilen abgeschnitten waren. So fügten sie den Faschisten schwere Verluste zu.

Das Heldentum unserer kleinen Einheiten versetzte den Gegner in Bestürzung. Jede dieser Gruppen kämpfte vielfach intensiver als er selbst. Unsere Soldaten lehrten den Feind das Fürchten. Er nannte den Weg nach Stalingrad eine Straße des Todes und die Stadt selbst die Hölle.

Die Verteidiger von Stalingrad wetteiferten untereinander in der Vernichtung der Eindringlinge.

Eine starke Gruppe deutscher MPi-Schützen, die mit Panzern zur zentralen Übersetzstelle durchgebrochen war, schnitt die beiden Schützenbrigaden und ein Regiment aus Sarajews Division, die an der Kurskaja-, Kawkasskaja- und Krasnopolskajastraße kämpften, von den Hauptkräften der Armee ab. Trotzdem hatte Paulus am 21. September den Südteil der Stadt noch längst nicht erobert. Hier wurde weiterhin hartnäckig gekämpft.

Am Abend des 21. September sichteten unsere Beobachter bei Dar-Gory starke Ansammlungen gegnerischer Infanterie und Panzer, die bald darauf unter dem Feuerschutz von Artillerie und Granatwerfern zum Angriff vorgingen. Sie versuchten, aus der

Bewegung zum linken Zarizaufer durchzubrechen, wurden aber vom Feuer unserer Batterien jenseits der Wolga empfangen. Ein Teil der Panzer und Infanterie ging auf die Ausgangsstellungen zurück; den Rest vernichtete die Brigade des Helden der Sowjetunion Oberst Batrakow. Diese Brigade bestand zum größten Teil aus Seeleuten. Leutnant Shukow, der bei dem Gefecht eine Gruppe von 17 Matrosen führte, berichtete: »Die durchgebrochenen Panzer und MPi-Schützen wurden von dem geschlossenen Feuer der Gruppe des Maates Borissoglebski empfangen. Borissoglebski vernichtete mit einem gezielten Schuß seiner Panzerbüchse den ersten Panzer, dann zielte er auf den zweiten und setzte auch diesen außer Gefecht. Die übrigen Panzer rollten ununterbrochen feuernd weiter auf die Stellungen der Matrosen zu. Doch als der Maat noch einen dritten Panzer abschoß, zogen sich die Faschisten in ihre Deckung zurück. Bald darauf griffen sie erneut an. Jetzt nahm auch der Matrose Balazin die Panzer unter Feuer. Er wartete ruhig auf einen günstigen Augenblick, um sein Ziel nicht zu verfehlen. Da wandte ihm der Panzer die Flanke zu. Balazin drückte ab. Auf der Panzerung züngelten rötliche Flammen. Der nächste Panzer wurde mit zwei Treffern vernichtet, die angreifende Infanterie vom MG-Schützen, dem Matrosen Kudrewaty, niedergemäht. Er ließ die Faschisten bis auf sechzig Meter heran und eröffnete erst dann das Feuer.«

So wehrten die 17 Matrosen sechs Angriffe ab. Die Faschisten verloren acht Panzer und etwa 300 Soldaten und Offiziere. Die sowjetischen Matrosen aber waren keinen Schritt gewichen.

Am nächsten Tag versuchte der Gegner im Stadtzentrum, Rodimzews Division von den Hauptkräften der Armee abzuschneiden. Die Angriffe seiner Infanterie und Panzer auf die Stellungen der Gardesoldaten wiederholten sich stündlich. Aber erst als er noch mehr Panzer, Infanterie und Flugzeuge eingesetzt hatte, konnte er gegen Abend die Gardesoldaten ein Stück zurückdrängen. Seine Vorausabteilungen erreichten auf der Moskauer Straße das Wolgaufer. Gleichzeitig war ein Regiment, das auf der Kiewer und der Kursker Straße angriff, bis zur Technikersiedlung vorgestoßen.

Doch trotz ihrer zahlenmäßigen Überlegenheit, vor allem an Panzern, erreichten die Faschisten nicht ihr Ziel. Die Gardisten zogen sich etwas weiter nördlich der zentralen Übersetzstelle zurück, hielten aber das Stadtzentrum. Am 22. September schlugen sie zwölf Angriffe zurück und vernichteten dabei 32 Panzer. Trotz wütenden Anrennens kam der Gegner keinen Schritt voran.

Die Truppenteile von Gorischnys Division, die am Vorabend einen kleinen Erfolg erzielt hatten, erreichten am 21. September den Nordeingang der Dolgischlucht und gewannen Anschluß an die rechte Flanke des Panzerverbands. Am 22. September wurden sie nach wiederholten Angriffen aus ihrer Stellung herausgeschlagen und verteidigten sich an den Südwesthängen des Mamajewhügels. Die 112. Schützendivision, die sich entlang der Sownarkomowskaja- und der Wilenskajastraße, zwischen der Dolgi- und der Krutoischlucht an der Naht der Divisionen Gorischny und Batjuk, verteidigte, befand sich jetzt als zweite Staffel in der vordersten Linie und griff in das Gefecht ein.

So endete der zehnte Tag der Kämpfe in der Stadt. Der 15. September, von Hitler als Termin für die Eroberung Stalingrads festgesetzt, war nicht eingehalten worden. In all diesen Tagen mußte der Generalstab des Heeres seine Reserven in die Hölle von Stalingrad werfen. Täglich beobachtete unsere Aufklärung den Anmarsch von Ersatz an Menschen und Panzern.

Obwohl sich die Führung der Front und die der Armeen darüber klar sein mußten, daß ein überstürzter Gegenangriff von Norden ohne Vorbereitung und organisiertes Zusammenwirken zu keinem Erfolg führen konnte, wurde der Gegenstoß vom 18. September begonnen, ohne die Handlungen der für die Verteidigung von Stalingrad eingesetzten Armeen zu koordinieren.

Marschall der Sowjetunion Moskalenko schreibt in seinen Memoiren: »Die Hauptaufgabe des linken Flügels der Stalingrader Front bestand darin, die Stoßgruppierung des Gegners von der Stadt abzulenken und damit der heldenhaft kämpfenden Armee von General Tschuikow direkte Hilfe zu leisten.«[16] Aus Dokumenten des Hauptquartiers des Oberkommandos geht jedoch hervor, daß man dem linken Flügel der Stalingrader Front — der 66. und 24. Armee und der 1. Gardearmee — die Aufgabe gestellt hatte, die auf Stalingrad vorstoßende Gruppierung zu zerschlagen und sich mit der 62. Armee zu vereinigen. Nicht

---

16 K. S. Moskalenko, S. 327.

abzulenken, sondern zu zerschlagen! Weiter schreibt Moskalenko: »Ein Teil der 62. Armee sollte aus dem Raum des Mamai-Kurgan nach Südwesten angreifen und damit die Verlegung gegnerischer Reserven nach Norden erschweren, wo die 1. Garde- und die 24. Armee operierten ... Aber die von der Stadt her angreifenden Kräfte reichten nicht aus.«[17]

Dazu wäre zu sagen, daß die 1. Gardearmee sowie die 24. und 66. Armee ihren Gegenstoß am 18. September führten. Die 62. Armee aber erhielt den vom 18. September datierten Befehl des Frontstabes erst am späten Abend dieses Tages. Danach hatte die Stoßgruppe der 62. Armee ihren Gegenstoß erst am 19. September, 22.00 Uhr, das heißt über 24 Stunden später, zu führen, zu einem Zeitpunkt, als unser Gegenstoß von Norden bereits seine Kraft verloren hatte.

Im übrigen war es unmöglich, aus den restlichen Kräften der 62. Armee in der Stadt selbst eine Stoßgruppierung zu bilden. Trotzdem taten wir alles in unseren Kräften Stehende, um uns am 19. September mit der 1. Gardearmee und der 24. Armee zu vereinigen. Der Gegner aber verlegte aus Stalingrad nicht ein einziges Regiment nach Norden.

Hier möchte ich die Aufmerksamkeit der Leser und Historiker auf die Organisierung des Zusammenwirkens zwischen den Armeen, die Stalingrad verteidigten und denen in ihrer Nachbarschaft, die in dieser Stalingrader Verteidigungsperiode handelten, lenken. Bekanntlich ist das Zusammenwirken der Truppen im Gefecht und in der Schlacht Hauptfaktor für den Erfolg einer Operation. Aber nicht eine einzige Armee der Stalingrader Front, weder die 66. und 24. noch die 1. Gardearmee, hatte Verbindung zur 62. Armee, deren Aufgabe es war, Stalingrad zu verteidigen.

Der Stab der 62. Armee, der sich die ganze Zeit über, an die Wolga gedrängt, in der Stadt befand, kannte weder die Rufzeichen noch die Wellenlängen dieser Armeen, ebensowenig wie jene Kenntnis von den Rufzeichen der 62. Armee hatten. Die Genossen Shukow und Malenkow, die dem Hauptquartier den gescheiterten Angriff der 1. Gardearmee sowie der 24. und 66. Armee meldeten, führten den Mißerfolg auf Übereilung und mangelndes Zusammenwirken zurück. Dennoch lenkte der vom

---

17 Ebenda, S. 328.

5. bis 11. September geführte Angriff dieser drei Armeen Teilkräfte des Gegners von Stalingrad ab, und der Angriff vom 18. bis 19. September fesselte die in diesem Raum handelnden gegnerischen Truppen.

Da der Gegner von der zentralen Übersetzstelle fast das gesamte Hinterland der Armee einsehen konnte, befahl ich meinem Stellvertreter für Rückwärtige Dienste, schnellstens bei Werchnjaja Achtuba, bei Skudri und bei Tumak Anlegestellen und Transportverbindungen über den Strom zu schaffen. Von hier brachte man den Nachschub mit der Wolgaflottille und Booten nachts zum Werk »Roter Oktober« und zur Siedlung Spartanowka.

Zwischen dem Werk »Barrikady« und der Saizewski-Insel hatte man aus Stahlfässern eine Fußgängerbrücke geschlagen, und zwischen der Insel und dem linken Wolgaufer verkehrte eine Fähre. Alle Boote im Abschnitt der Armee waren erfaßt und auf die Divisionen und Brigaden verteilt. Jede Division richtete einen eigenen Fährbetrieb ein, der unter strengster Kontrolle nach einem Plan des Kommandeurs funktionierte. Für die Schützenbrigaden, die südlich der Zariza kämpften, schufen wir einen besonderen Bootsdienst, der sie über die Golodny-Insel versorgte.

Wir erkannten die Absicht des Gegners, nach einem Vorstoß zur Wolga am Ufer entlang nach Norden und Süden vorzudringen, um unsere Truppenteile vom Strom und von den Übersetzstellen abzuschneiden. So faßte der Kriegsrat der Armee den Entschluß, am Morgen des 23. September, ohne den Gegenangriff am Mamajewhügel einzustellen, Batjuks Division in das Gefecht einzuführen, die bereits im Verlauf der Nacht vollzählig nach Stalingrad übergesetzt worden war. Ihre Regimenter sollten den Gegner an der zentralen Anlegestelle vernichten und das Zarizatal fest in Besitz nehmen. Ihre rechte Trennungslinie verlief über die Chalturinstraße—Ostrowskistraße—Gogolstraße.

Ich riet dem Divisionskommandeur, unsere Erfahrungen im Straßenkampf mit kleineren Gruppen auszuwerten, da ich zunächst glaubte, daß Batjuk die Bedeutung der Sturmgruppen und ihrer Handlungen nicht erkannte. Es war ja auch schwer, sich von gewohnten Gefechtsordnungen in Kompanien und Zügen loszusagen, in denen die Kommandeure die Soldaten ausgebildet hatten. Doch Batjuk, damals noch Oberstleutnant, ein beweglicher und energischer Offizier, sah mich zuversichtlich an und sagte: »Genosse Oberbefehlshaber, ich bin nach Stalingrad gekommen, um mich mit den Faschisten zu schlagen und nicht zur Parade. Meine Regimenter bestehen aus Sibiriern.«

Er war bereits am anderen Ufer der Wolga von den Verbindungsoffizieren über unsere neuen Gefechtsmethoden informiert worden und hatte seinen Regiments- und Bataillonskommandeuren befohlen, sich mit diesen Erfahrungen vertraut zu machen und die Soldaten doppelt mit Patronen, Handgranaten und Sprengmaterial auszurüsten.

Nach diesem kurzen Gespräch war ich sicher, daß sich seine Division gut schlagen und nicht hinter die Wolga zurückgehen würde. Ich setzte sie sofort zur Unterstützung von Rodimzews Division zum Gegenangriff die Wolga entlang nach Süden gegen die zentrale Übersetzstelle ein.

Rodimzew erhielt außerdem 2000 Mann Auffüllung. Mit diesem Gegenangriff beabsichtigten wir, den Vorstoß des Gegners von Süden zum Stehen zu bringen und die Truppenteile, die zur Wolga durchgebrochen waren, zu vernichten. Gleichzeitig wollten wir die Tuchfühlung zu den Brigaden wiederherstellen, die im Südteil der Stadt geblieben waren.

Der Gegenangriff begann am 23. September, 10.00 Uhr. Nach zweitägigen erbitterten Gefechten, die oft in Nahkampf übergingen, hielten wir das Vordringen des Gegners nach Norden auf. Es gelang uns allerdings nicht, ihn zu vernichten und uns mit unseren Brigaden jenseits der Zariza zu vereinigen.

Paulus' Plan, die Wolga zu erreichen und unsere Armee durch einen Stoß das Ufer entlang an der Flanke und im Rücken anzugreifen, war an der Standhaftigkeit der Divisionen Rodimzews, Batjuks und Gorischnys, der Brigade Batrakows und anderer Truppenteile gescheitert.

Die 62. Armee hatte die Krise überstanden. Wir hatten standgehalten, als der Gegner zum erstenmal zur Wolga durchgebrochen war. Der Mamajewhügel blieb in unserer Hand. Keiner unserer Truppenteile war ganz aufgerieben worden. Die Gegenangriffe der Sibirierdivision hatten den Gegner in der Stadt aufgehalten. Die Faschisten erstickten im eigenen Blut. Auf den Straßen brannten Dutzende deutsche Panzer, Tausende deutsche Soldaten waren gefallen.

Ich dachte nicht daran, auf das gegenüberliegende Ufer oder auch nur auf eine der Inseln zurückzugehen, weil es sich nachteilig auf die Kampfmoral der Verbandskommandeure, ihrer Stäbe und aller Soldaten ausgewirkt hätte. Als mir Gurow eines Tages mitteilte, er hielte für den Kriegsrat der Armee mehrere Boote in Reserve, erwiderte ich, daß mich das nicht kümmere, ich würde niemals, solange ich bei Besinnung sei, auf das linke Ufer gehen.

Gurow umarmte mich und sagte: »Lassen Sie uns zusammen bis zur letzten Patrone kämpfen.« Das brachte uns einander näher als jede andere Freundschaft.

Krylow stimmte mir zu, daß es schwierig sei, 1 bis 3 Kilometer vom Gegner entfernt, die Wolga im Rücken, die Truppen zu führen. Doch als ich ihm die Möglichkeit andeutete, auf die Nachrichtenvermittlungsstelle am linken Ufer überzusiedeln, lehnte er kategorisch ab. »Wir wollen gemeinsam zur Pistole greifen«, sagte er, »und wenn es nottut, uns die letzte Kugel in den Kopf jagen.«

Wir wußten, daß die Stäbe der Divisionen und sogar der Regimenter unser Verhalten beobachteten. Viele schickten Kommandeure und Politarbeiter zum Stab der Armee, um festzustellen, ob wir uns, wie sie alle, noch am rechten Ufer befanden.

In diesem Sinne hielten Gurow, Krylow und ich uns niemals lange in unserem Gefechtsstand auf, sondern besuchten die Beobachtungsstellen der Divisionen und Regimenter und gingen in die Schützengräben, damit sich die Soldaten davon überzeugten, daß die Generale — Mitglieder des Kriegsrates — sie nicht im Stich gelassen hatten.

Während sich Paulus mit seinem Stab in der Zeit der erbitterten Kämpfe 120 bis 150 Kilometer vom Schauplatz entfernt, in Nishne-Tschirskaja oder in der Staniza Golubinskaja aufhielt, befand sich der Kriegsrat der 62. Armee mit seinem Stab Mitte Oktober mehrere Tage lang 200 bis 300 Meter hinter der vordersten Linie.

Am Abend des 24. September flauten die Kämpfe im Stadtzentrum ab. Der Rundfunk verkündete der ganzen Welt: Stalingrad hält stand, Stalingrad steht in Flammen, Stalingrad hat sich in einen feuerspeienden Vulkan verwandelt und verschlingt Tausende von Faschisten.

Die Soldaten, die Stalingrad verteidigten, hatten gelernt, in Feuer und Qualm zu kämpfen. Sie verteidigten standhaft jeden Fußbreit Stalingrader Boden und vernichteten Tausende und Abertausende Faschisten. Über diese Tatsachen berichtete unser Rundfunk in seinen Abendsendungen. Wie um sich zu rächen aber setzte am nächsten Tag das faschistische Oberkommando Tausende Bombenflugzeuge gegen die Stadt ein und überschüttete uns mit Zehntausenden von Granaten.

Die Stadt an der Wolga war für Hitler im Jahre 1942 ein wichtiger strategischer Punkt, deshalb warf er, ohne das Blut der deutschen Soldaten zu schonen, immer neue Divisionen ins Feuer.

Ehemalige Offiziere der deutschen Wehrmacht, wie Hans Doerr, haben mit eigenen Augen festgestellt, wie teuer jeder Meter Stalingrader Erde bezahlt werden mußte. Er schreibt: »Die Mitte September beginnende Kampfperiode um den Stalingrader Industriebereich kann man als Stellungskrieg oder Festungskrieg bezeichnen. Die Zeit der Operationen war endgültig vorbei. Aus der Weite der Steppe sickerte der Krieg ein in die durchfurchten Berghänge der Wolga mit ihren Schluchten, Waldstücken und Balkas, in den porösen, unterhöhlten, zerschnittenen, von Eisen, Beton und Stein überbauten Stadt- und Fabrikbereich von Stalingrad. Der Kilometer als Maßeinheit wich dem Meter, die Generalstabskarte dem Stadtplan.

Um jedes Haus, jede Fabrikhalle, um Wassertürme, Bahneinschnitte, Mauern, Keller und schließlich um jeden Trümmerhaufen tobte ein Kampf, wie man ihn in dieser Konzentration selbst in den Materialschlachten des ersten Weltkrieges kaum erlebt hatte. Entfernungen gab es nicht, nur Nähe! Trotz wiederholten Masseneinsätzen von Luftwaffe und Artillerie konnten die Fesseln des Nahkampfes nicht gesprengt werden. Der Russe, dem Deutschen in bezug auf Ausnutzung des Geländes und Tarnung überlegen und erfahren im Barrikaden- und Häuserkampf, saß fest.«[18]

Und im Kriegstagebuch der 29. motorisierten Infanteriedivision lesen wir in der Meldung des Divisionskommandeurs vom 17. September an den Oberbefehlshaber der 6. Armee, Paulus,

---

18 Hans Doerr, Der Feldzug nach Stalingrad. Versuch eines operativen Überblickes, Darmstadt 1955, S. 52f.

daß die beiden motorisierten Regimenter der Division nahezu völlig aufgerieben und von 220 Panzern noch 42 einsatzfähig seien.

Ebenfalls aus dem September stammt der Brief eines Gefreiten an seine Mutter, in dem er schrieb, Stalingrad sei die Hölle auf Erden, ein Verdun, ein rotes Verdun mit neuen Waffen. Obwohl sie selbst täglich angriffen, würden sie am Abend aus den morgens eroberten schmalen Streifen wieder hinausgeworfen.

Und hier noch einige der äußerst knappen Notizen aus dem Tagebuch des Chefs des Generalstabes des Heeres, Generaloberst Halder:

»6. 9. 1942 ... Noworossisk genommen. Im übrigen unverändert. Bei Stalingrad Abwehr sehr schwerer Angriffe ...

7. 9. 1942 ... erfreuliche Fortschritte bei Stalingrad, wo die feindlichen Angriffe auf die Nordflanke schwächer geworden sind ...

8. 9. 1942 ... Fortschritte bei Stalingrad ...

13. 9. 1942 ... Bei Stalingrad Fortschritte ...

15. 9. 1942 ... Bei B erfreuliche Fortschritte in Stalingrad. Starker Angriff auf Woronesh von Norden und Westen. Einbruch von Westen ... Führer-Befehl (von uns bearbeitet) über Gefahr der Donfront ...

16. 9. 1942 ... Fortschritte in Stalingrad ... Beim Führer ist die Sorge um die Donfront unverändert stark ...

17. 9. 1942 ... Bei B Fortschritte im Häuserkampf in Stalingrad, allerdings nicht ohne erhebliche Verluste.

Die Angriffe bei Woronesh sind im wesentlichen abgewiesen ...

18. 9. 1942 ... Stalingrad weitere Fortschritte. Nördlich der Stadt gegen feindlichen Großangriff (150 Panzer) großer Abwehrerfolg.

Übrige Donfront ruhig ...

20. 9. 1942 ... Bei Stalingrad macht sich das allmähliche Ausbrennen der [deutschen] Angriffstruppe fühlbar.

Bei Woronesh haben Stukas fühlbare Erleichterung gebracht ...

24. 9. 1942 Nach dem Tagesvortrag: Verabschiedung durch den Führer (meine Nerven verbraucht, auch seine Nerven nicht mehr frisch. – Wir müssen uns trennen. – Notwendigkeit, Erziehung des Gen. Stabs im fanatischen Glauben an die Idee. Entschlos-

senheit, auch im Heer seinen Willen restlos durchzusetzen.)«[19]

Zunächst also Erfolge, nichts als Erfolge. Und plötzlich ein Blitz aus heiterem Himmel: Am 24. September setzte Hitler Halder ab. Damit wiederholte er, was er schon im Winter 1941 nach der Niederlage seiner Truppen bei Moskau mit seinen Generalen getan hatte.

Wie alle Arten unserer Aufklärung am 23. September feststellten, setzte der Gegner die Kämpfe in der Stadt fort, gleichzeitig aber konzentrierte er starke Kräfte im Raum Gorodischtsche—Alexandrowka, offensichtlich um nördlich des Mamajewhügels die Werksiedlungen, das Stalingrader Traktorenwerk und das Werk »Barrikady« anzugreifen.

Zur Abwehr bereiteten wir an der Linie Anlegestelle der Metschetkamündung — Südufer der Metschetka bis zum Ausläufer der Balka Wischnewaja und weiter den Waldrand nördlich der Dolgischlucht entlang bis zur Wolga beschleunigt einen rückwärtigen Panzerabwehrabschnitt vor. Den Pioniertruppenteilen wurde befohlen, innerhalb von drei Tagen durchgehende Panzerminenfelder, Hänge und Gegenhänge anzulegen. Die Divisions- und Brigadekommandeure wurden angewiesen, innerhalb ihrer Abschnitte Panzerabwehrlinien zu schaffen, den Schutz der Panzerminenfelder zu übernehmen und zu ihrer Verteidigung Spezialeinheiten und einen Teil ihrer Feuermittel einzusetzen. Für den Fall eines Durchbruchs gegnerischer Panzer hatten die Kommandeure Pioniergruppen mit einem Vorrat an Minen bereitzuhalten, um an den Durchbruchstellen jederzeit die Wege und Gassen dicht verminen zu können.

Am Abend des 24. September, als die Kämpfe im Stadtzentrum abflauten, bestätigten sich die Angaben über die Konzentration frischer gegnerischer Kräfte im Raum Rasguljajewka—Gorodischtsche. In der Nacht entschlossen wir uns, die Truppenteile der Armee teilweise umzugruppieren, um die Gefechtsordnungen an der Mokraja Metschetka und am Mamajewhügel verstärken und verdichten zu können. Der Befehl zur Umgruppierung wurde am 25. September 1942 erlassen. Ich gebe ihn wörtlich wieder.

»Gefechtsbefehl Nr. 164, Stab der 62. Armee. 25. 09. 1942, 23.00 Uhr.

---

19 Generaloberst Halder, S. 518ff.

1. Der Gegner bereitet im Raum Gorodischtsche—Alexandrowka einen Stoß in allgemeiner Richtung Gorodischtsche—Barrikady vor.
2. Die Armee hält ihre Abschnitte und führt zugleich mit einem Teil ihrer Kräfte Straßenkämpfe, um den Gegner in Stalingrad zu vernichten.

Ich befehle:
1. Die 112. Division Jermolkins bezieht und verteidigt mit den ihr zugeteilten beiden Granatwerferkompanien und dem 1186. Panzerjägerregiment vom 26.09.1942, 04.00 Uhr, den zweiten Verteidigungsstreifen an der Balka Wischnewaja. Trennungslinie rechts: Ecke des Parks, einen Kilometer westlich Dieselnajastraße—Metschetkabrücke, 600 Meter nördlich der Siedlung Barrikady. Trennungslinie links: Ostrand der Balka Wischnewaja—Eisenbahn und weiter die Bahnstrecke entlang bis zum Rand der Siedlung Roter Oktober.
Aufgabe:
a) zu verhindern, daß der Gegner zu den Siedlungen Barrikady und Roter Oktober vorstößt;
b) zu verhindern, daß seine Truppenteile zur Siedlung des Traktorenwerks vordringen.
2. Für die Gefechte in der Siedlung werden drei Besatzungen aus je einem Zug MPi-Schützen mit leichten Maschinengewehren gebildet. Ein Zug verteidigt die 32. Schule und die massiven Gebäude an der Sherdewskajastraße.
Der zweite die Kinderkrippe und die Verkaufsstelle (Kolpakowskajastraße, Siedlung Barrikady).
Der dritte Zug verteidigt die 20. Schule und die Badeanstalt (Kreuzung Kasatschja—Dublinskajastraße).
Vorderste Linie: Ostrand der Balka Wischnewaja. Im Abschnitt Metschetka—Eisenbahnstrecke ist durch dichte Minenfelder eine Panzerabwehr auszubauen.
Der Divisionsgefechtsstand befindet sich in der Schlucht im Raum der Kreuzung Kasatschja—Dublinskajastraße.
3. Die 284. Division (Batjuk) übernimmt von der 112. Division den Abschnitt am Nordrand der Dolgischlucht, baut ihn als Panzerabwehrlinie aus und stellt zu ihrer zuverlässigen Verteidigung mindestens 2 Bataillone bereit. Die übrigen Kräfte

setzen sich an der Linie Sownarkomowskaja—Chopjorskajastraße—Krutoischlucht bis zur Wolga fest.
Die Division darf den Gegner unter keinen Umständen zur Artilleriskajastraße und zum Wolgaufer vordringen lassen und hat sich für die Säuberung der Stadt bereitzuhalten.
4. Die 95. Division (Gorischny) setzt sich am Südrand des Wäldchens an der Kolodesnajastraße fest und bereitet einen Stützpunkt zur Rundumverteidigung für mindestens ein Schützenbataillon unmittelbar an den Hängen der Höhe 102,0 vor. Der Stützpunkt auf der Höhe 102,0 darf unter keinen Umständen dem Gegner überlassen werden. Die Division hält sich für die weitere Säuberung der Stadt bereit.
5. Die 13. Division (Rodimzew) setzt die Vernichtung des Gegners im Stadtzentrum und im Raum zentrale Anlegestelle fort.
6. Alle Truppen müssen am 26.09.1942 bei Tagesanbruch zur Abwehr möglicher Angriffe des Gegners, besonders in Richtung Gorodischtsche—Siedlung Barrikady, bereit sein.«

Ein solcher Entschluß, die Truppen umzugruppieren, setzte eine genaue Kenntnis der Absichten des Gegners und seiner Vorbereitungen für Angriffshandlungen in obenbezeichneter Richtung voraus. Jeder Fehler konnte zur unausweichlichen Katastrophe führen.

Wir verließen uns darauf, daß unsere Aufklärung unter Genossen German exakt arbeitete. Tatsächlich trafen die Angaben der Aufklärer über den Gegner in allen Fällen zu, so daß wir seine Handlungen voraussehen und entsprechend vorbeugende Maßnahmen ergreifen konnten.

Die kahle Steppe zwischen Don und Wolga ermöglichte es, das Gelände in großer Tiefe einzusehen. Doch man mußte das Beobachtete richtig analysieren und Täuschungsmanöver und Desinformationen erkennen.

Unser Vorhaben war gewagt, denn die Umgruppierung fand in unmittelbarer Feindberührung statt, sozusagen vor der Nase des Gegners und bei geringer Tiefe der Verteidigung. Verbindungswege oder durchgehende Straßen gab es nicht. Das Gelände war von tiefen Schluchten durchschnitten, überall versperrten Hausruinen, Schutthaufen, Bomben- und Granattrichter den Weg.

Der kleinste Fehler in der Zeitberechnung oder mangelhafte

Tarnung konnten die Umgruppierung vereiteln und zu schweren Verlusten führen. Wir schickten wieder Stabsmitarbeiter zu den Truppen, damit sie das nächtliche Manöver leiteten.

Da von Westen Züge mit Truppen und Technik des Gegners anrollten, die die schwer mitgenommenen Divisionen durch Marschbataillone und Technik mit ausgebildetem Personal auffüllen sollten, konnten wir nicht mit einer längeren Pause rechnen. Im Gegenteil, wir erwarteten von Westen heftige Stöße aus Gorodischtsche–Rasguljajewka, Erwartungen, die sich bald bestätigten.

Wo und wie die Truppenteile der 62. Armee Stellung bezogen, geht aus oben angeführtem Befehl hervor. Hinzuzufügen ist jedoch, daß sich an der Nordflanke drei selbständige Brigaden — die 115., 124. und 149. — sowie ein Regiment von Sarajews Division verteidigten. Links von ihnen lag zwischen der Metschetka und dem nördlichen Ausläufer der Dolgischlucht das 23. Panzerkorps mit 56 Panzern, davon 36 mittleren und 20 leichten. Das Korps wirkte eng mit der 112. Schützendivision zusammen.

Am Westrand des Wäldchens befand sich im Raum der Höhe 112,0 in der zweiten Staffel die 6. Gardepanzerbrigade mit 7 T-34 und 6 T-60, fast alle bewegungsunfähig, deshalb als feste Feuerpunkte eingesetzt.

Ein stark zusammengeschmolzenes Regiment aus Sarajews Division kämpfte eingeschlossen im Park neben dem Hauptbahnhof. Die Nachrichtenverbindung zu ihm wurde häufig unterbrochen.

Südlich der Zariza kämpften zwei von der Armee abgeschnittene Schützenbrigaden an der Straße der Kommunistischen Jugendinternationale, der Terskaja- und Koslowskajastraße. Da Stabsoffiziere, die wir dorthin entsandt hatten, nicht zurückkehrten, blieb uns nur die Funkverbindung. Die Handlungen der 92. Schützenbrigade leitete der Oberinstrukteur der Politabteilung Wlassow. Er vereinigte die voneinander getrennten Einheiten. Die Marineinfanteristen kämpften bis zum letzten weiter. In diesem kritischen Augenblick inspirierten der Kommandeur eines Maschinengewehrbataillons, Major Jakowlew, der Kommandeur einer Artillerieabteilung, Hauptmann Katschalin, der Kommissar der Abteilung, Poljak, und der Parteiorganisator Kumirow auf Verlangen von Wlassow die Seeleute zur Abwehr des Gegners in der Straße der Kommunistischen Jugendinternationale und der Akademitscheskajastraße sowie beim Silo und am Bahnhof.

Von Wlassow über die Lage der 92. Brigade informiert, entschloß ich mich, ihre Reste mit Batrakows 42. Brigade hinter die Wolga zurückzuführen. General Batrakow selbst war schon verwundet ausgeschieden, bevor ich diesen Entschluß faßte. Nach kurzer Rast kehrte die Brigade aufgefüllt in das kämpfende Stalingrad zurück. Zu ihrem Kommandeur ernannte ich Major Strigol und zum Leiter der Politabteilung Genossen Wlassow. Die Brigade bewies in den nachfolgenden Gefechten erneut ihre hohe Kampfkraft.

Der Gegner, der an unserer linken Flanke freie Hand erhielt, verlegte seine Truppenteile, mit Menschen und Technik aufgefüllt, an den Mamajewhügel und weiter nördlich, so daß unseren Truppen in diesem Raum neue Gefahr drohte.

An Fliegerkräften überlegen, nahm der Angreifer es weder mit der Aufklärung noch mit der Tarnung seiner Angriffe sehr genau. Er operierte frech und draufgängerisch, das traf vor allem auf Truppenteile zu, die noch nicht in Stalingrad gekämpft hatten.

Deutsche Soldaten riefen abends oder nachts zu uns herüber: »Morgen gibt's Zunder, Russki!« Wir konnten dann am nächsten Morgen bestimmt mit einem heftigen Angriff rechnen.

In diesen Gefechten entwickelten wir eine eigene Technik sowie besondere Methoden, mit denen wir die Eindringlinge physisch wie moralisch zu bekämpfen und zu schlagen lernten. Ganz besonders kümmerten wir uns, unterstützt vom Kriegsrat der Armee, um eine Scharfschützenbewegung. Die Armeezeitung »Na saschtschitu Rodiny« (Zum Schutze der Heimat) veröffentlichte täglich Fotos berühmter Scharfschützen und berichtete, wieviele Faschisten sie bereits getötet hatten.

Von den Politabteilungen und den Partei- und Komsomolorganisationen geleitet, wurde über die Scharfschützenbewegung in Versammlungen beraten. Jeder Scharfschütze verpflichtete sich, mehrere Meister treffsicheren Feuers heranzubilden, nahm einen Genossen mit zum Einsatz und bildete ihn zum selbständigen Scharfschützen aus. Und wehe den leichtsinnig gewordenen Gegnern; sie wurden zu Hunderten und Tausenden die Beute unserer »Jäger«.

Mir waren viele unserer berühmten Scharfschützen persönlich

bekannt, und ich unterstützte sie nach besten Kräften. Die Scharfschützen Wassili Saizew, Anatoli Tschechow, Viktor Medwedew und verschiedene andere schätzte ich ganz besonders, und ich beriet mich oft mit ihnen. Gleich bei der ersten Begegnung mit Saizew und Medwedew fielen mir ihre Bescheidenheit, die ruhigen Bewegungen, ihr ausgeglichener Charakter und ihr aufmerksamer Blick auf. Ohne zu zwinkern konnten sie lange Zeit einen einzigen Punkt fixieren. Ihre Hand war fest und ihr Händedruck wie eine Zange.

Die Scharfschützen gingen am frühen Morgen an ausgewählten und vorbereiteten Stellen auf die »Jagd«, tarnten sich sorgfältig und warteten geduldig, bis das Ziel in Sicht kam. Sie wußten, die geringste Fahrlässigkeit oder Hast konnte zum Tode führen, denn der Gegner beobachtete sie scharf. Sie waren sparsam mit ihrer Munition, aber mit jedem Schuß töteten oder verwundeten sie einen Gegner.

Wassili Saizew war am Auge verwundet worden. Ein deutscher Scharfschütze hatte anscheinend alles darangesetzt, den russischen »Jäger« aufzuspüren, auf dessen Konto etwa 300 Faschisten kamen. Aber Saizew blieb Scharfschütze. Nach seiner Genesung zur Truppe zurückgekehrt, suchte er sich von neuem Soldaten heraus und bildete sie zu Scharfschützen aus. Es gab ein geflügeltes Wort in der Armee: »Saizew (Familienname Hase) zieht Hasen groß und Medwedew (Familienname Bär) Bären, die treffen die Faschisten, ohne zu fehlen.«

Viktor Medwedew erreichte mit uns Berlin. Auf sein Konto kommen noch mehr getötete Faschisten als auf das seines Lehrers Saizew.

Unsere Scharfschützen in Stalingrad machten den Hitlergeneralen große Sorgen. Sie wollten sich revanchieren. Gegen Ende September brachten die Aufklärer nachts einen Gefangenen ein. Er berichtete, der Leiter einer deutschen Scharfschützenschule, Major Coninx, sei von Berlin nach Stalingrad gekommen. Er solle dem besten sowjetischen Scharfschützen auflauern und ihn erschießen. Batjuk rief seine Scharfschützen zusammen und meinte: »Ich denke, es wird euch nicht schwerfallen, den faschistischen Scharfschützenkönig aus Berlin zur Strecke zu bringen. Stimmt's, Saizew?«

»Stimmt, Genosse Oberst.«

»Also, dieser Scharfschütze muß vernichtet werden. Nur, seid klug und vorsichtig.«

»Wird gemacht, Genosse Oberst«, antworteten ihm die Männer.

Die Gruppe unserer Scharfschützen erhielt starken Zuwachs und vernichtete manches Tausend Faschisten. Darüber berichteten auch Zeitungen und Flugblätter. Einige fielen dem Gegner in die Hände, der die Methoden unserer Scharfschützen studierte und wirksame Gegenmaßnahmen traf. Wir hätten es wohl doch nicht so eilig haben sollen, unsere Erfahrungen offen zu popularisieren. Hatten wir von einer Stelle einen oder mehrere deutsche Offiziere getötet, nahmen die Faschisten sofort den vermuteten Hinterhalt unter Artillerie- und Granatwerferbeschuß, so daß unsere Scharfschützen dann über Nebenausgänge schnell die Stellung wechseln mußten.

Die Ankunft des faschistischen Scharfschützen stellte uns vor eine neue Aufgabe. Wir mußten ihn aufspüren, seine Gewohnheiten und Methoden kennenlernen und geduldig auf den einen sicheren, entscheidenden Schuß warten.

Wassili Saizew erzählte: »In unserem Unterstand gab es nächtelang hitzige Debatten. Jeder Scharfschütze beobachtete tagsüber den Gegner im vordersten Graben, und abends kamen sie alle mit Vermutungen und Plänen zurück. Sie schlugen die verschiedensten ›Fallen‹ und ›Köder‹ vor. Doch die Kunst des Scharfschützen besteht darin, daß er allein den Kampf entscheidet, auch wenn er dabei viele Erfahrungen ausnutzt. Steht er dem Feind Auge in Auge gegenüber, muß er schöpferisch, erfinderisch und immer auf neue Art handeln. Für ihn gibt es keine Schablone; sie würde seinen Tod bedeuten.

Wo ist denn nun der Scharfschütze aus Berlin? fragten wir uns. Ich erkannte die ›Handschrift‹ der faschistischen Scharfschützen an der Art ihres Feuers und an ihrer Tarnung und konnte ohne weiteres erfahrene Schützen von Neulingen, Feiglinge von hartnäckigen und entschlossenen Gegnern unterscheiden. Aber dieser ›Scharfschützenkönig‹ blieb mir immer noch ein Rätsel. Die täglichen Beobachtungen unserer Genossen ergaben nichts Auffälliges. Es war schwer zu sagen, an welchem Abschnitt er sich aufhielt. Sicherlich wechselte er oft seine Stellung und suchte mich ebenso vorsichtig, wie ich hinter ihm her war. Dann kam es zu einem Zwischenfall. Meinem Freund Morosow wurde das Zielfernrohr zerschossen, und mein Kamerad Schejkin erlitt Verletzungen. Beide waren erfahrene Scharfschützen und bereits in schwierigsten Situationen Sieger geblieben. Sollten sie auf den gesuchten Gegner gestoßen sein? Im Morgengrauen ging ich mit Nikolai Kulikow zu den Stellungen, in denen unsere Genossen von dem Faschisten überrascht worden waren.

Ich beobachtete den mir längst bekannten, tagelang studierten vordersten Graben des Gegners, konnte aber nichts Neues entdecken. Da erschien über dem Graben ein Stahlhelm und bewegte sich langsam weiter. Schießen? Nein, das war eine Finte! Der Helm wackelte unnatürlich, er wurde wohl von einem Gehilfen des Scharfschützen fortbewegt, und jener wartete nur darauf, daß ich mich durch einen Schuß verriet.

›Wo mag er sich versteckt haben?‹ fragte Kulikow, als wir im Schutz der Nacht den Hinterhalt verließen. Aus der Geduld, die der Gegner den ganzen Tag über gezeigt hatte, schloß ich, daß wir es nun wohl endlich mit dem Gesuchten zu tun hatten, also hieß es, besonders wachsam zu sein.

Ein zweiter Tag verging. Wer hatte die besseren Nerven? Wer würde den anderen überlisten?

Auch mein treuer Frontkamerad Kulikow war mit Feuereifer dabei. Er zweifelte nicht daran, daß wir erfolgreich sein würden. Am nächsten Tag begleitete uns der Politoffizier Danilow zu unserem Versteck. Der Morgen begann wie gewöhnlich, in der aufsteigenden Helligkeit zeichneten sich die deutschen Stellungen immer deutlicher ab. Neben uns entbrannte die Schlacht, Granaten heulten durch die Luft. Wir aber verfolgten an unseren optischen Geräten, was vor uns geschah.

›Dort ist er, ich zeige ihn dir‹, rief plötzlich unser Politoffizier. Doch in dieser Sekunde, in der er sich unvorsichtig über der Brustwehr gezeigt hatte, traf ihn ein Schuß. So konnte nur ein erfahrener Scharfschütze schießen.

Aufmerksam suchte ich die Stellungen ab, konnte aber das Versteck nicht finden. Nach der Schußschnelligkeit zu urteilen, mußte es genau vor uns sein. Ich beobachtete weiter. Zur Linken lag ein zerschossener Panzer, zur Rechten ein Feuernest. Wo aber war der Faschist? Im Panzer? Nein, kein erfahrener Scharfschütze würde sich dort einnisten. Vielleicht im Feuernest. Auch das nicht, die Schießscharte war verdeckt. Aber im ebenen Gelände zwischen dem Panzer und dem Feuernest lag eine Eisenplatte und ein kleiner Haufen Ziegelschotter. Sie waren schon lange dort und uns nicht weiter aufgefallen. Ich versuchte mich in die Lage des Gegners zu versetzen und grübelte über den zweckmäßigsten Platz für ein Scharfschützenversteck nach. Etwa in einem Schützenloch unter der Platte, mit einem in der Nacht geschaffenen, getarnten Zugang?

Das könnte stimmen. Um mich zu vergewissern, zog ich einen Fäustling über ein kleines Brett und steckte es hinaus. Der Faschist fiel darauf herein und schoß. Vorsichtig zog ich das Brett in den Graben zurück und untersuchte aufmerksam das Einschußloch. Ein glatter Durchschuß, ich hatte mich also nicht geirrt.

›Da ist sie, die Natter‹, flüsterte aus dem benachbarten Versteck mein Partner Nikolai Kulikow.

Jetzt mußten wir den Feind hervorlocken, um wenigstens einen Teil seines Kopfes in das Visier zu bekommen. An diesem Tag blieb dazu keine Zeit mehr. Aber wir wußten jetzt, wo er saß. Er würde seine günstige Stellung bestimmt nicht aufgeben. Wir dagegen mußten unbedingt unseren Platz wechseln.

Wir arbeiteten die ganze Nacht hindurch. Als der Morgen dämmerte, hatten wir uns wieder eingerichtet. Die Faschisten beschossen die Übersetzstellen über die Wolga. Es tagte schnell, die Schlacht entbrannte mit neuer Kraft. Wir ließen uns weder vom rollenden Geschützfeuer noch von den Detonationen der Bomben und Granaten ablenken.

Kulikow gab einen blinden Schuß ab, um die Aufmerksamkeit unseres Gegners zu erregen. Wir wollten die erste Tageshälfte verstreichen lassen, denn das Funkeln unserer Optik hätte uns verraten können. Am Nachmittag waren unsere Gewehre im Schatten, während seine Stellung in der Sonne lag. Blitzte da nicht etwas am Rande der Platte? War das nur eine Glasscherbe oder die Optik des Scharfschützen? Kulikow hob langsam und so vorsichtig, wie es nur ein erfahrener Scharfschütze kann, seinen Stahlhelm. Der Faschist drückte ab. Er glaubte, endlich seinen Kontrahenten getroffen zu haben, und hob seinen Kopf halb aus der Deckung. Das war der Augenblick, auf den ich gewartet hatte. Der Schuß saß! Der Kopf des Faschisten sank zurück, in seinem Zielfernrohr spiegelte sich noch bis zum Abend die Sonne.«

Das waren die Scharfschützen der 62. Armee!

Doch es wäre ungerecht, nur von den Infanteriescharfschützen zu berichten, es gab auch viele Artillerie- und Granatwerferscharfschützen. Artilleriekommandeure wie Schuklin und der Granatwerferschütze Besdidko waren in der ganzen Armee durch ihr treffsicheres Feuer berühmt. Kein gegnerischer Panzer kam ungestraft an Schuklins Batterie vorbei, und auch Besdidkos Granatwerfer trafen den Gegner »um sieben Ecken«, wie die Soldaten scherzhaft meinten.

Immer werde ich mich an den Panzerabwehrschützen Protodjakonow erinnern, einen Jakuten, hochgewachsen und außergewöhnlich stark. Mit einer 45-mm-Kanone war er als einziger Überlebender seiner Geschützbedienung zwischen unseren Gräben und denen des Gegners in einer Erdspalte am Nordhang des Mamajewhügels zurückgeblieben. Er hatte sich so gut getarnt, daß die gegnerischen Panzersoldaten die Kanone erst entdeckten, wenn ihre Panzer bereits in Flammen standen oder bewegungsunfähig geschossen waren.

Als es dem Gegner schließlich gelang, die Kanone akustisch anzupeilen, nahm er sie unter massiertes Artilleriefeuer. Ein Granatsplitter zerschlug die Zieloptik, doch die Kanone selbst blieb unbeschädigt. Durch den Lauf beobachtete Protodjakonow den Gegner, und sobald sich ein Panzer in der Rohröffnung zeigte, lud er und eröffnete im direkten Richten das Feuer.

Am 9. Mai 1972 traf ich Protodjakonow am Mamajewhügel wieder. Obwohl wir uns in den verflossenen dreißig Jahren beide verändert hatten, erkannten wir einander sofort. Er erinnerte mich an das Gespräch, das ich im Jahre 1942 in meinem Unterstand mit ihm führte.

»Weißt du noch, auf deine Frage: ›Wo stand deine Kanone?‹ sagte ich: ›Meine Kanone stand dort, daneben lag ich. Ich wartete, bis der Faschist gut auszumachen war, schoß, und der Panzer brannte.‹ Du sagtest: ›Bist ein tüchtiger Kerl! Möchtest du Tee?‹ Ich sagte: ›Ich trinke gern starken Tee.‹ Du gabst mir diesen starken Tee, ich kostete – Kognak. ›Ich danke dir‹, sagte ich.«

Der Kampf in Städten hat seine Besonderheiten. Nicht Kraft allein entscheidet, sondern Können, Gewandtheit und das Überraschungsmoment sind ausschlaggebend. Wie Wellenbrecher zerteilen die Häuser die Gefechtsordnungen des Gegners und lenken seine Kräfte in die Straßen. Darum klammerten wir uns an massive Gebäude und besetzten sie mit kleinen Abteilungen, die, wenn sie eingeschlossen wurden, eine Rundumverteidigung bilden konnten.

Bei unseren Gegenangriffen verzichteten wir darauf, ganze Truppenteile oder größere Einheiten einzusetzen. Ende September bestanden in allen Regimentern sogenannte Sturmgruppen. Sie waren klein, aber schlagkräftig und wendig. Der Gegner war ihren Angriffen, die mit Feuer, Sprengstoff, Handgranaten, mit Bajonetten und Dolchen geführt wurden, nur selten gewachsen. Um jedes einzelne Gebäude wurde gekämpft. Drinnen tobte der Kampf um jeden Raum, um jeden Treppenabsatz, Straßen und Plätze waren meist menschenleer.

Unsere Soldaten und Offiziere lernten, während der Luft- und Artillerievorbereitung des Gegners dicht an dessen Stellungen heranzukriechen und sich so vor der Vernichtung zu schützen. Um nicht die eigenen Leute zu treffen, wagten die deutschen Flieger und Artilleristen nicht, unsere Gefechtsordnungen anzugreifen. Wir suchten bewußt den Nahkampf, die Faschisten mieden ihn. Die Vorposten des Gegners konnten wir, vor allem nachts, von weitem erkennen. Jeder Posten gab, wahrscheinlich um sich Mut zu machen, alle fünf bis zehn Minuten einen Feuerstoß aus seiner Maschinenpistole ab. Unsere Soldaten entdeckten ihn mühelos, krochen heran und überwältigten ihn mit einem Schuß oder einem Bajonettstich.

Die Verteidiger von Stalingrad lernten auch, die deutschen Panzer vorbeizulassen, bis sie in den Schußbereich der Panzerabwehrartillerie und der Panzerjäger kamen. Dann schnitten sie mit ihrem Feuer die nachfolgende Infanterie ab und störten damit die Gefechtsordnungen des Gegners. War die Infanterie vernichtet, konnten die Panzer wenig ausrichten und mußten unter hohen Verlusten umkehren.

Während die Eindringlinge es nicht verstanden, nachts zu kämpfen, waren wir durch die harte Notwendigkeit dazu gezwungen, uns mit der Nacht und dem Nachtkampf vertraut zu machen. Am Tage kreisten über unseren Gefechtsordnungen Flugzeuge und hielten uns nieder, in der Nacht aber hatten wir sie nicht zu fürchten. Tagsüber waren wir meistens in der Verteidigung und wehrten den Ansturm des Gegners ab, der selten ohne Unterstützung von Fliegerkräften und Panzern angriff. Unsere Sturmgruppen klammerten sich förmlich an die Gebäude und die Erde und warteten, bis der Feind auf Handgranatenwurfnähe herankam.

Wir vernichteten die Eindringlinge mit den verschiedensten Methoden. So wußten wir, daß sich immer einige in Deckungen ausruhten, während andere die Feuerpunkte besetzt hielten. Um alle herauszulocken, schrien wir nachts immer wieder donnernd »Hurra« und warfen Handgranaten. Der alarmierte Gegner stürzte zu den Fensteröffnungen und Schießscharten, um den vermeintlichen Angriff abzuwehren. Dann eröffneten unsere Artilleristen und MG-Schützen das Feuer.

Besonders wirkungsvoll waren unsere »Katjuscha«-Salven gegen Infanterie und Panzer, die der Gegner für neue Angriffe konzentrierte. Nie werde ich das Gardewerferregiment unter Oberst Jerochin vergessen, dem ich im Gefecht des öfteren begegnete. Es stand am 26. Juli am rechten Donufer und wirkte bei der Abwehr des Angriffs des LI. Armeekorps mit. Als Anfang August die Südgruppe gebildet wurde, gehörte das Regiment abermals zu uns. Und als wir in den ersten Septembertagen die Panzerangriffe des Gegners an der Tscherwlennaja im Raum Zibenko zurückschlugen, befand sich das Regiment wieder an der bedrohtesten Stelle und schoß eine Salve auf die Hauptkräfte des Gegners ab.

Während der Straßenkämpfe vom 14. September bis Anfang Januar handelte das »Katjuscha«-Regiment wieder mit uns gemeinsam und erhielt von mir oder dem Chef Artillerie der Armee, General Posharski, persönlich seine Gefechtsaufgaben.

Die auf Fahrgestellen der Panzer T-60 montierten Startschienen verliehen dieser Waffe hohe Beweglichkeit. In Stalingrad, in Stellungen unterhalb des Steilufers, konnte das Regiment von der gegnerischen Artillerie nicht erreicht werden. Jerochin konnte seine Werfer schnell in Feuerstellung bringen, eine Salve abfeuern und sich ebenso schnell wieder in Deckung begeben.

Alle Neuerungen, die von unseren Soldaten angewandt wurden, lassen sich nicht aufzählen. Wir alle, vom Soldaten bis zum Oberbefehlshaber, wuchsen in den erbitterten Kämpfen an der Wolga, lernten und wurden reifer.

Zum Ende der Schlacht erfuhren wir aus Notizen gefallener Deutscher, wie gut unsere neuen Kampfmethoden gewirkt hatten. Der Gegner wußte niemals, wann, wo und womit wir ihm zusetzen würden. Nachts zermürbten wir seine Nerven derart, daß er am nächsten Morgen müde und zerschlagen ins Gefecht ging.

Sobald wir erfuhren, daß der Gegner Abschnitte angreifen wollte, die wir am Vorabend kaum oder nur schwach besetzt hatten, füllten wir sie sofort mit Truppen auf, organisierten ein Feuersystem und legten Minenfelder.

Unsere Aufklärung arbeitete gut. Wir kannten die schwach und die dicht besetzten Abschnitte des Gegners, seine Sammelpunkte und versäumten keine Gelegenheit, ihm wirksame Schläge zu versetzen, meist gegen Tagesende oder wenn ein Gefecht abflaute.

Dabei hatten wir durchaus nicht immer starke Kräfte einzusetzen, doch der geschwächte Gegner fürchtete sie selbst dann. Wir hielten ihn fast immer in Atem und in Furcht vor Überraschungsangriffen.

Gardistenheldentum

Am 26. September war klar, daß der neue Hauptstoß des Gegners aus der Richtung Gorodischtsche—Rasguljajewka kommen würde. Deshalb entschlossen wir uns, ihm mit allen Truppenteilen des 23. Panzerkorps und mit Jermolkins Schützendivision entgegenzutreten, ohne das Feuer unserer Artillerie auf Infanterie- und Panzeransammlungen einzustellen. Im übrigen war die Division des Generalmajors Smechotworow im Anmarsch, deren Kräfte die Verteidigung des Panzerkorps verstärken sollten.

Wir sorgten uns sehr um den Mamajewhügel, den Teile von Gorischnys Division verteidigten. Der Gegner hielt den Süd- und den Westhang besetzt. Drangen die Faschisten nur 100 Meter weiter vor, mußte diese Schlüsselstellung in der Verteidigung der Stadt und der Werksiedlungen in ihre Hände fallen. Um das zu verhindern und die gegen die Industrieviertel gerichteten Angriffsvorbereitungen des Gegners zu vereiteln, entschlossen wir uns, die Gegenangriffe wiederaufzunehmen.

Dazu setzten wir nur Teilkräfte ein, und nicht an durchgehender Front, sondern in Sturmgruppen. Die Hauptkräfte blieben in vorbereiteten Stellungen, um den Angriff des Gegners aus der Richtung Gorodischtsche abzuwehren.

Der Befehl zum Gegenangriff wurde am 26. September, 19.40 Uhr erteilt, doch vorläufige Weisungen erhielten die Truppen bereits einen Tag früher. Während der ganzen Zeit beobachteten wir den Gegner an der gesamten Front und spürten die schwachen Stellen in seinen Gefechtsordnungen auf. Wir merkten deutlich, daß er sich auf neue aktive Handlungen vorbereitete. Den Angriffsbeginn zu verpassen hätte für uns den Untergang bedeutet, so sehr waren wir auf dem rechten Wolgaufer in unseren Möglichkeiten begrenzt. Es gab praktisch für uns keinen Rückzug.

Wie genau sich Soldaten und Offiziere über die Lage in Stalingrad klar waren, zeigte ihr Einsatz beim Heranschaffen von Munition und Verpflegung. Beides mußte ja von den Kähnen und Booten zu den Stellungen und in die vordersten Gräben gebracht werden, eine schwere, ermüdende Arbeit. Aber während die Truppenteile noch vor einer Woche immer wieder daran erinnert werden mußten, daß eingetroffene Munition sofort abzuholen sei, kamen die Munitionsempfänger und -träger jetzt von selbst bei Einbruch der Dunkelheit geschlossen zu den Anlegestellen. Kaum hatten die Boote festgemacht, löschten die Verteidiger schon die Ladung und schleppten sie nach vorn.

Beim Transport von Gütern vom linken Wolgaufer leisteten die Matrosen der Wolgaflottille unter Konteradmiral Rogatschow unserer Armee unschätzbare Dienste. Jede Überfahrt war mit Lebensgefahr verbunden, doch kein Boot blieb am anderen Ufer. Ohne diese tapferen Matrosen hätte die 62. Armee ihre Aufgabe nicht lösen können und wäre vernichtet worden.

Schützen und Artilleristen, Panzersoldaten und Matrosen, alle Verteidiger von Stalingrad rüsteten zur Abwehr des Angriffs auf die Betriebe und Werksiedlungen.

Am selben Tag wie wir ging im Raum Kuporosnoje auch die 64. Armee zum Angriff über.

Nach anfänglichem Erfolg stürzten sich jedoch um 08.00 Uhr Hunderte von Sturzkampfbombern auf unsere Gefechtsordnungen, so daß die angreifenden Einheiten Deckung suchen mußten.

Um 10.30 Uhr trat der Gegner mit seiner 100. Jägerdivision und der aufgefüllten 389. Infanteriedivision, verstärkt durch die 24. Panzerdivision, zum Angriff auf die Siedlung Roter Oktober und den Mamajewhügel an.

Von der vordersten Linie bis zur Wolga griffen faschistische Flieger mit Bomben und im Tiefflug an. Der Stützpunkt von Gorischnys Division auf der Kuppe des Mamajewhügels wurde durch Bomben und Artilleriebeschuß restlos zerstört. Auch der Gefechtsstand des Armeestabes lag unter pausenlosen Bombenangriffen. Die benachbarten Erdölbehälter gerieten in Brand. Die aus dem Raum Gorodischtsche angreifenden Panzer gingen ohne Rücksicht auf Minenfelder vor, hinter ihnen in Wellen die Infanterie. Gegen Mittag traten Störungen in der Telefonverbindung auf, auch Funkgeräte fielen aus.

Es hielt uns nicht länger in unserem Gefechtsstand. Obwohl wir höchstens 2 Kilometer von der vordersten Linie entfernt waren, wußten wir nicht genau, was an der Front geschah. Wir mußten weiter nach vorn, um aktiver auf den Verlauf des Gefechts einwirken zu können. Gurow machte sich mit Verbindungsoffizieren der Truppenteile zur vordersten Linie des Panzerkorps auf den Weg, ich ging zu Batjuk und Krylow zu Gorischny.

Aber selbst vorn war kein umfassender Überblick zu gewinnen; dichter Rauch und Nebel verhüllten das Gefechtsfeld. Als wir am Abend zu unserem Gefechtsstand zurückkehrten, fehlten viele Offiziere unseres Stabes.

Erst in später Nacht konnten wir uns ein genaueres Bild verschaffen, wie die Lage war. Der Gegner hatte unsere Minenfelder überwunden, unsere vorgeschobenen Stellungen durchbrochen und war, wenn auch unter hohen Verlusten, an mehreren Abschnitten 1 bis 3 Kilometer vorgedrungen. Noch ein Gefecht wie dieses, dachte ich, und wir sind in der Wolga.

Das Panzerkorps und der linke Flügel von Jermolkins Division, die den Hauptstoß auffingen, hatten schwere Verluste. Ihre Reste hielten zum Tagesende die Linie Metschetkabrücke 2,5 Kilometer westlich der Siedlung Barrikady—Südwestteil der Siedlung Barrikady—westlicher Rand der Siedlung Roter Oktober—Bannyschlucht. Die Schachtinskaja- und Sherdewskajastraße sowie die Höhe 107,5 waren in der Hand des Gegners. Gorischnys Truppen waren von der Kuppe des Mamajewhügels abgedrängt worden. Ihre stark gelichteten Reihen hielten die Nodosthänge besetzt. An den übrigen Frontabschnitten wurden die Anriffe zurückgeschlagen.

An diesem Tag hatte der Gegner mindestens 2000 Mann und 50 Panzer verloren. Auch unsere Verluste, vor allem die des Panzerkorps und der Schützenregimenter Gorischnys, waren schwer.

In der Nacht forderte der Kriegsrat der Armee alle Kommandeure und Politarbeiter der Verbände und Truppenteile auf, ständig an der vordersten Linie zu sein, die Einheiten gefechtsbereit zu machen und bis zum letzten Schuß zu kämpfen.

Es muß wohl nicht erwähnt werden, wie bedeutsam das Gespräch höherer Offiziere oder Politarbeiter eines Divisionsstabes oder des Stabes einer Armee mit den Soldaten im Graben ist. Aus persönlicher Erfahrung weiß ich, wie die Zuversicht bei Soldaten wächst, mit denen man im Schützengraben Leid und Freud teilt, die Lage bespricht, raucht und berät, was zu tun ist. Sie denken: Wenn uns sogar der General selbst aufsucht, dann müssen wir wohl die Stellung halten! Sie werden nie ohne Befehl zurückgehen und sich bis zum letzten schlagen.

Jeder Soldat, der sieht, daß man seinen Einsatz würdigt, wird auch einen Befehl ausführen. Natürlich braucht sich ein Divisionskommandeur nicht ständig vorn aufzuhalten, sein Platz ist der Gefechtsstand, von dort muß er führen. Doch ein höherer Offizier darf bei Gefahr nie die vorderste Linie verlassen und muß in ernster Lage seinen Soldaten möglichst nahe sein. Sie werden dafür sorgen, daß ihm nichts geschieht, sie werden ihn mit ihren Leibern decken und ihre Aufgabe erfüllen.

Deshalb forderte der Kriegsrat der Armee von allen Kommandeuren und Politarbeitern, einschließlich des Armeestabes, sich vorn aufzuhalten und allen zu erklären, daß es kein Zurück gibt.

Zwei Regimenter von Smechotworows Schützendivision, die in der Nacht zum 28. September auf unser Ufer übergesetzt wurden, führte ich sofort in das Gefecht um den Westrand der Siedlung Roter Oktober ein. Am Mamajewhügel traten die Reste von Gorischnys Schützendivision, unterstützt von Batjuk, zum Gegenangriff an. Der Chef Artillerie der Armee erhielt Befehl, während der ganzen Nacht durch Artillerie- und Granatwerferbeschuß zu verhindern, daß sich der Gegner auf dem Mamajewhügel festsetzte.

Am Morgen des 28. September erneuerte der Gegner mit Panzern und Infanterie seine Angriffe. Seine Flieger flogen pausenlos massierte Einsätze gegen unsere Gefechtsordnungen, Übersetzstellen und den Armeegefechtsstand. Neben Bomben warf der Gegner auch Metallbrocken, Pflüge, Traktorenteile, Eggen und leere Eisenfässer ab, die pfeifend auf unsere Soldaten niedersausten. Wir werteten das als Zeichen für mangelnde Kampfmittel und den Versuch, uns zu zermürben. So erklärten wir es auch den Soldaten.

Von unseren sechs Lastkähnen auf der Wolga waren fünf ausgefallen. Die Mitarbeiter des Gefechtsstands kamen vor Hitze und Rauch fast um. Das brennende Erdöl aus den Tanks näherte sich den Unterständen des Kriegsrates. Jeder Angriff der Sturzkampfbomber brachte uns neue Verluste und setzte die Funkgeräte außer Betrieb.

Selbst unser Koch, der seine Feldküche in einem Bunker aufgestellt hatte, wurde verwundet.

Doch trotz der schweren Lage merkten wir, daß dem Gegner der Atem ausging. Seine vereinzelten Angriffe waren nicht mehr so geschlossen und organisiert wie am Vortag. Er warf seine Bataillone, die er aus verschiedenen Abschnitten herausgezogen hatte und mit Panzern unterstützte, nur zögernd ins Gefecht. So konnten wir seine Angriffe mit massiertem Feuer nacheinander abschlagen und selbst zum Angriff übergehen.

Auf meine Bitte um Unterstützung an den Oberbefehlshaber der Luftarmee, General Chrjukin, setzte dieser seine gesamten Kräfte ein. Während des Großangriffs unserer Flieger traten bei Gorischny ein Regiment und bei Batjuk zwei Bataillone zum Angriff an. Im energischen Vorstoß eroberten sie den trigonometrischen Punkt auf dem Mamajewhügel, ohne jedoch zur Kuppe mit den Wassertürmen vordringen zu können. Sie blieb Niemandsland und lag unter ständigem Artilleriebeschuß beider Seiten.

Im wesentlichen behaupteten wir unsere Stellungen und hinderten den Gegner daran, den Angriff zu entwickeln. Er hatte die Standhaftigkeit unserer Soldaten, die entschlossen waren, eher zu sterben, als ihre Stellungen aufzugeben, nicht brechen können. Die Faschisten verloren mindestens 1 500 Mann an Toten, über 30 ihrer Panzer gingen in Flammen auf. Allein an den Hängen des Mamajewhügels lagen etwa 500 gefallene Gegner.

Auch unsere Verluste waren hoch. Der Panzerverband hatte über 600 Mann an Gefallenen und Verwundeten, Batjuks Division etwa 300. Gorischnys Division war fast völlig aufgerieben, doch ihre letzten Soldaten gaben nicht auf.

Ausfälle an Übersetzmitteln erschwerten den Transport von Truppen und Munition. Auf unserem Ufer stauten sich Verwundete, die wir in der Nacht nicht hatten hinüberschaffen können. Unsere Aufklärung meldete neue Infanterie- und Panzerkräfte des Gegners aus dem Raum Gorodischtsche, die auf die Siedlung Roter Oktober vorgingen. Die Schlacht um die Betriebe und Werksiedlungen hatte erst begonnen.

Wir entschlossen uns, zu hartnäckiger Verteidigung überzugehen und hierfür alle Sperrmittel der Pioniere einzusetzen. Am 28. September, 19.30 Uhr, erhielten die Truppen den Befehl Nr. 171. Darin hieß es unter anderem: »Die Kommandeure sämtlicher Truppenteile beschleunigen mit allen Mitteln die pioniertechnische Verstärkung ihrer Stellungen, die Errichtung von Panzer- und Infanteriesperren an der vordersten Linie sowie in der Tiefe und verstärken den Ausbau von Häusern für Straßenkämpfe.

Dafür sind alle örtlichen Hilfsquellen zu nutzen, Gebäude abzureißen und Straßenbahnschienen auszubauen. Die Zivilbevölkerung ist durch die örtlichen Organe zur Mitarbeit heranzuziehen. Die Hauptarbeit ist von den Truppenteilen selbst zu leisten. Gearbeitet wird Tag und Nacht.

Die wichtigsten Arbeiten, vor allem an den Panzersperren, müssen bis zum 29. 09. 1942 beendet sein; sie sollen die Verteidigung der Stadt und ihrer Industrieviertel unüberwindlich machen. Jede Sperre, jedes Hindernis ist zuverlässig durch alle Arten des Feuers zu sichern.

Den Truppen ist zu erklären, daß sich die Armee an ihrer letzten Linie schlägt und daß es kein Zurück gibt. Es ist Pflicht jedes Soldaten und Offiziers, seinen Graben, seine Stellung zu verteidigen. Keinen Schritt zurück! Der Feind muß um jeden Preis vernichtet werden.«

Nun kann man fragen, wie es möglich war, daß in der Stadt, auf die täglich Tausende von Fliegerbomben und Hunderttausende von Granaten niederhagelten, noch zivile Dienststellen arbeiteten und Einwohner lebten.

Doch tatsächlich unterstützten Behörden und Tausende von Einwohnern die Armee nach besten Kräften. So reparierten Panzersoldaten und Traktorenwerker in ihrem Betrieb bis zum 14. Oktober beschädigte Panzer; im Werk »Barrikady« setzten Arbeiter und Artilleristen Geschütze instand.

Ein Teil der Werkangehörigen kämpfte in den Betriebsschutzabteilungen. Die Parteikomitees der Stadt und der Stadtbezirke unterstützten die Parteiorganisationen der Armee und die Kommandeure beim Ausbau von Stützpunkten in der Stadt und in den Werksiedlungen.

Unvergessen bleiben die Sekretäre des städtischen Parteikomitees, die Genossen Piksin und Wdowin sowie die Funktionäre der Stadtbezirkskomitees. Die Einwohner von Stalingrad, die Arbeiter der Werke, die Kommunisten waren immer unter uns. Wir kämpften gemeinsam und verteidigten in Glut und Qualm unsere Stadt.

Unvergessen bleibt auch der inzwischen verstorbene Bevollmächtigte des Rates der Volkskommissare und spätere Stellvertreter des Vorsitzenden des Ministerrates der UdSSR, Genosse Malyschew, der in den schweren Kämpfen im Traktorenwerk die Aufträge von Partei und Regierung erfüllte.

Wenn sie auch nicht als Helden genannt werden, gedenken wir doch voll Ehrfurcht ihrer Taten, die sie tagtäglich vollbrachten. Solcher Leistungen und solcher Bescheidenheit sind nur ihrem Volk und ihrer kommunistischen Partei bis zum letzten ergebene Bürger eines sozialistischen Staates fähig.

Die Seele der Verteidigung waren die Kommunisten, geführt von ihren Parteiorganisationen und Politorganen. Immer wieder muß ich auf die gute Zusammenarbeit im Kriegsrat der Armee zurückkommen. Unser parteiliches und kämpferisches Kollektiv handelte nach dem Grundsatz: Einer für alle, alle für einen – für den Sieg und den Ruhm der Heimat. Wir hielten immer zusammen, es gab keine Differenzen. Die Einheit der Ziele, Parteilichkeit und Freundschaft einten uns und dienten unserer Arbeit. Ich gedenke der Leiter der Politorgane, solcher Kommunisten wie Brigadekommissar Wassiljew, die Obersten Wawilow, Tschernyschew, Wlassenko, die Oberstleutnante Tkatschenko und Owtscharenko und viele andere. Sie begeisterten die Soldaten durch ihre Hingabe, ihr Können und ihre Autorität zu Heldentaten und siegten, selbst wenn der Sieg unmöglich schien. Sie griffen sofort alles Neue auf: im Straßenkampf, in der Scharfschützenbewegung, bei der Errichtung von Sperren. Diese gute kämpferische und parteiliche Zusammenarbeit zwischen Kommandeuren, Kommissaren und Leitern der Politorgane festigte den Glauben der Soldaten an den Sieg. Sie wußten, daß sich auch der Kriegsrat der Armee mit ihnen auf dem rechten Wolgaufer befand. Die politische Arbeit förderte die Moral der Verteidiger von Stalingrad und erhöhte die Kampfkraft.

Trotz schwerer Verluste wuchsen und stählten sich die Partei- und Komsomolorganisationen. Während der Kämpfe stellten Hunderte von Soldaten den Antrag, in die Partei aufgenommen zu werden. Viele wollten als Kommunisten oder Komsomolzen kämpfen und, wenn nötig, sterben.

Wer kennt nicht den legendären Sergeanten Jakow Pawlow? Über 50 Tage hielt sein tapferes Häuflein ein für Rodimzews Division wichtiges Gebäude, ohne Schlaf und Ruhe. Die Faschisten überschütteten es mit einer Lawine von Bomben und Granaten, konnten aber den Widerstandswillen der heldenmütigen Besatzung nicht brechen. Das Pawlowhaus blieb uneinnehmbar. Es wurde von einfachen Sowjetmenschen verteidigt, treuen Söhnen unserer Völkerfamilie: den Russen Pawlow — heute Held der Sowjetunion — Alexandrow und Afanasjew, den Ukrainern Sabgaida und Gluschtschenko, den Grusiniern Mossiaschwili und Stepanaschwili, dem Usbeken Turgunow, dem Kasachen Mursajew, dem Abchasier Sukba, dem Tadshiken Turdyjew, dem Tataren Ramasanow und anderen Kampfgefährten.

Diese kleine Gruppe, die ein einziges Haus verteidigte, vernichtete mehr gegnerische Soldaten, als die Faschisten bei der Einnahme von Paris einbüßten.

Ein weiteres Beispiel selbstloser Hingabe der Sowjetmenschen an die Heimat: Zwischen den Werken »Roter Oktober« und »Barrikady« erstreckte sich westlich der Wolga eine Schlucht, in der jahrelang Schlacke abgeladen worden war. Hier wollten die Faschisten unsere Verteidigung durchbrechen. Der Maschinengewehrzug des Leutnants Saizew erhielt den Auftrag, die Schlucht zu halten und zu verhindern, daß der Gegner die Wolga erreichte.

Tagsüber konnte man an dieser Stelle kaum den Kopf heben, der Gegner beschoß jeden Stein, jeden Graben und jeden Fußbreit Boden. In der Nacht führte Saizew seinen Zug heran. Vom Gegner unbemerkt, bezogen die MG-Schützen Feuerstellung. Ihre Maschinengewehre waren so verteilt, daß sie das gesamte Vorfeld wirksam bestreichen konnten. Als der Gegner am nächsten Morgen mit Artillerie und Granatwerfern massiertes Feuer gegen die Schlucht schoß und dann zum Angriff überging, empfingen ihn unsere MG-Schützen mit gezielten Feuerstößen. Das Kühlwasser kam zum Kochen. Ein Maschinengewehr schwieg eine Minute lang; der Schütze war ausgefallen. Seinen Platz nahm der Parteiorganisator des Zuges, Jemeljanow, ein. Bald mußte er vom Zugführer selbst abgelöst werden. Die Faschisten stürmten weiter vor. Tödlich verwundet, sank Saizew auf das MG. Jetzt übernahm Sergeant Karassjow das Kommando. Das Gefecht dauerte bis zum Abend. Der Gegner kam nicht durch. Sein Versuch, an dieser Stelle die Wolga zu erreichen, hatte ihn über 400 Tote gekostet.

Im selben Fabrikviertel vollbrachte der Komsomolze Michail Panikacha vom Marineinfanteriebataillon der 193. Schützendivision eine Heldentat. Gegen die Stellungen des Bataillons rollten faschistische Panzer vor. Aus Kanonen und Maschinengewehren feuernd, hielten mehrere Fahrzeuge auf den Graben des Matrosen Panikacha zu.

Immer deutlicher hörte man in dem Krachen der Schüsse und den Detonationen der Granaten das Klirren der Panzerketten. Panikacha, der keine Handgranate mehr hatte, nur noch zwei Brandflaschen, erhob sich über den Grabenrand und zielte mit der einen Brandflasche auf den nächsten Panzer. Da zerschlug eine Kugel die Flasche. Panikacha brannte wie eine Fackel. Doch der höllische Schmerz machte ihn nicht bewußtlos. Er ergriff die zweite Flasche. Der Panzer war jetzt an seiner Seite. Alle sahen, wie der in Flammen gehüllte Mann aus dem Graben sprang, dicht an den Panzer heranlief und die Flasche am Gitter der Jalousie zerschlug. Eine Stichflamme schoß hoch, sie verschlang den Helden und den feindlichen Panzer.

Die Kunde von Panikachas Heldentat verbreitete sich in der ganzen 62. Armee. Freunde berichteten Demjan Bedny davon, und er verewigte sie in folgendem Gedicht.

>
> Er fiel, doch weiter lebt sein Ruhm,
> sein Opfer, seine tapfre Tat.
> Sein Name steht für Heldentum,
> er kämpfte mit vor Stalingrad.
>
> Den Höhepunkt der Panzerschlacht
> hat Panikacha mitgemacht,
> unser roter Matrose blieb
> bis zum letzten Geschoß auf Wacht.
>
> Es paßt nicht zu den blauen Jungs,
> dem Feind den Rücken zuzudrehen.
> Verbraucht die Munition — da sah
> er noch zwei Brennstofflaschen stehen.

Und schnell griff er die eine sich:
»Den letzten Panzer treffe ich!«
Von Kampfesleidenschaft durchdrungen
hat er sie hoch empor geschwungen.

»Ich darf ihn nicht verfehlen, nein!«
Da schlug noch eine Kugel ein,
die Flasche barst in seiner Hand,
so daß er jäh als Fackel stand.

Selbst in der Höllenglut der Flammen
brach seine Kampfkraft nicht zusammen,
er leugnete den wilden Schmerz,
stürzte zur zweiten Flasche dann
und griff erneut den Panzer an.

Getroffen! Feuer, schwarzer Rauch,
die Fahrerkanzel lodert auch,
die Flammen wüten schon darin,
schon fängt der Motor an zu glühn,
Entsetzensschrei ... er ist am Ziel,
unser roter Matrose fiel,
doch war's ein stolzer Sieg für ihn.

Er suchte Rettung nicht im Gras
noch in der nahen Sümpfe Naß,
um all die Flammen zu ersticken
auf Brust und Schultern, Kopf und Rücken,
er scheute nicht die letzte Pein,

er schlug den Feind mit Flammenhänden!
Bald woben sich um ihn Legenden.
Unsterblich wird sein Name sein.

  Ein Gedenkstein des Ehrenmals auf dem Mamajewhügel kündet ebenfalls von dem unerschrockenen Matrosen.
  Äußerst standhaft hielt sich in den Straßenkämpfen auch der Geschützführer Boltenko, der mit seiner Kanone in einer Hausruine in Stellung gegangen war. Wie die Soldaten scherzten, war

vom Haus selbst nur noch die Anschrift »Wwosnajastraße Nr. 76a« übriggeblieben. Die Kanone war aber so gut hinter den Trümmern getarnt, daß sie der aufmerksamste Beobachter nicht entdeckt hätte.

Ihre Bedienung bestand nur aus drei Mann, dem Geschützführer und zwei Munitionsträgern. Die übrigen waren ausgefallen. Boltenko wartete auf Ersatz, bereitete sich aber für alle Fälle darauf vor, Geschützführer, Richtkanonier und Ladekanonier gleichzeitig zu sein.

Da tauchte hinter dem Eisenbahndamm ein Panzerspähwagen auf. Boltenko setzte ihn mit einem Schuß in Brand. Die Besatzung sprang aus dem Wagen und wurde von Boltenkos Genossen durch Karabinerschüsse getötet.

Eine halbe Stunde später rollten acht Panzer über den Bahndamm direkt auf die Kanone zu, schossen aber in anderer Richtung; ihre Besatzungen vermuteten nicht, daß sie von drei scharfen Augenpaaren beobachtet wurden. Boltenko setzte den Spitzenpanzer mit drei Schüssen außer Gefecht. Ein zweiter näherte sich. Einige Schüsse, und auch er rührte sich nicht mehr von der Stelle. Boltenko sah jedoch, wie sich der Panzerturm langsam auf ihn zu drehte. Er schoß, die Granate durchschlug den Turm. Die restlichen sechs Panzer wendeten und verschwanden hinter der Böschung. Nach kaum 10 Minuten überquerten erneut 15 Panzer schwerfällig den Bahndamm. Diesmal folgten ihnen im Laufschritt Infanteristen.

Einer der Munitionsträger schlug vor, das Geschütz in die Schlucht zurückzuschleppen. »Solcher Übermacht sind wir nicht gewachsen, Genosse Geschützführer, wäre es nicht besser zurückzugehen?« fragte er.

Doch Boltenko schnitt ihm das Wort ab. »Dazu habe ich keinen Befehl.«

15 Panzer, das sind 15 Kanonen und ebensoviele Maschinengewehre. Boltenko aber besaß nur ein Geschütz und zwei Karabiner. Auch das erste Gefecht war ungleich gewesen, aber die sowjetischen Artilleristen hatten da noch das Überraschungsmoment auf ihrer Seite. Jetzt kannte der Gegner die Feuerstellung. Kugeln prasselten gegen das Schutzschild. Boltenko verlor nicht den Mut. Mit seiner hinter Trümmern versteckten Kanone nahm er den Kampf auf und blieb Sieger. Er schoß zwei Panzer in Brand und zwang die übrigen umzukehren.

Nach dem 23. September hatte der Gegner seine Hauptanstrengungen beiderseits der Zariza gegen das Stadtzentrum gerichtet. Er versuchte vor allem, den Angriff über den Bahnhof auf die zentrale Übersetzstelle an der Wolga zu entwickeln. Nach hartnäckigen Gefechten, die seit dem 14. September tobten, eroberte er am 26. September den Bahnhof und die Anlegestelle. Damit waren die Armee und das Stadtzentrum in zwei Teile gespalten. Jetzt befanden sich die Hauptkräfte der Armee nördlich der Zariza. Im Südteil der Stadt kämpften die 92. und die 42. Schützenbrigade sowie das 272. Regiment der 10. NKWD-Division erbittert gegen einen zahlenmäßig überlegenen Gegner und fügten ihm hohe Verluste zu. An diesem Abschnitt verlor er allein am 25. September etwa 500 Mann an Toten und mehrere Panzer.

Gleichzeitig führte der Gegner mit zwei Infanteriedivisionen und 150 Panzern Stöße nördlich des Mamajewhügels gegen die Siedlung Roter Oktober. Hier stieß er auf einen Gegenangriff von Truppenteilen unserer 95. und 284. Schützendivision und der 137. Panzerbrigade. Daraufhin gingen die Faschisten auf der Karusselnajastraße Richtung Werk »Roter Oktober« vor. Dort rechneten sie mit dem Überraschungsmoment und mit einem schnellen Erfolg. Doch unsere Aufklärer hatten die Truppenansammlung und deren Angriffsvorbereitungen rechtzeitig erkannt. Wir konnten diese Richtung durch Truppen der 112. und der 193. Schützendivision verstärken. Wir setzten sie als zweite Staffel unserer Verteidigung an der Balka Wischnewaja und am Westrand der Siedlung Roter Oktober ein.

Am 26., 27. und 28. September tobten überall erbitterte Kämpfe. Wie oft dabei Straßen oder Häuserblocks den Besitzer wechselten, läßt sich nicht feststellen. Besonders heftig wurde nördlich des Mamajewhügels gerungen. In diesen Tagen kreisten ständig 30 bis 50 Flugzeuge über dem Gefechtsfeld, die ihre Bomben auf unsere Truppen, mitunter jedoch auch auf die eigenen Leute abluden. In die hartnäckigen Kämpfe dieser Tage waren fast alle Truppen der Armee verwickelt.

Das Heldentum unserer Soldaten war beispiellos. Sie waren entschlossen, eher zu sterben, als einen Schritt zurückzugehen. Jeder einzelne wußte und zeigte es im Gefecht, wie man bis zum letzten standhält. Vom Soldaten bis zum General hatte sich jeder die Losung zu eigen gemacht: »Hinter der Wolga gibt es für uns kein Land mehr!« Ob Panzersoldat, Infanterist oder Pionier, alle waren sich darüber klar, daß kein einziger Meter Stalingrader Erde preisgegeben werden durfte.

Es kam vor, daß unsere und deutsche Soldaten im selben Keller eines zerstörten Gebäudes vor heftigen gegnerischen Bomben- und Tieffliegerangriffen Deckung suchten. Geduckt warteten sie auf das Ende des Bombardements, um gleich danach weiterzukämpfen oder durch Kräftevergleich festzustellen, wer wen gefangen genommen hatte.

Trotz ungeheurer Verluste nördlich des Mamajewhügels und bei der Siedlung Roter Oktober war der Gegner nicht mehr als 1 bis 1,5 Kilometer vorangekommen. Die Wolga erreichte er nicht, es fehlten ihm die Kräfte, um ostwärts der Balka Wischnewaja – Höhe 107,5 – Mamajewhügel weiter vorzudringen.

Nicht immer lassen sich die Verluste eindeutig ermitteln; in der Hitze pausenloser Kämpfe ist es oftmals schwierig, zuverlässige Angaben zu erhalten. Fest steht, daß Hitler im Vergleich zum Juli seine Truppen zahlenmäßig nahezu verdoppelte und seine Kampftechnik um ein Mehrfaches erhöhte. Da aber beides wie Wachs zusammenschmolz, war das Ergebnis kläglich: Der tägliche Raumgewinn in der Hauptstoßrichtung der gesamten auf Stalingrad angesetzten Kräfte betrug wenige Dutzend, mitunter einige hundert Meter. Wohl hatten auch wir hohe Verluste, doch die des Gegners lagen weit darüber. Einige Beispiele mögen das belegen.

Nach Meldungen unserer Truppenteile verlor der Gegner am 28. September 29 Panzer und über 1 500 Soldaten und Offiziere. Davon fielen allein an den Hängen des Mamajewhügels über 700 Mann.

Vom 13. bis 28. September konnte der Gegner auf 6 Kilometer breiter Front zwischen der zentralen Anlegestelle und der Balka Kuporosnaja zur Wolga vordringen und dabei 25 bis 30 Quadratkilometer Boden – etwa 2 Quadratkilometer täglich – gewinnen. Doch jeder Quadratkilometer kostete ihn mindestens tausend Gefallene und Verwundete.

Auf dem rechten Flügel, im Raum Orlowka, an dem es bis zum 28. September verhältnismäßig ruhig geblieben war, endeten vereinzelte Angriffe und Gegenangriffe begrenzter Kräfte mit Frontverschiebungen von höchstens 100 bis 200 Metern. Die hier eingesetzten gegnerischen Divisionen hatten die Angriffe der

Stalingrader Front von Norden abgewiesen und waren sicherlich inzwischen aufgefrischt und aufgefüllt. Wir aber konnten, von einzelnen Gegenangriffen abgesehen, nicht aktiv werden, weil uns einfach die Kräfte dazu fehlten.

Die Brigade Andrjussenko und Einheiten der 2. motorisierten Schützenbrigade sowie von Sarajews Division mit höchstens 2500 kampffähigen Soldaten verteidigten die taktisch wichtigen Stellungen des sogenannten Frontvorsprungs von Orlowka. Er mußte um jeden Preis gehalten werden, denn er hing als Damoklesschwert über der bei Gorodischtsche konzentrierten Hauptgruppierung des Gegners. Bei erfolgreichen Handlungen der benachbarten Stalingrader Front von Norden konnte er eine wichtige Rolle spielen. Selbst wenn sich nur ein einziger von Norden her angreifender Truppenteil 10 bis 12 Kilometer durchgeschlagen und sich mit den Truppen bei Orlowka vereinigt hätte, wären die bei Latoschinka bis an die Wolga vorgestoßenen starken Kräfte des Gegners abgeschnitten und der linke Flügel seiner Hauptgruppierung umgangen worden.

Paulus aber erkannte diese Gefahr und ließ den Frontvorsprung von Regimentern seiner 16. Panzerdivision, der 60. motorisierten und 389. Infanteriedivision sowie der 100. Jägerdivision angreifen, um unsere Truppen so schnell wie möglich zu vernichten. Der Angriff erfolgte von drei Seiten. Etwa ein Infanteriebataillon ging mit 18 Panzern über die Höhe 135,4 südwärts vor und ein Infanteriebataillon mit 15 Panzern über die Höhe 147,6 südostwärts. Ungefähr zwei Infanteriebataillone mit 16 Panzern rückten ostwärts vor, um Orlowka von Süden zu umgehen. Zugleich griffen die Faschisten Jermolkins 112. Schützendivision in Richtung Barrikady heftig an.

Alle Angegriffenen schlugen sich hartnäckig. Der Gegner erlitt hohe Verluste, zog aber immer wieder Reserven heran.

Etwa 50 Panzer mit MPi-Schützen, die um 15.00 Uhr Gorodischtsche erreichten, griffen die Höhen 109,4 und 108,9 an. Sie überrannten die Gefechtsordnungen des 2. Bataillons der Schützenbrigade Andrjussenko und näherten sich von Süden Orlowka. Gleichzeitig überwältigten von Norden her angreifende Panzer und Infanterie das 1. Bataillon derselben Brigade. Es mußte sich nach schweren Verlusten auf den Nordrand von Orlowka zurückziehen. Damit waren die westlich Orlowka kämpfenden Truppen von der Einschließung bedroht.

Am 29. September griff der Gegner auch an den anderen Frontabschnitten der Armee ständig an und fügte uns ernste Verluste zu. Die 112. Division, deren Regimenter jeweils nur noch rund hundert Mann zählten — sie war zwischen Wolga und Don in pausenlose Kämpfe verwickelt gewesen —, mußte sich auf das Silikatwerk zurückziehen. Im Abschnitt von Smechotworows Division, die den Westrand der Siedlung Roter Oktober verteidigte, konnte der Gegner in unsere Gefechtsordnungen eindringen. Auf unserer Seite fielen drei Regiments- und drei Bataillonskommandeure durch Tod oder Verwundung aus. In schweren Kämpfen hatte das Panzerkorps praktisch seine Kampfkraft eingebüßt. Die ihm verbliebenen 17 bewegungsunfähig geschossenen Panzer und 150 Soldaten teilten wir den Schützentruppenteilen zu und ließen den Stab zur Neuformierung auf das linke Wolgaufer übersetzen. Am Mamajewhügel tobten unaufhörlich Kämpfe. Angriffe wechselten mit unseren Gegenangriffen ab. Es ging um jeden Quadratmeter Boden.

Am 30. September richteten sich die Hauptanstrengungen des Gegners nach zweistündiger Flieger- und Artillerievorbereitung gegen Andrjussenkos 115. Schützenbrigade, die Orlowka verteidigte. Trotz hoher Verluste hielten das 1. und 2. Bataillon den nördlichen und südlichen Teil der Ortschaft. Doch ostwärts Orlowka drohte sich die Zange zu schließen. Dem Gegner stand über die Orlowskaja Balka der Weg zum Traktorenwerk und nach Spartanowka offen.

Am selben Tag meldete unsere Aufklärung eine starke Konzentration deutscher Panzer und Infanterie in der Balka Wischnewaja, am Friedhof, in der Siedlung Roter Oktober sowie in der Dolgi- und in der Krutoischlucht. Vom südlichen Stadtrand näherten sich die bereits wieder aufgefüllten Truppenteile der 14. deutschen Panzer- und der 94. Infanteridivision. Offensichtlich bereitete der Gegner einen neuen Stoß gegen das Traktorenwerk und das Werk »Barrikady« vor.

Auf die Anfrage des Frontoberkommandos, was wir täten, um den Frontvorsprung von Orlowka zu halten und die dort kämpfenden Truppen zu unterstützen, konnte ich nicht viel antworten. Zweifellos wäre es gut gewesen, mit Kräften der Stalingrader Front von Norden einen Stoß in den Rücken der 16. Panzer- und der 60. motorisierten Infanteriedivision zu führen. Doch niemand hatte einen solchen Stoß geplant.

Die Armee besaß keine Reserven und konnte den Truppen im Frontvorsprung von Orlowka angesichts des mit Sicherheit zu erwartenden Vorgehens gegen das Traktorenwerk und das Werk »Barrikady« keine wirksame Hilfe mehr leisten. Wir entschlossen uns, das 1. und 2. Bataillon von Andrjussenkos Schützenbrigade durch ein Panzerjägerregiment und zwei Kompanien der Schützenbrigade unter Oberst Gorochow zu verstärken und am 2. Oktober im Raum der Siedlung Barrikady einen kurzen Gegenstoß zu führen.

In der Nacht zum 1. Oktober setzte die 39. Gardeschützendivision mit Regimentern auf das rechte Wolgaufer über, die nur noch über die Hälfte ihres Bestandes verfügten; ihre Kompanien zählten 40 bis 50 Mann. Vom 18. bis 20. September hatte die Division innerhalb der 1. Gardearmee an den Kämpfen nördlich Stalingrads teilgenommen, Angriffskämpfe um das Dorf Kusmitschi geführt und dabei hohe Verluste erlitten. Dennoch waren die Kompanien kampffähig, sie bestanden zumeist aus Matrosen, Kommunisten und Komsomolzen. An der Spitze der Division stand der energische und kampferfahrene Generalmajor Gurjew. Seit den ersten Kriegstagen an der Front, konnte den untersetzten, kräftigen Mann so leicht nichts von einer einmal bezogenen Stellung vertreiben. Das war der erste Eindruck, den ich von ihm gewann. Sicherlich erzieht er seine Soldaten im gleichen Geist, dachte ich, und ich irrte mich nicht. Seine Division verteidigte tagelang das Werk »Roter Oktober« und kannte keinen Rückzug. Gurjew verließ seinen Beobachtungs- und Gefechtsstand selbst dann nicht, wenn am Eingang Handgranaten faschistischer MPi-Schützen detonierten, und das geschah mehrmals. Ebenso standhaft und unerschrocken waren seine Regimentskommandeure.

Die Kommunisten und Komsomolzen dieser Division kämpften stets an den meistgefährdeten Abschnitten. Den Kommissar und späteren Stellvertreter des Divisionskommandeurs, Tschernyschew, fand man häufig in der vordersten Linie. Ich erinnere mich, wie er trotz seiner Beinverletzung, auf Krücken gestützt, neben einer im direkten Richten feuernden Batterie im Gefecht blieb.

Die 39. Gardedivision gewann nicht allein in den Kämpfen an der Wolga militärischen Ruhm. Bis zum Kriegsende trug sie zur Zerschlagung der faschistischen Eindringlinge bei, ihr Kampfweg endete in Berlin, fünf Orden schmückten die Gardefahne der Division.

Eigentlich sollten die Regimenter sofort nach ihrer Ankunft im Abschnitt Silikatwerk (zur Rechten) — Sujewskajastraße (zur Linken) Verteidigung beziehen und den Gegenangriff auf die Siedlung Barrikady vorbereiten. Der Gegner war jedoch bei Smechotworows Division tief in unsere Gefechtsordnungen eingedrungen und bedrohte das Werk »Roter Oktober«. Deshalb mußte ich meinen Entschluß am 1. Oktober wieder ändern und Gurjews Truppen an diesem Tag als zweite Staffel hinter Smechotworows Division einsetzen. Sie sollten sich am Bahndamm westlich des Werkes im Abschnitt Kasatschjastraße—Bannyschlucht verteidigen und die Abteilungen des Werkes »Roter Oktober« zu starken Stützpunkten ausbauen.

Ich übertrug den Gegenangriff auf die Siedlung Barrikady der 308. Schützendivision unter Oberst Gurtjew, deren Regimenter bereits am Ostufer eingetroffen waren und sich zum Übersetzen nach Stalingrad bereitmachten.

Kämpfte diese Division auch nur kurze Zeit in Stalingrad, war sie doch nicht weniger erfolgreich und tapfer als die anderen Verbände der 62. Armee. Während der erbitterten Gefechte im Industrieviertel schlug sie in der Hauptstoßrichtung des Gegners über hundert Angriffe zurück.

Oberst Gurtjew, seine Regimentskommandeure, die Parteiorganisation und jeder einzelne Soldat, fast ausschließlich Sibirier, zeichneten sich durch Tapferkeit und Kühnheit aus. Für sie galt nur eine Losung: »Keinen Schritt zurück!«

Der Massenheroismus der Divisionsangehörigen wurde durch den unvergleichlichen Mut ihres Kommandeurs gekrönt. Seine Soldaten sahen ihn oft bei Gegenangriffen oder in der vordersten Linie. Der große, schlanke Gurtjew beugte sich nicht vor faschistischen Bomben und Granaten. 1943, nach dem Stalingrader Sieg, fand er als General den Heldentod im Raum Orjol. Dort wurde ihm ein Denkmal errichtet.

Am 1. Oktober griffen die Faschisten an der gesamten Front unserer Armee mehrmals heftig an. Bei Orlowka schloß sich die Zange des Gegners um das 3. Bataillon von Andrjussenkos Schützenbrigade, um mehrere Einheiten der 2. motorisierten Schützenbrigade, der 35. Division, des 724. Schützenregiments, um eine Batterie der Artillerieabteilung mit 380 Granaten und einen Zug 82-mm-Granatwerfer mit 350 Granaten. Die Rotarmisten hatten jeder 200 Schuß Gewehrmunition und Verpflegung für zwei Tage.

Ostwärts Orlowka setzten sich das wieder aufgefüllte 1. und 2. Bataillon der Schützenbrigade mit Front nach Westen fest. Verstärkt durch zwei frische Kompanien und ein Panzerjägerregiment, sollten sie in Richtung Orlowka angreifen, um sich mit den abgeschnittenen Truppenteilen zu vereinigen.

Am selben Tag drängte der Gegner Smechotworows Division erneut zurück. Ausgangs des Tages verteidigte sie sich an der Shmerinskaja- und Ugolnajastraße bis zur Karusselnajastraße und an der Aiwasowskajastraße bis zur Bannyschlucht. Bei den Divisionen von Batjuk und Rodimzew versuchten faschistische Truppen an der Dolgi- und der Krutoischlucht vorzustoßen, um die Wolga zu erreichen und die Armee ein zweitesmal zu spalten. Doch ihre Angriffe scheiterten, in den Schluchten blieben etwa 500 Gefallene zurück.

Gegnerische Flieger und Artillerie vernichteten in Tag- und Nachtangriffen Lastkähne und Fähren. Nur sehr langsam kamen die Truppenteile von Gurtjews Division über die Wolga. Am Morgen des 2. Oktober waren erst zwei Schützenregimenter übergesetzt.

Ohne die Ankunft sämtlicher Truppenteile der Division abzuwarten, faßte das Armeeoberkommando folgenden Entschluß: Das 1. und 2. Bataillon der Schützenbrigade Andrjussenko setzen ihren Gegenangriff fort, vernichten den Gegner und vereinigen sich mit dem eingeschlossenen 3. Bataillon sowie den vereinzelten Einheiten. Die übergesetzten Truppenteile der Division Gurtjew werfen den Gegner in kurzem Gegenstoß aus der Siedlung Barrikady und setzen sich dort fest.

Der Division Smechotworow wurde befohlen, den westlichen Teil der Siedlung Roter Oktober vom Gegner zu säubern und die Höhe 107,5 zu nehmen.

Mit ihren Hauptkräften sollte die Artillerie den Gegenangriff auf die Siedlung Barrikady unterstützen.

In diesen Richtungen wurde mehrere Tage lang pausenlos auch nachts gekämpft. Nur an wenigen Abschnitten trat für kurze Zeit Ruhe ein.

Die eingeschlossenen Truppen der Schützenbrigade schlugen sich mit ihren etwa 500 Mann vom 2. bis zum 7. Oktober gegen überlegene Kräfte. Als sie ihre Munition verschossen hatten, durchbrachen sie in der Nacht zum 8. Oktober die Einschließung. Nur noch 120 Soldaten erreichten den Nordrand der Siedlung des Stalingrader Traktorenwerkes jenseits der Mokraja Metschetka. Sie schilderten, wie sie hungernd, ohne Wasser und ausreichenden Munitionsvorrat sechs Tage lang dem Gegner widerstanden. Ihre Lage wurde schwieriger, als sich der am 2. Oktober eingeleitete Gegenangriff des 1. und 2. Bataillons sofort festlief. Mit einem Stoß von Norden ostwärts Orlowka hatte der Gegner einen zweiten Ring gebildet und die beiden Bataillone sowie Teile des 282. Schützenregiments von Sarajews Division eingeschlossen. Nach zweitägigen Kämpfen am 4. und 5. Oktober erreichten sie auf Befehl von Andrjussenko nach erfolgreichem nächtlichem Unternehmen am 6. Oktober den Nordteil des Traktorenwerkes.

Paulus' Plan, den Frontvorsprung von Orlowka mit einem Schlag zu beseitigen, mußten die Faschisten teuer bezahlen.

In unserer Meldung vom 8.10.42 hieß es: »Die sich verteidigenden Einheiten des 3. Bataillons der 115. Schützenbrigade und die Reste der 2. motorisierten Schützenbrigade wurden am 7.10.42 bei Tagesanbruch von einem durch 36 Panzer und 6 bis 8 Panzerspähwagen unterstützten Infanterieregiment angegriffen. Die ersten Angriffe wurden abgeschlagen. Den ganzen Tag über tobte der erbitterte Kampf. Der Gegner führte Reserven heran. Bei der Abwehr wurden etwa ein Bataillon Infanterie und 5 Panzer des Gegners vernichtet sowie 3 Panzer bewegungsunfähig geschossen. Ausgangs des Tages schlugen sich unsere stark geschwächten Einheiten nach Osten durch, um sich mit ihren Truppenteilen zu vereinigen. Am 8.10.42, 08.00 Uhr durchbrachen sie die Einschließung und verteidigen sich jetzt am Zusammenfluß von Mokraja Metschetka und Orlowka.

An den Kämpfen um den Frontvorsprung von Orlowka beteiligten sich auf seiten des Gegners Truppenteile von drei Divisionen: der 60. motorisierten, der 389. Infanterie- und der 100. Jägerdivision, dazu etwa 100 Panzer der 16. Panzerdivision und andere Verstärkungsmittel. Erst nach erbitterten zehntägigen Kämpfen konnten sie den Widerstand der Truppenteile und Einheiten unserer 115. Schützenbrigade, der Reste der 2. motorisierten Brigade und des 282. Schützenregiments der 10. Division brechen.

Allein vom 1. bis 7. 10. 42 verlor der Gegner bei Orlowka über 5 Bataillone Infanterie, 17 Panzer, 21 schwere Maschinengewehre, 2 mittlere Geschütze sowie 6 Panzerabwehrkanonen- und Granatwerferbatterien.«

Welche Division, welche Brigade oder welches Regiment die meisten Gegner vernichtete, läßt sich heute nicht mehr feststellen. Gekämpft wurde an der gesamten Front der Armee, besonders erbittert nördlich des Mamajewhügels.

Aus den letzten Ereignissen folgerte der Kriegsrat der Armee, daß sich der nächste Stoß des Gegners gegen das Traktorenwerk sowie die Werke »Barrikady« und »Roter Oktober« richten werde. Er konzentrierte starke Kräfte, die er vom Südrand von Stalingrad heranzog, in dieser Richtung. Wir bereiteten uns auf die Abwehr des Hauptstoßes gegen das Industriegelände vor.

Obwohl die Entfernung zwischen der Balka Wischnewaja und dem Wolgaufer 4 bis 5 Kilometer betrug, bemühten wir uns, die Verteidigung in die Tiefe in zwei Staffeln zu gliedern. An der Front zwischen dem Zusammenfluß von Mokraja Metschetka und Orlowka und der Werksiedlung Barrikady ließen wir die am 2. Oktober bei der Armee neu eingetroffene 308. Schützendivision unter Oberst Gurtjew und die 37. Gardeschützendivision unter Generalmajor Sholudew, die am 3. Oktober zur Armee gestoßen war, eine Verteidigung beziehen. Mit diesen beiden Divisionen konnten wir den Abschnitt der 112. und 95. Schützendivision verdichten, der die Werke deckte.

Außerdem versorgten wir die aus Arbeitern dieser Betriebe gebildeten Abteilungen mit Waffen und organisierten ihr Zusammenwirken mit den Truppen. Jetzt mußten die Werkangehörigen, die bisher beschädigte Geschütze und Panzer instandgesetzt hatten, vom 10. bis 12. Oktober mit den Angehörigen der 62. Armee ihre Werkabteilungen verteidigen.

Die nördliche Gruppe, bestehend aus der 124., der 149. und den Resten der 115. Schützenbrigade, hielt am 9. Oktober Rynok, Spartanowka, das Wäldchen westlich Spartanowka und die Siedlung des Stalingrader Traktorenwerkes an der Metschetka.

Das Regiment von Sarajews Division wurde auf das linke Wolgaufer in die Reserve zurückgenommen.

Immer erbitterter ging es im Zentrum der Armee bei den Siedlungen Barrikady und Roter Oktober zu, wo Gurtjews Division am 2. Oktober gegen Mittag die Siedlung Barrikady angriff.

Durch einen Begegnungsangriff aufgehalten, säuberte sie aber wenigstens abends einen Teil des Silikatwerkes und erreichte den Nordwestrand der Siedlung Barrikady. Sie konnte jedoch den Angriff nicht weiterentwickeln.

Smechotworows Division führte mit ihren nur noch 200 Mann starken Regimentern einen ungleichen Kampf gegen Infanterie und Panzer, die die Bibliotetschnaja- und die Karusselnajastraße angriffen. Nach erbitterten Bajonettgefechten konnte der Gegner ausgangs des Tages zur Zechowaja- und Biblejskajastraße vordringen.

Ein deutsches Bataillon in Uniformen der Roten Armee, das am selben Tag an der Naht zwischen den Divisionen Batjuk und Rodimzew unsere Gefechtsordnungen in Richtung Krutoischlucht durchbrach und zur Wolga vordrang, wurde durch einen Gegenangriff von Batjuks Reserven vernichtet.

Der Armeegefechtsstand befand sich bekanntlich neben Erdöltanks, dicht unterhalb eines großen offenen Behälters mit Erdölrückständen. Anscheinend wußte der Gegner darüber Bescheid, denn am 2. Oktober nahm er uns unter heftiges Artilleriefeuer und griff uns aus der Luft an. Sprengbomben zerwühlten das ganze Ufer und zerstörten die Erdöltanks. Eine lodernde Masse ergoß sich über unsere Unterstände bis zur Wolga. Der Gefechtsstand war von einem Flammenmeer umgeben. Die brennende Flut vernichtete alles, was ihr in den Weg kam, erreichte die Wolga, stürzte sich auf die dort liegenden Lastkähne und floß dann mit den Kähnen und losgerissenen Bohlen stromabwärts. Es sah aus, als brenne der Fluß, als bahnte sich ein Feuersturm seinen Weg.

Sämtliche Telefonleitungen waren zerstört, und die Funkverbindung setzte immer wieder aus. So standen wir neben unseren rauchenden Unterständen in der Schlucht, vom Feuer umgeben, das von allen Seiten auf uns zukroch.

Da hörten wir das Kommando des Stabschefs: »Niemand verläßt seinen Platz. Alles an die Arbeit in die unversehrten Unterstände! Die Nachrichtenverbindung zu den Truppen muß wiederhergestellt und durch Funk aufrechterhalten werden!«

Dann kam er zu mir und fragte leise: »Wie steht's, werden wir uns halten können?«

»Selbstverständlich! Äußerstenfalls haben wir unsere Pistolen.«

»In Ordnung«, sagte er.

Als ich bei Ausbruch des Feuers aus dem Unterstand gestürzt war, hatte ich zunächst geblendet und verwirrt dagestanden. Krylows energischer Befehl wirkte auf uns wie ein »Hurra« beim Angriff, wie ein Signal zum Handeln. Wir blieben, vom Feuer umgeben, an unseren Plätzen und hielten die Truppenführung aufrecht.

Das Feuer wütete mehrere Tage. Da wir keinen Reservegefechtsstand ausgebaut hatten und alle Truppenteile, auch die Pioniere, im Einsatz standen, mußten wir tagelang ohne Schlaf unter Beschuß in den unversehrten Unterständen, in Splittergräben und Höhlen ausharren und weiterarbeiten.

Der Chef des Frontstabes, General Sacharow, ließ Krylow und mich täglich mehrmals zur Funkstelle rufen. Er verlangte genaue Angaben über die Lage, die wir selbst nicht immer besaßen. Auch die Divisionsstäbe waren nur unvollständig informiert, denn die Funkverbindung wurde immer wieder unterbrochen.

Über Funk zu sprechen und sich dabei mühsam nach dem Geheimkode der Truppenführung die Worte zusammenzuklauben, während über uns Bomben und Granaten detonierten, war nicht einfach. Mehrere Funker fielen während unserer Gespräche.

Daß der Frontstab uns stets nach unserem Standort fragte, bewies, daß die Genossen wissen wollten, ob wir noch lebten und die Truppenführung aufrechterhielten. So antworteten wir wieder und wieder: »Wir sind da, wo es am stärksten brennt und qualmt.«

Am 3. Oktober nahm der Gegner bei Tagesanbruch seine Angriffe wieder auf. Jermolkins Schützendivision wurde von einem Infanterieregiment und 20 Panzern angegriffen. Da sie ihren neuen Frontabschnitt nicht mehr hatte erreichen können, mußte sie nach schwerem Kampf einen Kilometer ostwärts der Höhe 97,7 zurückgehen.

Gurtjews Division konnte den Angriff bis 18.00 Uhr aufhalten, wurde dann aber an beiden Flanken umfaßt und ging hinter die Bahngleise südlich der Nishneudinskajastraße zurück. Jetzt befand sich ihre linke Flanke an der Winnizkajastraße. Der Regimentskommandeur Markelow wurde schwer verwundet.

Smechotworows Division kämpfte den ganzen Tag um die

Bäder und die Werkküche. Wiederholt wechselten die Bäder den Besitzer, blieben aber schließlich in unserer Hand. Die Regimenter dieser Division waren nur noch 100 bis 150 Mann stark.

In diesem Inferno fanden wir einen fünfjährigen Jungen, der wie durch ein Wunder unversehrt aus den Ruinen gekrochen kam. Oberst Witkow nahm sich seiner an und gewann ihn lieb wie einen Sohn. Auch wir hatten den kleinen Gena gern. Er kannte alle Offiziere und Generale des Armeestabes und sprach uns mit Namen und Vatersnamen an. Gena begleitete uns bis nach Berlin. Nach dem Krieg studierte er an einem Charkower Institut und arbeitet jetzt als Ingenieur in der Ukraine.

Gurtjews Division schlug alle Angriffe des Gegners auf das Werk »Roter Oktober« zurück. Auch bei Gorischny, Batjuk und Rodimzew wurden die Angriffe abgewehrt und die Stellungen befestigt.

Die letzten Gefechte ließen erkennen, daß der Gegner entschlossen war, ohne Rücksicht auf Verluste zur Wolga durchzustoßen, die Betriebe zu nehmen und von dort den Angriff die Wolga entlang nach Süden zu entwickeln. Er verstärkte in dieser Richtung ständig seine Kräfte. Am 4. Oktober stellten wir an der etwa 5 Kilometer breiten Front zwischen der Mokraja Metschetka und der Höhe 107,5 insgesamt drei Infanterie- und zwei Panzerdivisionen fest. Die Kämpfe bei Orlowka sollten nicht nur den Frontvorsprung beseitigen, sondern auch unsere Aufmerksamkeit von dem bevorstehenden Hauptstoß gegen die Werke ablenken. Daher entschlossen wir uns, Sholudews 37. Gardedivision zur Verteidigung des Traktorenwerkes hinter Gurtjews rechter Flanke einzusetzen.

Nach erbitterten Gefechten gegen den an Kräften überlegenen Gegner gingen Jermolkins Truppen in der Nacht zum 4. Oktober hinter die Metschetka zurück. Der Gegner hatte die Schtschelkowskajastraße erreicht und besaß jetzt einen Brückenkopf für seinen geplanten Sprung zum Wolgaufer. Um die erbitterten Angriffe auf das Silikatwerk abzuwehren, setzte Gurtjew alle Reserven ein. Trotzdem wurden seine Truppen auf die Mystischtschi-, Awiatornaja- und Petrosawodskajastraße zurückgeworfen.

Die Panzerabwehrartillerie der 37. Gardedivision und der Divisionsstab waren am linken Ufer zurückgeblieben. Die Übersetzmittel reichten nicht aus. Also mußten wir den Regimentern direkt ihre Aufgaben zuweisen. Fast alle Offiziere unseres Gefechtsstandes waren unterwegs, um eine Nachrichtenverbindung und ein Zusammenwirken mit ihnen zu organisieren.

Am Morgen des 5. Oktober griffen diese Truppen sofort in den Kampf gegen die Infanterie und die Panzer ein, die die Gefechtsordnungen bei Gurtjew und Jermolkin durchbrochen hatten.

Mindestens ein Tag Atempause war nötig, unsere Truppenteile zu ordnen, aufzufüllen und Artillerie und Munition heranzuziehen, um die Eindringlinge durch weitere Gegenangriffe aus den beiden Werksiedlungen herausschlagen zu können. Der Frontoberbefehlshaber verlangte, den Gegenangriff am Morgen des 5. Oktober zu beginnen. Aber die Armee war dazu nicht in der Lage, denn die Munition wurde knapp und das Übersetzen über die Wolga immer schwieriger.

In der Nacht zum 5. Oktober setzte die 84. Panzerbrigade auf das rechte Ufer über, jedoch nur mit leichten Panzern. Wir teilten sie sofort Sholudew und Gurtjew zu, die sie als feste Feuerpunkte einsetzten, weil es keinen Sinn gehabt hätte, sie gegen die schweren deutschen Panzer vorgehen zu lassen.

An diesem Tag flog der Gegner allein über den Fabrikvierteln etwa 2000 Einsätze. Bei Tagesanbruch hörte jede Truppenbewegung auf. Selbst die Verwundeten konnten erst bei Einbruch der Dunkelheit ihre Splittergräben und Schützenlöcher verlassen, um kriechend die Sammelstellen an der Wolga zu erreichen.

Am Abend kam das Mitglied des Kriegsrates Gurow vom anderen Ufer zu uns zurück. Gebadet, mit frischer Wäsche und rasiert, sah er zehn Jahre jünger aus. Da er wußte, daß ich mich seit einem Monat nicht mehr gründlich gewaschen hatte, redete er mir zu, dies auf dem anderen Ufer nachzuholen. Die Versuchung war groß, dennoch lehnte ich ab. Was hätten die Soldaten gesagt, wenn der Armeeoberbefehlshaber in dieser schweren Stunde auf das andere Ufer gegangen wäre? Hätte die Heimat ihm jemals verziehen, wenn der Armee während seiner Abwesenheit etwas zugestoßen wäre? Nein, es hätte keine Entschuldigung gegeben.

Am selben Abend besuchte uns der Stellvertreter des Frontoberbefehlshabers, General Golikow. Die Lage in unserem Gefechtsstand hatte sich inzwischen etwas beruhigt. Das Erdöl war fast verbrannt, nur noch der Tank mit den Rückständen qualmte über uns. Die Funkverbindung war nach wie vor unzuverlässig. Granaten detonierten direkt vor dem Eingang meines Unterstandes, so daß wir von Stunde zu Stunde mehr Tote und Verwundete verloren. Es war unmöglich, hier länger zu bleiben. Genosse Golikow riet uns, den Gefechtsstand zu verlegen, nachdem er einen Tag lang mit uns unter diesen Bedingungen gearbeitet hatte.

Doch wohin? Nach langem Überlegen entschlossen wir uns, die Unterstände von Sarajews Stab zu benutzen, der sich im Augenblick zur Formierung auf dem anderen Ufer befand. Der Gefechtsstand lag 500 Meter näher am Traktorenwerk, der Weg zu ihm führte am Wolgaufer entlang.

In der Nacht siedelten wir um. Als erste gingen Golikow, Gurow und ich. Der Chef des Armeestabes, Genosse Krylow, blieb bis zum Tagesanbruch und wartete, bis die Verbindung zwischen dem neuen Gefechtsstand und den Truppen hergestellt war.

Wir hatten nächtelang nicht geschlafen und waren völlig erschöpft. Ich bat die Genossen Golikow und Gurow, sich um die Wiederherstellung der Verbindung zu kümmern, legte mich hin und schlief wie ein Toter.

Bei Tagesanbruch erwachte ich und erfuhr, daß Krylow immer noch unter Bombenangriffen und Beschuß im alten Gefechtsstand saß. Da die Nachrichtenverbindung schon klappte, forderte ich ihn auf, zu uns zu kommen. Als er zwei Stunden später verstaubt, blaß und erschöpft eintraf, sank auch er um und schlief sofort ein.

Wir waren froh, wieder zusammen zu sein.

In diesen Tagen arbeitete der Kriegsrat so angestrengt, daß wir kaum noch Tag und Nacht unterschieden. Wir schliefen abwechselnd, in Intervallen während kurzer Gefechtspausen.

Der Armee standen schwere Tage bevor. Bei pausenlosen Angriffen versammelte der Gegner starke Kräfte in der Balka Wischnewaja, an der Siedlung Barrikady und an der Mokraja Metschetka. Wir aber konnten nur mit den vorhandenen Kräften rechnen und auf die Standhaftigkeit unserer Soldaten vertrauen. Um die Kräftekonzentration des Gegners und seine Angriffsvorbereitungen zu vereiteln, führten wir kurze Gegenschläge mit Artillerie und Fliegerkräften. Unsere Schläge aus der Luft richteten sich nicht nur gegen die Bodentruppen des Gegners, sondern auch gegen seine Fliegerkräfte. Man fragte täglich bei uns an, gegen welche Objekte die Moskauer Fliegerkräfte eingesetzt werden sollten. Doch das reichte keineswegs aus. Wir waren darüber informiert, daß der Gegner neue beachtliche Truppen für einen Schlag gegen Stalingrad bereitstellte. Als Ersatz für die bei Stalingrad erlittenen Verluste beorderte das faschistische Oberkommando allein im Oktober zur Auffüllung der entstandenen Lücken etwa 75 Prozent des in diesem Monat anfallenden Ersatzes an die sowjetisch-deutsche Front, wie aus Dokumenten hervorgeht.

Um dem geplanten Schlag wirksam zu begegnen, legten wir entsprechende Munitionsvorräte an, vor allem aber bereiteten wir uns und unsere Soldaten auf die entscheidenden Gefechte vor.

Am Morgen des 6. Oktober setzten die Faschisten ihren Angriff mit dem Hauptstoß von der Siedlung Barrikady gegen die Traktorenwerksiedlung fort. Sie waren anscheinend überrascht, als ihnen die 37. Gardedivision in ihrer Hauptstoßrichtung entgegentrat. Erbitterte Gefechte entbrannten.

Es sei mir gestattet, an dieser Stelle einige Worte über die Soldaten dieser Division zu sagen. Sie waren wirkliche Gardisten, viele in Marineuniform. Sie kämpften wie die Löwen. In Gruppen stürmten sie vor, bahnten sich mit Dolchen und Finnmessern ihren Weg durch Häuser und Keller. Sie kannten keinen Rückzug. Hatte der Gegner eine Gruppe eingeschlossen, kämpfte sie bis zum letzten Blutstropfen und ging mit dem Ruf in den Tod: »Für die Heimat, wir halten stand und ergeben uns nicht!«

Obwohl die Faschisten allein an einem Tag 700 Einsätze gegen diese Division flogen, gewannen sie keinen Fußbreit Boden. Ihr 1. Regiment konnte sogar etwas vorrücken und setzte sich, unterstützt vom 499. Panzerabwehrartillerieregiment, dem 11. Kanonenregiment und einer Abteilung des 85. Gardehaubitzregiments am Abschnitt Friedhof — Basowajastraße — Schlucht — Tipografskajastraße fest.

An den anderen Frontabschnitten, ausgenommen den Raum Orlowka, schlug die 62. Armee alle Angriffe zurück.

In der Nacht erreichte die 84. Panzerbrigade den Abschnitt von Sholudews und Gurtjews Divisionen.

Alle Truppen der Armee gruben sich ein, bauten Stützpunkte

aus, errichteten Sperren und bereiteten sich auf große Ereignisse vor. Unsere Aufklärer meldeten starke Ansammlungen des Gegners in der Siedlung Barrikady. Am 6. Oktober waren seine Infanterie und Panzer tagsüber nicht besonders aktiv, nur seine Flieger griffen vom frühen Morgen bis zum späten Abend an. Ein schwerer Bombentreffer vernichtete den Stab des 339. Schützenregiments mit dem Kommandeur und dem Kommissar.

Die verhältnismäßige Ruhe ließ wohl die Genossen im Frontstab annehmen, der Gegner sei ermattet, denn sie verlangten von uns nachdrücklich, unseren Gegenangriff mit der 37. Division wieder aufzunehmen. Ich war anderer Meinung; für mich waren die Bombenangriffe der Auftakt zum Angriff. Wir verhandelten den ganzen Tag. Schließlich mußte ich am Abend einem Gegenangriff zustimmen, wenn ich auch nicht vom Erfolg überzeugt war. Wir entschlossen uns, erst in der zweiten Tageshälfte des 7. Oktober mit einem Teil von Sholudews und Gurtjews Divisionen anzugreifen, in der Hoffnung, der Gegner werde unseren Stoß bis zum Eintritt der Dunkelheit nicht erwidern und seine Flieger nicht mehr einsetzen können.

Um 04.00 Uhr unterzeichnete ich den Befehl zum Gegenangriff, aber es war bereits zu spät. Der Gegner eröffnete um 11.20 Uhr mit starken Kräften einen neuen Angriff. Wir empfingen ihn mit organisiertem Feuer aus rechtzeitig vorbereiteten gut getarnten Stellungen.

Ohne sich um Deckung zu kümmern, ging der Gegner vor. Mit zwei Divisionen und über 50 Panzern griff er von der Werchneudinskajastraße aus unsere Stellungen an. Die ersten Angriffe konnten wir abschlagen. Sholudews Truppen fügten dem Gegner schwere Verluste zu. Doch er führte Reserven heran und griff wiederholt an.

Gegen Abend gelang es ihm, in unsere Gefechtsordnungen einzudringen. Er eroberte einen Häuserblock in der Traktorenwerksiedlung und rückte dicht an das Stadion heran. Die Stachanowstraße und der Skulpturnypark blieben in unserer Hand.

Ein verstärktes Infanteriebataillon, das um 18.00 Uhr westlich der Eisenbahnbrücke über die Metschetka zum Angriff überging, wurde durch eine Salve unserer »Katjuschas« vernichtet. Im Abschnitt von Smechotworows Division tobten den ganzen Tag über Kämpfe um die Bäder in der Siedlung Roter Oktober. Sie wechselten mindestens fünfmal den Besitzer. Bei Einbruch der Nacht konnte niemand genau sagen, wer sie nun besetzt hielt. An den anderen Abschnitten wurden die Angriffe abgeschlagen.

Wir vernichteten etwa vier Infanteriebataillone und schossen 16 Panzer in Brand. Nach diesen Verlusten konnte der Gegner seinen Angriff am nächsten Tag nicht fortsetzen. Die 37. Gardedivision hatte Paulus in seiner Hauptstoßrichtung einen Strich durch die Rechnung gemacht. Es war ihm nicht gelungen, uns zu überraschen und unsere Front zu durchbrechen, denn wir hatten seine Hauptgruppierung und den seit langem vorbereiteten Stoß nicht aus den Augen verloren.

Am 8. Oktober begannen die Vorbereitungen zu neuen Kämpfen. Wie wir erfuhren, hatte Hitler seinen Vasallen versprochen, Stalingrad in den nächsten Tagen zu erobern. Flugzeuge überschütteten die Stadt mit Flugblättern. Hitler drohte, jeden Rotarmisten und Kommandeur, der auf das linke Wolgaufer zurückginge und sich nicht gefangen gäbe, als Deserteur zu behandeln. Skizzen zeigten unsere Armee von Panzern und Artillerie eingeschlossen.

Diese Goebbelspropaganda verfehlte ihren Zweck. Partei- und Komsomolorgane klärten die Truppenteile und Einheiten unermüdlich über die provokatorischen Absichten auf. Die Genossen des Kriegsrates der Armee zeichneten verdiente Soldaten und Kommandeure aus, unterhielten sich mit ihnen und übermittelten den Truppen unseren Entschluß, die Stadt unter allen Umständen zu halten.

Das wurde richtig verstanden. Als Beispiel führe ich das Versammlungsprotokoll einer Komsomolgruppe der 308. Division an.

»Thema: Das Verhalten der Komsomolzen im Gefecht.

Beschluß: Lieber im Schützengraben sein Leben lassen, als mit Schande bedeckt zurückgehen. Man muß nicht nur selbst standhalten, sondern dafür sorgen, daß es auch der Nachbar tut.

Frage an den Referenten: Gibt es triftige Gründe für das Verlassen einer Feuerstellung?

Antwort: Es gibt nur einen, den Tod.«

Ich erinnere mich, daß die Faschisten während der Versammlung angriffen, das zwölftemal an diesem Tag. Der Kompaniechef hielt das Schlußwort. Er sagte: »Ich möchte die Ausführungen des Komsomolorganisators ergänzen. Er sprach viel vom Tod und sagte, die Heimat fordere unser Leben für den Sieg. Er hat sich wohl nicht ganz richtig ausgedrückt. Die Heimat fordert von uns den Sieg, nicht den Tod. Gewiß wird mancher von uns auf dem Gefechtsfeld bleiben, es ist Krieg. Ein Held ist, wer tapfer stirbt und die Stunde des Sieges näherrücken läßt. Ein zweifacher Held aber, wer siegt und am Leben bleibt!«

In einer Schlacht, in der Angriff und Gegenangriff pausenlos toben, verliert man manches aus dem Gedächtnis. So wußte ich bis zum Jahre 1970 nicht, wie der Chef jener Granatwerferkompanie hieß. Doch dann schrieb mir ein ehemaliger Instrukteur der Politabteilung der 308. Division, Genosse Ingor. Sein Brief ist ein Dokument der Entschlossenheit und des Heroismus dieser Komsomolzen. Vieles wurde wieder in mir wachgerufen, so auch ein Gespräch mit General Gurtjew. Er berichtete damals: »Ich kenne einen jungen Soldaten, Alexej Popow. Wenn die Faschisten ihm auf den Leib rücken, stellt er sein leichtes Maschinengewehr auf die eine Seite, legt die Maschinenpistole auf die andere und behält sein Gewehr in der Hand. Seine Handgranaten sind kreisförmig verteilt. Greifen viele Faschisten an, legt er sich hinter das Maschinengewehr, erscheint nur ein einzelner, greift er zum Gewehr, kommt aber der Feind näher herangekrochen, deckt er ihn mit Handgranaten zu. So kämpft er für fünf und hält seinen Graben.«

Die Kraft unserer Gardesoldaten bestand darin, daß sie sich geschickt und umsichtig schlugen und die Waffen, die ihnen die Heimat gab, wirksam einsetzten. Wie der Soldat Popow, so gaben Tausende Beispiele an Tapferkeit, Findigkeit und Kriegslist und bewiesen, daß sie alle Waffen beherrschen und sich nicht überrumpeln ließen.

Während der Kämpfe um Stalingrad wurde in unserer Armee schnell das Lied des Sergeanten Panow »An die Heldenstadt« populär. Die Gardisten liebten es, weil es wahr und echt war wie das Leben. Es lautet:

> Von dem Krachen zitterten die Straßen,
> uneinnehmbar war die Wolgastadt.
> Wie aus Stahl gegossen, schlug sich tapfer
> unser heldenhaftes Stalingrad.
> Schon im Sterben sagte der Genosse:

Ewig daran denken soll der Feind,
daß die zweiundsechzigste nicht aufgibt.
Alle Kraft hat sie im Kampf vereint!

Keinen Schritt zurück, nur angreifen, dem Feind Fußbreit für Fußbreit die Heimaterde entreißen war das oberste Gesetz der Soldaten der 62. Armee.

Ich besitze noch einige vergilbte Kampfblätter aus jenen Tagen. Sie wurden in der vordersten Linie verteilt. Eines lautet: »Heute hat sich heldenhaft geschlagen: Andrej Jefimowitsch Koslow — MG-Schütze, Komsomolmitglied. Auf das Konto von Gen. Koslow kommen 50 Faschisten, nicht gerechnet die von seiner MG-Bedienung vernichteten. Allein seit dem 9. Oktober 1942 tötete Gen. Koslow 17 Faschisten. Seine MG-Bedienung ist die beste im Bataillon. Gen. Koslow hat an den Kämpfen um Leningrad und Charkow teilgenommen. Zweimal wurde er verwundet und zweimal ausgezeichnet. Eifert Koslow nach!«

Ein anderes Blatt lautet:

»Sieben deutsche Panzer in Brand geschossen! Die Rotarmisten Jakow Schtscherbina und Iwan Nikitin blieben trotz Verwundung auf dem Gefechtsfeld. Diese treuen Söhne ihrer Heimat kämpften so lange, bis der letzte Angriff abgeschlagen war, und schossen in einer halben Stunde 7 feindliche Panzer ab.«

Großartige Menschen waren auch die auf der Wolga eingesetzten Matrosen. Täglich sahen sie dem Tod ins Auge. Eiserne Nerven und beispielhafter Mut gehörten dazu, den Fluß unter Beschuß zu überqueren. Und trotzdem war unsere Wolgaflottille Tag und Nacht mit Munition und Verpflegung für Stalingrad unterwegs.

Wie bereits erwähnt, trafen wir in Erwartung eines Angriffs starker Kräfte auf das Werkviertel energische Maßnahmen zur Verstärkung der Front entlang der Mokraja Metschetka—Balka Wischnewaja—Mamajewhügel. Zur Sicherung dieses Raumes ließen wir die frisch eingetroffene 84. Panzerbrigade Stellung beziehen, organisierten ihr Zusammenwirken mit den Schützendivisionen und verdichteten so deren Gefechtsordnungen. Das Panzerkorps, das seine Kampffähigkeit eingebüßt hatte, setzten wir mit der Führung seiner Brigaden auf das linke Wolgaufer über. Die noch einsatzfähigen Panzer übergaben wir der 84. Brigade.

Neben diesen Maßnahmen wurde allen Truppen befohlen, die Pionierarbeiten zur zuverlässigen Sicherung der Stellungen zu forcieren. In den panzergefährdeten Richtungen ließen wir Tausende Minen und Sprengkörper verlegen. Die Gefechtsordnungen der 37. Garde- und der 95. Schützendivision wurden verdichtet und durch Artillerie verstärkt. Dabei muß man bedenken, daß wir alles nur nachts und unter ständigen vereinzelten Angriffen des Gegners an der ganzen Front der Armee vornehmen konnten. Der Gegner verfolgte mit seinen Handlungen zwei Ziele: die gewaltsame Aufklärung an der gesamten Front unserer Armee und gleichzeitig die Einschränkung unserer Bewegungsfreiheit in dem schmalen Verteidigunsstreifen am Westufer der Wolga. Wir beantworteten seine Handlungen mit überraschenden Aktionen unserer Sturmgruppen gegen Häuserbesatzungen. Die rund 400 Scharfschützen, die es bereits in der Armee gab, hinderten die Faschisten daran, die Köpfe über ihre Deckung zu heben. Unter diesen Schutzmaßnahmen gruppierten wir unsere Kräfte um und befestigten das Werkviertel.

Die schwersten Tage

Es gab vom 8. bis 14. Oktober keine Ruhe an der Front, denn wir lagen nur auf Handgranatenwurfweite von den deutschen Stellungen entfernt.

Die Tiefe unserer Gefechtsordnungen, also der Raum zwischen der vordersten Linie und der Wolga, betrug höchstens 3 Kilometer. Das hieß, wir mußten auf der Hut sein, den Gegner ständig aufklären, durften nichts verpassen.

Aktive Handlungen hielten wir für das beste Mittel, um wachsam und gefechtsbereit zu bleiben. Von den Scharfschützen und den Sturmgruppen war schon die Rede. Auch unsere Artillerie und die »Katjuschas« führten empfindliche Schläge gegen Truppenansammlungen an der Siedlung Barrikady und in der Balka Wischnewaja. Nachtfliegerkräfte kreisten über den Eindringlingen und griffen sie mit Bomben und Maschinengewehren an.

Der Kommandeur des Gardewerferregiments, Oberst Jerochin, auch alle anderen Artilleristen, an der Spitze der Chef Artillerie der Armee, General Posharski, holten sich täglich bei mir Anweisungen für nächtliche Schläge gegen Vorbereitungen des Gegners.

Tagebücher und Briefe Gefallener gaben uns Aufschluß über die verheerende Wirkung unserer Gegenvorbereitungen. Immer wieder hieß es: »Stalingrad ist die Hölle«, »Stalingrad ist ein Massengrab«, »Stalingrad speit Tod und Verderben«.

Der Gegner, der uns an die Wolga gedrängt hatte, gab ebenfalls keinen Augenblick Ruhe. Seine Flieger klärten unsere Gefechtsordnungen ständig auf, bombardierten Truppen und Übersetzstellen; seine Artillerie und Granatwerfer deckten unsere Stellungen zu.

An der gesamten Front verstummte das Feuer weder tags noch

nachts; Leuchtkugeln und Leuchtspurgeschosse erhellten die Nacht. Die Offiziere der Stäbe und die Mitarbeiter der Politorgane waren ständig bei den Truppen. Wir gruppierten unsere Kräfte um und verdichteten unsere Gefechtsordnungen in der wahrscheinlichen Hauptstoßrichtung des Gegners. Dann gruben wir uns so gut wie möglich ein, verwandelten jedes Haus in einen Stützpunkt und verstärkten damit die Verteidigung des Industrieviertels wesentlich.

Gorischnys Division stand jetzt an der Naht zwischen den Divisionen von Sholudew und Gurtjew in einem Bogen, der tief in unsere Verteidigung ragte. Gurtjews 117. Regiment ließen wir am 12. Oktober an der Shitomirskajastraße in Stellung gehen, um eine tiefe Verteidigung zu schaffen und die Naht zwischen den Divisionen Sholudews und Gorischnys zu sichern.

Das 524. Schützenregiment der 112. Division, das sich bis zum 12. Oktober auf dem linken Wolgaufer befand, wurde mit Angehörigen der rückwärtigen Dienste der Division aufgefüllt und auf das rechte Ufer übergesetzt. Es sollte hier in der zweiten Staffel im Abschnitt Nordstadion – sechseckiger Häuserblock verteidigen.

Ferner zogen wir alle einsatzfähigen Männer aus den rückwärtigen Einrichtungen der Divisionen und der Armee heraus, bewaffneten sie und gliederten sie in die Kompanien und Batterien ein. Wir spürten, daß der Gegner, der an verschiedenen Stellen vereinzelte Angriffe unternahm, einen heftigen Stoß gegen das Traktorenwerk vorbereitete. Die Aufklärer unter Oberst German bestätigten unsere Vermutungen durch immer neue Informationen. Wir mußten bestens vorbereitet sein.

Am 12. Oktober stießen Sholudews Division und ein Regiment von Gorischny auf Befehl des Frontoberbefehlshabers gegen den Westrand der Traktorensiedlung vor, um die Vorbereitungen des Gegners zu vereiteln. Wir erwarteten nicht allzuviel, meinten aber, daß der Frontoberbefehlshaber bestimmte Gründe habe, wenn er zu diesem Zeitpunkt von der 62. Armee aktive Handlungen forderte. Deutete doch der Munitionsversorgungsplan der Artillerieverwaltung der Front für Oktober mit seiner »Hungerration« für uns an, daß an anderer Stelle ein mächtiger Gegenstoß unserer Truppen geplant war.

Unseren eigenen Gegenstoß richteten wir gegen die deutsche Hauptgruppierung vor unserer Armee. Es war sicherlich besser, seinen Angriff vorzeitig auszulösen als abzuwarten, bis der Gegner, endgültig gerüstet, mit ganzer Kraft losschlug. Damit gingen wir zwar ein Wagnis ein, aber wir hatten tief gestaffelt, und der Stoß sollte nur mit Teilkräften geführt werden.

Unser Angriff begann am Morgen des 12. Oktober. Der Gegner leistete erbitterten Widerstand. Sholudews Truppen drangen nach eintägigem Gefecht am linken Flügel und im Zentrum etwa 300 Meter nach Westen vor und kämpften jetzt in der Siedlung nördlich des Südstadions. Auch bei Gorischny kamen wir 200 Meter voran.

Wir hatten den Gegner überrascht, doch in seine tiefgestaffelten Gefechtsordnungen konnten wir nicht hineinstoßen.

Am 13. Oktober setzten wir den Angriff fort und suchten den Gegner hinter die Mytischtschinskischlucht zurückzuwerfen. Den ganzen Tag über wurde erbittert gekämpft.

Der 14. Oktober brach an, ein Tag unerhört harter Gefechte, wie wir sie aus der Schlacht um Stalingrad noch nicht kannten. Drei Infanterie- und zwei Panzerdivisionen, die sich an einer etwa 5 Kilometer breiten Front entfaltet hatten, stürzten sich auf unsere Truppen.

An diesem Tag hatte Hitler befohlen, an der gesamten sowjetisch-deutschen Front zur Verteidigung überzugehen, ausgenommen die Richtung Stalingrad. Hier hatte er alles, was an Reserven verfügbar war, versammelt und auch besonders starke Kräfte seiner Luftwaffe konzentriert.

Wieviel wir auch in Stalingrad schon erlebt hatten, dieser Angriff der Faschisten blieb unvergeßlich. Schon früh am Morgen erwachte ich mit einem bestimmten Vorgefühl. Vermutlich hatte mich die nervöse Spannung in Erwartung des bevorstehenden gegnerischen Stoßes trotz aller Müdigkeit so zeitig munter werden lassen.

Nachdem ich eine Tasse starken Tee, die mir meine Ordonnanz Boris Skornjakow einschenkte, auf einen Zug geleert hatte, ging ich ins Freie. Die Sonne blendete. Am Ausgang begegnete mir der Kommandant des Stabes und des Gefechtsstandes, Major Gladyschew. Zusammen gingen wir einige hundert Meter nordwärts, wo die Abteilungen des Stabes in provisorisch ausgehobenen Splittergräben oder in Höhlen im Steilufer der Wolga untergebracht waren.

In einer solchen Höhle stand ein Samowar mit selbstgebautem

Abzugsrohr. Leichter Rauchgeruch lag in der Luft. General Posharski trennte sich als geborener Tulaer nie von seinem heimatlichen Samowar und liebte starken Tee.

»Nun, Mitrofanytsch«, meinte ich nach kurzer Begrüßung, »wirst du es schaffen, deinen Tee zu trinken, bevor die Fritzen mit ihrem Konzert beginnen?«

»Bestimmt«, antwortete er überzeugt. »Und wenn nicht, dann nehme ich ihn mit zur Beobachtungsstelle.«

Von Westen drang plötzlich heftiges Dröhnen zu uns. Wir spitzten die Ohren. Im selben Augenblick sausten Granaten über unsere Köpfe hinweg. Nahe Detonationen erschütterten die Erde, ein Schwall von Feuer durchfuhr die Luft. Hunderttausende Granaten verschiedenster Kaliber prasselten auf unsere Armee nieder. Detonationswellen preßten uns gegen das Steilufer. Der Samowar kippte um, bevor das Wasser zum Kochen kam. Dafür kochte und brodelte unter den Detonationen buchstäblich das Wasser der Wolga. Posharski deutete auf den Himmel. Faschistische Flugzeuge erschienen über unseren Köpfen. Wie ein Zug Wildgänse zogen sie unbekümmert in Gruppen vorüber. Im Krachen der Detonationen und im Motorenlärm verstand man sein eigenes Wort nicht. Auf meinen Blick ergriff Posharski Kartentasche und Feldstecher und lief zu seinem Gefechtsstand. Ich eilte zu meinem.

Man sah die Sonne nicht, Rauch und Qualm hatten den Himmel überzogen. Als ich mit dem Fuß die Tür meines Unterstandes aufstoßen wollte, schleuderte mich eine Detonationswelle in meinen Verschlag. Krylow und Gurow saßen, Telefonhörer in der Hand, bereits auf ihren Bänken. Neben ihnen stand der Chef Nachrichten der Armee, Oberst Jurin. Er machte Krylow Meldung.

»Wie steht's mit der Nachrichtenverbindung?« fragte ich.

»Sie ist oft unterbrochen, wir haben den Funk eingeschaltet und senden unverschlüsselt.«

»Das genügt nicht. Alarmieren Sie die Reservefunkstelle auf dem linken Ufer. Sie sollen die Texte doublieren und uns informieren«, rief ich ihm zu.

Jurin verstand und entfernte sich.

Ich inspizierte den Unterstand, einen tunnelartigen Bau in Form eines russischen »P«. Bekanntlich hatten wir ihn vom Stab der 10. NKWD-Division übernommen, die man einige Tage zuvor auf das linke Wolgaufer zurückgeführt hatte. Alle Stabsoffiziere der Armee, männliche und weibliche Angehörige des Nachrichtendienstes waren auf ihren Plätzen. Sie sahen mich an, als wollten sie von meinem Gesicht meine Stimmung und die Lage an der Front ablesen. Um ihnen zu zeigen, daß kein Anlaß zu Befürchtungen bestand, ging ich ruhig durch den Raum, machte kehrt und trat durch einen zweiten Ausgang auf die Straße.

Ein unbeschreibliches Schauspiel bot sich mir, vor allem in Richtung des Traktorenwerkes. Über meinem Kopf heulten die Motoren im Sturzflug angreifender Bomber, man hörte das Sausen fallender Bomben, Leuchtspuren detonierender Flakgranaten durchzuckten den Himmel. Alles dröhnte, jaulte, ächzte und krachte. Die aus leeren Fässern errichtete Fußgängerbrücke über den Deneshny Protok war zerschlagen und von der Strömung fortgetragen. In der Ferne sanken Häuserwände in Trümmer, lichterloh brannten die Gebäude des Traktorenwerkes.

Ich befahl General Posharski, zwei Abteilungssalven aus den »Katjuschas« abzufeuern — die eine auf das Silikatwerk, die andere auf die Truppenansammlung vor dem Stadion. Dann rief ich den Oberbefehlshaber der Luftarmee, Chrjukin, an und bat ihn, die faschistischen Aasgeier zur Raison zu bringen. Genosse Chrjukin sagte mir rundheraus, daß er mir nicht helfen könne, weil der Gegner die Flugplätze der Armee blockiere. Unsere Fliegerkräfte seien vorläufig außerstande, sich nach Stalingrad durchzuschlagen.

Ein kurzer Meinungsaustausch zwischen den Mitgliedern des Kriegsrates ergab, daß wir alle überzeugt waren, der Gegner setze seine gesamten Kräfte gegen die 62. Armee ein. Angesichts eindeutiger Überlegenheit an Menschen, Technik und Feuerkraft würde er versuchen, die Armee zu spalten und ihre Teile zu vernichten. Zur Zeit richtete sich sein Hauptstoß gegen den Raum zwischen dem Traktorenwerk und dem Werk »Barrikady«. Sein nächstes Ziel war die Wolga.

Die bis jetzt in das Gefecht eingeführten Kräfte und Mittel ließen erkennen, daß er alles tun würde, das Übersetzen größerer Verstärkungen für unsere Armee zu verhindern und den Munitionsnachschub für Stalingrad zu unterbinden. So stand der 62. Armee in den nächsten Tagen ein äußerst erbitterter Kampf bevor, den sie allein mit den ihr zur Verfügung stehenden Kräften bestehen mußte.

Unser Unterstand wurde wie vom Fieber geschüttelt, die Erde gab Laute von sich, die schier das Trommelfell durchbohrten. Von der Decke rieselte der Sand, in allen Ecken und über den Deckenbohlen krachte es, die Erschütterung in der Nähe detonierender schwerer Bomben drohte den Unterstand zum Einsturz zu bringen. Es gab keinen Platz, wohin man gehen konnte. Nur von Zeit zu Zeit, wenn uns die Luft knapp wurde, verließen wir, ungeachtet in der Nähe detonierender Bomben und Granaten, abwechselnd den Unterstand.

An diesem Tag sahen wir die Sonne nur als graubraunen Fleck, der hin und wieder zwischen Rauchwolken auftauchte.

Von Trommelfeuer gedeckt, stürzten sich drei Infanterie- und zwei Panzerdivisionen auf unsere Gefechtsordnungen. Ihr Hauptstoß richtete sich gegen unsere 112., 95. und 308. Schützen- und die 37. Gardedivision, die, wie vor allem die 112. und 95. Division, durch Verluste in vorausgegangenen Gefechten erheblich geschwächt waren. Der Gegner war uns an Menschen um das fünffache und an Panzern um das zwölffache überlegen; seine Flieger beherrschten an diesem Abschnitt den Luftraum.

Um 08.00 Uhr griffen Infanterie und Panzer unsere Stellungen an. Der erste Angriff wurde abgeschlagen; 12 Panzer standen brennend an der vordersten Linie. Es war unmöglich, die Gefallenen und Verwundeten zu zählen. Nach anderthalb Stunden wiederholte der Gegner den Angriff mit starken Kräften. Sein massiertes Feuer gegen unsere Feuerpunkte war jetzt gezielter, nahm uns die Luft und hielt uns vollständig nieder.

Um 10.00 Uhr überrannten Panzer und Infanterie das 109. Regiment der 37. Gardedivision. Es setzte sich in Kellern und Räumen fest und kämpfte in der Einschließung. Der Gegner ging gegen die Verteidiger mit Flammenwerfern vor. Während sie den Angriff abwehrten und zum Nahkampf überwechselten, mußten sie gleichzeitig die Brände löschen.

Auf unserem Gefechtsstand brachte eine in der Nähe detonierende Fliegerbombe zwei Unterstände zum Einsturz. Die Soldaten der Wachkompanie, die mit mehreren Mitarbeitern des Stabes ihre Genossen ausgruben, fanden einen Offizier, dessen Bein durch eine Bohle gequetscht war. Beim Versuch, es freizuschaufeln und die Bohle anzuheben, sackte der Sand und drückte noch stärker auf das Bein. Der Versehrte flehte die Genossen an, das Bein abzuhacken oder abzusägen, doch fand sich niemand dazu bereit. Das alles spielte sich unter pausenlosem Artilleriebeschuß und unter Bombenangriffen ab.

Um 11.00 Uhr meldete man mir, daß der linke Flügel der 112. Schützendivision ebenfalls überrannt worden sei und ihre Gefechtsordnungen von etwa 50 Panzern niedergewalzt würden. Die schwergeprüfte Division hatte an vielen Gefechten westlich des Don, am Don selbst sowie zwischen Don und Wolga teilgenommen und verfügte jetzt nur noch über höchstens 1000 aktive Kämpfer. Unter Führung ihres Kommandeurs, Oberst Jermolkin, kämpfte sie heldenhaft in einzelnen Einheiten und Besatzungen in den Abteilungen des Traktorenwerkes, in der Nishnisiedlung und an den Steilhängen der Wolga.

Um 11.50 Uhr nahm der Gegner das Stadion des Traktorenwerkes und drang tief in unsere Verteidigung ein. Ein knapper Kilometer trennte ihn vom Traktorenwerk. Südlich des Stadions befand sich der bereits erwähnte sechseckige Häuserblock, den wir in einen Stützpunkt verwandelt hatten. Seine Besatzung bestand aus einem Bataillon und der Artillerie des 109. Gardeschützenregiments. Der Häuserblock wechselte mehrmals den Besitzer. Regimentskommandeur Omeltschenko führte die angreifenden Einheiten.

Unverschlüsselt gingen die Meldungen hin und her. Hier zitiere ich einige der von der Funkzentrale des Armeestabes aufgefangenen Funksprüche: »Die Fritzen greifen mit Panzern an. Unsere kämpfen in Ananjews Abschnitt. Vier Panzer wurden bewegungsunfähig geschossen und bei Tkatschenko zwei; die Gardisten des zweiten Bataillons des 118. Regiments vernichteten zwei Panzer. Das dritte Bataillon hält die Stellungen entlang der Schlucht, aber eine Panzerkolonne ist nach Jantarnaja durchgebrochen.«

Die Artilleristen der 37. Gardedivision meldeten: »Wir feuern aus nächster Nähe auf die Panzer, fünf sind vernichtet.«

Der Stabschef der Division, Genosse Bruschko, meldete dem Armeestab: »Pustawgarows Gardisten (114. Garderegiment) sind durch Panzerkeile gespalten. Sie haben sich in Gruppen in Häusern und Ruinen befestigt und kämpfen in der Einschließung. Eine Panzerlawine greift Ananjews Bataillon an. Die sechste Kompanie dieses Bataillons unter Gardeleutnant Iwanow und dem Politleiter Jeruchimowitsch ist völlig aufgerieben. Nur noch die Melder sind am Leben.«

Um 12.00 Uhr meldete das 117. Garderegiment: »Regimentskommandeur Andrejew ist gefallen, wir werden eingeschlossen, wir sterben, aber wir ergeben uns nicht.« Die Gardisten schlugen sich weiter; Hunderte gefallener Gegner lagen neben dem Gefechtsstand.

Von den Regimentern der 308. Schützendivision kam die Meldung: »Panzer greifen die Stellungen von Norden an, ein erbitterter Kampf tobt. Die Artilleristen nehmen die Panzer in direktem Richten unter Beschuß, wir haben hohe Verluste, vor allem durch Flieger, und bitten, die Aasgeier zu verjagen.«

Um 12.30 Uhr bombardierten Sturzkampfbomber den Gefechtsstand der 37. Gardedivision. General Sholudew wurde in seinem Unterstand verschüttet. Wir hatten keine Verbindung zu ihm. Der Armeestab übernahm die Führung der 37. Gardedivision. Die Nachrichtenleitungen und die Funkgeräte waren überlastet. Um 13.10 Uhr wurde Sholudews Unterstand durch ein Metallrohr Luft zugeführt. Der General und sein Stab wurden ausgegraben. Um 15.00 Uhr erschien Sholudew persönlich im Gefechtsstand der Armee. Durchnäßt und verstaubt meldete er: »Genossen des Kriegsrates! Die 37. Gardedivision kämpft und wird nicht weichen.« Dann sank er auf den Treppenabsatz und bedeckte das Gesicht mit den Händen.

Bei Gorischnys 95. Schützendivision tobte seit 08.00 Uhr ebenfalls ein erbitterter Kampf. Der Zugführer der 3. Batterie, Leutnant Wladimirow, erinnert sich: »Der klare Morgen des 14. Oktober begann mit einem Erdbeben, wie wir es in den bisherigen Gefechten noch nicht erlebt hatten. Hunderte von Flugzeugen dröhnten in der Luft, überall detonierten Bomben und Granaten. Wolken von Rauch und Staub verhüllten den Himmel, raubten uns den Atem. Jetzt wußte jeder, daß der Gegner zu einem neuen, mächtigen Angriff angetreten war. Die Telefonverbindung wurde oft unterbrochen. Über Funk vernahmen die Batterien den Befehl des Kommandeurs: ›N 30-b‹, ›P 30-1‹ und so fort. Ein Kommando löste das andere ab. Unter Lebensgefahr begaben sich die Bedienungen an ihre Geschütze und feuerten ganze Serien von Granaten ab. Auch als die Beobachtungsstelle unserer Batterie umgangen wurde, verlor der Batteriechef, Genosse Jasko, nicht den Kopf. Die ganze Nacht hindurch bekämpfte er die Faschisten mit dem Feuer seiner Batterie und lenkte sogar das Feuer auf sich, wenn sich der

Gegner der Beobachtungsstelle zu sehr näherte. Gegen Morgen konnte er aus der Einschließung ausbrechen. Infolge des Bombardements und des Beschusses waren von den Geschützbedienungen jeweils nur noch zwei bis drei Mann am Leben. Aber wir hielten stand. Jasko wurde verschüttet, viele wurden taub, die Bombenangriffe und der Beschuß aber gingen weiter. Alles brannte, alles war voll Erde; Technik und Menschen wurden vernichtet, aber wir feuerten weiter.«

So kämpften unsere Artilleristen Schulter an Schulter mit den anderen Waffengattungen.

Um 13.10 Uhr kam die Meldung, daß auf dem Gefechtsstand der Armee zwei Unterstände eingestürzt seien, es habe Tote und Verwundete gegeben.

Gegen 14.00 Uhr war die Telefonverbindung zu sämtlichen Truppenteilen abgerissen; nur die Funkgeräte arbeiteten, wenn auch mit Unterbrechungen. Wir schickten Offiziere aus, um die Nachrichtenverbindung zu doublieren, doch das war so zeitraubend, daß die Meldungen verspätet einliefen.

Gegen 15.00 Uhr erreichten tief in unsere Gefechtsordnungen eingedrungene Panzer die Linie Traktorenwerk—Werk »Barrikady«. Das Feuer unserer Besatzungen schnitt die Infanterie des Gegners von den Panzern ab. Obwohl eingeschlossen und voneinander getrennt, kämpften die Unseren weiter und fesselten die Gegner. Von ihrer Infanterie getrennt, hielten die Panzer und boten damit unseren Artilleristen und Panzerjägern ein ausgezeichnetes Ziel. Als dennoch gegen 15.00 Uhr einige Panzer bis auf eine Entfernung von 300 Metern zum Gefechtsstand der Armee vordringen konnten, nahm die Wachkompanie des Stabes den Kampf gegen sie auf. Wäre der Gegner noch näher an uns herangekommen, hätten wir ihn eigenhändig bekämpfen müssen, denn wir konnten uns nirgendwohin zurückziehen, ohne die letzten Führungs- und Nachrichtenmittel einzubüßen.

Dem Dutzend Panzer der 84. Panzerbrigade, die wir im Skulpturnypark hatten eingraben lassen, befahlen wir, im Hinterhalt zu bleiben, falls der Gegner durchbrechen sollte. Als das um 15.00 Uhr geschah, nahmen ihn unsere Panzersoldaten unter gezielten Beschuß. Am 14. und 15. Oktober bemühte sich der Gegner vergeblich, den Stützpunkt zu nehmen, erst am 17. Oktober konnten ihn seine Flieger ausschalten.

Trotz hoher Verluste drang der Gegner weiter vor. Seine MPi-Schützen sickerten in die entstandenen Lücken zwischen den Gefechtsordnungen unserer Truppenteile ein. In diesen Tagen kam es wiederholt zu Gefechten mit der Wache des Armeestabes.

Um 16.35 Uhr bat Regimentskommandeur Ustinow, das Feuer auf seinen Gefechtsstand zu eröffnen; die Faschisten hätten sich ihm unmittelbar genähert und bekämpften ihn mit Handgranaten. Schweren Herzens befahl General Posharski einer Abteilung »Katjuschas«, eine Salve abzufeuern. Sie deckte den Gegner treffsicher ein und fügte ihm hohe Verluste zu.

Bei der Verteidigung des Traktorenwerkes und des Werkes »Barrikady« schlugen sich die dort handelnden Arbeiterabteilungen bis zur letzten Patrone Schulter an Schulter mit Armeeeinheiten. Hier kämpften ehemalige Verteidiger von Zarizyn aus den Jahren des Bürgerkrieges, in der Mehrzahl Kommunisten. Am Nachmittag des 14. Oktober nahmen sie den Kampf gegen Vorauseinheiten des Gegners auf. Auf dem Vorplatz und an den Zufahrtstraßen des Traktorenwerkes vernichteten die Truppenteile und Einheiten der 112. und 37. Division den Gegner. Truppen der 95. und 308. Division, gestützt auf die bewaffneten Arbeiter des Werkes »Barrikady«, schalteten ihn auf den Zufahrtstraßen zu diesem Betrieb aus. Unterstützt wurden sie von den Angehörigen der 84. Panzerbrigade. Tausende gefallene Gegner bedeckten Plätze und Straßen, mehrere Dutzend bewegungsunfähig geschossene Panzer versperrten Straßen und Durchfahrten. Vereinzelten Einheiten, denen es trotzdem gelang, sich zwischen den Werken zum Wolgaufer durchzuschlagen, ließen wir keine Möglichkeit, sich dort festzusetzen. Artilleriefeuer vom linken Ufer und geschlossene Flankenangriffe unserer Truppen warfen die Faschisten unter hohen Verlusten zurück.

Die heftigen Luftangriffe des Gegners und seine Überlegenheit an Panzern und Infanterie spalteten mitunter unsere Verteidigung in einzelne Widerstandsherde. Die 62. Armee insgesamt war in zwei Hälften geteilt. Der etwa 1,5 Kilometer weite Raum zwischen dem Traktorenwerk und dem Werk »Barrikady« wurde vom Gegner durchgehend kontrolliert. Sein Feuer erreichte alle Schluchten, die zur Deneshnaja Woloshka führten, so daß unsere Verbindungsoffiziere nicht zum Traktorenwerk vordringen konnten. Von unserem Gefechtsstand war das Traktorenwerk zwar gut einzusehen, der in den Werkabteilungen tobende Kampf jedoch nicht zu verfolgen. Die einzige Unterstützung, die wir geben konnten, war das Feuer unserer Artillerie. Wir wußten längere Zeit nichts über das Schicksal der Einheiten und Menschen in den Werken. Ihr Los bedrückte mich sehr.

Allein die kurze Schilderung des Kampfes gegen die Panzer am Dzierżyńskiplatz gibt Aufschluß darüber, wie teuer Paulus den Einfall, durch einen Rammstoß über das Gelände des Traktorenwerkes die Wolga zu erreichen, bezahlte.

Die Verteidigung des Dzierżyńskiplatzes, die auch in der Einschließung weiterzuführen war, hatten wir der Batterie des Leutnants Otschkin übertragen. Sie verfügte über drei Panzerabwehrgeschütze und neun Panzerbüchsen. Wie Otschkin berichtete, befand sich in einer Geschützbedienung am Südrand des Platzes als Munitionsträger ein sechzehnjähriger stubsnäsiger, streitbarer Bursche namens Wanja Fjodorow. Der Batteriechef hatte ihn auf der Fahrt zur Front kennengelernt. Auf dem Bahnhof Poworino entdeckte er den Jungen als blinden Passagier auf einem Puffer. Als er ihn herunterzerren wollte, stieß dieser ihn zurück und sagte: »Laß mich in Ruhe! Ich will an die Front.«

Sie freundeten sich schnell an.

Als nach erneutem Bombenangriff und ungleichem Kampf gegen die Panzer auf dem Dzierżyńskiplatz von den Geschützbedienungen nur noch je zwei oder drei Mann übrig waren, sprang Fjodorow als Richtkanonier ein. Beim Auftauchen neuer Panzer und nachfolgender MPi-Schützen, die sich auf Wanjas Geschütz stürzten, wollte Otschkin dem Freund zu Hilfe eilen. Doch der Politstellvertreter der Abteilung, Genosse Filimonow, hielt ihn zurück. »Die Panzer kommen von rechts, der Richtkanonier ist gefallen«, sagte er. »Du kannst Wanja nicht mehr helfen.«

Wie durch ein Wunder aber war dieser am Leben geblieben. Aus einem kleinen Graben neben dem Geschütz trieb er mit Handgranaten die MPi-Schützen zurück. Doch was war mit Handgranaten gegen Panzer auszurichten?

»Der rechte Arm des Jungen hing schlaff herunter«, berichtete Genosse Filimonow. »Ein Granatsplitter riß ihm die linke Hand ab. Zwei Panzer kamen auf ihn zugekrochen. Blutend, eine Handgranate zwischen den Zähnen, erhob sich der Junge aus dem Graben und warf sich vor die Panzerketten.«

Wanja Fjodorow, sechzehn Jahre alt, trug den ersten Tag das Komsomolmitgliedsbuch auf der Brust. Was für ein Herz muß in diesem jungen Sohn der russischen Erde geschlagen haben!

Paulus' Panzer und Infanterie brachen zum Werk durch und spalteten die Reste der 112. Division in drei Teile. Der eine Teil ging nach Norden zurück und vereinigte sich bei Rynok mit Gorochows Brigade. Der andere unter den Leutnants Schutow und Otschkin blieb in der Gießerei und in den Montageabteilungen des Werkes. Der dritte, von Filimonow geführte Teil, sammelte sich in den Kellern der Nishnisiedlung. Hier befand sich auch der Stab der Division unter dem Befehl des Chefs Artillerie, Oberstleutnant Godlewski.

Zwei Tage lang kämpfte die Gruppe Filimonow gegen Panzer und Infanterie. Oberstleutnant Godlewski kam durch einen Granattreffer ums Leben. Die Munition ging zur Neige. Es wurde Zeit, den Ring zu durchbrechen. Erschöpft und hungernd, die letzte warme Mahlzeit hatte es am 14. Oktober gegeben, nahmen die übriggebliebenen 30 Mann den Nahkampf gegen ein ganzes deutsches Bataillon auf. Filimonow wurde verwundet. Die Überlebenden schafften ihn mit den Dokumenten der gefallenen Genossen zur Übersetzstelle bei Spartanowka.

»Es gelang Leutnant Schutow und mir, die vereinzelt kämpfenden Soldaten und Werkarbeiter zu einem Stoßtrupp zu vereinigen«, berichtete Leutnant Otschkin, »und einen Angriff auf die Schmiede zu organisieren. Der überraschende Überfall verwirrte den Gegner; er hatte geglaubt, daß von den Verteidigern des Werkes niemand mehr am Leben sei. Danach wechselte die Schmiede mehrmals den Besitzer. Natürlich war klar, daß wir uns gegen den überlegenen Gegner nicht mehr lange würden halten können, daher griffen wir zu der List, zurückzugehen, aber MPi-Schützen in den Hinterhalt zu legen. Als die Faschisten eindrangen, bekamen sie MPi-Feuerstöße in den Rücken. Die Hälfte blieb tot auf dem Platz, der Rest ergriff die Flucht. Der Gegner liebte den Nahkampf nicht.«

Es gelang ihm im Verlauf mehrerer Tage nicht, den Widerstand der kleinen Besatzungen aus der 112. und der 37. Gardedivision zu brechen. Fast täglich füllte er das Werkgelände mit frischer Infanterie und Panzern auf und versuchte dann, mit mehrfach überlegenen Kräften die kleinen Gruppen unserer Verteidiger systematisch auszuschalten. Er ließ Panzer in den Durchgängen auffahren und vernichtete alles Lebende und Leblose. Abteilung für Abteilung versank in Feuer und Rauch. Betonstaub und Qualm brennender, verölter Hebebühnen und Montagegruben entzündete die Augen und benahm den Atem. Die Kleidung begann zu glimmen. Inmitten der Flammen der glühendheißen Eisengerüste, inmitten des Todes wütete mit alles verzehrender Gewalt das Feuer.

»Die Faschisten hatten uns eingekreist«, berichtete Otschkin weiter. »Wenn sie uns schon nicht lebend habhaft werden konnten, so wollten sie uns wenigstens in Asche verwandeln. Ich erinnere mich, wie einer meiner Jungen aus den in Flammen stehenden Ruinen der Montageabteilung sprang, und wie ihn auf der Stelle ein langer MG-Feuerstoß niederstreckte.

Wir mußten aushalten, abwarten, bis es Nacht wurde, und dann in energischem Sprung zur Nishnisiedlung durchbrechen. Unsere Munition ging zu Ende. Wenn es wenigstens einen Schluck Wasser gegeben hätte! In der vergangenen Nacht hatte uns ein Arbeiter — ein untersetzter Mann mit rötlichem Bart, sein Name ist mir entfallen — geholfen, Wasser in den Leitungen ausfindig zu machen, doch es versiegte schnell. Endlich kam die langersehnte Nacht. Wir warfen unsere letzten Handgranaten, verschossen die letzten Patronen und kämpften uns zur Nishnisiedlung durch.«

Genosse Otschkin war damals zwanzig Jahre alt. Im Dorf Latynino des Smolensker Gebiets geboren, wurde er von einer Feldscherin des Landambulatoriums aufgezogen. Nach sechsmonatiger Ausbildung in einer Artillerieschule ging Otschkin an die Front. Als Leutnant befehligte er während der Kämpfe am letzten Verteidigungsabschnitt des Stalingrader Traktorenwerkes eine Gruppe MPi-Schützen, Granatwerfer, Pioniere und Panzerschützen.

»Wir waren weniger als eine Kompanie«, fuhr er fort, »der Gegner aber verfügte über wesentlich mehr Kräfte, dazu über Panzer, Artillerie und Fliegerkräfte. Doch wir waren entschlossen, bis zuletzt auszuharren. An der rechten Flanke bezog der MG-Schütze und Panzerjäger Piwowarow mit seinem schweren Maschinengewehr eine Verteidigung. Mit seinen etwa fünfzig Jahren — er hatte an der Verteidigung von Zarizyn teilgenommen — war er der älteste unter uns. Der Parteiorganisator Stepan Kuchta, schon im Bürgerkrieg ein ausgezeichneter MG-Schütze, übernahm das Kommando über die Panzerjäger, MPi- und MG-Schützen im Zentrum der Verteidigung. Ganz unten, unmittelbar am Wasser, brachten wir zwei Granatwerfer in Stellung; bei dem einen ersetzten wir die fehlende Grundplatte durch einen Stein. Leutnant Schutow befehligte die Bedienungen. Nachts stellten sie MPi-Schützen als Wache, um zu verhindern, daß der Gegner uns von der Pestschanaja-Landzunge umging.

Doerr schrieb in seinem Buch »Der Feldzug nach Stalingrad« über den Angriff auf das Stalingrader Traktorenwerk: »Am 14. 10. begann das größte Unternehmen jener Wochen, ein Angriff mehrerer Divisionen (darunter der 14. Pz., 305., 389.) auf das Traktorenwerk Dsherschinskij, an dessen Ostrand das russische Oberkommando 62 lag. Von allen Teilen der Front, auch von den Flanken am Don und in der Kalmückensteppe, wurden Verstärkungen, Pioniere und panzerbrechende Waffen zusammengezogen, Verbände und Einheiten, die dort, wo sie weggenommen wurden, bitter nötig waren. 5 Pionierbataillone wurden auf dem Luftwege aus der Heimat herangefördert. Das ganze VIII. Flieg. K. unterstützte den Angriff.

Der Angriff gewann 2 km an Boden, konnte aber die Gegenwehr der 3 russischen Divisionen, die das Werk verteidigten, nicht genügend ausschalten, um das Steilufer der Wolga zu nehmen. Wo die deutschen Angreifer am Tage das Ufer gewonnen hatten, mußten sie es in der Nacht wieder aufgeben, weil die in den Schluchten festsitzenden Russen sie von rückwärts abschnitten.«[20]

Um der Wahrheit willen sei gesagt, daß nicht drei Divisionen das Traktorenwerk verteidigten, wie Doerr behauptet, sondern im wesentlichen nur die 37. Division Sholudews und 600 Mann der 112. Schützendivision. Als Beweis führe ich folgende operative Meldung vom 14. Oktober an: »Unsere Armee führte schwere Kämpfe gegen angreifende Infanterie und Panzer im Abschnitt der 112., 37. Garde-, 308. und 95. Schützendivision. An den übrigen Frontabschnitten wehrte sie kleine Gruppen Infanterie und Panzer ab und hielt zuverlässig ihre Stellungen. Unsere Artillerie führte intensives Feuer gegen angreifende Infanterie und Panzer. Überlegene Kräfte des Gegners, die ihren

---

20 Hans Doerr, S. 54.

Hauptstoß gegen das Stalingrader Traktorenwerk richten, gelangten ausgangs des Tages in dessen unmittelbare Nähe. Hier tobt ein erbitterter Kampf.

Der Gegner ist nach intensiver Luft-, Artillerie- und Granatwerfervorbereitung mit den Kräften dreier Infanterie- und zweier Panzerdivisionen in Begleitung einer großen Anzahl von Flugzeugen an der Front Mokraja Metschetka–Silikatwerk zum Angriff angetreten. Sein Hauptstoß richtet sich gegen das Stalingrader Traktorenwerk.

Seine Fliegerkräfte griffen in pausenlosen massierten Schlägen die Gefechtsordnungen unserer Truppen, das gesamte Ufer und die Übersetzstellen mit Bomben und im Tiefflug an. Die Bombenangriffe dauerten bis zum Einbruch der Dunkelheit. Wir registrierten allein an diesem Tag rund 3000 Einsätze.

Artillerie und Granatwerfer nahmen den Angriffsstreifen den ganzen Tag über unter heftigen Beschuß und setzen das Feuer auch jetzt fort.

Im Abschnitt der 124. Schützenbrigade versuchte der Gegner mit einem Bataillon Infanterie und 7 Panzern Rynok anzugreifen. Die Brigade verbarrikadierte die Straßen der Siedlung und legte Minenfelder in den panzergefährdeten Richtungen.

Die 149. Schützenbrigade schlug den ganzen Tag über kleinere Angriffe ab und führte im gesamten Verteidigungsabschnitt ein Feuergefecht.

Die 115. Schützenbrigade wehrte alle Angriffe ab, verstärkte weiter ihren Verteidigungsabschnitt und verminte die Zugänge zur vordersten Linie.

Die 112. Schützendivision wurde nach verstärkter Flieger- und Artillerievorbereitung um 08.00 Uhr von Infanterie und etwa 50 Panzern angegriffen und führte ein erbittertes Gefecht. Um 11.50 Uhr überrannte der Gegner den linken Flügel des 524. Regiments, nahm den Zirkus und näherte sich unmittelbar dem Stadion. Von hier aus setzte er den Angriff in zwei Richtungen fort:
a) mit 2 Regimentern und etwa 20 Panzern entlang der Kultarmejskaja- und der Iwanowstraße gegen das Stalingrader Traktorenwerk;
b) mit einem Regiment und 15 Panzern entlang der Kooperatiwnajastraße in Richtung der Mokraja-Metschetkastraße. Ihr Angriff zielte gegen den Rücken des 385. und

416. Schützenregiments dieser Division, die eine Verteidigung zwischen der Eisenbahnbrücke über die Mokraja Metschetka und dem südlich der Brücke gelegenen Friedhof bezogen hatten.

Um 17.00 Uhr trat das 385. Regiment zum Gegenangriff gegen den Rücken des durchgebrochenen Gegners an. Es hatte jedoch keinen Erfolg und bezog mit den Resten des 524. Regiments eine Verteidigung entlang der Mortalskajastraße.

Im Verteidigungsabschnitt der 37. Gardedivision trat der Gegner mit den Kräften von mehr als einer Infanteriedivision, mit 75 Panzern und mit mächtiger Luftunterstützung um 08.00 Uhr ebenfalls zum Angriff an und durchbrach unsere Verteidigungsfront an der Naht zwischen dem 109. und 114. Garderegiment sowie dem 117. Garde- und 90. Schützenregiment. Die Division hatte hohe Verluste, vor allem durch Schläge der Flieger, der Artillerie und Granatwerfer.

Das 109. Regiment dieser Division schlug um 10.00 Uhr den Angriff von 8 Panzern und einem Bataillon MPi-Schützen zurück. Gegen 12.00 Uhr führte der Gegner Reserven an Panzern und MPi-Schützen in das Gefecht ein. Ein erbitterter Kampf entbrannte. Angriffe wechselten den ganzen Tag mit Gegenangriffen. Das Regiment verlor 80 Prozent seines Bestandes. Seine Reste kämpften ausgangs des Tages in der Dwuchkolzowajastraße.

Das von Infanterie und Panzern angegriffene 114. Garderegiment kämpfte den ganzen Tag über erbittert gegen überlegene Kräfte des Gegners. Um 21.00 Uhr konnten wir wegen fehlender Nachrichtenverbindung nichts über seine Lage erfahren.

Das von überlegenen Infanteriekräften — unterstützt durch 12 Panzer — angegriffene 118. Garderegiment erlitt im Laufe des Tages hohe Verluste und kämpfte gegen 21.00 Uhr am Südrand des Traktorenwerkes.

Das dieser Division von der 39. Gardedivision zugeteilte 117. Garderegiment geriet nach dem Tode seines Regimentskommandeurs, Genossen Andrejew, in die Einschließung und kämpfte im Raum des sechseckigen Häuserblocks.

Die 95. Schützendivision führte erbitterte Kämpfe gegen den angreifenden Gegner in Richtung Shitomirsk. Die höchsten Verluste hatte das 90. Schützenregiment, dessen Reste sich dem rechten Flügel des 161. Schützenregiments anschlossen.

Das 161. und 241. Schützenregiment wehrten alle Angriffe ab und halten weiter ihre Stellungen.

Die 308. Schützendivision führte den ganzen Tag über ein Feuergefecht mit dem Gegner, dem es nicht gelang, an diesem Abschnitt die Front zu durchbrechen.

Die 193. Schützendivision führte den ganzen Tag über ein Feuergefecht. Der Gegner griff aus der Luft an und nahm unsere Gefechtsordnungen unter Artillerie- und Granatwerferbeschuß. Er flog innerhalb dieses Tages über 250 Einsätze im Abschnitt der Division. Alle Versuche, die Division mit Bodentruppen anzugreifen, schlugen fehl. Sie verteidigte standhaft ihren Abschnitt und baute ihn pioniertechnisch weiter aus.

Die 39. Gardeschützendivision hielt den ganzen Tag über ihre Stellungen und führte ein Feuergefecht. Fliegerkräfte, Artillerie und Granatwerfer des Gegners hielten die Gefechtsordnungen der Division, vor allem ihren rechten Flügel, unter Beschuß. In kleinen Gruppen vorgetragene Angriffe wurden abgewehrt.

Die 284. Schützendivision schlug alle Angriffe des Gegners auf dem Mamajewhügel zurück. Bei Anbruch der Dunkelheit wurde noch gekämpft.

Die 13. Gardeschützendivision hielt ihre Verteidigungsabschnitte und unternahm Angriffshandlungen mit kleineren Sturmgruppen.

Der Gefechtsstand der Armee wurde den ganzen Tag über von Fliegerkräften bombardiert und lag unter andauerndem Artillerie- und Granatwerferbeschuß. Auf dem Gefechtsstand gibt es gefallene und verwundete Offiziere.

Infolge des Bombardements und der Brände war die Drahtverbindung seit 08.00 Uhr bei den meisten Truppenteilen gestört. Die Truppenführung erfolgte durch Funk über die Funkstelle am linken Wolgaufer.

Der Armeeoberbefehlshaber hat sich entschlossen:

1. dem Kommandeur der 124. Schützenbrigade ein Schützenbataillon mit Panzerabwehrmitteln zuzuteilen, mit der Aufgabe, den Nordteil des Stalingrader Traktorenwerkes zu verteidigen;

2. den Kommandeur der 115. Schützenbrigade anzuweisen, die Gefechtssicherung an der bisherigen Stelle zu belassen, mit allen Kräften die Brücke über die Mokraja Metschetka ostwärts der Shemtschushnajastraße und weiter entlang der 1. Ringstraße bis zum Stalingrader Traktorenwerk zu verteidigen, mit der Auf-

gabe, einen Vorstoß des Gegners in den Raum Brigadirskaja-, Mortalskajastraße und in den Nordteil des Stalingrader Traktorenwerkes zu verhindern;

3. dem Kommandeur der 149. Schützenbrigade zu befehlen, die Verteidigung seines linken Flügels zu verstärken und zu verhindern, daß der Gegner den Übergang nördlich der Mokraja Metschetka erreicht;

4. den Kommandeur der 193. Schützendivision anzuweisen, dem Kommandeur der 95. Schützendivision ein Schützenbataillon zu unterstellen, um deren rechte Flanke zu sichern.

Die Verluste dieses Tages sind auf beiden Seiten sehr hoch, lassen sich aber nicht genau feststellen.

In der Nacht zum 15. Oktober wurden 3500 Verwundete auf das linke Wolgaufer geschafft.«

Wenn wir alle, der Kriegsrat der Armee, die Divisions- und Regimentskommandeure, auch wußten, daß der Gegner einen mächtigen Angriff mit überlegenen Kräften vorbereitete, hatten wir doch mit einem derart wuchtigen Schlag nicht gerechnet. Wir waren uns darüber klar, daß entscheidende Kämpfe entbrannt waren, die sobald nicht beendet sein würden. Wenn wir diesem Ansturm standhielten, würde es dem Gegner nicht noch einmal gelingen, Kräfte und Mittel diesen Ausmaßes zu konzentrieren. Wir wußten, daß für uns wie für ihn die Krise eingetreten war.

Gefechtsbericht vom 15. Oktober: »Die Armee führt schwere Verteidigungskämpfe am Nord- und Mittelabschnitt der Front. Am Südabschnitt wehrt sie die Angriffe kleinerer Gruppen Infanterie und Panzer ab. Mit der Einführung frischer Kräfte (der 305. Infanteriedivision) in das Gefecht, entwickelt der Gegner den Angriff nach wie vor vom Stalingrader Traktorenwerk nach Süden, gegen das Werk ›Barrikady‹ und ferner auf Spartanowka und Rynok, um die Wolga entlang in den Rücken der Armee vorzustoßen. Ausgangs des 15. Oktober eroberte der Gegner das Stalingrader Traktorenwerk, spaltete die Verteidigungsfront zwischen der 37. Garde- und der 95. Schützendivision und stößt mit Vorausabteilungen gegen den Rücken der 308. Schützendivision sowie gegen den Armeegefechtsstand vor. Die Wache des Armeestabes hat, 300 Meter vom Gefechtsstand entfernt, den Kampf aufgenommen.«

Gegen 16.00 Uhr kämpften Jermolkins und Sholudews Divisionen sowie der rechte Flügel von Gurtjews Division, durch Panzer getrennt, in der Einschließung.

Die Meldungen der Truppen widersprachen einander; es wurde immer schwieriger, Klarheit zu gewinnen. Die Gefechts- und Beobachtungsstände der Regimenter und Divisionen wurden von Granaten und Bomben zerstört. Viele Kommandeure waren gefallen. Im Gefechtsstand der Armee kamen 30 Mann ums Leben. Unsere Wache schaffte es schon nicht mehr, die Verschütteten aus den zerstörten Unterständen zu bergen. Die Truppenführung erfolgte hauptsächlich über Funk; wir hatten am Morgen Reservestellen am linken Wolgaufer eingeschaltet, die unsere Befehle übernahmen und sie den Truppenteilen auf dem rechten Wolgaufer übermittelten.

Der Kampf tobte Tag und Nacht. Die eingeschlossenen und abgeschnittenen Besatzungen kämpften weiter. Ihr einziges Lebenszeichen war der Funkspruch: »Unser Leben gehört der Heimat, wir ergeben uns nicht!«

Gegen Mitternacht erfuhren wir, daß der Gegner das Stalingrader Traktorenwerk von allen Seiten umgangen hatte und schon in den Werkabteilungen kämpfte.

Nicht nur am rechten, sondern auch auf unserem Reservegefechtsstand am linken Wolgaufer rissen oder verschmorten die Leitungen. Das war ein Gegenstand großer Sorge, denn die Hauptmasse der Armeeartillerie und die gesamte Frontartillerie befanden sich jenseits des Flusses. Ich bat das Frontoberkommando, unter der Bedingung, daß der Kriegsrat der Armee in Stalingrad bliebe, mehrere Abteilungen unseres Stabes in den Reservegefechtsstand am linken Ufer verlegen zu dürfen. Wir wollten so die Truppenführung sichern, falls der Gefechtsstand hier vernichtet werden sollte.

»Wird nicht gestattet«, lautete der Bescheid.

Im Unterstand des Kriegsrates wurde es immer enger, da Genossen von den zerschlagenen Stäben aus Sholudews Division und der 84. Panzerbrigade zu uns kamen, die sich nur hier vor den Bombenangriffen schützen und ihre Einheiten, so gut es ging, führen konnten.

Als ich General Posharski auf eigene Verantwortung vorschlug, sich auf das linke Ufer zu begeben, um von dort die

Artillerie zu führen, sagte er bewegt: »Ich gehe nicht, ich bleibe, wo Sie sind, wenn es sein muß, sterben wir zusammen!« Und er blieb. Ich mußte nachgeben, obwohl es leichter gewesen wäre, die Artillerie vom linken Ufer zu führen.

Der Chef der Panzertruppen, Oberstleutnant Wainrub, war ständig bei den Panzern der 84. Brigade. Er brachte sie immer wieder in günstige Stellungen, legte sie in den Hinterhalt und organisierte das Zusammenwirken der Panzersoldaten mit den Schützen und der Artillerie.

Auf die besorgniserregenden Meldungen unserer Truppenteile und Einheiten, die um Unterstützung und Rat baten, antworteten wir kurz und knapp: »Kämpfen bis zum letzten, keinen Schritt zurück!«

Unsere Verluste waren hoch. Sholudew und Gorischny büßten am 15. Oktober etwa 75 Prozent ihrer Infanterie ein, aber der Gegner gewann keinen Boden; seine Angriffe wurden abgeschlagen, er verlor 33 Panzer und ungefähr drei Bataillone Infanterie.

Vom Morgen des 15. Oktober an hatte er, wie bereits erwähnt, die 305. Infanteriedivision neu in das Gefecht eingeführt und entwickelte den Angriff nach Süden und Norden die Wolga entlang weiter. Unsere gesamten Gefechtsordnungen lagen im Feuerbereich seiner Artillerie, und seine Flieger warfen nach wie vor Tausende von Bomben auf die Stadt.

Doch die in zwei Teile gespaltene Armee kämpfte weiter. Die nördliche Gruppe (die 124., 115. und 149. Schützenbrigade) stand im Gefecht mit überlegenen Kräften des von Norden von Latoschinka und von Westen im Tal der Mokraja Metschetka und vom Traktorenwerk aus angreifenden Gegners. Die Nachrichtenverbindung zu den Truppen dieser Gruppe wurde ständig unterbrochen.

Ein in der Nacht zum 16. Oktober übergesetztes Regiment von Ljudnikows 138. Division führten wir sofort nördlich des Werkes »Barrikady« an unserer schwächsten Stelle in das Gefecht ein.

In derselben Nacht erneuerten die durch motorisierte Regimenter verstärkte 389. Infanteriedivision und die 16. Panzerdivision des Gegners ihren Angriff, um unsere nördliche Gruppierung, die eingeschlossen die Siedlungen Rynok und Spartanowka verteidigte, zu vernichten. Am Morgen des 16. Oktober stießen in der Absicht, uns an den Flanken und von hinten zu überrennen, die 305. und 94. Infanteriedivision, die 100. Jägerdivision sowie die 14. und 24. Panzerdivision an der Wolga entlang nach Süden vor.

Die äußerst geschwächten Truppenteile von Sholudews und Gorischnys Divisionen und das eine Regiment von Ljudnikow sowie die 84. Panzerbrigade führten einen ungleichen Kampf gegen die von Fliegerkräften und Artillerie unterstützten fünf Divisionen. Aber auch der Gegner erlitt Verluste durch das Feuer der sowjetischen Infanterie, die Angriffe unserer Schlachtflieger, die sich unter großen Opfern durch ganze Schwärme deutscher Flugzeuge kämpften, sowie durch den Beschuß unserer Artillerie, einschließlich der der Wolgaflottille.

Die zu Beginn des Angriffs draufgängerischen Faschisten aber blieben den spärlichen Resten der zum letzten entschlossenen Widerstandsgruppen gegenüber machtlos.

Während der Kämpfe um das Traktorenwerk und das Werk »Barrikady« stellte unsere Aufklärung eine starke Gruppierung fest, die sich bereitmachte, von der Schachtinskajastraße und der Höhe 107,5 das Werk »Roter Oktober« anzugreifen. Außerdem erbeuteten die Aufklärer Dokumente und nahmen Pioniere gefangen, deren Truppenteile aus Kertsch, Millerowo und sogar auf dem Luftwege aus Deutschland nach Stalingrad verlegt worden waren.

Wir beobachteten aufmerksam diesen Frontabschnitt und wiesen Smechotworows, Gurtjews, Batjuks und Rodimzews Truppenteile immer wieder an, sich stärker zu befestigen, aktiv aufzuklären und die Eindringlinge durch Sturmgruppen zu vernichten. Paulus' Taktik war klar. Er wollte unsere Hauptkräfte auf die Betriebsgelände lenken und sie dort fesseln, um dann insgeheim einen Schlag an einem neuen Abschnitt vorzubereiten. Aber wir blieben wachsam. Unsere Aufklärung durchschaute stets die Pläne des Gegners, und wir begegneten jedem seiner Angriffe mit einer gut vorbereiteten Verteidigung.

Um die Entscheidung zu erzwingen, griffen die Faschisten am 16. Oktober mit starken, von Panzern unterstützten Infanteriekräften entlang der Verbindungsstraße zwischen dem Stalingrader Traktorenwerk und dem Werk »Barrikady« an. Hier aber stießen sie auf die eingegrabenen Panzer unserer 84. Brigade. An der Tramwainajastraße und weiter westlich ließen unsere Panzersoldaten den Gegner auf 100 bis 200 Meter herankommen und empfingen ihn mit geschlossenem Feuer. Mehr als 10 Panzer gerieten sofort in Brand. Der Angriff lief sich fest. In diesem Augenblick griff unsere Artillerie vom linken Ufer mit vernichtendem Feuer ein.

Die faschistischen Generale, die nicht auf dem Gefechtsfeld waren und nicht sahen, was in der Hauptstoßrichtung geschah, schickten immer neue, wie Wellen gegen unsere Linien brandende Truppenteile vor. Dort wurden sie zum Stehen gebracht und von den wirkungsvollen Salven unserer »Katjuschas« aufgerieben. Im vernichtenden Feuer unserer gut getarnten T-34 und Paks ließen die Panzer ihre Infanterie im Stich und zogen sich zurück.

Mein Stellvertreter für Panzertruppen, Genosse Wainrub, und der Kommandeur der 84. Panzerbrigade, Genosse Bely, hatten gut vorgearbeitet. Erst nachdem die deutsche Führung am Nachmittag erkannte, warum ihre Hauptkräfte ins Stocken geraten waren, setzte sie Fliegerkräfte ein. Auch die Angriffe an den anderen Frontabschnitten waren abgeschlagen worden. Wir hatten einen ganzen Tag gewonnen und dem Gegner keinen Fußbreit Boden überlassen.

Um die angespannten Kämpfe im Oktober zu verdeutlichen, gebe ich im folgenden den Text unserer Meldung wieder, die wir nach dreitägigen pausenlosen Kämpfen abschickten. Datiert ist sie vom 16. Oktober, als mit höchster Erbitterung entscheidende Gefechte geführt wurden und das Schicksal Stalingrads am seidenen Faden hing.

»Die Armee führt schwere Verteidigungsgefechte am Nord- und Mittelabschnitt der Front und wehrt am Südabschnitt Angriffe kleinerer Gruppen Infanterie und Panzer ab.

Mit den Kräften von mehr als einer Infanterie- und einer Panzerdivision greift der Gegner die Truppen der nördlichen Gruppe in zwei Richtungen an; von Latoschinka auf Rynok und von Westen auf Spartanowka, dessen Westrand er erreichte. Gleichzeitig setzt er mit den Kräften zweier Infanteriedivisionen und 100 Panzern den Angriff auf das Stalingrader Traktorenwerk von Süden fort. Ausgangs des Tages nahm er die Derewjanskaja- und Minussinskajastraße, den westlichen Teil der Wolchowstrojewskajastraße, die Tramwainajastraße und den Skulpturnypark und setzt seine Angriffe auf das Werk ›Barrikady‹ fort.

Der Gegner hat die Armee erneut bis unmittelbar an die Wolga gespalten. Die Truppenteile der Nordgruppe kämpfen erbittert in der Einschließung und haben schwere Verluste erlitten. Von der 112. Schützendivision und der 115. Schützenbrigade sind nur noch 152 Mann einsatzfähig. Die 149. Schützenbrigade ist unter dem Ansturm überlegener gegnerischer Kräfte auf den Westrand von Spartanowka zurückgegangen.

Die Reste der 37. Gardeschützendivision mit dem ihr zugeteilten, in der Nacht auf das Westufer nach Stalingrad übergesetzten 650. Schützenregiment der 138. Schützendivision sowie Regimentern der 95. und 308. Schützendivision sind in schwere Abwehrkämpfe gegen Panzer und Infanterie im Abschnitt Derewjanskaja-, Minussinskaja-, Tramwainajastraße, Skulpturnypark verwickelt. Der Gegner hat seine frische 305. Infanteriedivision in das Gefecht eingeführt.

Auf dem Armeegefechtsstand sind durch Artillerie-, Granatwerfer- und Maschinengewehrbeschuß etwa 30 Mann ums Leben gekommen oder verwundet. Fünf Unterstände wurden durch Volltreffer zerstört. Die Lage der übrigen Truppenteile ist unverändert.

Innerhalb dieser drei Tage wurden etwa 100 Panzer und mehrere tausend Soldaten und Offiziere des Gegners vernichtet.

Der Armeeoberbefehlshaber hat sich entschlossen, die 138. Schützendivision im Abschnitt Wolchowstrojewskajastraße—Werk ›Barrikady‹—Skulpturnypark einzuführen, um ein weiteres Vordringen des Gegners entlang der Wolga nach Süden, in den Rücken der Armee, zu verhindern.«

In der Nacht zum 17. Oktober setzten die übrigen beiden Regimenter von Ljudnikows Division über die Wolga. Sofort in das Gefecht eingeführt, vereinigten sie sich im Abschnitt Wolchowstrojewskajastraße—Werk »Barrikady«—Skulpturnypark mit den vereinzelten Teilen der Divisionen von Sholudew und Gorischny. Da es keinen anderen Platz gab, zog Ljudnikows Stab mit in den Unterstand des Kriegsrates der Armee.

Die 138. Schützendivision der 64. Armee unter Ljudnikow traf natürlich nicht in voller Stärke in Stalingrad ein; sie hatte am Don und später am Axai sowie während ihrer Zugehörigkeit zur 64. Armee erhebliche Verluste erlitten.

In derselben Nacht wurde mir mitgeteilt, daß der Frontoberbefehlshaber, Generaloberst Jeremenko, und sein Stellvertreter, Generalleutnant Popow, unterwegs nach Stalingrad seien.

Zu ihrem Empfang ging ich mit Gurow zur Übersetzstelle. Ringsum detonierten Granaten; der Gegner beschoß die Wolga mit sechsrohrigen Werfern. Hunderte von Verwundeten krochen zur Anlegestelle. Oft mußte man über Leichen springen.

Nachdem wir vergeblich den Kutter des Oberbefehlshabers gesucht hatten, kehrten wir in unseren Unterstand zurück. Hier fanden wir zu unserem Erstaunen bereits beide Generale vor.

Was sie sahen, war nicht erfreulich: die Unterstände in Trichter verwandelt, aus denen nur noch einzelne Bohlen herausragten. Alles mit dicker Staub- und Rußschicht bedeckt.

Als wir uns bei Tagesanbruch trennten, bat ich den Oberbefehlshaber um Ersatz — nicht um ganze Divisionen, sondern nur um Marscheinheiten — und mehr Munition, die wir besonders dringend brauchten.

»Gut, diesen Wunsch werden wir erfüllen«, sagte er und empfahl beim Abschied, den Gefechtsstand der Armee mit dem Eintreffen der 138. Division etwas weiter südwärts zu verlegen.

Der 17. Oktober verlief unter schweren Verteidigungskämpfen. Die nördliche Gruppe kämpfte eingeschlossen weiter. Über 20 deutsche Panzer brachen, von MPi-Schützen begleitet, zum Südrand der Siedlung Spartanowka durch. Es ging um Leben oder Tod. Die geringste Schwäche oder Verwirrung bei den Kommandeuren konnte der ganzen Gruppe zum Verhängnis werden.

Wiederholt behauptete der Gegner, die Truppenteile und Einheiten der 124., 115. und 149. Brigade, die die Siedlungen Rynok und Spartanowka verteidigten, vollständig aufgerieben zu haben. Doch Angaben wie diese erschienen nur in den Meldungen der Stäbe.

So meldete am 15. Oktober der Oberbefehlshaber der Heeresgruppe B, von Weichs, daß die in der Arbeitersiedlung Spartanowka eingeschlossenen sowjetischen Verbände vernichtet seien. Am 20. Oktober aber meldete der Chef des Generalstabes, Truppenteile der 16. Panzer- und der 94. Infanteriedivision seien in den Westteil von Spartanowka eingedrungen und hätten einen Gebäudekomplex genommen. Wie kann da von einer »Vernichtung« die Rede sein?

Am 19. Oktober schrieb der Oberbefehlshaber der Luftflotte 4, von Richthofen, in seinem Kriegstagebuch, daß in Stalingrad keinerlei Klarheit über die Lage herrsche. Die Meldungen der Divisionen lauteten günstig und jede Division melde etwas anderes. Der Angriff auf Spartanowka habe sich festgelaufen.

Richthofen warf Paulus und Seydlitz vor, daß die deutsche Infanterie zu schwach sei, die Ergebnisse der Bombenangriffe eine Handgranatenwurfweite von sich entfernt auszunutzen.

Wolfgang Werthen schreibt in seinem Buch »Geschichte der 16. Panzer-Division«: »Man stellte der 16. Panzerdivision die Gefechtsaufgabe, ... ihre gesamten Kräfte für den Angriff auf Rynok zu konzentrieren ... Der Angriff der Regimenter und der 25 Panzer unter Graf Dohna ... scheiterte. Die Division erlitt hohe Verluste. Schon über viertausend ihrer Soldaten und Offiziere hatte der Vorstoß auf Stalingrad gekostet. Sie wurden auf dem Divisionsfriedhof an der Bahnstrecke Frolow—Stalingrad beerdigt.«[21]

Einen Funkspruch der Kommandeure der 124. und 115. Brigade, die auf die Sporny-Insel übersetzen wollten, ließ ich wie folgt beantworten: »Die Aufgabe des rechten Wolgaufers ist Fahnenflucht.« Dann schickte ich den Leiter der Operativen Abteilung, Oberst Kamynin, zur nördlichen Gruppe, um die Lage an diesem Frontabschnitt zu klären.

Inzwischen setzte der Gegner seine Angriffe südlich des Traktorenwerkes gegen das Werk »Barrikady« fort. Seine Fliegerkräfte, Hunderte von Sturzkampfbombern und andere als Schlachtflieger eingesetzte Flugzeuge, bombardierten die eingegrabenen Panzer der 84. Brigade und griffen sie im Tiefflug an. Unsere Flakartillerie konnte diesen Abschnitt nicht zuverlässig decken. Gebäude, Panzer und selbst die Erde, alles stand in Flammen, Menschen und Technik wurden vernichtet.

Von Panzern unterstützte vereinzelte Gruppen deutscher Infanteristen, die am selben Tag zum nordwestlichen Sektor des Werkes »Barrikady« durchbrachen, wurden von Arbeiterabteilungen bekämpft.

Die zum 161. Schützenregiment vereinigten Reste von Gorischnys Division ließen wir an der Sormowskajastraße Ver-

---

21 Wolfgang Werthen, Geschichte der 16. Panzer-Division 1939–1945, Bad Nauheim 1958, S. 118f.

teidigung beziehen. Den Divisionsstab und die Stäbe zweier Regimenter schickten wir zur Auffüllung auf das linke Ufer. Gurtjews 308. Division schlug am Stadion den ganzen Tag über Angriffe von Infanterie und Panzern zurück. Bei Smechotworow wurden Panzer und Infanterie im Raum der Kasatschjastraße abgewehrt.

Gurtjews Truppen, die der Gegner von beiden Seiten umfaßt hatte, waren in eine schwierige Lage geraten. Gegen Abend konnte ein durch Panzer verstärktes deutsches Bataillon bis zur Sewernajastraße vordringen.

Im Abschnitt von Gurjews und Batjuks Divisionen schlugen unsere Truppen alle Angriffe zurück. Insgesamt verlor der Gegner am 17. Oktober 40 Panzer und rund 2000 Mann Infanterie.

Am Abend teilte mir das Mitglied des Kriegsrates Gurow mit, daß Genosse Manuilski, Mitglied des Zentralkomitees, nach Stalingrad kommen wolle. Er, Gurow, habe sich damit einverstanden erklärt. Ich protestierte energisch und verlangte, daß er seine Zusage rückgängig mache. Doch Gurow wollte nicht nachgeben. Ich wandte ein, daß uns Manuilskis Besuch bei aller moralischen Bedeutung nichts nützen würde. Wir dürften Manuilskis Leben bei der Überfahrt über die Wolga nicht aufs Spiel setzen. Selbst wenn er es schaffte, setzte ich hinzu, ließen wir ihn nicht zu den Truppen.

Gurow gab nach.

Ich weiß nicht, wie Genosse Manuilski davon erfuhr, jedenfalls wußte er alles, als ich ihn 1947 wiedersah. Damals kehrte er über Berlin aus Amerika nach Moskau zurück. Wir trafen uns auf dem Flugplatz. Bei dem Diner, das ihm zu Ehren veranstaltet wurde, saß ich neben ihm. Er machte mir heftige Vorwürfe, daß ich ihn nicht in meinen Gefechtsstand am rechten Wolgaufer gelassen hatte.

Ich ließ ihn ausreden und erwiderte: »Wenn ich Sie im Jahre 1942 zu uns gelassen hätte, säßen wir wohl heute nicht zusammen.«

Als nach Meldungen unserer Aufklärer schwere Kämpfe um das Werk »Roter Oktober« zu erwarten waren, entschlossen wir uns, unseren Gefechtsstand mit Genehmigung des Frontstabes unter die Eisenbahnbrücke über die Bannyschlucht, näher an das Werk heran, zu verlegen.

In der Nacht zum 18. Oktober verließen die Stabsoffiziere und der Kriegsrat mit Schriftstücken und Führungsmitteln schwer bepackt ihren Unterstand. Während unserer langwierigen Suche in der Schlucht nach einem geeigneten Platz gerieten wir mehrmals in das Feuer von Maschinengewehren. Da hier nicht der richtige Ort für einen Gefechtsstand war, zogen wir etwa einen Kilometer weiter südwärts und entschlossen uns dann, unmittelbar am Wolgaufer, ohne jede Deckung unter freiem Himmel zu arbeiten. Die vorderste Linie am Mamajewhügel war nur einen Kilometer entfernt.

Das war unser letzter Gefechtsstand; dort blieben wir bis zum Ende der Stalingrader Schlacht.

Nach einer Meldung von Oberst Kamynin, Leiter der Operativen Abteilung, den ich am 18. Oktober zur Nordgruppe schickte, war die Lage dort schwierig, aber nicht hoffnungslos. Der nach Spartanowka durchgebrochene Gegner war vernichtet. Die Gruppe verteidigte sich im Nordrand von Rynok und am West- und Südrand von Spartanowka, einschließlich der Anlegestelle an der Mündung der Mokraja Metschetka. So waren wir einigermaßen beruhigt und machten uns um den rechten Flügel der Armee keine Sorgen mehr.

Die Hauptkämpfe, die an diesem Tag nach wie vor um das Werk »Barrikady« tobten, weiteten sich nach Süden aus und näherten sich dem Werk »Roter Oktober«. Tag und Nacht schlugen Ljudnikows, Sholudews und Gurtjews Soldaten den von Norden gegen das Werk »Barrikady« und den Skulpturnypark anstürmenden Gegner zurück. Als er um 15.00 Uhr die Front südlich der Derewjanskajastraße durchbrach und die Wolga erreichte, vernichtete ihn das 650. Regiment im Bajonettangriff und stellte die Lage wieder her.

Ausgangs des Tages durchstieß der mit Infanterie und Panzern entlang der Tramwainajastraße angreifende Gegner unsere Gefechtsordnungen und erreichte die Bahngleise westlich des Werkes »Barrikady«. Die hier eingesetzte Arbeiterabteilung nahm den Kampf gegen ihn auf. Er wurde mit großer Erbitterung mehrere Tage lang geführt, und nur fünf Mann überlebten ihn.

Seit den Morgenstunden wehrten Smechotworows Truppen von Westen her angreifende Infanterie und Panzer ab. Um 11.30 Uhr überrannte der Gegner den rechten Flügel der Division und bedrohte damit Gurtjews Truppen im Skulpturnypark mit der Einschließung. Um diese Gefahr zu beseitigen, mußte ich, erstmalig während der Kämpfe in Stalingrad, befehlen, einen Teil meiner Truppen 200 bis 300 Meter an die Wolga zurückzuführen. Damit begradigten wir unsere Frontlinie und verdichteten gleichzeitig unsere Gefechtsordnungen.

In meinem Befehl aber war mit keinem Wort von Rückzug die Rede; dort hieß es: »Die Division Gurtjew besetzt und verteidigt am 19. Oktober 04.00 Uhr den Abschnitt Sormowskaja-, Tupikowskajastraße« — lies: geht vom Skulpturnypark auf neue Stellungen zurück.

Es wurde mir schwer, diesen Befehl zu unterzeichnen, denn jeder Fußbreit Stalingrader Erde war uns teuer.

Am 18. Oktober verlor der Gegner 18 Panzer und ungefähr drei Bataillone Infanterie. Hier unsere Meldung: »Die 62. Armee führte die schweren Abwehrkämpfe im Mittelabschnitt der Front weiter. Unsere Truppenteile erlitten dabei hohe Verluste und verausgabten sämtliche Reserven. Die Dichte der Gefechtsordnungen hat sich stark verringert, bei den Regimentern, vor allem der 138. und 193. Schützendivision, sind Lücken entstanden.

Gefangenenverhöre ergaben, daß das Werk ›Barrikady‹ von der 305. Infanterie- und der 14. Panzerdivision angegriffen wird.

Um 15.00 Uhr durchbrach der Gegner mit einem Stoß gegen die Minussinskajastraße im Abschnitt des 650. Schützenregiments an der Derewjanskajastraße die Front und erreichte die Wolga. Um 16.00 Uhr brachen 10 deutsche Panzer zum Anschlußgleis und zum Nordrand des Werkes ›Barrikady‹ durch.

Um 17.00 Uhr wurde die Verteidigungsfront der 308. Schützendivision im Abschnitt des 339. und 347. Schützenregiments ebenfalls durchbrochen. Panzer erreichten die Bahngleise am Westrand des Werkes ›Barrikady‹. Festgestellt wurde ferner eine Kräftekonzentration des Gegners in der Schlucht nördlich der Kalushskajastraße.

Die 138. Schützendivision kämpfte im Laufe der Nacht am Nordwestrand des Werkes ›Barrikady‹ und säuberte diesen Raum von kleineren feindlichen Gruppen. Am Morgen des 18. Oktober wurde sie in schwere Kämpfe gegen den mit Kräften einer Infanteriedivision und Panzern unmittelbar nördlich und westlich des Werkes ›Barrikady‹ bis an die Wolga vorstoßenden Gegner verwickelt.

Das 650. Schützenregiment stand im Nahkampf im Raum der

Wolchowstrojewskajastraße. Vom Gegner umfaßt, fügte es ihm hohe Verluste zu, durchbrach seine Front und säuberte den rückwärtigen Raum.

Das 768. Schützenregiment kämpfte nordwestlich des Werkes ›Barrikady‹ gegen Panzer und Infanterie. Hier konnten vereinzelt feindliche MPi-Schützen bis in die Südwestecke des Werkes vordringen. Der Divisionskommandeur hat Maßnahmen getroffen, sie zu vernichten.

Die 37. Gardeschützendivision kämpfte mit dem Rest ihrer Kräfte gemeinsam mit der 138. Schützendivision 300 Meter nordwestlich des Werkes ›Barrikady‹. Das 161. Regiment der 95. Schützendivision wehrte Angriffe von Infanterie und Panzern ab. Zwei Panzer wurden durch das Feuer unserer Panzerbüchsen außer Gefecht gesetzt.

Eine im Werk ›Barrikady‹ kämpfende Kompanie des 178. Schützenregiments und eine Arbeiterabteilung hielten den ganzen Tag über das Werk. Erst als ihre Kräfte am Versiegen waren, zwang sie der mehrfach überlegene Gegner, sich auf den Ostteil des Betriebes zurückzuziehen. Von dieser gemischten Abteilung sind nur noch 15 Mann einsatzfähig.

Ausgangs des Tages führte der Gegner Reserven ein, durchstieß unsere Gefechtsordnungen und erreichte die unmittelbar westlich des Werkes verlaufende Bahnstrecke.

Die 193. Schützendivision wehrte seit dem Morgen Angriffe von etwa zwei Regimentern und Panzern ab und hielt den Abschnitt Otschakowskaja-, Gdowskaja-, Zechowajastraße. Um 11.30 Uhr durchbrachen 6 Panzer die vorderste Linie und erreichten den Raum Buguruslanskaja-, Tiraspolskajastraße.

An den übrigen Abschnitten der Armee konnten unsere in kleinen Sturmgruppen kämpfenden Truppen ihre Stellungen verbessern.

Am 17. Oktober wurden im erbitterten Ringen um das Werk ›Barrikady‹ 45 Panzer außer Gefecht gesetzt und etwa 2 000 Soldaten und Offiziere vernichtet. Unvollständigen Angaben zufolge setzten unsere Truppen am 18. Oktober 18 Panzer außer Gefecht und vernichteten ungefährt zwei Bataillone Infanterie.

Der Armeeoberbefehlshaber hat sich entschlossen, wegen des drohenden Vorstoßes zur letzten Übersetzstelle der Armee und in den Rücken der 193. Schützendivision deren rechten Flügel auf die Gabelung der Bahngleise am Südwestrand des Werkes ›Barrikady‹ zurückzuführen.«

Am 18. Oktober stellten wir fest, daß die Angriffe des Gegners, vor allem die seiner Fliegerkräfte, nachließen. Das war immerhin eine Ermutigung für unsere Truppen. Den Faschisten, die im Laufe des Tages nur an einigen Abschnitten 50 bis 100 Meter Boden gewinnen konnten, begann der Atem auszugehen. Nicht nur unsere Truppen waren also zusammengeschmolzen, auch der Gegner konnte seinen sinnlosen Angriff nicht beliebig fortsetzen. Er erstickte im eigenen Blut. Seine Materialvorräte wurden knapp. Er flog täglich nicht mehr 3 000, sondern nur noch 1 000 Einsätze.

Doch trotz hoher Verluste gab Paulus den Gedanken nicht auf, Stalingrad ganz zu nehmen. Neue Infanteriedivisionen und neue Panzer stürmten ohne Rücksicht auf Verluste zur Wolga vor. Hitler schien einzig und allein für diese Stadt ganz Deutschland opfern zu wollen.

Aber seine Soldaten hatten sich verändert. Selbst frische Truppenteile und der Ersatz wußten jetzt, was es bedeutete, am Ufer der Wolga zu kämpfen. Hier möchte ich einen Auszug aus dem Tagebuch des Unteroffiziers Joseph Schaffstein vom Infanterieregiment 226 der 79. Infanteriedivision zitieren: »Eine Siedlung unweit Stalingrad. Die wahre Hölle. Sah heute zum erstenmal die Wolga. Unsere Angriffe führen nicht zum Ziel. Wir hatten zuerst Erfolg, aber dann ging es wieder zurück ... Nachts heftige Bombenangriffe, wir dachten schon, unser letztes Stündlein hätte geschlagen ... Am nächsten Tag wieder erfolgloser Angriff, erbittertes Gefecht, der Feind schießt von allen Seiten, aus allen Ritzen und Spalten, man kann sich nirgends zeigen ... Nachts lassen einem die Flieger, die Artillerie und die russischen Stalinorgeln keine Ruhe, die Verluste sind hoch.«

In den Schlachten um die Wolgastadt zeigte sich die ganze Kraft des Sowjetvolkes und seiner Soldaten. Je wütender der Feind angriff, desto hartnäckiger und tapferer schlugen sich unsere Helden. Jeder überlebende Kämpfer tat sein Bestes, um sich und seinen Abschnitt zu verteidigen und die gefallenen Genossen zu rächen. Oft weigerten sich Leichtverwundete, über die Wolga gebracht zu werden oder den nächsten Verbandplatz aufzusuchen.

Am 19. und 20. Oktober schlug die Armee die Angriffe des Gegners vor Spartanowka, bei den Werken »Barrikady« und »Roter Oktober« zurück. Er wiederholte sie Tag und Nacht, aber sie brachten ihm keine wesentlichen Erfolge. Unsere pausenlosen Handlungen zwangen auch den Gegner, rund um die Uhr anzugreifen. Doch seine in der Regel ohne Luftunterstützung geführten nächtlichen Angriffe hatten keinen Erfolg und gingen meist in Feuergefechte über.

Da wir aber wußten und sahen, daß der Gegner an der Siedlung Barrikady und an der Höhe 107,5 frische Truppen für einen neuen Stoß konzentrierte, mußte die Armee ihre Kräfte richtig einteilen, um die unaufhörlichen Angriffe abwehren und gleichzeitig Truppen zur Abwehr der Stöße aus der neuen Richtung bereitstellen zu können.

Unsere Verluste konnten wir nur durch Soldaten der rückwärtigen Dienste der Armee und Genesene aus den Sanitätsbataillonen der Divisionen ersetzen. Gruppen von Offizieren des Armeestabes, die hierzu eingesetzt waren, ließen nur einen Pferdewärter für fünf bis sieben Pferde zurück und schränkten auch das Werkstatt- und Lagerpersonal ein. So bildeten wir aus Schneidern, Schuhmachern und anderen Facharbeitern Marschkompanien und schickten sie auf das rechte Ufer. Diese kaum ausgebildeten Männer wurden dort schnell zu Meistern des Straßenkampfes. Die gespannte Lage zwang jeden, sich mit dem Wesen der Stalingrader Kämpfe vertraut zu machen.

Sie sagten selbst: »Wir fürchteten uns vor dem rechten Ufer, doch kaum hatten wir Stalingrader Boden unter den Füßen, verloren wir alle Furcht. Wir erkannten: ›Hinter der Wolga gibt es für uns kein Land mehr‹, und um am Leben zu bleiben, müssen wir die Eindringlinge vernichten.«

Am 21. und 22. Oktober setzte der Gegner an der Kommunalnaja- und Zentralnajastraße frische Truppenteile gegen Smechotworows und Gurjews Divisionen ein. Mit wachsender Erbitterung wurde um die Werke »Barrikady« und »Roter Oktober« sowie unsere Übersetzstelle über die Wolga gekämpft. Die faschistischen Piloten flogen wieder täglich 2000 Einsätze.

An diesen beiden Tagen verlor der Gegner 15 Panzer und über 1000 Mann Infanterie. Seine Stellungen waren jetzt so nah, daß wir Flammenwerfer einsetzen konnten, die auf 100 Meter alles, was ihnen in den Weg kam, verbrannten.

Am 23. Oktober warf der Gegner seine aufgefüllte, von Panzern und massierten Fliegerkräften unterstützte 79. Infanteriedivision ins Gefecht. Ihr Hauptstoß richtete sich entlang der Zentralnaja- und Karusselnajastraße gegen das Werk »Roter Oktober«. Jetzt hatte sich der Schwerpunkt der Kämpfe auf den Frontabschnitt zwischen dem Werk »Barrikady« und der Bannyschlucht verlagert.

Gegen Abend konnte der Gegner unter hohen Verlusten zur Brotfabrik in der Stalnajastraße durchbrechen und hinter die Werkbahn vordringen, die mit zertrümmerten Waggons verstopft war. Etwa eine Kompanie MPi-Schützen drang in den Nordwestteil des Werkes »Roter Oktober« ein.

Da die vorderste Linie nun 300 bis 500 Meter vor der Wolga verlief, war die letzte Übersetzstelle unserer Armee ernstlich bedroht.

Ein heftiger Schlag, den unsere Artillerie in der Abenddämmerung gegen eine Ansammlung von Panzern und Infanterie an den Zugängen des Werkes führte, bremste den Gegner etwas und erleichterte die Lage der Verteidiger.

Die ersten Angriffe am Morgen des 24. Oktober wurden unter hohen Verlusten für den Gegner abgeschlagen, danach führte er seine zweiten Staffeln und seine Reserven in das Gefecht ein und eroberte um 16.30 Uhr den mittleren und südwestlichen Teil des Werkes »Barrikady«.

Auf der Krasnopresnenskajastraße stießen etwa zwei Infanteriebataillone und 17 Panzer bis zum Nordwesteingang des Werkes »Roter Oktober« vor. Das 117. Regiment von Gurjews Division wurde in ein schweres Gefecht verwickelt. Kleine Gruppen faschistischer MPi-Schützen sickerten in die Werkabteilungen ein.

Während der Gegner in der Zeit vom 18. bis 23. Oktober seine Hauptkräfte auf das Werk »Barrikady« und auf Spartanowka konzentrierte, warf er sich vom 24. Oktober an mit neuen Kräften auf das Werk »Roter Oktober«. Hier unsere Meldung vom 24. 10. 1942: »Die Armee führte im Laufe des Tages im Nord- und Mittelabschnitt der Front schwere Abwehrkämpfe und am Südabschnitt Gefechte gegen kleinere Gruppen Infanterie.

Nach intensiver Luft-, Artillerie- und Granatwerfervorbereitung um 11.00 Uhr führte der Gegner frische Infanterie- und Panzerkräfte in das Gefecht ein und erneuerte den Angriff in

Richtung der Werke ›Barrikady‹ und ›Roter Oktober‹ sowie auf Spartanowka.

Die Truppen der Nordgruppe schlugen im Laufe des Tages sämtliche Angriffe ab, warfen in der Nacht die eingesickerten Gruppen hinaus und nahmen die Siedlung Spartanowka wieder voll in Besitz.

Um 09.00 Uhr trat der Gegner zum Angriff an und eroberte gegen Tagesende nach erbittertem Gefecht den zentralen und südwestlichen Teil des Werkes ›Barrikady‹. Die 138. und die 308. Schützendivision kämpfen um das Werk.

Die 193. Schützendivision wehrt seit 11.00 Uhr Angriffe von Infanterie und Panzern des Gegners ab, der mit frischen Kräften einen Angriff aus der Tupikowajastraße über die Krasnopresnenskajastraße gegen den Nordrand des Werkes ›Roter Oktober‹ entwickelt und mit Teilkräften auf der Stalnajastraße zur Wolga vorzustoßen sucht. Um 18.00 Uhr erreichten Panzer den Gefechtsstand des 895. Schützenregiments, und die nachfolgende Infanterie drang in die gelichteten Gefechtsordnungen ein. Der Kampf geht weiter.

Die 39. Gardedivision kämpft um das Werk ›Roter Oktober‹. Der Gegner konnte in den Nordwestteil des Werkgeländes eindringen.

Bombenvolltreffer brachten vier Unterstände des Armeestabes zum Einsturz. Die Verluste betragen über 15 Mann. Auch der Kommandeur des 1045. Schützenregiments, Oberstleutnant Timoschin, kam ums Leben.

Aus Gefangenenaussagen und erbeuteten Dokumenten geht hervor, daß vor der Front der Armee 7 Infanterie- und 3 Panzerdivisionen im Einsatz sind: die 14., 24. und 16. Panzer-, die 71., 94., 295., 389., 305. und 79. Infanteriedivision sowie die 100. Jägerdivision. Bei Pestschanka wurde die Konzentration motorisierter Truppenteile in Stärke von etwa einer Division festgestellt. An diesem Tag wurden ungefähr 1 500 Einsätze der Luftwaffe registriert.

Der Armeeoberbefehlshaber entschloß sich, der 193. und der 39. Gardeschützendivision je ein Bataillon der 45. Schützendivision zuzuteilen, mit dem Ziel, die Front dieser Divisionen an der Bahnlinie entlang der Sewernaja- und Tupikowajastraße wiederherzustellen und ein weiteres Vordringen des Gegners zu verhindern.«

Paulus' letzter Versuch

Alle Informationen und der Gefechtsverlauf zeigten, daß die Kräfte auf beiden Seiten zu Ende gingen. Der Gegner hatte unsere Armee in zehntägigen Gefechten erneut in zwei Teile gespalten, das Traktorenwerk genommen, die Hauptkräfte unserer Armee jedoch nicht vernichten können. Dazu reichte es nicht. Er mußte aus der Tiefe Reserven in das Gefecht einführen und neben frischen Divisionen auch aus ihrem Verband herausgelöste und auf dem Luftweg nach Stalingrad verlegte Regimenter und Bataillone einsetzen. Aber selbst das genügte nicht. Der Gegner war gezwungen, von verschiedenen Divisionen der langen Front einzelne Bataillone, insbesondere Pionierbataillone, abzuziehen und sie aus der Bewegung heraus ins Gefecht zu werfen. Doch im Feuer der Stalingrader Schlacht schmolzen sie wie Wachs.

Hitler aber brachte es nicht über sich, uns die Initiative zu überlassen, ohne noch einen Angriff versucht zu haben, obwohl seine Kräfte zu schwach waren.

Nach den erbitterten Kämpfen im Oktober erkannten unsere Soldaten, daß dieser Angriff länger vorbereitet werden mußte. Berge von Leichen und vernichteter Technik würden es dem Angreifer schwer machen, die von ihm selbst verursachten Hindernisse zu überwinden.

Ende September hatte Hitler noch behauptet, seine Truppen würden Stalingrad stürmen und erobern, darauf könne man sich verlassen. Und wenn die Deutschen etwas einmal besetzt hätten, brächte sie niemand wieder von dort fort.

In einem Gespräch mit türkischen Journalisten meinte Goebbels, er könne mit Sicherheit sagen, daß die russische Armee bis zum Winter für Deutschland nicht mehr gefährlich sein werde. Er sei wie stets überzeugt, daß ihm die Ereignisse recht geben würden, man solle einige Monate später an seine Worte denken.

Hitler und Goebbels dürfte die Stimmung ihrer unmittelbar in Stalingrad kämpfenden Soldaten und Offiziere nicht unbekannt gewesen sein. Aus Briefen deutscher Offiziere vom September und Oktober geht eine unterschiedliche Einschätzung der Ereignisse hervor. Einige, wie ein gewisser Leutnant Hennes, der die Härte der Stalingrader Schlacht anscheinend noch nicht zu spüren bekommen hatte, schrieb: »Wir stürmen Stalingrad. Der Führer hat gesagt: ›Stalingrad muß fallen.‹ Und wir antworteten: ›Es wird fallen, Stalingrad wird bald in unserer Hand sein. Unsere Winterfront wird in diesem Jahr die Wolga sein!‹«

Doch Ende Oktober änderte sich das Bild radikal. In den Briefen klangen jetzt ganz andere Töne an. Da wird Stalingrad als Hölle auf Erden, als rotes Verdun bezeichnet. Jeder Meter Bodengewinn werde wieder zunichtegemacht. Auf eine Sondermeldung, daß Stalingrad in deutscher Hand sei, werde man noch lange warten müssen. Die Russen ergäben sich nicht, sie kämpften bis zum letzten Mann.

Nach Einschätzung der Lage durch den Kriegsrat der 62. Armee würde Paulus einen Schlag wie den vom 14. bis 20. Oktober nicht noch einmal führen können. Hierzu hätte er eine zehn- bis zwanzigtägige Ruhepause nötig und müßte große Mengen Granaten, Bomben und Panzer heranschaffen. Bei Gumrak und Woroponowo aber standen immerhin noch etwa zwei Reservedivisionen, die in das Gefecht eingreifen konnten. Allerdings rechneten wir damit, daß auch ihnen nach drei bis fünf Tagen der Atem ausgehen und Paulus gezwungen sein würde, den Druck zu mindern. Inzwischen hätten wir uns ordnen, umgruppieren und befestigen können. Die 37., 308. und 193. Division bestanden praktisch nur noch dem Namen nach; sie verfügten höchstens über einige hundert einsatzfähige Kämpfer. Wir waren sehr geschwächt, dennoch hofften wir, neue Angriffe abwehren zu können, und waren nach wie vor bereit, bis zum letzten Mann zu kämpfen.

Seit dem 24. Oktober griff der Gegner nachts nur noch selten an. Er hatte wohl eingesehen, daß er damit nichts erreichte, daß es besser sei, die Nacht zur Ruhe zu nutzen und sich für den Kampf am Tage zu rüsten. Wir dagegen entschlossen uns, ihn durch

Aktionen der Sturmgruppen, überraschende Feuerüberfälle unserer Artillerie und Angriffe unserer Fliegerkräfte gerade nachts zu bekämpfen, ihm keine Ruhe zu lassen und seine planmäßigen Angriffsvorbereitungen zu vereiteln. Die Nacht wurde uns zum Freund.

Am 25. Oktober griff der Gegner an der gesamten Front mit starken Kräften an. Der Stoß einer mit Panzern verstärkten Infanteriedivision gegen Spartanowka brachte unsere nördliche Gruppe in eine schwierige Lage. Die Infanterie drängte, von Fliegerkräften und Panzern unterstützt, die 149. Brigade unter Bolwinow zurück und eroberte ein Terrain südlich der Bahnstrecke Gumrak—Wladimirowka sowie das Zentrum von Spartanowka. Boote der Wolgaflottille unterstützten die Brigade mit ihrem Artilleriefeuer, das dem Gegner bedeutende Verluste zufügte.

Am selben Tag traten im Raum Kuporosnoje die Truppen des rechten Flügels der 64. Armee zum Angriff an.

Die wiederholten Angriffe des Gegners am 26. und 27. Oktober führten nicht zum Ziel. Die Wolgaflottille half der 149. Brigade, die Eindringlinge aus Spartanowka wieder hinauszuwerfen.

Am 27. Oktober kam der Stabschef dieser Brigade, Major Kotschmarjow, durch einen Granatvolltreffer ums Leben.

Am selben Tag kämpften im Zentrum der Armee Ljudnikows und Gurtjews Truppen um das Werk »Barrikady«. Obwohl nur jeweils eine Handvoll unserer Soldaten die einzelnen Werkabteilungen verteidigte, blieb dem fünffach überlegenen Gegner im Abschnitt unserer Sturmgruppen der Erfolg versagt.

Am 27. Oktober überrannte der Gegner den linken Flügel von Ljudnikows Division und ein Regiment von Gurtjew. MPi-Schützen, die auf die Mesenskaja- und Tuwinskajastraße vordrangen, nahmen unsere letzten Übersetzstellen unter Beschuß. Zur selben Zeit schlugen Smechotworows und Gurjews Truppen die Angriffe der 79. Infanteriedivision, deren Hauptstoß sich gegen das Werk »Roter Oktober« richtete, zurück. In unsere gelichteten Reihen eingedrungene MPi-Schützen erreichten den Stab der 39. Division und warfen Handgranaten in Gurjews Unterstand. Die Wachkompanie des Armeestabes, die ich ihm zu Hilfe schickte, warf den Gegner zurück, schlug sich bei der Verfolgung zum Werk »Roter Oktober« durch und verschmolz dort mit Gurjews Truppen.

Wiederholte Angriffe des Gegners auf die Übersetzstelle und das Werk »Roter Oktober« schlugen wir bis 17.00 Uhr zurück. Gegen Tagesende aber bekam der Gegner die Maschinnajastraße in die Hand.

Da die Eindringlinge zwischen den Werken »Barrikady« und »Roter Oktober« nur noch 400 Meter von der Wolga entfernt waren, lagen die Schluchten, die von Westen zum Fluß führten, unter MPi- und Artilleriebeschuß. Wir konnten uns nur noch kriechend am Ufer fortbewegen, deshalb zogen unsere Pioniere quer zu den Schluchten doppelte Bohlenwände hoch. Ihre Zwischenräume, mit Steinen gefüllt, ergaben eine Art Kugelfang.

Trotz der Vorbereitungen zur Gegenoffensive unterstützte das Oberkommando der Front nach wie vor die Armeen, die Stalingrad verteidigten, vor allem die 62. So gliederten wir die in der Nacht zum 27. Oktober am Ostufer der Wolga eingetroffenen Regimenter der 45. Schützendivision auf Befehl des Frontoberbefehlshabers in unsere Armee ein. In dieser Nacht gelang es nur zwei Bataillonen überzusetzen, die restlichen ließen wir, um Verluste zu vermeiden, nach Achtuba zurückgehen.

Die beiden Bataillone, die ich dem Kommandeur der 193. Division untestellte, bezogen zwischen den Werken »Barrikady« und »Roter Oktober« Stellung. Sie sollten verhindern, daß der Gegner zur Wolga und zur Übersetzstelle vordrang.

Wahrscheinlich hatte der Gegner von der Ankunft frischer Kräfte erfahren, denn er bombardierte diesen Abschnitt fast den ganzen Tag über. Bis zu einer Tonne schwere Bomben fielen auf die Gefechtsordnungen der Bataillone. Dann stürmte, wie immer nach solchen Vorbereitungen, seine Infanterie, von 35 Panzern unterstützt, gegen diesen Abschnitt zum Angriff vor. Weitere Angriffe folgten.

Die beiden Bataillone verloren die Hälfte ihres Bestandes, doch den Gegner ließen sie nicht zur Wolga durch. Erst gegen Abend konnte er den linken Flügel und vereinzelte Schützengruppen der 193. Division auf die Straße der Kommissare von Baku zurückdrängen. Die Reste der Einheiten setzten sich, nur noch 300 Meter von der Wolga entfernt, in neuen Stellungen fest. Gegen Abend eroberte der Gegner den Nordwestteil des Werkes »Roter Oktober«, um das in der Folge wochenlang hartnäckig gerungen wurde.

Durch die Kämpfe vom 14. bis 27. Oktober war die Armee so geschwächt, daß wir nicht eine einzige Einheit von vorn zurücknehmen konnten. Doch immer wieder trösteten wir uns damit, daß es nur noch wenige Tage dauern könne.

Paulus war noch in der Lage, Truppen von anderen, passiven Gefechtsabschnitten abzuziehen und sie nach Stalingrad zu werfen, während unsere Reserven erschöpft waren und ein Manövrieren auf dem uns verbliebenen schmalen Uferstreifen ganz unmöglich war. Der Stab der Armee war fast ohne Schutz. Ich hatte das einzige Bataillon des Reservelehrregiments – es diente der Ausbildung von Sergeanten für die Armee – bis zum letzten Augenblick schonen wollen, doch jetzt kämpfte es im Industrieviertel.

Das Übersetzen der am Ostufer verbliebenen Teile der 45. Schützendivision unter Sokolow war schwierig. Hier die Meldung vom 28. 10. 1942: »Am 28. Oktober führte die 62. Armee im Laufe des Tages außerordentlich schwere Verteidigungskämpfe im Nord- und Mittelabschnitt der Front, wehrte die erbitterten Angriffe des Gegners ab und ging mit kleineren Sturmgruppen gegen dessen Stützpunkte vor. Fliegerkräfte unterstützten unsere Truppen durch Angriffe im Tiefflug und durch Bombenangriffe.

Gegnerische Flieger bombardierten den ganzen Tag über den Raum zwischen den Werken ›Barrikady‹ und ›Roter Oktober‹ sowie die Bannyschlucht. An diesem Tag setzte der Gegner alle verfügbaren Infanterie- und Panzerkräfte ein mit dem Ziel, unsere Truppen in die Wolga zu werfen.

Im Laufe des Tages schlugen die Truppen der Nordgruppe drei Angriffe zurück und hielten bis zum Tagesende ihre Stellungen.

Die Truppenteile der 138. und 308. Schützendivision schlugen unter gewaltigen Anstrengungen die aus nordwestlicher Richtung gegen das Werk ›Barrikady‹ vorgetragenen Angriffe zurück. Das Gefecht dauerte bis zum Anbruch der Dunkelheit.

Hartnäckige Kämpfe tobten zwischen den Werken ›Barrikady‹ und ›Roter Oktober‹ sowie im Abschnitt der Maschinnajastraße.

Die 193. Schützendivision führte schwere Kämpfe gegen angreifende Infanterietruppenteile und Panzer auf den Straßen zwischen den Werken ›Barrikady‹ und ›Roter Oktober‹. Der

Gegner wollte dort zur Wolga durchstoßen. Bei Tagesende dauerten die Gefechte an der Maschinnajastraße und der Straße der Kommissare von Baku an. Bis zur Wolga sind es nur noch wenige hundert Meter.

Die 39. Gardedivision setzte den Kampf auf dem Gelände des Werkes ›Roter Oktober‹ fort. Infanterie und Panzer des Gegners versuchten, von der Nordwestecke des Betriebes in den Mittelteil einzudringen. Ausgangs des Tages wurde noch gekämpft.

Das 109. Regiment der 37. Gardeschützendivision kämpfte, etwa 300 Meter von der Wolga entfernt, erbittert zwischen der Nowosselskaja- und der Mostowajastraße. Am selben Abschnitt, an der Tuwinskajastraße, waren auch die Panzer der 84. Panzerbrigade eingesetzt.

Etwa 2 Bataillone Infanterie wurden im Laufe des Tages vernichtet, 11 Panzer in Brand und 3 Flugzeuge abgeschossen.

Der Armeeoberbefehlshaber hat sich entschlossen, vor allem in der Nacht mit kleineren Sturmgruppen zu operieren und einen Durchbruch des Gegners zur Wolga mit allen Mitteln zu verhindern.«

Die pausenlosen schweren Kämpfe hatten die Gefechtsordnungen der 138. Schützen- und der 39. Garde- sowie der 308. und 193. Schützendivision stark gelichtet. Bei den Werken »Barrikady« und »Roter Oktober« gab es keine durchgehende Front mehr. Die Gefechtsabschnitte wurden nur noch durch vereinzelte Stützpunkte gehalten. Die Verluste an Offizieren stiegen. Die mit den Kämpfen in Stalingrad noch nicht vertrauten, uns einzeln zugeteilten Reserveeinheiten ohne erfahrene Kommandeure zu führen war schwierig.

Das Übersetzen der 45. Division ging immer noch viel zu langsam vor sich, denn unsere Anlegestellen waren zerstört und ausgebrannt. Die Regimenter mußten in der Nähe von Tumak am Verbindungskanal von Achtuba, weit entfernt von Stalingrad, auf Fähren verladen werden. Sie konnten nur nachts unter großer Gefahr in die Wolga auslaufen und wurden stellenweise in nächster Nähe des Gegners, dort, wo er das Wolgaufer erreicht hatte, zum Verteidigungsabschnitt der Armee durchgeschleust.

Da wir uns bis zum Eintreffen der Division noch zwei bis drei Tage halten mußten, griffen wir wieder auf die Genossen der rückwärtigen Dienste zurück und zogen 20 Mann heraus. Außerdem stießen 30 Soldaten zu uns, die sich aus den Sanitätsabteilungen und Lazaretten am Wolgaufer gemeldet hatten. Vom Gefechtsfeld schleppten wir drei bewegungsunfähig geschossene Panzer – einen Flammenwerferpanzer und zwei leichte – ab und setzten sie schnell instand. Ich entschloß mich, sie am Morgen des 29. Oktober mit 50 Schützen zum Gegenangriff vorzuschicken und den Gegner zu überraschen. Der Angriff sollte an der Naht zwischen den Divisionen von Smechotworow und Gurjew die Samarkandskajastraße entlang verlaufen, an der der Gegner fast unmittelbar zur Wolga vorgedrungen war.

Oberstleutnant Wainrub suchte am Steilufer der Wolga die ganze Nacht nach einer günstigen Ausgangsstellung. Der Gegenangriff begann vor Tagesanbruch. Er wurde von unserer Artillerie auf dem linken Ufer und vom Gardewerferregiment unterstützt. Wir gewannen nicht viel Raum, aber unser Flammenwerferpanzer setzte drei Panzer in Brand, und die leichten Panzer walzten den Gegner in zwei Gräben nieder. Unsere Schützen setzten sich sofort in diesen Stellungen fest.

In den faschistischen Funksprüchen war plötzlich viel von russischen Panzern die Rede; unsere Abhörfunker berichteten von unverschlüsselten alarmierenden Meldungen. Anscheinend wollten die Faschisten ihr Zurückweichen rechtfertigen.

Wir konnten an diesem Abschnitt einen ganzen Tag Zeit gewinnen. An den übrigen Frontabschnitten gab es an beiden Tagen keine größeren Veränderungen. Nur im Raum des Werkes »Barrikady« erreichte der Gegner nach wiederholten Angriffen die Nowosselskajastraße. Vereinzelte Einheiten faschistischer MPi-Schützen, die bis zur Wolga vordrangen, wurden im Nahkampf vernichtet.

In diesen beiden Tagen wehrten Ljudnikows und Gurtjews Truppenteile insgesamt sieben Sturmangriffe ab.

Am Mamajewhügel und weiter südlich schlugen die 284. Schützendivision und die 13. Gardedivision unter Einsatz von Flammenwerfern wiederholte Angriffe zurück.

Gegen Abend des 29. Oktober flauten die Kämpfe ab; am 30. Oktober kam es nur zu Feuergefechten. Die Kräfte der Eindringlinge waren erschöpft.

Hier unsere Meldung vom 31. 10.: »Die Armee wehrte Angriffe des Gegners im Mittelabschnitt ab. Um 12.30 Uhr sind unsere

Truppen mit den Kräften des neu eingetroffenen 253. Schützenregiments der 45. Schützendivision und Einheiten der 39. Gardedivision zum Gegenangriff übergegangen. Ziel ist, den Gegner zu vernichten und die Lage im Abschnitt der 193. Schützen- und 39. Gardeschützendivision wiederherzustellen.

Der Gegner griff im Laufe des Tages zweimal erfolglos unsere Stellungen an. Seine Infanterie und Panzer in Stärke von zwei Regimentern versuchten, die Umanskajastraße entlang zur Anlegestelle und zur Mesenskajastraße durchzubrechen. Seine Fliegerkräfte bombardierten nach wie vor unsere im Abschnitt der Werke ›Barrikady‹ und ›Roter Oktober‹ handelnden Truppen.

Gleichzeitig bereitet sich der Gegner auf einen weiteren Angriff vor und zieht laufend neue Kräfte an die Siedlung Roter Oktober heran. Gegen 16.00 Uhr näherte sich eine Kolonne von etwa 20 Panzern Latoschinka, mit dem wahrscheinlichen Ziel, Rynok anzugreifen.

Die 138. und 308. Schützendivision wehrten einen Stoß des in Richtung Mesenskajastraße angreifenden Gegners ab.

Die 193. Schützendivision schlug einen Angriff von über 2 Bataillonen in Richtung Anlegestelle ab. Der Gegner wurde auf seine Ausgangsstellung zurückgeworfen.

Das 253. Schützenregiment der 45. Schützendivision trat nach zehnminütiger Artillerievorbereitung um 12.30 Uhr zum Angriff an. Es sollte den Gegner vernichten und den Abschnitt Tupikowaja- und Sewernajastraße erreichen. Dabei stieß es auf heftigen Widerstand und kämpfte ausgangs des Tages auf der Linie Nowosselskajastraße–Parkrand südlich Dolinskajastraße.

Die 39. Gardeschützendivision, die die Bahnstrecke an der Sewernajastraße zu erreichen hatte, überwand den hartnäckigen Widerstand des Gegners und nahm gegen Tagesende die Martinofenhalle, die Kalibrier- und die Sortierabteilung sowie das Fertigwarenlager. Der Kampf dauert bis jetzt an.

Der Armeeoberbefehlshaber hat sich entschlossen, die Konzentrierung der 45. Schützendivision im Laufe des 1. November abzuschließen, die übrigen Truppenteile zu ordnen und die Munitionsvorräte zur Abwehr von Angriffen aufzufüllen.

Nach unvollständigen Angaben wurde etwa ein Bataillon Infanterie des Gegners vernichtet.

Am 30. 10. 42 wurden 631 und am 31. 10. 42 314 Verwundete auf das linke Wolgaufer gebracht.«

Bei Generaloberst Halder hieß es im Kriegstagebuch, daß sich zum Herbst 1942 die menschlichen Reserven des faschistischen Reiches erschöpfen würden. In dieser ganz allgemeinen Einschätzung konnte natürlich nicht vorausgesehen werden, daß bei den Straßenkämpfen in Stalingrad erhebliche Truppenmassen aufgerieben würden, daß die Verluste Deutschlands an Menschen und Technik eine Krise über seine Wehrmacht heraufbeschwören würden. Als Halder die Lage durchschaute, ließ Hitler ihn fallen. Es ist allerdings sehr viel einfacher, einen General abzusetzen, als die Lage an der Front zu korrigieren.

Während Hitler Menschen und Technik von anderen Fronten abzog, bahnte sich für ihn an der gesamten sowjetisch-deutschen Front bereits die Katastrophe an. Die Kämpfe im Oktober machten die Hoffnung der faschistischen Machthaber auf einen Kriegseintritt Japans und der Türkei zunichte. Hitlers Truppen griffen zwar immer noch an, und die Initiative an der Wolga und im Kaukasus schien nach wie vor in ihrer Hand zu sein. Doch ist der Angriff eines Aggressors einmal gescheitert, bedeutet das für ihn den Anfang vom Ende.

In jenen Oktobertagen wollte Hitler bekanntlich nichts davon hören, bei Stalingrad zur Defensive überzugehen. Er wollte immer noch nicht glauben, daß sein blutrünstiger Anlauf ein für allemal zum Stehen gebracht worden war, und warf immer neue Kräfte in das Feuer. Doch die Initiative im Feldzug des Jahres 1942 entglitt seinen Händen. In den Kämpfen Ende Oktober um Stalingrad keimte in den für seine Verteidiger so schweren Tagen ihr künftiger Sieg.

Anfang November ließen die Kämpfe etwas nach. Jetzt konnten unsere Aufklärer tiefer in die gegnerischen Stellungen einsickern. Doch es gab keine Anzeichen dafür, daß der Gegner beabsichtigte, sich aus Stalingrad zurückzuziehen. Wir stellten im Gegenteil fest, daß Paulus einen weiteren Sturmangriff auf die Stadt vorbereitete. Für uns stand die Frage, ob er imstande sein würde loszuschlagen, bevor unsere eigene große Gegenoffensive, deren Termin uns unbekannt war, begann. In unseren Gesprächen mit dem Frontoberkommando zeigten wir keine unangebrachte Neugier; wir waren uns darüber im klaren, daß es im Augenblick in der Roten Armee kein sorgfältiger zu hütendes Geheimnis gab als diesen Termin.

Heute wissen wir, wie stark die Kräfte waren, die die Faschisten bei Stalingrad konzentrierten und wie konsequent sie erhöht wurden. Das erklärt vielleicht teilweise, weshalb sich das faschistische Oberkommando nicht damit abfinden konnte, daß ihm die Stadt nicht zufiel. Zur Erläuterung einige Zahlen: Im Juli verfügte die Heeresgruppe B, die in Richtung Stalingrad angriff, über 42 Divisionen, Ende September waren es bereits 81.

Die umfangreichsten Truppenverschiebungen zur Verstärkung der Heeresgruppe B erfolgten zu Lasten der in Richtung Kaukasus angreifenden Heeresgruppe A, die zu Beginn ihrer Offensive über 60, um den Oktober herum aber nur noch über 26 Divisionen verfügte.

Nach Stalingrad wurden auch einzelne Truppenteile aus dem Mittelabschnitt der sowjetisch-deutschen Front, aus Woronesh, aus Frankreich und aus Deutschland verlegt.

Doerr gibt für Hitlers Vorgehen folgende Erklärung: »Die Oberste Führung wollte jedoch ›die Kämpfe um Stalingrad durch Säuberung der noch vom Feind besetzten Restgebiete zum Abschluß bringen‹ — wie sich das OKW ausdrückte.

Das war ein taktisches Ziel. Durch die auf beiden Seiten geführte Propaganda wurde es zu nationaler Bedeutung erhoben. Solange noch Russen westlich der Wolga kämpften, konnte Stalin die heldenhafte Verteidigung seiner Stadt rühmen. Hitler aber wollte nicht ruhen, bis seine Truppen auch das letzte Stück Boden dessen, was sich Stalingrad nennen konnte, in Besitz hatten. Politik, Prestige, Propaganda und Sentiments gewannen die Oberhand über die nüchterne soldatische Beurteilung.«[22]

In dieser Deutung der Novemberereignisse steckt gewiß ein Körnchen Wahrheit. Zweifellos lagen dem Entschluß des Gegners, den Sturm auf Stalingrad fortzusetzen, keine militärischen Erwägungen mehr zugrunde. An ihre Stelle waren politische Beweggründe getreten. Diktaturen sind um ihr Prestige stets äußerst besorgt. Kennzeichnend für die Mentalität der deutschen Generalität war außerdem, daß sie nach wie vor die Kräfte des sowjetischen Volkes und seiner Roten Armee unterschätzte.

Unsere Aufgabe in den ersten Novembertagen bestand darin,

---

22 Hans Doerr, S. 47.

den Gegner mit allen Mitteln in Atem zu halten. Wir durften nicht zulassen, daß er sich von uns löste, sollte das faschistische Oberkommando sich plötzlich entschließen, seine Truppen aus Stalingrad zurückzuziehen.

Die Armee setzte alles ein: Erfahrung, Können und Verwegenheit. Tag und Nacht ließen unsere Sturmgruppen den Eindringlingen keine Ruhe, sie eroberten einzelne Häuser und ganze Häuserblocks und zwangen den Gegner, seine Kräfte zu zersplittern und Reserven in das Gefecht einzuführen. Die Deutschen saßen wie auf einem Pulverfaß, jederzeit gewärtig, angegriffen zu werden oder mit den Gebäuden in die Luft zu fliegen.

Gleichzeitig bereiteten wir uns auf die Abwehr eines neuen Angriffs vor, denn unsere Aufklärer stellten beginnende Truppenkonzentrationen des Gegners im Raum der Siedlungen Barrikady und Roter Oktober fest. Die einbrechende Kälte trieb den Gegner in die Stadt, in der die 62. Armee handelte, es ging ihm darum, uns so schnell wie möglich zu vernichten, um dann in den warmen Kellern Unterschlupf zu suchen.

Am 4. November schrieb ich in mein Tagebuch: »Der Gegner wird ... in den nächsten Tagen seine erbitterten Angriffe fortsetzen und frische Kräfte in Stärke von etwa zwei Infanteriedivisionen einsetzen. Allerdings ist erkennbar, daß er seine letzten Kräfte anspannt.«

Die 62. Armee, die aktiv nur in kleinen Sturmgruppen handelte, hatte nun bereits einige Reserven gebildet. Am linken Wolgaufer befanden sich zwei Schützenregimenter mit dem Stab von Gorischnys Division zur Auffüllung, ebenso die 92. Schützenbrigade, die mit Matrosen aus dem Fernen Osten aufgefüllt wurde.

Wir entschlossen uns, diese Truppenteile nach Stalingrad überzusetzen, eine Umgruppierung vorzunehmen und die beiden Regimenter von Gorischny südlich des Werkes »Barrikady« zwischen Ljudnikows und Sokolows Divisionen einzusetzen. Das gelang uns nur halb, denn wir konnten nur ein Regiment übersetzen. Wir verschmolzen die Mannschaften und Unteroffiziere der Regimenter von Sholudews Schützendivision mit dem 118. Regiment und ließen es unter der operativen Führung Ljudnikows in den bisherigen Stellungen. Die Mannschaften und Unteroffiziere von Gurtjews Schützendivision teilten wir Ljudnikow als Reserve zu. Die Divisions- und Regimentsstäbe von Sholudew und Gurtjew führten wir auf das linke Ufer zurück und unterstellten ihre dort eingesetzte Artillerie unmittelbar dem Chef Artillerie der Armee. Damit verstärkten wir die Armeeartilleriegruppe. Die Frontartillerie war nach Süden abgezogen worden. Das Wachbataillon des Armeestabes — das ehemalige Reservelehrregiment — wurde aufgelöst und Gurjews Division als Auffüllung zugeteilt. In die zweite Staffel nahmen wir Smechotworows Division zurück, die die Übersetzstelle der 62. Armee verteidigen sollte.

Jeder Division stellten wir die allgemeine Aufgabe, durch Einzeloperationen den von ihr verteidigten Brückenkopf zu erweitern, also ihre vorderste Linie täglich um 80 bis 100 Meter nach Westen vorzuschieben und so ausgangs des 6. November die Werke »Barrikady« und »Roter Oktober« vollständig vom Gegner zu säubern. Der geringste Geländegewinn war sofort zuverlässig zu sichern.

Ein in diesem Zusammenhang erlassener Sonderbefehl erwähnt zwei Panzerkompanien. Ihr Erscheinen verdankten wir der aufopferungsvollen Arbeit unserer Reparaturschlosser, die die beschädigten Panzer trotz Beschuß und Fliegerangriffen wieder einsatzfähig gemacht hatten.

Am Vorabend des Jahrestages der Oktoberrevolution nahm die Aktivität des Gegners in der Luft wesentlich zu. Auf der Suche nach lohnenden Zielen, Gefechtsständen und Ansammlungen von Schützentruppen, kreisten seine Aufklärer tagelang über uns. Hatten sie etwas entdeckt, holten sie Bomber heran, die dann in Gruppen von 40 bis 50 Flugzeugen angriffen.

Der Kommandeur der 149. Schützenbrigade, Oberst Bolwinow, ein Mann von eisernem Willen und großer Initiative, wurde bei einem solchen Angriff tödlich verwundet. Wir bestatteten ihn, den die Angehörigen der 62. Armee nie vergessen werden, bei Krasnaja Sloboda. Mit ganzer Seele Soldat, lebte er wie ein Soldat im Schützengraben und starb als Held. Am 5. November wurde durch den Volltreffer einer Fliegerbombe der gesamte Stab des 895. Regiments mit seinem Kommandeur, Major Ustinow, vernichtet.

Wir verstärkten unsere nächtliche Sturmgruppentätigkeit. Dabei zeichneten sich vor allem die Sibirier aus Batjuks Division aus. Bei Dunkelheit drangen sie kühn in Unterstände und Feuerpunkte ein, vernichteten die Besatzungen und gewannen so Schritt für Schritt an Boden.

Man könnte fragen, was eigentlich Rodimzews 13. Gardedivision tat, weshalb ich nichts über ihre Taten sage, die doch damals in Berichten unserer Presse über den Verlauf der Gefechte an der Wolga an erster Stelle erwähnt wurden.

Rodimzews Truppen hatten vom 14. bis 25. September in zehntägigen beispiellos hartnäckigen Gefechten den Hauptstoß des Gegners aufgefangen, doch am 26. September verlegte Paulus seinen Hauptstoß weiter nördlich, in Richtung Mamajewhügel, Betriebe und Werksiedlungen. Auf unserer Seite griffen andere Truppen in den Kampf ein: die Divisionen Jermolkin, Gorischny, Batjuk, Gurtjew, Smechotworow, Gurjew, Sholudew, Ljudnikow, Sokolow sowie die Brigaden Andrjussenko und Bolwinow.

Zu Rodimzew strömten die Bildberichterstatter, Schriftsteller und Journalisten. Die anderen Divisionen konnten sie nicht aufsuchen, weil dort erbittert gekämpft wurde und wir sie dort auch nicht zulassen konnten. Daher entstand der Eindruck, in Stalingrad habe vorwiegend die 13. Gardedivision gekämpft.

Als ehemaligem Oberbefehlshaber der 62. Armee liegt es mir fern, die Bedeutung einer der an der Schlacht um Stalingrad beteiligten Divisionen oder eines Truppenteils herabzusetzen. Haben die Soldaten aus Jermolkins Division, die während der ganzen Zeit in den Hauptstoßrichtungen kämpften und viele hundertmal von überlegenen Kräften angegriffen wurden, nicht denselben Anspruch auf Bewunderung wie andere Divisionen? Oder ist die Schützendivision des Generals Smechotworow, die durch hohe Verluste geschwächt, weiter gegen einen überlegenen Gegner kämpfte, weniger heldenhaft?

Aber lassen wir diese Diskussion! Kehren wir zu den Novembertagen zurück.

Plötzlich brach Kälte ein. Wir Bewohner des nördlichen Rußlands kennen Eisgang nur im Frühling, wenn die Natur wiedererwacht und alles auf Wärme, Blüten und den Beginn der Feldarbeit wartet. Im Herbst oder bei Winterbeginn bedecken sich die Flüsse im allgemeinen fast unmerklich mit Eis. Es scheint, als gingen sie unter einer immer dicker werdenden Eisdecke zur Ruhe. Das gestern noch ruhig und gleichmäßig dahinfließende Wasser ist eines Morgens vom Eis gefesselt.

Diese Beobachtung hatte ich in meiner Kindheit an der Oka und an anderen Flüssen des Moskauer und Tulaer Gebiets oft gemacht.

Ganz anders verhält sich die Wolga im Herbst. Es dauert Wochen und Monate, bis sie zufriert. Auch wenn das Thermometer bereits minus 10 Grad zeigt, ist die Wolga noch eisfrei und dampft. Sinkt die Temperatur auf etwa minus 12 Grad, beginnt ein leichter Eisgang. Bei minus 15 Grad bilden sich große Eisschollen, die später als geschlossene Masse stromabwärts treiben. Dann bleibt die Wolga nur für gepanzerte Boote und einzelne einheimische Wagehälse, die den Fluß, von Scholle zu Scholle springend, überwinden, passierbar. Das aber brachten selbst unsere kühnen und starken Matrosen aus dem Fernen Osten nicht fertig.

Vielleicht wartete Paulus für einen neuen Angriff nur auf diesen Moment. Wie aus Dokumenten gefangener Soldaten und Offiziere der 44. Infanteriedivision, die vorher als Reserve der 6. Armee bei Woroponowo gelegen hatte, hervorging, befanden sich die frischen Kräfte für einen neuen Angriff bereits in ihren Ausgangsstellungen. So mußten wir uns auf einen Kampf an zwei Fronten gefaßt machen — auf der einen Seite gegen die Faschisten, auf der anderen gegen die Naturgewalten, die die Wolga beherrschten.

Um Schwierigkeiten vorzubeugen, übergab der Kriegsrat der Armee dem Stab der rückwärtigen Dienste einen genauen Versorgungsplan für die in Stalingrad kämpfenden Truppenteile. Am wichtigsten waren Menschen und Munition. An zweiter Stelle stand die Verpflegung und erst an dritter warme Kleidung. Eher waren wir bereit, Hunger und Kälte zu ertragen, als angesichts des bevorstehenden Angriffs auf Menschen und Munition zu verzichten. Munitionsmangel bedeutete den Tod.

Wir brauchten sehr viel Munition, je mehr, desto besser. Die Soldaten selbst waren bemüht, sich reichlich mit Handgranaten, MG-, Gewehr- und Artilleriemunition zu versehen und dafür Hunger und Frost zu ertragen.

Ich beauftragte die Offiziere Spassow, Sokolow und Sinowjew, die Erfassung, Verteilung und Lagerung der Munition zu überwachen. Sie waren während der ganzen Zeit in Stalingrad und meldeten mir täglich die eintreffenden Transporte. Die Aufschlüsselung auf die einzelnen Truppenteile und den Reser-

Karte 2 Plan der Novemberoperation der Südwestfront, der Donfront und der Stalingrader Front

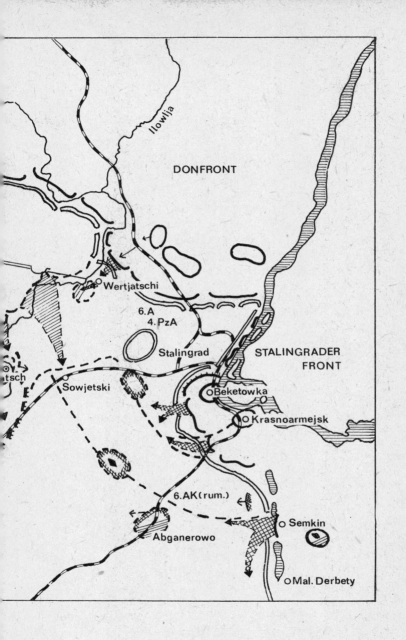

vebestand bestätigte der Kriegsrat der Armee. Alle Güter mußten durch Soldaten von der Anlegestelle herangeschafft werden.

Die Kommandeure der Truppenteile und Verbände suchten unter den Soldaten und Kommandeuren ehemalige Fischer und Matrosen aus, ließen Flöße und Boote bauen und Munition aus den Basen von Armee und Front auf das rechte Ufer bringen.

Es war eine gefährliche Aufgabe, denn in der Dunkelheit landeten die Boote oft an falschen Stellen oder stießen gegen Eisschollen und kenterten. Immer wieder gerieten auch vom Eis eingeklemmte Boote in das Feuer deutscher MG-Schützen. So bildeten wir Rettungsmannschaften, die sich nachts in ihren Booten, mit Stangen, Stricken und Tauen bereithielten, um bei Notsignalen sofort eingreifen zu können.

Auf diese Weise legte sich die Armee, wenige Tage bevor der Eisgang und der Angriff des Gegners begannen, Munitions- und beachtliche Lebensmittelvorräte an. Zur Feier der Oktoberrevolution konnten wir unsere Soldaten sogar mit sibirischen Pelmeni bewirten. Ein von Oberstleutnant Spassow verwaltetes Geheimlager enthielt die eiserne Ration der Armee – etwa zwölf Tonnen Schokolade, mit denen ich meine Truppen ein bis zwei Wochen, bis die Wolga zugefroren und wieder eine regelmäßige Versorgung in Gang gekommen war, verpflegen zu können hoffte. Jeder sollte täglich eine halbe Tafel erhalten.

Der Jahrestag des Großen Oktober nahte. Wir erwarteten, daß uns die Faschisten den Festtag durch einen neuen Angriff auf die Stadt vergällen würden, doch das schreckte uns nicht mehr. Ebensowenig die Tatsache, daß sie auf den Bahnhöfen Gumrak und Woroponowo noch über Reserven verfügten. Wir wußten, daß Zeit und Kräfte nötig waren, um einen Angriff wie den im Oktober zu wiederholen. Die Zeit aber arbeitete für uns.

Selbst in den abgeschnittensten Truppenteilen funktionierte die »Soldatenpost«, und so erreichte uns über verschiedenste Kanäle die Nachricht vom Anmarsch starker Kräfte zu Wolga und Don und von der Ankunft der Genossen Wassilewski, Woronow und anderer Vertreter des Hauptquartiers. Sie kamen sicher nicht, den Anblick der Wolga zu genießen.

Angesichts der heranreifenden Ereignisse konnten wir nicht untätig bleiben. Unsere letzte Übersetzstelle beim Werk »Roter Oktober« lag im Feuerbereich deutscher Maschinengewehre. Dagegen mußten wir etwas tun, damit die Schiffe der Wolgaflottille wenigstens nachts anlegen und entladen werden konnten. Der Kriegsrat entschloß sich nach dem Übersetzen der 45. Schützendivision Sokolows, den Gegner anzugreifen und von der Übersetzstelle zurückzuwerfen. Der Hauptstoß sollte mit den Kräften der 45. Schützendivision zwischen den Werken »Barrikady« und »Roter Oktober« geführt werden. Gurjew erhielt Befehl, in seinem Bereich anzugreifen und die Bahnlinie am Punkt Sewernaja zu erreichen.

Der Befehl forderte von allen angreifenden Einheiten und Truppenteilen einen kühnen und schnellen Vorstoß.

Der Leser wird fragen, wieso sich das Oberkommando der 62. Armee, das sich noch tags zuvor am Rande einer Katastrophe sah, nun zu einem Gegenangriff entschließen konnte.

Es war das Gesetz des Krieges, das uns vorschrieb, in unserer damaligen Lage so zu handeln. Man stelle sich die Situation der 62. Armee vor: ungefähr drei Monate lang verteidigte sie sich auf einem schmalen Streifen am Wolgaufer. Wenn sie nicht die Gelegenheit nutzte, den in Kämpfen zermürbten Gegner anzugreifen und wenigstens 200 bis 300 Meter vom Ufer zurückzudrängen, lief sie Gefahr, in den Fluß geworfen zu werden. Wir durften nicht tatenlos unmittelbar am Ufer der Wolga sitzen und warten, bis sich der Gegner wieder erholte, oder den Anschein erwecken, daß wir nur noch zur Verteidigung imstande waren. Wir mußten versuchen, die Lage wenigstens etwas zu unseren Gunsten zu verändern.

Unser Gegenangriff vom 31. Oktober brachte meiner Meinung nach große Erfolge. Stellenweise drangen wir etwa 100 Meter vor und nahmen den Westteil der Nowosselskajastraße bis zum Waldrand; im Werk »Roter Oktober« eroberten wir die Martinofenhalle und Kalibrierabteilung sowie das Fertigwarenlager zurück. Die Hauptsache aber war: Wir hatten uns selbst und dem Gegner bewiesen, daß wir imstande waren, anzugreifen und uns Verlorenes zurückzuholen. Wichtig war schließlich auch, daß wir und nicht der Gegner am Ende des Ringens vom 14. bis 31. Oktober die Initiative ergriffen hatten. Diesen moralischen Sieg verdankten wir der 45. Division. Ihr Erfolg war kein Zufall. Ihre Regimenter konnten auf eine reiche Tradition verweisen. Sie trugen Namen wie: Bogunski, Taraschtschanski und Donskoi. Die Division aber war nach ihrem ersten Kommandeur, dem Helden des Bürgerkrieges Nikolai Stschors, benannt.

Während der Stalingrader Schlacht stand sie unter dem Befehl des Genossen Sokolow, eines jungen Oberstleutnants und späteren Generals. Er und seine nächsten Mitarbeiter, die Genossen Glamasda, Moshejko, Bakanow, Serow und andere, machten sich schnell mit der Lage und den Anforderungen des Straßenkampfes vertraut und bildeten Sturmgruppen. Wenn die Division auch wenig dazu kam, sich zu verteidigen, sammelte sie doch reiche Erfahrungen in Angriffskämpfen in der Stadt, die ihr dann beim Sturm auf Städte wie Saporoshje, Odessa, Lublin, Łódź, Poznań und Berlin zugute kamen. In Straßenkämpfen waren ihre Sturmgruppen nicht aufzuhalten. Sie durchbrachen jede Verteidigung und gingen aus schwierigsten Situationen als Sieger hervor.

Wir wußten, wie gesagt, daß der Gegner Verstärkungen nach Stalingrad heranzog. Die Meldung vom 2. November beweist es: »Die Armee wehrte im Laufe des Tages wiederholte Angriffe von Infanterie und Panzern im Nord- und Mittelabschnitt der Front ab und hielt ihre Stellungen.

Der Gegner zog aus der Tiefe neue Kräfte heran, gliederte sie den handelnden Truppenteilen ein und ging um 07.00 Uhr mit über zwei Infanterieregimentern und Panzern am Nordabschnitt auf Spartanowka und mit zwei Infanteriedivisionen und 35 bis 40 Panzern am Mittelabschnitt zum Angriff über. Durch Einführung von Reserven verstärkt, trat er an einzelnen Abschnitten bis zu fünfmal zu Angriffen an, die sämtlich in Nahkämpfe übergingen.

Seine Fliegerkräfte bombardierten den ganzen Tag pausenlos gruppenweise den Angriffsstreifen. In einzelnen Fällen griffen bis zu 30 Flugzeuge unsere Gefechtsordnungen im Tiefflug an. Artillerie und Granatwerfer führten heftiges Feuer gegen unsere Gefechtsordnungen und die Übersetzstellen. Mittags wurden von Westen in Richtung der Werke ›Barrikady‹ und ›Roter Oktober‹ anmarschierende Kfz-Kolonnen, insgesamt 100 Fahrzeuge mit Truppen und Kriegsmaterial, festgestellt. Gleichzeitig beobachteten wir, daß Infanterie aus der Siedlung Roter Oktober auf das Werk zu ausmarschierte.

Die Schützenbrigaden unserer Nordgruppe führten den ganzen Tag über schwere Kämpfe gegen Infanterie und Panzer, die auf den Süd- und Nordwestrand von Spartanowka vorstießen. Im Laufe des Gefechts wurden fünf Angriffe abgeschlagen. Die

Gruppe hält ihre Abschnitte. Der Kommandeur der 149. Schützenbrigade, Oberst Bolwinow, wurde tödlich verwundet. Schwer verwundet wurden der Chef des Stabes Strogalew und Bataillonskommissar Nikolajew.

Die 138. Schützendivision wehrte vier vom Stalingrader Traktorenwerk die Wolga entlang südwärts geführte Angriffe ab und hielt ihre Stellungen.

Die 193. Schützendivision wehrte im Tagesverlauf wiederholte heftige Angriffe in Richtung Übersetzstelle ab, die zur Zeit einzig funktionsfähige für die gesamte Armee.

Die 45. Schützendivision unter Oberst Sokolow ging zum Gegenangriff über und verbesserte ihre Stellungen geringfügig. Alle Angriffe des Gegners wurden abgeschlagen.

Die 39. Gardeschützendivision trat zum Angriff an und kämpfte ausgangs des Tages an der Eisengießerei, der Walzstraße, der Kalibrierabteilung und am Fertigwarenlager.

An den übrigen Abschnitten schlugen unsere Truppen die Angriffe kleinerer Gruppen zurück und setzten in Gruppen und Abteilungen ihre Sturmangriffe fort.

Der Armeeoberbefehlshaber hat sich entschlossen, im Laufe der Nacht zum 03. 11. 42 die Munitionsbestände der Truppenteile aufzufüllen, die Truppenteile zu ordnen und zur Abwehr des vom Gegner vorbereiteten Angriffs gefechtsbereit zu machen.

Innerhalb dieses Tages wurden über 1 200 Soldaten und Offiziere des Gegners und 10 Panzer vernichtet sowie einiges Kriegsmaterial erbeutet.«

Der Meldung fügten wir einen Bericht bei, der überprüfte Aufklärungsergebnisse enthielt. Aus ihnen ging hervor, daß der Gegner nicht beabsichtigte, seine Hauptkräfte von Stalingrad abzuziehen, daß er im Gegenteil alles an anderen Abschnitten der Ostfront Entbehrliche nach Stalingrad heranführte, um die Stadt vollständig in Besitz zu nehmen und die Wolga zu erreichen.

Ich denke oft darüber nach, warum Hitler allen Gesetzen der Strategie und Taktik zuwider so hartnäckig versuchte, Besitz von der ganzen Stadt zu ergreifen. Was bewog ihn dazu, immer neue Menschenmassen in dieses Inferno zu werfen? Was trieb ihn?

Im August scheiterte sein Plan, die Stadt aus der Bewegung zu nehmen, ein Plan, der gewisse reale Grundlagen hatte. Hitler hatte auf einen Streich oder nach kurzem Kampf viele größere und kleinere Städte genommen. Allein Leningrad hatte ihm an seinen Mauern Halt geboten. Odessa, Kiew und Sewastopol konnten ihn nur aufhalten. Zum Sturm auf Moskau kam er nicht; er wurde an den Zugängen der Hauptstadt geschlagen. Immerhin konnte er damit rechnen, daß seine vorzügliche Wehrmacht Stalingrad ohne besondere Mühe nehmen werde. Hierin bestärkten ihn auch die Erfolge seiner Sommeroffensive bei Charkow, Woronesh, Rostow am Don und im Nordkaukasus. Dennoch konnte er Stalingrad nicht aus der Bewegung nehmen. Daraufhin setzte er seine Luftflotte und seine beste Armee zum Sturm auf die Stadt ein. Der September verging erfolglos, denn man kann wohl beim besten Willen bei einem Geländegewinn von 100 bis 200 Metern, noch dazu unter ungeheuren Opfern, nicht von einem Erfolg sprechen.

Ende September hatte Hitlers Kriegsmaschine offenkundig ihre Überlegenheit eingebüßt; sie war ins Stocken geraten, und die Straßenkämpfe in der Stadt konnten ihm keine Siegeslorbeeren mehr einbringen. Selbst eine Einnahme der Stadt wäre einem Pyrrhussieg gleichgekommen, denn die Verluste der Wehrmacht waren nicht mehr zu ersetzen.

Wie nimmt sich das Ganze vom rein militärischen Standpunkt aus? Die Wehrmacht büßte in der Stadt ihre Beweglichkeit ein, die Panzerverbände verloren ihre Stoßkraft. Obwohl die Luftwaffe den Luftraum beherrschte, ging ihre Wirkung in der Stadt verloren. So scheiterte auch mit dem Ende des Monats Oktober die deutsche Taktik und Strategie.

Bekanntlich konnte Anfang November das sowjetische Oberkommando gewaltige Kräfte im Raum Stalingrad konzentrieren, während Hitlers Reserven erschöpft waren. Im übrigen war der Spätherbst nicht die Zeit für einen neuen Angriff.

Der Oktober verstrich. Trotz seiner kritischen politischen und militärischen Lage setzte Hitler erneut zum Sturm auf Stalingrad an.

Am 11. November, 06.30 Uhr ging der Gegner nach Flieger- und Artillerievorbereitung zum Angriff über. Beteiligt waren: die 389., 305., 79. und 295. Infanteriedivision, die 100. Jägerdivision sowie die 24. und 14. Panzerdivision, verstärkt durch die auf dem Luftwege aus Rossosch beziehungsweise Millerowo herangeführten Pionierbataillone der 294. und 161. Infanteriedivision.

Die etwa 5 Kilometer breite Angriffsfront erstreckte sich von der Wolchowstrojewskajastraße bis zur Bannyschlucht. Der Gegner hatte die angeführten Divisionen größtenteils durch Auffüllung auf volle Stärke gebracht, seine Gefechtsordnungen waren außerordentlich dicht. Anscheinend wollte Paulus die Schützendivisionen von Ljudnikow, Gorischny, Sokolow und Gurjew mit einem Schlag überrennen und koste es, was es wolle, die Wolga erreichen.

Den ganzen Tag wurde erbittert um jeden Fußbreit Boden, jeden Stein gerungen. Der Kampf mit Handgranaten und Bajonetten währte Stunden. Zur selben Zeit ging unsere Nordgruppe unter Oberst Gorochow von der Eisenbahnbrücke an der Metschetkamündung südwärts zum Angriff auf das Traktorenwerk über.

Auf dem Mamajewhügel führte Batjuks Division Begegnungsgefechte mit den angreifenden Truppen.

Unter Bomben- und Artilleriebeschuß stürzten Fabrikschornsteine ein. Wir erkannten, daß der Gegner seinen Hauptstoß gegen die Naht zwischen Ljudnikows und Gorischnys Divisionen richtete.

Der Vertreter des Hauptquartiers, der Chef des Generalstabes, Genosse Wassilewski, schätzt die Lage jener Tage zutreffend wie folgt ein: »Während sich unsere Truppen in Richtung Stalingrad intensiv auf die Gegenoffensive vorbereiteten, wurde die Lage in Stalingrad selbst immer kritischer. Der Gegner nahm am 11. November seine erbitterten Angriffe gegen die 62. Armee unter Tschuikow wieder auf, nachdem er Truppenteile von der Donfront in die Stadt verlegt hatte. Schon abends konnte er unseren Widerstand teilweise brechen und den südlichen Teil des Werkes ›Barrikady‹ nehmen. Er erreichte damit auch hier die Wolga. Die zugefrorene Wolga machte der 62. Armee zu schaffen.«[23]

Um 11.30 Uhr führten die Faschisten Reserven in den Kampf ein. Ihre Infanterie und ihre Panzer überrannten den rechten Flügel des 241. Schützenregiments, drangen 300 bis 400 Meter vor und erreichten an 500 bis 600 Meter breiter Front die Wolga. Jetzt war die 62. Armee zum drittenmal gespalten und Ljudnikows Division von den Hauptkräften abgeschnitten.

An der übrigen Front hielt die Armee ihre Stellungen. Trotz

---

23 A. M. Wassilewski, S. 220.

seiner Kräfteüberlegenheit war Paulus' Plan gescheitert, die 62. Armee nicht in die Wolga geworfen.

Hitler hatte sich die Sache so vorgestellt: »Ich wollte zur Wolga kommen, und zwar an einer bestimmten Stelle ... Zufällig trägt diese Stadt den Namen Stalins ... Aber nicht deshalb strebte ich dorthin ... Ich ging dorthin, weil dort ein ganz wichtiger Punkt ist. Dort schneidet man nämlich dreißig Millionen Tonnen Verkehr ab. Darunter fast neun Millionen Tonnen Ölverkehr. Dort floß der ganze Weizen aus diesen gewaltigen Gebieten der Ukraine, des Kubangebiets zusammen, um nach Norden transportiert zu werden. Dort ist das Manganerz gefördert worden: dort war ein gigantischer Umschlagplatz. Den wollte ich nehmen ... und Sie wissen, wir sind bescheiden, wir haben ihn genommen! Nur wenige Punkte sind noch nicht besetzt. Manche fragen: Weshalb nehmen Sie sie nicht schneller! Weil ich dort kein zweites Verdun will. Ich mache es mit kleinen Stoßtrupps.«[24]

Tatsächlich jedoch konzentrierte Paulus an der 4 bis 5 Kilometer breiten Front Werk »Barrikady«—Bannyschlucht so viele Truppen, daß die Gefechtsordnungen weit dichter als vor Verdun waren.

Die 62. Armee kämpfte den ganzen 11. November über gegen angreifende überlegene Kräfte des Gegners. Daß unsere Artilleriegruppe am linken Ufer nach Süden verlegt wurde, wo sie die geplante Gegenoffensive sichern sollte, erschwerte unsere Aufgabe.

Hier die Meldung vom 11. November 1942: »Die 138. Schützendivision mit dem ihr zugeteilten 118. Regiment der 37. Gardeschützendivision wehrte seit 06.30 Uhr die Angriffe von durch Fliegerkräfte unterstützter Infanterie und Panzern ab. Nach erbitterten Gefechten waren beim 118. Gardeschützenregiment von 100 einsatzfähigen Soldaten nur noch 6 Mann übrig; der Regimentskommandeur war schwer verwundet. Der Gegner versuchte, die Division von Norden und von Süden zu umgehen und vom Wolgaufer in ihren Rücken vorzustoßen.

Die 95. Schützendivision wehrt die mit ungefähr zwei Infanterieregimentern und Panzern geführten Angriffe ab. Um

---

24 Hans A. Jacobsen, 1939–1945. Der zweite Weltkrieg in Chronik und Dokumenten, Darmstadt 1961, S. 355.

11.30 Uhr führte der Gegner frische Kräfte in das Gefecht ein und trat erneut zum Angriff an. Er überrollte den linken Flügel des 241. Schützenregiments, erreichte das Wolgaufer und schnitt die 138. Schützendivision von den Hauptkräften der Armee ab. Die übrigen Truppenteile der Division führen an ihren bisherigen Stellungen erbitterte Abwehrkämpfe.

Die 45. und die 39. Gardeschützendivision schlugen zwei Angriffe auf das Werk ›Roter Oktober‹ ab. Während des dritten Angriffs konnte der Gegner das 117. Gardeschützenregiment stellenweise zurückdrängen. Das hartnäckige Gefecht geht weiter.

Die 284. Schützendivision wehrte Angriffe auf den Mamajewhügel ab. Beim 1045. Schützenregiment konnte der Gegner in die Gefechtsordnungen eindringen. Die Lage wird durch einen Gegenangriff von Reserven wiederhergestellt.

Bei der 13. Gardeschützendivision wurden Angriffe kleinerer Gruppen abgewehrt.

Die Truppen der Nordgruppe traten laut Befehl des Armeeoberbefehlshabers mit Unterstützung der Wolgaflottille um 10.00 Uhr von Süden zum Angriff gegen das Stalingrader Traktorenwerk an und konnten trotz heftigen Widerstands langsam Raum gewinnen.

Es kam zu pausenlosen Luftkämpfen zwischen unseren und gegnerischen Fliegerkräften.

Der Armeeoberbefehlshaber hat sich entschlossen:
— das Übersetzen der beiden Bataillone der 192. Schützenbrigade sowie des zur Auffüllung am linken Ufer befindlichen 90. und 161. Schützenregiments der 95. Schützendivision auf das rechte Ufer zu beschleunigen, um mit vereinten Kräften die Lage beim 241. Schützenregiment wiederherzustellen und die südostwärts des Werkes ›Barrikady‹ bis an das Wolgaufer vorgedrungenen Truppen des Gegners zu vernichten;
— am 12. November die gesamte Artillerie am linken Ufer und alle Fliegerkräfte zur Unterstützung der angreifenden Truppenteile einzusetzen.

Nach unvollständigen Angaben wurden an diesem einen Tag 2000 Soldaten und Offiziere sowie 4 Panzer des Gegners vernichtet.

Unsere Truppenteile, vor allem die 138. und 95. Schützendivision, hatten ebenfalls hohe Verluste.«

Wie erwartet, fiel der neue Angriff mit dem Beginn des starken Eisgangs auf der Wolga zusammen. Da sich die Schiffe der Wolgaflottille jetzt weder bei Tag noch bei Nacht aus Achtuba oder aus Tumak zu uns durchschlagen konnten, waren wir für längere Zeit vom linken Ufer abgeschnitten. Trotzdem sank die Stimmung in der Armee nicht, wir waren ja vom Gegner nicht überrascht worden, und der erste Gefechtstag hatte Paulus keine Entscheidung gebracht. Bald würde den Faschisten der Atem ausgehen, länger als zwei bis drei Angriffstage hielten sie nicht durch. Wir waren schon auf dem richtigen Weg. Der Gegner würde nicht nur in Stalingrad bleiben, sondern frische Kräfte heranziehen und in die Falle gehen, die bald zuschnappen sollte.

Ich entnahm Telefongesprächen mit der Frontführung, daß man mit unserer Standhaftigkeit zufrieden war. Doch noch waren die Prüfungen der 62. Armee nicht zu Ende. Am Morgen des 12. November nahm der Gegner eine Umgruppierung vor und zog Reserven heran. Um 12.00 Uhr griff er am gesamten Frontabschnitt an. Ohne Rücksicht auf Verluste stürmten seine Soldaten wie besessen vor. Aber unsere zur Auffüllung von Gorischnys Division eingetroffenen Matrosen aus dem Fernen Osten zeigten ihnen, wie rote Matrosen zu kämpfen verstehen. Die Kraftstofftanks an der Tuwinskajastraße wechselten wiederholt den Besitzer. In der Hitze des Gefechts warfen unsere Seeleute ihre Mäntel ab, schlugen in ihren gestreiften Trikots, die Matrosenmützen im Nacken, die Angriffe zurück und gingen selbst zum Angriff über. Auch in den Werken »Roter Oktober« und »Barrikady« sowie auf dem Mamajewhügel tobten erbitterte Kämpfe. Unsere Soldaten schienen unüberwindlich geworden und keine Macht der Welt ihrem Heldenmut gewachsen.

Als in der zweiten Tageshälfte die Telefonverbindung zu Batjuks Gefechtsstand am Mamajewhügel unterbrochen wurde, machte sich der Telefonist Titajew auf den Weg, die Leitung zu flicken. Die Störung wurde beseitigt, aber Titajew kehrte nicht zurück. Seine Genossen fanden ihn tot am Boden liegen, beide Leitungsenden fest zwischen den Zähnen zusammengepreßt. Im Sterben noch hatte er seinen Befehl ausgeführt. Seine Kameraden widmeten ihm ein Lied, das Gefühl und Erleben unserer Soldaten widerspiegelt. Den Text schrieb der Frontberichterstatter der »Komsomolskaja Prawda«, A. Gutorowych. Die

Verse mögen keine große Dichtung sein, trotzdem gebe ich sie ungekürzt wieder, so wie Titajews Freunde das Lied damals sangen.

Das Lied vom Helden Titajew

Die Nacht zieht herauf, 's weht ein eiskalter Wind,
da ruft der Major die Soldaten:
»Ihr Adler, hört zu, rasche Hilfe tut not,
heut die Faschisten zu schlagen.

Die Leitung zerriß, und trotz Kälte und Schnee
soll rasch die Verbindung entstehen.
Und einer von euch muß, nicht fürchtend Gefahr,
zu den feindlichen Stellungen gehen.«

Komsomolze Wassili Titajew tritt vor:
»Ich weiß, was es gilt zu vollbringen.
Noch nie hat der Tod mich geschreckt auf dem Feld,
wie soll es da heut nicht gelingen?«

Nimmt Abschied und schultert sich Sack und Gerät,
der Schneesturm verwischt seine Schritte.
In tobender Schlacht findet bald er den Draht,
den feindliche Kugeln durchschnitten.

Er packt mit den Zähnen die Leitungen fest,
schon lächelt der Sieg unserm Helden.
Doch plötzlich da bricht von dem Hügel ein Schuß,
die Kugel zerbirst auf dem Felde.

Entsetzt und verwundert vernimmt der Soldat
der Kraniche Schreien dort droben.
Und blutend liegt Mütterchen Rußland im Schnee,
die Sturmwinde brausen und toben.

Er sinkt in die Knie, und er wälzt sich im Schnee,
die Kugel schlägt ein dicht daneben.
Ohne Hilfe verblutend, den Draht noch im Mund,
erlischt in dem Helden das Leben.

> Noch immer beschießt ihn der Feind auf dem Berg,
> sein Ingrimm kennt kein Unterbrechen.
> Da endlich ertönt das Kommando vom Stab:
> »Zum Angriff, Genossen, ihn rächen!«
>
> Und wortlos vertreiben die Helden den Feind,
> entreißen ihm Graben um Graben.
> Wassili erlebte nicht mehr diesen Tag,
> da wir die Faschisten geschlagen.

Wir hatten die Kräfte und Mittel des Gegners richtig eingeschätzt. Am Abend des 12. November blieb sein Angriff an allen Verteidigungsabschnitten der Armee stecken. In diesen beiden Tagen verlor er Tausende Soldaten.

Wir schickten einen ganzen Sack mit Papieren gefallener deutscher Soldaten und Offiziere zum Frontstab.

Am 12. November unterzeichnete ich folgenden Gefechtsbefehl: »Der Gegner versucht die Front im Südostteil des Werkes ›Roter Oktober‹ zu durchbrechen und die Wolga zu erreichen. Zur Verstärkung des linken Flügels der 39. Gardeschützendivision und zur Säuberung des gesamten Werkgeländes vom Gegner befehle ich dem Kommandeur der 39. Gardeschützendivision, die Gefechtsordnungen im Zentrum und am linken Flügel seiner Division durch ein Bataillon des 112. Gardeschützenregiments zu verstärken. Aufgabe: die Lage völlig wiederherzustellen und das Werkgelände vom Gegner zu säubern.

Zur gleichen Zeit stellte der Kommandeur der 79. deutschen Infanteriedivision, General von Schwerin, dem Kommandeur seines Pionierbataillons, Hauptmann Helmut Welz, folgende Aufgabe: »Befehl für den Angriff am 11.11.42

1. Feind hält mit starken Kräften Teile des Werkgeländes ›Roter Oktober‹. Die Martinofenhalle (Halle 4) ist der Brennpunkt seiner Verteidigung. Mit der Wegnahme dieser Halle fällt Stalingrad.

2. Verst. Pi. Btl. 179 nimmt am 11.11. Halle 4 und stößt zur Wolga durch.«[25]

Diese beiden Befehle spiegeln die Anspannung auf beiden

---

25 Helmut Welz, Verratene Grenadiere, Berlin 1979, S. 56.

Seiten wider. Der Kampf um die Martinofenhalle tobte mehrere Wochen lang und der Kampf um das Werk über einen Monat. Es wäre ein Irrtum zu behaupten, der Gegner habe nicht gewußt, was es mit unseren Sturmgruppen und -abteilungen auf sich hatte, bestätigt doch Hauptmann Welz in seinem Buch »Verratene Grenadiere«, daß sein Bataillon selbst in Stoßgruppen handelte. Er schreibt: »Ich erkläre ... meinen Plan. Vier starke Stoßgruppen will ich ansetzen. Jede ... dreißig bis vierzig Mann stark ... Der Einbruch in die Halle darf nicht durch die Tore oder Fenster erfolgen. Eine ganze Hallenecke muß weggesprengt werden. Durch diese Bresche dringt der erste Stoßtrupp ein. Die vorgeschobenen Beobachter gehen mit den Stoßtruppführern mit. Die Ausrüstung der Stoßtrupps besteht aus Maschinenpistolen, Flammenwerfern, Handgranaten, geballten Ladungen, Sprengkörpern, Nebelkerzen ... Das gewonnene Gelände wird vom nachrückenden kroatischen Bataillon sofort besetzt und gesichert.«[26]

Beim ersten Lesen dieser Zeilen fragte ich mich, ob Welz hier nicht Handlungen und Ausrüstung unserer Sturmgruppen beschreibt. Doch bei näherer Prüfung stellte ich den Unterschied fest. Nirgends wird bei den Deutschen im Zusammenhang mit Stoßgruppen der Bau von gedeckten oder offenen Laufgräben erwähnt, die zum Objekt des beabsichtigten Sturmes führen. Wie im offenen Gefecht rücken die zweiten Staffeln nach, ohne Sicherungsgruppen, wie sie bei uns üblich waren.

Die Faschisten setzten ihre letzten Kräfte ein, um das Werk »Roter Oktober« zu nehmen, das sie für unseren letzten Stützpunkt in Stalingrad hielten. Zur selben Zeit aber strebten wir danach, das gesamte Gelände des Werkes »Roter Oktober« zu säubern.

Hauptmann Welz schildert die Kämpfe wie folgt: »Es ist schon unangenehm hell geworden. Darüber hinaus scheinen jetzt alle Kanoniere der Roten Armee mit ihrem ersten Frühstück fertig zu sein. In großen Abständen huschen wir über Schutt und Stein, durch wirbelnde Asche ... Ein Sprung, der Damm liegt hinter mir. Über durchfurchte Wege und klappernde Dachbleche, durch Brand- und Staubwolken haste ich weiter ... Ich bin zur Stelle ... Die Mauer, an der ich liege, ist ziemlich stark ... Vom Treppen-

---

26 Ebenda, S. 55.

haus steht noch das Eisengerüst... Wir verteilen uns und schauen uns um. Keine fünfzig Meter vor uns liegt Halle 4. Finster ragt der Koloß auf... über hundert Meter lang... Sie ist das Kernstück des gesamten Werkes, über dem die hohen Schornsteine aufragen... Ich wende mich an Feldwebel Fetzer, der neben mir an der Mauer klebt:

›Die Hallenecke vorn rechts müssen Sie in die Luft jagen. Nehmen Sie drei Zentner Sprengstoff. Heute nacht muß das Zeug 'rangeschafft werden, und morgen früh ist die Sprengung das Signal für den Angriff. Trauen Sie sich das zu?‹

›Jawohl, Herr Hauptmann, das klappt.‹

Ich weise noch die anderen ein, zeige die Bereitstellungsräume.«[27]

Die Verwirklichung dieses Angriffsplanes hätte uns tatsächlich große Schwierigkeiten bereitet. Wäre es dem Gegner gelungen, die Hauptabteilungen des Werkes »Roter Oktober« zu nehmen, hätte er alle Übersetzstellen über die Wolga unter Beschuß nehmen und damit unsere provisorischen Lager an den Anlegestellen vernichten können. Unsere Aufklärung, die diese Abschnitte wie auch die Tiefe der gegnerischen Gefechtsordnungen wachsam beobachtete, vereitelte jedoch dieses Vorhaben. Einige Tage vor Angriffsbeginn machten Gefangene Angaben über die Vorbereitungen des Gegners, die unsere Beobachtungen bestätigten. Mein Befehl, die Gefechtsordnungen im Werk und in den Werkabteilungen zu verdichten, war somit nicht zufällig, sondern bewußt erteilt worden.

Welz berichtet weiter: »›Martin‹. Die letzte Meldung dieser Art kommt eben an. Ich sehe auf die Uhr. 02.55 Uhr. Alles ist fertig. Die Sturmgruppen liegen in ihren Bereitstellungsräumen... Die Minensperre vor Halle 4 ist aufgenommen... Das kroatische Bataillon steht einsatzbereit, um sofort nachrücken zu können... Es wird Zeit, daß ich aufbreche... Es ist noch sehr dunkel... Ich komme gerade zur rechten Zeit. Hinter uns hören wir die Abschüsse der Geschütze... Man kann die Einschläge schon erkennen, ein erster Anflug der Morgendämmerung ist jetzt da... Da — kurz vor uns ein Einschlag! Links davon noch einer... Halle, Werkhof und Schornsteine ertrinken im schwarzen Nebel.

---

27 Ebenda, S. 61 f.

›VB zu mir! Donnerwetter, sind die wahnsinnig? Alles zu kurz!‹

Ich unterbreche mich. Drüben im Osten, jenseits der Wolga, blitzt es auf. Noch einmal und noch einmal! Das ist also gar nicht unsere Artillerie! Aber wie ist das möglich? So schnell kann kein Kanonier der Welt reagieren ... Ausfälle schon vor Angriffsbeginn!«[28]

Hier trat ein, was der Gegner nicht erwartet hatte. Divisionskommandeur Gurjew verdichtete, über die Konzentration des Gegners informiert, am rechten Ufer, etwa 300 Meter von der Martinofenhalle entfernt, nicht nur die Gefechtsordnungen im Werk, sondern versetzte auch die Artillerie in Bereitschaft, auf die Minute und Sekunde genau das Feuer auf den Platz vor der Halle 4 zu eröffnen, auf den sie sich bereits eingeschossen hatte.

»Aber dann ist es soweit«, fährt Welz fort. »Unsere Artillerie verlegt ihr Feuer nach vorn. Jetzt 'ran! Feldwebel Fetzer schwingt seinen leichten, wie es scheint gewichtslos gewordenen Körper aus der Mulde und huscht auf die Silhouette zu, die sich düster im Halbdunkel abhebt. Jetzt kommt es darauf an ... Schon kommt Fetzer zurück ... ›Brennt‹, schreit er und liegt wieder lang ... ein grellgelber Blitz! Die Hallenwand wankt ... Dicker Nebel hüllt uns ein, grau und schwarz ... Mitten hinein in diesen Dunst stürzen die Stoßtrupps. Sie springen über alle Hindernisse nach vorn. Als die Nebelwand aufreißt, sehe ich, daß die ganze rechte Hallenecke eingestürzt ist. Durch die zehn Meter breite Bresche, über den eben entstandenen Geröllhaufen hinweg, dringen die ersten Pioniere in die Halle ein ... Ich kann auch erkennen, daß die zweite Stoßgruppe weiter links bereits in die Halle hineinstößt, daß der Angriff rechts und links im freien Gelände flüssig vorgetragen wird ... Eben rücken die Sicherungstrupps nach. Und doch – eigenartig, eine verzweifelte Angst überfällt mich ... Ich springe ... auf das mir dunkel entgegenstarrende Loch zu, klettere über den Schutthaufen ... Aus dem großen Sprengtrichter halte ich Umschau ... Die Verteidiger sind hier von vornherein gegen jeden Eindringling im Vorteil ... Der Soldat, der hier Raum gewinnen will, muß seine ganze Aufmerksamkeit auf den Boden lenken. Sonst zappelt er, in das

---

28 Ebenda, S. 62 ff.

Eisengewirr verstrickt, zwischen Himmel und Erde wie ein Fisch auf dem Trocknen. Die Tiefe der Trichter und die Lage der herumliegenden Teile zwingen die anstürmenden Trupps, Mann hinter Mann immer wieder über dieselben Träger zu balancieren. Auf diese Stellen sind die russischen Maschinengewehre eingeschossen. Hier konzentriert sich das Feuer der MPi-Schützen vom Dachgestänge und aus den Erdbunkern. Hinter jedem Mauervorsprung steht ein Rotarmist und wirft genau berechnet seine Handgranaten. Die Verteidigung ist gut vorbereitet ... Ich springe aus meinem Trichter. Fünf Schritte, dann zwingt mich ein Feuerstoß zu Boden. Neben mir liegt ein Gefreiter. Ich stoße ihn an. Er reagiert nicht, auch nicht auf meinen Anruf. Ich klopfe an seinen Stahlhelm. Der Kopf fällt zur Seite. Mit verzerrten Zügen starrt mich ein Toter an. Ich stürze nach vorn, stolpere über den nächsten Toten und liege plötzlich in einem tiefen Trichter ... Schräg vor mir liegen konisch zulaufende Röhren, aus denen Scharfschützen das Feuer eröffnen. Flammenwerfer gehen gegen sie vor ... Da kracht es auch schon. Handgranaten detonieren, eine ganze Salve. Die Verteidiger wehren uns mit allen Mitteln ab, zähe Burschen sind das ... Ich gebe dem Melder einen schriftlichen Befehl mit: Liegenbleiben bis zum Einbruch der Dunkelheit, dann zurückgehen in die Verteidigungsstellung!

Es ist soweit. Alles war umsonst. Ich verstehe nicht, wo der Russe die Kraft hernimmt. Unfaßbar ist das ... Ständige Fronten, befestigte Linien, ausgebaute Fluß- und Kanalstellungen, schwer armierte Widerstandsnester, Städte und Dörfer haben wir überwunden ... Und nun steht hier kurz vor der Wolga eine lumpige Fabrikhalle, die nicht zu bezwingen ist ... Ganz klein komme ich mir vor ...

Ich überschlage kurz. Mit neunzig Mann ist das Bataillon zum Angriff angetreten. Ungefähr die Hälfte wird verwundet sein. Außerdem muß ich mit fünfzehn bis zwanzig Toten rechnen. Das heißt also: Das Bataillon hat aufgehört zu existieren. Ersatz bekomme ich nicht.«[29]

Diese von mir wiedergegebenen Bruchstücke aus dem Buch von Helmut Welz sollen dem Leser die Härte der Novemberkämpfe vor Augen führen. Sie vermitteln einen Eindruck

---

29 Ebenda, S. 65 ff.

davon, wie er es inzwischen verstand, den Angriff unter städtischen Bedingungen zu organisieren, wie hartnäckig er gesteckte Ziele verwirklichte. Doch ist in dieser Schilderung nur von Soldaten, Feldwebeln und Offizieren, vom Leutnant bis zum Hauptmann die Rede. Wo aber waren Hitlers Generale? Der Kommandeur der 39. Gardedivision, General Gurjew, sein Kommissar Tschernyschow und der Chef des Stabes, Oberstleutnant Salisjuk, hielten sich 300 Meter von den Werkabteilungen entfernt auf, während General von Schwerin, der Divisionskommandeur jener Soldaten, die das Werk »Roter Oktober« angriffen, in dem etwa 10 Kilometer vom Werk entfernten Rasguljajewka saß.

Arbeiter, Meister und Ingenieure des Werkes halfen unseren Truppenteilen, sich im Labyrinth der Werkhallen, Durchgänge und unterirdischen wie offenen Verbindungsgräben zurechtzufinden; sie krochen mit den Rotarmisten auf der Suche nach vorteilhaften Stellungen durch die Kanalisationsschächte.

Nachdem wir am 11. und 12. November alle Angriffe abgeschlagen hatten, wußte jeder — von den Mitgliedern des Kriegsrates bis zum einzelnen Soldaten: Auch wenn unsere Armee zum drittenmal bis zur Wolga gespalten war, wir hatten der letzten Attacke widerstanden und konnten sicher sein, daß der Gegner so bald seine Kräfte nicht sammeln und so schnell keine neue Technik, vor allem Panzer, Munition und Kraftstoff, heranbringen konnte. Und nur damit hätte er uns gefährlich werden können.

Wir waren überzeugt, der nächste und entscheidende Schlag mußte von unserer Seite kommen. Die bisherigen Ereignisse seit der zweiten Julihälfte hatten dafür die Voraussetzungen geschaffen.

Natürlich stellte Paulus seine aktiven Angriffshandlungen auch nach dem 12. November nicht ein. Sein Oberkommando wollte nicht einsehen, daß sich sein wochenlang vorbereiteter Angriff festgefahren hatte. So ging die vor mehreren Monaten begonnene Schlacht wie nach dem Trägheitsgesetz an allen Frontabschnitten weiter. Die unmittelbare Nähe des Gegners zwang uns, wachsam zu sein und immer wieder anzugreifen. Der Gegner streckte die Waffen nicht, also betrachteten es die Verteidiger als ihre heilige Pflicht, ihn zu vernichten und seine Kräfte auf sich zu lenken. Der Kampf ging bis zum 19. November weiter.

Der starke Eisgang auf der Wolga schnitt uns vom linken Ufer ab. Wir mußten jetzt Ljudnikows Division helfen. Von den Hauptkräften der Armee isoliert, von Norden, Westen und Süden bedrängt, die Wolga im Rücken, befand sie sich in einer schwierigen Lage. Die Zufuhr an Munition und Verpflegung und der Abtransport Verwundeter waren nur alle zwei bis drei Tage möglich.

Wir waren gezwungen, Kräfte und Mittel aus unseren Gefechtsordnungen herauszuziehen oder besser gesagt, herauszupressen. Der Kriegsrat der Armee entschloß sich, zunächst alle Teile von Smechotworows Division zum 685. Regiment zusammenzufassen, es hinter dem rechten Flügel von Gorischnys Truppen zu konzentrieren, den Gegner von Süden nach Norden an der Wolga entlang anzugreifen und sich mit Ljudnikows Division zu vereinigen.

Smechotworow hatte nur 250 einsatzfähige Soldaten. Mit diesem zusammengesetzten Regiment und den durch gruppenweisen Zuzug vom linken Ufer aufgefüllten Truppenteilen auf Gorischnys rechtem Flügel unternahmen wir bis zum 20. November pausenlose Gegenangriffe nach Norden. Wenn sie auch die Lage nicht wiederherstellten, retteten sie doch Ljudnikows Division vor der Vernichtung.

Die Eingeschlossenen hielten sich beispielhaft. Trotz ihrer außergewöhnlich schwierigen Lage waren alle ruhig und zuversichtlich. Die Telefonverbindung war gestört, deshalb führte ich mit Ljudnikow wiederholt unverschlüsselte Gespräche über Funk. Wir erkannten einander an der Stimme, ohne unsere Namen nennen zu müssen. Ich versprach Hilfe und sagte, daß wir uns bald vereinigen würden. Ljudnikow begriff, weshalb ich unverschlüsselt sprach und daß ich ihn nicht mit Truppen unterstützen konnte. Er meldete, er sei zuversichtlich und hoffe auf eine baldige Wiedervereinigung. So suchten wir den Gegner irrezuführen.

Unsere Flugzeuge konnten nur in der Nacht zum 16. November je vier Ballen Lebensmittel und Munition über den Stellungen der Division abwerfen. In der Nacht zum 20. November schlugen sich noch vier Boote mit Munition und Medikamenten zum Deneshnaja-Woloshka-Kanal im Raum der Division durch und nahmen 150 Verwundete mit.

Die Besatzungen der Dampfer »Pugatschow«, »Spartak«,

»Panfilow« und der Panzerboote 11, 12, 13, 61 und 63 vollbrachten Tag und Nacht wahre Heldentaten. Ich beobachtete, wie sie sich nachts von der Anlegestelle in Tumak in wiederholtem Anlauf den Weg durch das Eis nach Norden, zum Verteidigungsstreifen der 62. Armee, brachen.

Häufig gelang es ihnen nicht mehr, während der Dunkelheit zurückzukehren, bei Tage aber hätte die Überfahrt den sicheren Untergang bedeutet. So blieben sie an unserem Ufer und tarnten sich mit Fallschirmen, Laken und Säcken.

Das Schicksal von Ljudnikows Soldaten bereitete uns Sorgen. Wir mußten helfen. Unter Aufbietung der letzten Kräfte griffen wir den Gegner, der zwischen Ljudnikows Division und den Hauptkräften der Armee zur Wolga durchgebrochen war, ununterbrochen Tag für Tag an. Gleichzeitig schlugen kleine Sturmgruppen den Gegner an der ganzen Front Schritt für Schritt aus Gebäuden und Unterständen heraus.

Die Nordgruppe griff auf das Traktorenwerk an; Sokolow und Gurjew auf das Werk »Roter Oktober«; Batjuk ging gegen den Mamajewhügel vor, und bei Rodimzew stürmte man einzelne Gebäude.

Meldung vom 14. November 1942: »Im Laufe des Tages wehrte die Armee Angriffe des Gegners ab und kämpfte um die Wiederherstellung der Lage auf ihrem rechten Flügel.

Der Gegner griff mit Kräften bis zu einem Infanterieregiment den linken Flügel der 138. Schützendivision und mit kleineren Gruppen deren Zentrum an, mit dem Ziel, die Durchbruchsfront zu erweitern und die Division nach Norden abzudrängen.

An den übrigen Abschnitten führte der Gegner heftiges Artilleriefeuer und bombardierte unsere Gefechtsordnungen.

Die Nordgruppe führt ein Feuergefecht in ihren bisherigen Stellungen.

Der Kampf geht weiter. Die Division leidet empfindlichen Mangel an Munition, Verpflegung und Medikamenten.

Die 95. Schützendivision führt mit dem 3. Bataillon der 92. Schützenbrigade und dem zusammengesetzten Schützenregiment der 193. Schützendivision heftige Kämpfe um die Wiederherstellung der Lage im Abschnitt des 241. Schützenregiments. Ziel: eine durchgehende Frontlinie wiederherzustellen und mit der 138. Schützendivision Tuchfühlung aufzunehmen. Der Kampf im Raum der Kraftstofftanks geht weiter. Die

Truppenteile auf dem linken Flügel der Division kämpfen in ihren bisherigen Stellungen.

Auch die übrigen Truppenteile verteidigen ihre bisherigen Stellungen, wehren Angriffe kleinerer Gruppen Infanterie ab und führen Feuergefechte.

Da die Transportboote nicht vollzählig eingetroffen sind, ist der Plan für drei Tage über den Haufen geworfen. Die vorgesehenen Verstärkungen wurden nicht übergesetzt, die Truppenteile leiden großen Mangel an Munition und Verpflegung. Der aus Tumak ausgelaufene Geleitzug mit Einheiten des 90. Schützenregiments konnte wegen des Eisgangs nicht durchkommen und ist umgekehrt. Der Eisgang hat die Verbindung zum linken Ufer an der Übersetzstelle 62 unterbrochen.

Der Armeeoberbefehlshaber hat sich entschlossen, die Stellungen zu halten und den Gegner vor der vordersten Verteidigungslinie zu vernichten.

Verluste des Gegners: Nach unvollständigen Angaben für den 14. 11. 42 verlor der Gegner über 1 000 Soldaten und Offiziere an Toten und Verwundeten.«

Meldung vom 16. November 1942: »Die Armee wehrte im Laufe des Tages Angriffe am Werk ›Barrikady‹ ab und kämpfte mit Teilkräften um die Wiederherstellung der Lage an der Mesenskajastraße.

Der Gegner setzte im Laufe des Tages seine pausenlosen Angriffe auf unsere Stellungen im Raum des Werkes ›Barrikady‹ bis zur Wolchowstrojewskajastraße nach Südosten und von der Mesenskajastraße nach Norden fort, mit dem Ziel, die 138. Schützendivision vollständig einzuschließen. Alle Angriffe wurden abgeschlagen.

Gleichzeitig klärte der Gegner verstärkt unsere vordere Linie auf. Artillerie und Granatwerfer nahmen die Gefechtsordnungen der Truppen unter heftigen Beschuß. Flugzeuge klärten auf und bombardierten in Gruppen von drei bis fünf Maschinen unsere Truppen. Die Nordgruppe kämpfte in ihren bisherigen Stellungen erbittert weiter.

Die 138. Schützendivision wehrte im Laufe des Tages Angriffe des Gegners ab, seine Verluste sind hoch. Zweimal im Laufe des Tages warf er frische Kräfte ins Gefecht. Trotz zahlenmäßiger Überlegenheit des Gegners und äußerst schwieriger Bedingungen schlug die Division alle Angriffe ab. Im Laufe der Nacht erhielt die Division aus Flugzeugen vier Ballen Verpflegung, zwei Ballen 45-mm- und zwei Ballen 82-mm-Granaten abgeworfen. Dringend benötigt werden Medikamente, MPi-Munition und Handgranaten.

Die 95. Schützendivision setzte mit dem 3. Bataillon der 92. Schützenbrigade und dem zusammengesetzten 685. Schützenregiment ihre Gegenangriffe an der Mesenskajastraße fort. Ziel: die Lage wiederherzustellen.

Der Gegner führte ausgangs des Tages frische Kräfte heran.

Die Lage im Abschnitt des 241. Schützenregiments wurde nicht wiederhergestellt. Der Kampf an der Mesenskajastraße geht weiter.

Die 45. Schützen- und die 39. Gardeschützendivision führten in ihren bisherigen Stellungen ein Feuergefecht. Auch die 284. Schützendivision führte in ihren bisherigen Stellungen ein Feuergefecht. Sie vernichtete am 16.11.42 90 Soldaten und Offiziere.

An den übrigen Frontabschnitten wehren unsere Truppenteile Angriffe von Infanteriegruppen ab und halten ihre Stellungen.

Arbeit der Übersetzstellen: In der Nacht wurden mit den Panzerbooten 11, 12, 13, 61 und 63 sowie den Dampfern ›Spartak‹, ›Pugatschow‹ und ›Panfilow‹ Munition, Verpflegung und aus den rückwärtigen Diensten der Armee herausgezogene Auffüllungen übergesetzt.

Verluste des Gegners: Nach unvollständigen Angaben verlor der Gegner im Laufe des 16.11.42 etwa 1000 Soldaten und Offiziere an Toten und Verwundeten.

Der Armeeoberbefehlshaber hat sich entschlossen, den Kampf in den Stellungen fortzusetzen und ein weiteres Vordringen des Gegners zu verhindern, seine Befestigungen durch Artilleriebeschuß zu zerstören und ihn zu vernichten.«

Meldung vom 18. November 1942: »Die Armee wehrte im Laufe des Tages Angriffe auf ihren rechten Flügel ab und führte an den übrigen Abschnitten ein Feuergefecht in ihren bisherigen Stellungen.

Der Gegner griff mit etwa einem Infanterieregiment und Panzern wiederholt unsere Stellungen im Raum Rynok sowie westlich von Spartanowka und mit Kräften von etwa zwei Bataillonen die Stellungen der 138. und 95. Schützendivision an.

Ausgangs des Tages waren alle Angriffe mit großen Verlusten

für den Gegner abgeschlagen. Gleichzeitig führte der Gegner Reserven an das Werk ›Barrikady‹ heran. Artillerie und Granatwerfer nahmen die Gefechtsordnungen der Truppen unter intensiven Beschuß.

Die Nordgruppe wehrte die auf Rynok und den westlichen Rand von Spartanowka geführten Angriffe ab und ging mit Teilkräften zum Gegenangriff über. Ziel: die Lage im Abschnitt Rynok wiederherzustellen.

Nach hartnäckigem Gefecht wurde der Gegner aus dem Nordwestteil von Rynok herausgeschlagen und die Lage wiederhergestellt.

Im Laufe des 17. und 18.11.42 wurden 800 Soldaten und Offiziere und 11 Panzer vernichtet, 9 davon verbrannt.

Noch einsatzfähig in der Gruppe sind:
124. Schützenbrigade — 745 Mann.
149. Schützenbrigade — 475 Mann.

Diese Brigaden benötigen dringend Auffüllung, Munition und Verpflegung.

Die 138. Schützendivision wehrte Angriffe von etwa zwei Bataillonen mit Panzerunterstützung ab. Der Gegner, der frische Kräfte heranzog, konnte den linken Flügel zurückdrängen und drei Gebäude besetzen.

Die 95. Schützendivision wehrte mit Kräften von über einem Bataillon geführte Angriffe des Gegners an den Kraftstofftanks ab.

Das 90. Schützenregiment befestigte sich an den Kraftstofftanks. Das 241. und das 685. Schützenregiment befestigten sich im Abschnitt der Schlucht 150 Meter nordostwärts der Mesenskajastraße.

Die 45. Schützen- und die 39. Gardeschützendivision kämpfen in ihren bisherigen Stellungen gegen kleinere Gruppen Infanterie und versuchen, ihre Stellungen zu verbessern.

An den übrigen Frontabschnitten wehrten unsere Truppenteile Angriffe kleinerer Gruppen von Infanterie und Panzern ab und hielten ihre Stellungen.

Arbeit der Übersetzstellen: Der Dampfer ›Pugatschow‹ und die Panzerboote 11, 12, 61 und 63 setzten in einer Überfahrt 167 Mann sowie Verpflegung und Munition für die Truppenteile über. 400 Verwundete wurden evakuiert.

Verluste des Gegners: Nach unvollständigen Angaben verlor

der Gegner im Laufe des 18.11.42 über 900 Soldaten und Offiziere an Toten und Verwundeten.

Der Armeeoberbefehlshaber hat sich entschlossen, die Stellungen zu halten und ein weiteres Vordringen des Gegners zu verhindern; ihn mit Teilkräften anzugreifen und sich mit den Truppenteilen der 138. Schützendivision zu vereinigen.«

In diesen Tagen waren beide Seiten aufs äußerste erschöpft. Dieser Zustand währte bis zum 19. November.

Am Abend des 18. November versammelten sich die Genossen Gurow, Krylow, Posharski, Wainrub und Wassiljew in meinem Unterstand, um über weitere aktive Handlungen der Armee zu beraten. Unsere Kräfte gingen zu Ende. In diesem Augenblick teilte uns der Stab der Front telefonisch mit, daß wir in Kürze einen Befehl zu erwarten hätten.

Alle überlegten, worum es sich wohl handeln könne. Da schlug sich Gurow mit der Hand vor die Stirn. »Ich hab's«, sagte er. »Das ist der Befehl zur großen Gegenoffensive!«

Wir gingen zur Funkstelle und warteten ungeduldig auf den lang ersehnten Befehl.

Gegen 24.00 Uhr war es soweit.

Buchstaben fügten sich zu Zeilen, und Zeile für Zeile zu den einzelnen Punkten des Befehls.

Mein Herz setzte vor Spannung aus.

Ein Befehl der Front! Die Konturen des gesamten Vorhabens unseres Oberkommandos zeichneten sich ab. Der Befehl lautete: »Die Südwest- und die Donfront haben am Morgen des 19. November aus dem Raum Kletskaja—Ilowlinskaja in allgemeiner Richtung Kalatsch zum Angriff überzugehen, die Stalingrader Front hat am 20. November aus dem Raum Raigorod—Sarpa-See—Zaza-See—Barmanzak-See in allgemeiner Richtung Siedlung Sowjetski und weiter auf Kalatsch anzugreifen. Aufgabe: die Front des Gegners durchbrechen, ihn einschließen und vernichten.«

Die Bedeutung der herannahenden Ereignisse war zunächst kaum zu fassen. Ging es im Befehl doch um eine Gegenoffensive, um die Einschließung und Vernichtung aller bei Stalingrad konzentrierten Kräfte des Gegners, also beileibe nicht um eine Operation mit lokaler Bedeutung, sondern um das Vorgehen dreier Fronten. Also war das Oberkommando imstande gewesen, gewaltige Kräfte zu sammeln und für einen Schlag zu konzentrieren. Unser Kampf um die Stadt, unser erbitterter Widerstand in Stalingrad erhielt damit endgültig seinen Sinn. Während der Gegner sich immer tiefer in Straßenkämpfe verstrickte und immer neue Truppenteile in den Kampf verwickelte, erwuchs an seinen Flanken eine tödliche Gefahr.

Nicht umsonst also hatten russische Soldaten ihr Blut vergossen, nicht umsonst die Stalingrader mit letzter Kraft standgehalten, auch dann noch, als alles zusammenzubrechen und der Gegner uns zu erdrücken drohte.

Die Losungen »Keinen Schritt zurück!« und »Hinter der Wolga gibt es für uns kein Land mehr!« erhielten neue Bedeutung. »Keinen Schritt zurück!« hieß jetzt »Vorwärts!« und »Hinter der Wolga gibt es für uns kein Land mehr!« bedeutete »Auf nach Westen!«

Eine Gruppe von Offizieren des Stabes und der Politabteilung der Armee sowie Offiziere, die die Stäbe der Divisionen zu bestimmen hatten, sollten den Befehl noch vor Tagesanbruch den Truppenteilen überbringen.

Man kann sich die Freude der Soldaten vorstellen, als sie erfuhren, was uns bevorstand. Niemand zweifelte am Erfolg.

»Bald werden wir wieder im Großen Land sein«, sagten sie.

Unsere Begeisterung war grenzenlos.

Die letzten Stunden der Nacht, der letzten in dieser Kriegsetappe, vergingen. Bei Tagesanbruch sollte etwas Neues beginnen.

Die Quellen des Sieges

Denkt man noch einmal an die Verteidigungskämpfe in Stalingrad zurück, fragt man sich zwangsläufig, wo die Quelle unseres Sieges lag, was den Stalingradern die Kraft verlieh, allen Versuchen der Faschisten zu widerstehen, die ihre Standhaftigkeit brechen wollten. In erster Linie war es die Kommunistische Partei, die die Grundlage des Stalingrader Sieges schuf. Sie schätzte Stalingrad als wichtigsten Frontabschnitt im Herbst und Winter 1942 ein und mobilisierte das ganze Sowjetvolk für die geplante Operation. Ihr und ihrem Zentralkomitee verdankt die Menschheit die Organisierung des Sieges über die faschistischen Truppen in der Wolgafeste, der zum Beginn der grundlegenden Wende im zweiten Weltkrieg führte.

Unter unglaublich schwierigen Bedingungen bereitete die Kommunistische Partei lange Zeit vor Beginn der Stalingrader Schlacht diese Wende vor.

Bekanntlich zwang uns der Gegner im ersten Kriegsjahr, als er viele Industriegebiete des Landes eroberte, in kürzester Frist die Betriebe der Verteidigungsindustrie nach Osten zu verlagern. Großes Können, außerordentliche Fähigkeiten und Energie der Kommunisten des Hinterlandes, unserer Wissenschaftler und leitenden Funktionäre der Industrie sowie der Arbeiterklasse unseres Landes waren vonnöten, um die Montage der evakuierten Betriebe in einem nahezu leeren Gebiet zu organisieren, den Betrieben die nötigen Arbeitskräfte zuzuführen, sie mit Energie und Rohstoffen zu versorgen und die Produktion auf vollen Touren in Gang zu setzen.

Neben der Überwindung ökonomischer Schwierigkeiten mußte die Partei eine gewaltige und komplizierte Arbeit auf rein militärischem Gebiet leisten, um die Folgen des überraschenden Einfalls zu beseitigen.

Man schickte die Kommunisten als führende, bestimmende Kraft an die meistgefährdeten und schwierigsten Abschnitte des Volkskampfes.

Tausende in der politischen Arbeit erfahrene Kommunisten strömten zu den Truppen. So waren von den 9000 aus verschiedenen Regionen und Gebieten zur 62. Armee einberufenen Parteimitgliedern über 500 Sekretäre, Abteilungsleiter und Instrukteure von Rayon-, Gebiets- und Stadtkomitees, Sekretäre von Kollektivwirtschaften, Betriebsparteiorganisationen und andere Parteifunktionäre. Zur Verstärkung der Politabteilung der Armee kamen die Mitarbeiter des Zentralkomitees Kirillow und Kruglow, der Stellvertreter des Volkskommissars für die Sowchosen der RSFSR Stupow und andere Genossen zu uns. In der Armee entstand ein starker Parteikern. Keine Kompanie war ohne Parteigruppe; viele Bataillone der 33., 37. und 39. Gardedivision bestanden nur aus Kommunisten und Komsomolzen.

An allen wichtigen Abschnitten standen Parteimitglieder. Die Kommunisten zeigten auf dem Marsch, im Schützengraben und im Gefecht, wie man kämpfen mußte, um die Forderung der Partei und des Vaterlandes »Keinen Schritt zurück!« zu erfüllen. Sie überzeugten jeden, daß es kein Zurück gab, daß man den Feind nicht nur aufhalten, sondern sogar zurücktreiben konnte, wenn man entschlossen und geschickt kämpfte. Das Vorbild und die Einsatzbereitschaft der Kommunisten waren eine unermeßliche Kraft. Weder die Autoren mancher heute im Westen erscheinenden Bücher über den zweiten Weltkrieg noch alle anderen, die nicht sehen wollen, daß die Kommunistische Partei den von der Sowjetarmee geführten entscheidenden Schlag im Verlauf des zweiten Weltkrieges organisierte, können die Wirkung dieser Kraft auf die Truppen und jeden einzelnen Soldaten begreifen.

An einigen Beispielen möchte ich die politische Arbeit der Kommunisten der 62. Armee deutlich machen. Eng mit den militärischen Aufgaben in den Truppenteilen verbunden, diente sie dazu, daß Gefechtsbefehle richtig verstanden und ausgeführt wurden.

In den Berichten und Abhandlungen über die Stalingrader Schlacht heißt es heute ganz selbstverständlich: »Die Verteidiger von Stalingrad haben bis zum letzten Schuß gekämpft.« So einfach aber war es nicht, sie moralisch dazu zu bringen.

Stellen Sie sich einen Soldaten vor, der in seiner Kolonne auf staubiger Landstraße müde, die Augen voll Staub und Schweiß, zur Wolga marschiert. Er trägt eine Panzerbüchse oder ein leichtes Maschinengewehr auf der Schulter, eine Patronentasche und Handgranaten am Koppel und auf dem Rücken seinen Rucksack mit Proviant und all den kleinen Dingen, die ihm Frau oder Mutter auf den weiten Weg mitgaben. Großmutter, Mutter, Frau und Kind sind im fernen Heimatdorf zurückgeblieben. Er denkt an sie und hofft auf ein Wiedersehen. An der Wolga aber ist der Himmel rot vom Feuerschein der brennenden Stadt. Er hört Detonationen und denkt wieder an seine Angehörigen, fragt sich: Wie werden sie ohne mich auskommen? Gäbe es in diesem Augenblick nichts, was ihn an die tödliche Gefahr, die der Heimat droht, an seine vaterländische Pflicht erinnerte, könnte es sein, daß er seinen Schritt verlangsamt oder gar stehenbleibt. Doch er geht weiter, denn am Straßenrand erblickt er Plakate, deren Aufrufe ihn vorwärts treiben. »Genosse, wenn du den Feind nicht in Stalingrad zum Stehen bringst, kommt er auch in dein Dorf und wird dein Haus zerstören!« liest er. Oder: »Der Feind muß in Stalingrad geschlagen und vernichtet werden!«, »Soldat, die Heimat wird deine Heldentat nicht vergessen!«

Es wird Abend. Die Übersetzstelle ist erreicht. Am Ufer liegen zerschlagene Kähne und ein Panzerboot mit durchlöcherter Bordwand. Im Gebüsch, unter zerfetzten Pappeln, in Löchern und Gräben sitzen Soldaten, Hunderte von Soldaten, doch alles ist still. Sie schauen mit angehaltenem Atem über die Wolga, auf das brennende Stalingrad. Es ist, als glühten selbst die Steine. Stellenweise reicht der Feuerschein bis in die Wolken. Können denn in dieser Glut noch Menschen leben und kämpfen? Woher nehmen sie die Luft zum Atmen? Was verteidigen sie dort – Ruinen, Brandstätten oder Schutthaufen?

Aber es gibt einen Befehl, auf jene Seite, nach Stalingrad überzusetzen und sofort den Kampf aufzunehmen. Doch der Befehl allein genügt nicht, die Soldaten müssen moralisch vorbereitet sein, ihn auszuführen, sonst wird das Verladen auf die Fähre nur langsam vorangehen, beim ersten Beschuß werden die Insassen ins Wasser springen und nicht auf die Höllenglut, sondern auf das eben verlassene Ufer zuschwimmen. Hier helfen weder Losungen noch Plakate, hier hilft nur das Beispiel. In jeder Kompanie, in jedem Zug sind Menschen, die nicht zurückschwimmen, sondern die Soldaten zur brennenden Stadt führen – Kommunisten und Komsomolzen. Getreu dem Befehl ihres Kommandeurs, zeigen sie durch persönliches Beispiel, wie man sich in einer solchen Lage verhält. Das ist politische Arbeit, die gewährleistet, daß Befehle ausgeführt werden.

Der Kommunist Pjotr Below, ein MG-Schütze aus Gorischnys Division, heute Tischler im Textilkombinat von Orechowo-Sujewo, berichtet über die politische Arbeit an einer Übersetzstelle über die Wolga: »Wir sollten auf die Fähre verladen werden. Ein kleiner General mit vollem, rundem Gesicht und rasiertem Schädel, der stellvertretende Frontoberbefehlshaber Golikow, trat zu uns. Er war eben erst aus Stalingrad gekommen. ›Es scheint‹, sagte er, ›als brenne dort drüben alles, als könne man nirgends mehr den Fuß hinsetzen. Aber drüben sind ganze Regimenter und Divisionen, und sie schlagen sich tapfer, sie brauchen Hilfe und warten auf euch.‹

Zeitungen wurden verteilt, jeder bekam ein Merkblatt mit dem Titel ›Was der Soldat wissen muß, und wie er sich im Straßenkampf zu verhalten hat.‹

Die Fähre legte an. Alle warteten aufgeregt auf das Kommando, jeder hängt doch am Leben. Ein schmächtiger Hauptmann mit Bärtchen betrat die Fähre, wie der kleine Stern am Ärmel zeigte, ein Politoffizier. Später erfuhr ich, daß es der Sekretär der Divisionsparteikommission, Syromjatnikow, war, Parteimitglied wohl seit 1918. Eine Gruppe Soldaten folgte ihm, darunter einige, über die man lachen mußte. Zum Beispiel über Stjopa Tschikarkow, der zu den Angsthasen gehörte. Als wir vor wenigen Tagen aus den Waggons ausgeladen worden waren und unsere Flak aus irgendeinem Grund zu feuern begann, suchte der erschreckte Stjopa so eilig das Weite, daß wir ihn nur mit Mühe einholen und beruhigen konnten. Es gelang ihm nicht, seiner Angst Herr zu werden. Aber jetzt war er unter den Soldaten, die Syromjatnikow ausgesucht hatte, um sie ohne Kommando auf die erste Fähre zu führen, als wollte er sagen: ›Seht, sogar Tschikarkow fürchtet sich nicht!‹ Das Verladen war schnell beendet, und wir legten ab, insgesamt etwa 500 Mann. Um keine Panik aufkommen zu lassen, standen wir Kommunisten an der Reling.

Die Wolga war rot vom Widerschein der Brände. Da kam zu unserem Pech auch noch der Mond hinter den Wolken hervor.

Es war so hell, daß man die Zeitung lesen konnte. Rechts und links schlugen Granaten ein. Eine krepierte dicht an der Bordwand. Ich glaubte schon, wir würden untergehen. Tief war es hier mitten auf dem Strom. Hauptmann Syromjatnikow aber setzte sich allen sichtbar auf einen Stapel Munitionskisten und begann mit dem Feldpostbriefträger Briefe zu sortieren. Er deutete bald auf diesen, bald auf jenen. Jemand stöhnte, beruhigte sich aber, als Syromjatnikow zu ihm hinschaute, als wollte er sagen: ›Nur Mut, Genosse, vielleicht ist auch einer für dich dabei.‹

Endlich erreichte unsere Fähre den toten Winkel. Es wurde dunkel, das Bordlicht war zerschossen. Da hörten wir die Stimme des Politoffiziers: ›Genossen, ihr findet mich mit dem Briefträger neben den brennenden Tanks. Dort wird auch der Bataillonsstab sein.‹

Natürlich war das eine List. Jeder Soldat wartete auf einen Brief, brachte er doch gleichsam ein Wiedersehen mit seinen Angehörigen. Aber wieviel Kühnheit und Geistesgegenwart gehörten dazu, in dieser Situation ruhig auf den Munitionskisten zu sitzen und Briefe zu sortieren. Mit einem Wort, Kommunisten sind erfinderisch.«

Es gab viele Beispiele für Findigkeit, Selbstbeherrschung, Entschiedenheit und Kühnheit unter unseren Politarbeitern, ihrer Fähigkeit, in kritischen Augenblicken die Aufmerksamkeit auf sich zu lenken. Mit diesen Eigenschaften wirkten die Kommunisten als persönliche Vorbilder im Gefecht.

Die Politabteilung der Armee forderte mit Recht, daß auf den Parteiversammlungen der Truppenteile über das Verhalten der Kommunisten im Gefecht gesprochen wurde. Diese Forderung war in einem vom Mitglied des Kriegsrates Gurow und dem Chef der Politabteilung Wassiljew unterzeichneten Rundschreiben über die Straßenkämpfe dargelegt. »Jedes Parteimitglied«, hieß es darin, »muß Vorbild für seine Umgebung sein. Standhaftigkeit und Entschlossenheit im Gefecht müssen zur Verhaltensnorm eines Kommunisten werden. Die Parteiorgane haben jede Verwirrung und jeden Kleinmut nach den Normen der Parteidisziplin streng, selbst bis zum Ausschluß aus der Partei, zu ahnden.«

Das Rundschreiben wurde nicht nur in den Parteiorganisationen der Kompanien und Bataillone diskutiert, sondern auch in den Stäben, einschließlich des Armeestabes. Jeder Vorgesetzte spürte so die ständige Kontrolle der einfachen Parteimitglieder, die nach dem Parteistatut das Recht hatten, die Durchführung der Beschlüsse der Parteiversammlung zu fordern. Diese Beschlüsse sind nach dem Gesetz unserer Partei für jeden bindend. Die Verletzung der innerparteilichen Disziplin wird ohne Ansehen der Person bestraft. Als Oberbefehlshaber der Armee begrüßte ich lebhaft die Forderung unserer Politabteilung. Als die Straßenkämpfe im Stadtzentrum und im Industrieviertel begannen, konnte der Kriegsrat der Armee schnell den negativen Einfluß derjenigen überwinden, die bezweifelten, daß es zweckmäßig sei, die Stadt zu verteidigen. Gestützt auf die Parteiorganisationen, ging der Kriegsrat energisch gegen Feiglinge und Panikmacher vor. Jeder Verteidiger Stalingrads verurteilte Soldaten und Kommandeure, die feige das Gefechtsfeld verließen. Ein Kämpfer duldet niemanden, der sich hinter seinem Rücken verbirgt oder ihn aus Feigheit verrät. Diese Einstellung vertrat die überwiegende Mehrheit der Verteidiger der Stadt. Unserer Parteiorganisation ist es zu danken, daß trotz der schwierigen Lage und der eindeutigen Überlegenheit des Gegners an Menschen und Technik nicht ein einzigesmal Massenpanik auftrat.

Während der wochen- und monatelangen Straßenkämpfe, bei ständigem Gefechtslärm, konnten die Politarbeiter weder große Versammlungen noch Meetings veranstalten. Für lange Reden war weder Zeit noch Gelegenheit. Oft mußte der Agitator oder Propagandist den Soldaten einzeln, in kurzem Gespräch im Keller, unter dem Treppenabsatz oder durch persönliches Beispiel im Kampf erklären, wie sie die Waffen zu führen und die Befehle zu verwirklichen hatten. Unter den gegebenen Bedingungen wirkte das mehr als Referate. Voraussetzung war, daß die Politarbeiter die Taktik des Straßenkampfes und die Waffen, vor allem Maschinenpistolen und Handgranaten, vollendet beherrschten. Die meisten Politarbeiter der 62. Armee erfüllten diese Forderung.

Zum Hauptverdienst unserer Parteiorganisation zähle ich, daß sich die Politarbeiter, mit den Besonderheiten des Straßenkampfes vertraut, vorwiegend in den Kompanien, Zügen und Sturmgruppen aufhielten. Das persönliche Gespräch mit dem Soldaten wurde für die Partei- und Komsomolorganisatoren, die Politstellvertreter und Instrukteure der Politabteilung zur wichtigsten Arbeitsmethode. Nur so konnten wir jedem Soldaten bewußt machen, daß er auch im feindlichen Hinterland, ganz auf sich gestellt, bis zur letzten Möglichkeit kämpfen konnte und mußte, daß es seine Pflicht war, selbständig zu handeln, sich des Vertrauens der Führung würdig zu erweisen und dabei die seinem Regiment, seiner Division oder der Armee gestellte Gesamtaufgabe im Auge zu behalten. Vertrauen und nochmals Vertrauen war das Mittel, Kampfkraft und Initiative der Truppen zu erhöhen. Die schwierige und verantwortungsvolle Kleinarbeit gelang; jeder Verteidiger Stalingrads wurde dem Gegner zum unüberwindlichen Hindernis.

Die Parteiorganisationen setzten sich energisch für die Erfüllung der Gefechtsbefehle ein. Ich denke an die Inspekteure und Instrukteure der Politabteilung der Armee, die Genossen Pantschenko, Starilow, Kruglow, Kogan, Semin, Sujew, Kokunow, Elkin, Rogulew, Gurkin, an den Gehilfen für die Komsomolarbeit Nikolajew, die Genossen Titow und Stupow, die stets an den wichtigsten Abschnitten zu finden waren. Es bewährte sich, daß die Politarbeiter ihre Arbeit den jeweiligen Umständen anpaßten, nicht auf besondere Gelegenheiten warteten, sondern jederzeit zu den Sturmgruppen, den MG-Schützen, Infanteristen und Pionieren gingen, wo sie auch immer waren. Keine Unterbrechung in der massenpolitischen Arbeit, lautete die Forderung der Politabteilungen an ihre Mitarbeiter.

In die vorderste Linie gingen Politarbeiter und Kommandeure aller Ebenen, vom Bataillonsparteiorganisator bis zum Leiter der Politabteilung und dem Mitglied des Kriegsrates der Armee. Ich selbst war oft bei den Soldaten in den Schützengräben und MG-Stellungen, um ihnen die wichtigsten Beschlüsse der Partei und die Gefechtsaufgaben ihrer Einheiten zu erläutern. Nach solchen offenen Aussprachen fühlten sie sich noch stärker für ihre Sache verantwortlich, sie hatten begriffen, wie wichtig es war, daß sie ihre Teilaufgabe lösten.

Der Inspekteur der Politabteilung der Armee, der Bataillonskommissar und spätere Oberstleutnant Pantschenko, kämpfte im Raum Orlowka mit seinem Bataillon in der Einschließung weiter. Er durchbrach dann mit der 120 Mann starken Gruppe nachts die deutschen Linien und vereinigte sich mit den Truppenteilen im Industrieviertel.

Iwan Semin, Instrukteur der Politabteilung der Armee, blieb zwei Wochen bei einer in der Kalibrierabteilung des Werkes

»Roter Oktober« kämpfenden Sturmgruppe und mußte dann schwerverwundet — er hatte ein Bein verloren — fortgebracht werden.

Besonders hervorzuheben sind die Parteiorganisationen der 284. Schützendivision. Der Leiter der Politabteilung, Tkatschenko, seine Stellvertreter und die Parteiorganisatoren der Regimenter haben so wirkungsvoll gearbeitet, daß auch nicht ein Fall von Kleinmut oder Verwirrung im Gefecht auftrat. Die Standhaftigkeit und Entschlossenheit der Sibirier machte dem Gegner viel zu schaffen. Batjuks Sturmgruppen vernichteten mit ihren Maschinengewehren und Maschinenpistolen allein auf dem Mamajewhügel mehrere tausend Soldaten.

Der Politapparat der Division verfolgte aufmerksam die Entwicklung und Popularisierung neuer Kampfmethoden. Als der Panzerjäger Dmitri Schumakow seine Panzerbüchse für die Abwehr von Flugzeugen einrichtete, gab der Politstellvertreter Nechoroschew noch am selben Tag Zeichnungen dieser neuen Vorrichtung an alle Einheiten weiter. Zwei Tage später hatte dieses Regiment bereits sechs Sturzkampfbomber abgeschossen. Und als die Scharfschützenbewegung aufkam — der Initiator in dieser Division war Wassili Saizew — erschienen Listen in Unterständen und Schützengräben der Einheiten, die täglich die Zahl der von den Scharfschützen vernichteten Feinde meldeten. Täglich berichtete die Divisionszeitung über erfolgreiche Schützen. Auch der politisch so wichtige Briefwechsel mit den Angehörigen Gefallener war weit verbreitet. Oft unterschrieben ganze Einheiten, Züge, Kompanien und sogar Bataillone diese Briefe. Die Überlebenden schworen, ihre Kampfgenossen zu rächen, und jeder sah seine Ehre darin, diesen Schwur zu halten.

Die Kommunisten bestimmten das Leben der Armee. Sie kümmerten sich darum, daß die Soldaten in der vordersten Linie und in den Feuerpunkten warmes Essen erhielten, sorgten für die Betreuung der Verwundeten und richteten in den Unterständen Kulturräume ein, wo jeder Soldat Zeitung lesen, Musik hören und etwas ausspannen konnte.

Die Parteikommissionen der Divisionen und der Armee berieten meist unmittelbar bei den Truppenteilen. Oft wurden Soldaten, die sich im Gefecht ausgezeichnet hatten, an Ort und Stelle in die Partei aufgenommen. Ich war Zeuge, wie verdiente

Soldaten der 284. Division, darunter auch Wassili Saizew, ihr Parteidokument erhielten. Sie schworen, bis zur letzten Patrone zu kämpfen und den Feind nach Art der Bolschewiki zu schlagen.

Die Kampfmoral und höchste Kampffähigkeit der Truppen zu sichern, danach strebten die Kommunisten der Armee. Sie waren Vorbild und festigten die Reihen der Soldaten: als erste im Gefecht, unerbittlich im Nahkampf, die Entschiedensten im Angriff, die Einfallsreichsten in den Sturmgruppen und die Standhaftesten in der Verteidigung.

Untrennbarer Bestandteil der Parteiarbeit war die Anleitung des Komsomol.

Komsomol! Wie stolz das klingt. Wieviel Heldentaten vollbrachten unsere Komsomolzen im Großen Vaterländischen Krieg, wie standhaft und mutig bekämpften sie in Stalingrad die faschistischen Eindringlinge!

Als in den Straßen der zerstörten Stadt noch erbittert gerungen wurde, bat ich die Leiter der Parteikomitees und des Exekutivkomitees der Stadt, nach dem Wiederaufbau Stalingrads die schönste Straße nach dem Komsomol zu benennen. Damit hatte ich auch die Bitte des gesamten Kriegsrates ausgesprochen, denn die 62. Armee setzte sich hauptsächlich aus jungen Soldaten zusammen. Viele Kompanien, Bataillone und Regimenter bestanden nur aus Komsomolzen.

In der 37. Gardedivision kämpften über 8 000 Komsomolzen, Angehörige des Landungskorps. Sie verteidigten im Oktober das Traktorenwerk. Allein am 5. Oktober flog der Gegner hier 700 Einsätze. Jedes Flugzeug warf 8 bis 12 Bomben ab; über 6 000 fielen auf die Gefechtsordnungen der 37. Division. Trotzdem kamen die Faschisten keinen Schritt voran.

Geführt von den Parteiorganisationen, gehörte der Komsomol stets zu den vorwärtsdrängenden Kräften.

Jeder, der in jenen gefahrvollen, schweren Tagen in unserer Stadt war, hat gesehen, welche Rolle unsere militärische Jugend, unsere Komsomolzen spielten, welch hohe moralische und kämpferische Eigenschaften sie bewiesen. Wir älteren, kampferfahrenen Soldaten waren stolz, daß uns die jungen Soldaten und Offiziere in den Stalingrader Gefechten an Ausdauer, Tapferkeit und anderen militärischen Tugenden ebenbürtig waren. Sie bewahrten nicht nur würdig unsere ruhmreichen Traditionen, sondern vermehrten sie durch ungezählte Heldentaten.

Über die jungen Stalingrader Kämpfer zu schreiben heißt über eine Jugend zu berichten, die die Stadt, die Wolga und ihr Vaterland in einer Zeit höchster Gefahr mit ihren Leibern deckte, heißt über ihre Treue und Liebe zur Heimat und zur Kommunistischen Partei zu berichten, über ihren Stolz, ihre Unbeugsamkeit, über den unbändigen Willen und die Kameradschaft einer jungen Generation.

Unsere Komsomolzen bestanden die harte Prüfung ehrenvoll. Niemand zwang sie in die Knie. Sie stählten sich und lernten die Kunst, den Feind zu besiegen. Einige Beispiele seien mir gestattet.

Eines Tages griffen Panzer eine Schützenkompanie von Rodimzews Division an, die einen Teil des Bahnhofsgeländes besetzt hielt. Der plötzliche Angriff verwirrte die Soldaten. Aber der Sekretär der Komsomolorganisation, Fjodor Jakowlew, verlor nicht den Kopf. Er ergriff zwei Panzergranaten, richtete sich auf und schleuderte eine mit dem Ruf »Keinen Schritt zurück, Genossen!« gegen den Spitzenpanzer. Eine Stichflamme, und der Panzer brannte. Als Jakowlew die zweite Granate werfen wollte, traf ihn eine Kugel. Mitgerissen durch sein Beispiel, schlugen die Soldaten mit Handgranaten den Angriff zurück. Sie fanden bei Jakowlew ein Medaillon, das einen kleinen handgeschriebenen Zettel mit der Überschrift »Mein Schwur« enthielt:

> Ein Sohn der Partei, gilt die Heimat für mich
> als Mutter, mein Vater ist Lenin.
> Im Kampf weich' ich nicht einen Meter zurück,
> Das schwör ich dem Freund und dem Feinde.

An der Flugplatzsiedlung griffen acht Panzer einen unserer KW-Panzer an. Sein Kommandant, Chassan Jambekow, nahm den Kampf auf und schoß vier Panzer bewegungsunfähig. Aber auch sein Panzer wurde in Brand geschossen. Faschistische MPi-Schützen umringten ihn und warteten, daß die Besatzung ausstieg. Aber die Genossen waren entschlossen, bis zum letzten Schuß zu kämpfen. Rauch und Flammen drangen in den Gefechtsraum ein. Plötzlich vernahm der Funker unseres Panzerregiments Jambekows Stimme. »Lebt wohl, Genossen, vergeßt uns nicht!« Dann ertönte das Lied »Erhebe dich, du Riesenland«, gesungen von den Panzersoldaten. So starben sie tapfer und ungebeugt — der Kommandant Chassan Jambekow, der Fahrer Andrej Tarabanow, der Richtschütze und Funker Wassili Muschilow und der Ladeschütze Sergej Fedenko.

Die Komsomolzen Lenins, aus allen Teilen der Sowjetunion zur Wolgafeste gekommen, waren würdige Söhne ihrer sozialistischen Heimat. Gedacht sei des jungen Sergeanten Jakow Pawlow, des Verteidigers des berühmten Pawlowhauses, und des jungen Leutnants Timofej Semaschko, eines Helden der Kämpfe an der Mokraja Metschetka. Die Komsomolzen waren die Seele unserer gefürchteten Sturmgruppen, die in den Straßenkämpfen eine so wichtige Rolle spielten.

Die vom Blut in Stalingrad gefallener Komsomolzen getränkten Mitgliedsbücher werden sorgsam in Museen aufbewahrt. Neue Generationen von Komsomolzen betrachten ehrfurchtsvoll die Zeugnisse von Tapferkeit und Heimatliebe. Das Mitgliedsbuch Nr. 13 145 761 ist von einem Granatsplitter zerrissen. Es gehörte Nikolai Boroduschin, einem neunzehnjährigen Komsomolzen aus Saratow, der bei einem Angriff den Heldentod fand.

Und ein weiteres, an den Rändern versengtes Dokument gehörte dem ukrainischen Panzersoldaten Pjotr Wlassenko. Wenige Wochen vor seinem Tod hatte er sein Mitgliedsbuch auf dem Gefechtsfeld erhalten. Sein Panzer wurde bei einem Angriff in Brand geschossen, doch Wlassenko kämpfte bis zum letzten Schuß. Dutzende gefallener Faschisten lagen neben seinem Fahrzeug.

Aufbewahrt sind auch die von Kugeln durchlöcherten Mitgliedsbücher der Komsomolzen Wassili Butow und Alexander Olenitschew, die auf dem Dzierżyńskiplatz fielen, als sie sich in den ersten Reihen zum Sturm auf die im Traktorenwerk verschanzten MPi-Schützen erhoben.

Während der Kämpfe am Wolgaufer beförderte man Tausende junger Männer zu Regiments- und Bataillonskommandeuren, Kompanie-, Abteilungs- und Batteriechefs. Sie, die den Bestand der Stalingrader Truppen stärkten, waren Kommunisten, die Blüte des Komsomol.

Woher kamen ihre Tapferkeit und beispiellose Standhaftigkeit, die in der ganzen Welt Bewunderung erregten? Sie wurzelte in den Traditionen der bolschewistischen Partei. Ausgebildet waren diese Jungen zuzeiten der Fünfjahrpläne – beim Bau des Stalingrader Traktorenwerkes, des Wasserkraftwerkes am Dnepr, der Stadt Komsomolsk am Amur, beim Aufbau der Betriebe an der Wolga und im Ural, in der Ukraine und in Sibirien, im Norden und Süden unseres Landes.

Das einzige Privileg der Kommunisten und Komsomolzen der 62. Armee war, allen voran und besser als die anderen zu kämpfen.

Die gründlich durchdachte, nie abreißende politische Arbeit schweißte die Genossen zu einer verschworenen Kampfgemeinschaft zusammen. Die Soldaten liebten ihre Kommandeure, schützten und verteidigten sie. Die Offiziere waren immer bei ihren Soldaten und kämpften genau wie sie. Diese Kampfgemeinschaft festigte Disziplin und Ordnung. Ging man zur B-Stelle, spürte man, daß die Soldaten einen beschützten. General Rodimzew erinnert sich sicherlich daran, wie wir am Westrand der Siedlung Roter Oktober ganz nach vorn gerieten und Soldaten und Offiziere uns zuredeten, diese gefährliche Stelle zu verlassen; sie versicherten, auch ohne uns ihre Aufgabe lösen zu können.

Es gibt viele solcher Beispiele. Sie zeigen, wie die Soldaten ihre Kommandeure achteten, deren Einzelleitung mit allen Mitteln der politischen Arbeit wirksam unterstützt und gefestigt wurde.

Daß Soldaten und Unteroffiziere ihre Vorgesetzten mochten und verehrten, war natürlich, kamen sie doch aus derselben sozialistischen Welt. Bürgerliche Historiker, die den Ursachen der Niederlage Deutschlands an der Ostfront nachgehen, verstehen das nicht.

Obwohl durch Feuer und Wasser vom Großen Land getrennt, fühlten wir uns verbunden mit unserem Volk, dessen Fürsorge wir täglich spürten. Wir erhielten Briefe, Päckchen und Funksprüche, ganz zu schweigen von Waffen und Munition. Diese Sorge begeisterte die Soldaten zu Heldentaten. Sie wußten, daß ihr Volk sie nicht vergessen würde.

Und es hat sie nicht vergessen. Auf dem Mamajewhügel errichtete es den Verteidigern Stalingrads eine Gedenkstätte. Millionen Menschen aus aller Herren Länder besuchen sie.

Der ideelle Gehalt unseres Kampfes, der Patriotismus unserer

Soldaten, ihre Liebe zur sozialistischen Heimat, ihre Ergebenheit gegenüber den Ideen des Kommunismus und ihre parteiliche Erziehung hätten allerdings wenig vermocht, wären wir im Verlauf der Kämpfe nicht um die Gefechtsausbildung besorgt gewesen, hätten wir uns nicht das Können angeeignet, das uns in die Lage versetzte, mit geringeren Kräften als der Gegner sie hatte, seinem Stoß standzuhalten, ihn zum Stehen zu bringen und dann zu vertreiben.

Trotz schwieriger Bedingungen manövrierten die Truppen der 62. Armee und verstärkten nachts ihre schwachen Stellen. Die Deutschen begriffen nicht, daß sie am Morgen an einem Abschnitt auf feste, hartnäckige Verteidigung stießen, ja sogar Gegenangriffe abwehren mußten, an dem am Abend zuvor kaum Truppen gestanden hatten.

Bürgerliche Schreiberlinge behaupten, daß die Russen wie kein anderes Volk den Tod verachten, weil sie das Leben nicht lieben. Sie können nicht verstehen, daß sich ein Sowjetmensch ein Leben ohne Sowjetheimat nicht vorstellen kann.

Die Taktik der faschistischen Generale und Offiziere für den Kampf in Städten scheiterte in Stalingrad. Ihre Stoßkeile brachen sich an Stützpunkten und befestigten Gebäuden und verloren Geschlossenheit und Kraft.

Seine quantitative Überlegenheit an Technik, besonders an Flugzeugen, brachte dem Gegner keinen entscheidenden Erfolg im Straßenkampf. Seine Flieger konnten weder alles vernichten noch den Bodentruppen den Weg bahnen. Unsere Sturmgruppen näherten sich dem Feind auf Handgranatenwurfweite und stellten damit seine Piloten vor die unlösbare Aufgabe, uns zu bombardieren, ohne die eigenen Leute zu treffen. Bei jedem Versuch, unsere Sturmgruppen zu bombardieren, fielen Bomben auf die deutschen Stellungen. Dazu möchte ich folgendes Beispiel erwähnen: An einem Abschnitt bei Smechotworows Truppen, deren Gräben dicht am Gegner lagen, stand ein zerstörtes Haus. In seiner Nähe tobten Handgranatenkämpfe. Deutsche Flieger erschienen und warfen Bomben. Freund und Feind stürzten in den Keller des Hauses, wo sie etwa 20 Minuten lang bunt durcheinander lagen und Schutz vor Bomben, Granatsplittern und Bordwaffenbeschuß suchten. Sobald der Fliegerangriff aber vorüber war, entschied sich, wer wen gefangennahm. Wir brachten schließlich 17 Gefangene ein.

Unsere Taktik im Straßenkampf war nicht schablonenhaft, sie entstand in der Praxis und vervollkommnete sich mit ihr.

Das Wichtigste, was ich in Stalingrad lernte, war, die Schablone zu meiden. Von der konkreten Lage ausgehend, suchte ich neue Methoden der Organisation und Führung des Kampfes.

Wie alle offenen Städte unseres Landes war Stalingrad nicht auf die Verteidigung vorbereitet, noch weniger auf eine längere Belagerung. Die Stadt besaß keinerlei Verteidigungsanlagen. Wir mußten sie erst errichten, als die Straßenkämpfe begannen. Das war eine der Besonderheiten, auf die ich jetzt ausführlicher eingehen will.

Die Basis unserer Verteidigung waren Verteidigungsknoten mit ihren Stützpunkten. Als Stützpunkte dienten vor allem massive Gebäude in den wichtigsten Richtungen, die wir durch Gräben oder Gänge verbanden; die Zwischenräume sicherten wir durch Feuer oder Hindernisse. Bevorzugt wurden ausgebrannte Häuser oder Häuserblocks, aus denen man uns nicht ausräuchern konnte. Jeden Stützpunkt verteidigten wir je nach Größe und Bedeutung mit Abteilungen, Zügen, Kompanien, sogar mit Bataillonen. Für eine Rundumverteidigung ausgebaut, vermochten sie sich mehrere Tage lang selbständig zu halten.

In der Regel hatten die Besatzungen Panzerbüchsen, Panzerabwehrkanonen und, wo möglich, sogar Panzer oder Selbstfahrlafetten. Wir bemühten uns, jeden Soldaten mit Brandflaschen oder Panzergranaten auszurüsten. Zur Besatzung gehörten Scharfschützen, Pioniere, Angehörige des chemischen Dienstes und ein Sanitäter, der reichlich mit Medikamenten versehen war.

Eine solche für die Rundumverteidigung ausgebaute und durch ein gemeinsames Feuersystem und einheitliche Führung miteinander verbundene Gruppe von Stützpunkten bildete einen Verteidigungsknoten. Große Werkabteilungen mit Gebäuden aus Stahl und Beton, die zudem ausgedehnte Kellergeschosse hatten, konnten so lange und hartnäckig verteidigt werden. Anfangs nutzten wir die unterirdischen Anlagen – Kanalisation, Kabelschächte und Wasserleitungen – aus Unkenntnis nur wenig aus. Nachdem wir aber während der Kämpfe Verbindung mit Betriebsangehörigen in den Stadtbezirksparteiorganen aufgenommen hatten, ließen wir keine Möglichkeit aus, den Gegner von hier aus zu bekämpfen.

Straßen und Plätze sperrten wir mit den verschiedensten Hindernissen, um den Faschisten das Manöver zu erschweren. Aus den benachbarten Gebäuden konnten die Zugänge und Sperren von schachbrettartig angeordneten Feuerpunkten aus allen Waffen unter vielschichtiges Schrägfeuer genommen werden.

Die Stützpunktbesatzungen bestanden aus Angehörigen aller Waffengattungen, ausgerüstet mit Flammenwerfern, schweren und überschweren MGs, Panzerbüchsen, einzelnen Geschützen, Granatwerfern und Panzern, unterstützt vom Artilleriefeuer aus getarnten Stellungen. Stützpunkt- und Verteidigungsknotenkommandanten waren Kommandeure von Schützeneinheiten. Bei ihnen hielten sich die Artilleriebeobachter der aus gedeckten Stellungen feuernden Artillerie auf.

Je nach Festigkeit und Lage der Gebäude verteilten wir die Feuermittel. In mehrgeschossigen Häusern richteten wir in den Kellern und unteren Stockwerken Feuerpunkte ein, von denen aus wir die Straßen bestrichen. Von den oberen Stockwerken und aus Dachböden beschossen wir Panzer, Straßen, Höfe, benachbarte Gebäude und entfernte Ziele. Geschütze, die im direkten Richten feuerten, und einen Teil der schweren Maschinengewehre, darunter die MGs für Nahbeschuß, brachten wir in den unteren Stockwerken in Stellung. Mitunter stellten wir für den Fernbeschuß auch in höheren Stockwerken schwere und überschwere MGs auf. Die Schützen verteilten wir über das ganze Gebäude. Einige Geschütze, die im direkten Richten feuerten, Panzer und schwere MGs, brachten wir zum Schutz der Zugänge an Flanken und Zwischenräumen nach hinten oder seitlich gestaffelt außerhalb der Gebäude in Stellung.

Die Besonderheiten des Kampfes in der Stadt erforderten, daß unsere Infanterieeinheiten reichlich mit automatischen Waffen, Handgranaten und Brandflaschen ausgerüstet waren. Wir schufen ein ganzes Netz von zeitweiligen und Reservefeuerstellen für alle Waffenarten, die wir für ein Feuermanöver in allen Richtungen ausbauten.

Mit diesem Feuersystem in Verbindung mit den Sperren wollten wir verhindern, daß der Gegner Artillerie, Panzer, Selbstfahrlafetten und Infanteriefeuermittel in günstige Stellungen brachte; seine Infanterie- und Panzerangriffe erschweren oder sie an den Zugängen der Stützpunkte und in den Zwischenräumen abwehren; die gegnerische Infanterie von ihren Panzern abschneiden; einen teilweise in die Stützpunkte und in die Zwischenräume eingedrungenen Gegner vernichten; ihn daran hindern, an den Durchbruchstellen in der Tiefe Raum zu gewinnen; bei einer Einschließung der Stützpunkte und Verteidigungsknoten ihre zuverlässige Verteidigung sichern; die Bildung von Feuersäcken ermöglichen und den Gegner durch Feuer und Gegenangriffe vernichten; Gegenangriffe wirksam unterstützen.

Beim Beschuß auf kurze Entfernung berücksichtigte unser Feuersystem neben den Infanteriewaffen auch den verstärkten Einsatz von Artillerie im direkten Richten und Granatwerfern, die den Gegner in tieferen Deckungen vernichten sollten.

Auch unsere Panzerabwehr innerhalb der Stadt hatte Besonderheiten. Wir bekämpften die Panzer auf kurze Entfernung. Eine bedeutsame Rolle spielten unsere mit Brandflaschen, Panzerbüchsen und Handgranaten ausgerüsteten Panzerjäger, die die Panzer hauptsächlich aus dem Hinterhalt, aus Mauerdurchbrüchen, Hauseingängen und Fenstern unter Beschuß nahmen.

Für die Rundumverteidigung eines Stützpunktes oder Verteidigungsknotens brachten wir im direkten Richten feuernde Geschütze in Stellung und setzten Panzer ein, die imstande waren, Panzerangriffe von allen Seiten abzuwehren. Fehlte es an Artillerie, sicherten wir die Rundumverteidigung durch ausreichende Gassen und Durchgänge für das Manöver beweglicher Abteilungen, schufen Minensperren und setzten Panzerbüchsenschützen ein. Die Feuerstellungen einzelnstehender Batterien bauten wir als Stützpunkte zur Panzerabwehr aus; mehrere dieser in derselben panzergefährdeten Richtung liegende Stellungen verbanden wir zu einem Panzerabwehrraum.

Auch die Stäbe, einschließlich des Armeestabes, die Gefechtsstände, Munitionsversorgungsstellen und Artilleriestellungen verwandelten wir in Stützpunkte. Unsere Verteidigung erstreckte sich von der vordersten Linie über die ganze Tiefe bis zur Wolga. Alle rückwärtigen und Versorgungseinheiten gehörten zur kämpfenden Truppe und hatten ihre eigenen Verteidigungsabschnitte.

Sehr wichtig war die persönliche Aufklärung der Kommandeure aller Ebenen. Dadurch konnte der Kommandeur eines

Schützenregiments genau die vorderste Linie seiner Verteidigungsstellung und den Umfang der Sperren für die Verstärkung wichtiger Abschnitte bestimmen. Er organisierte das Zusammenwirken des Feuers mit den Sperren vor der vordersten Linie und im gesamten Verteidigungsabschnitt, sicherte die Nähte zwischen den Bataillonen, Verteidigungsknoten und Stützpunkten, gab den Reserven die Richtung für den Gegenangriff an und sicherte ihr Manöver durch entsprechende Maßnahmen.

Die Kommandeure der Schützenbataillone und -kompanien legten während der persönlichen Aufklärung fest, wie die Stützpunkte, Verteidigungsknoten und Zwischenräume verteidigt werden sollten. Sie lenkten die Kampfhandlungen der Besatzungen an den Zugängen und im Inneren der Verteidigungsanlagen, stellten Aufgaben und wählten die Feuerstellungen der MGs und Geschütze für den Nahbeschuß aus, sie bestimmten die Richtungen der Gegenangriffe und ließen Gassen und Durchgänge für das Manöver vorbereiten. Sie wiesen den Scharfschützen ihre Handlungsräume an und machten sie mit ihren Aufgaben vertraut.

Jeder Verteidigungsknoten und jeder Stützpunkt besaß einen Verteidigungsplan, der gewöhnlich folgendes enthielt: Aufgaben der Besatzung des Stützpunktes; Schaffung eines Feuersystems für die Rundumverteidigung; Aufgaben der Kräfte und Mittel im Stützpunkt, in den Schützengräben, Feuernestern und Zwischenräumen; Verteilung der Kräfte und Mittel der Besatzung für die Abwehr von Angriffen in einer oder mehreren Richtungen und für die Rundumverteidigung; Verteilung der Feuermittel unter dem Gesichtspunkt, den Gegner nicht an den Stützpunkt heranzulassen und den Beschuß der Räume zwischen dem eigenen und den benachbarten Stützpunkten und vor der Front des Gegners sowie das Zusammenwirken der Feuermittel der betreffenden Stützpunkte zu sichern; Aufgaben der zur Unterstützung eingesetzten Artillerie; Richtung und Wege für eigene Gegenangriffe; Verteidigung nach dem Verlust mehrerer Stützpunkte, eines Verteidigungsknotens oder einzelner Gebäude; Verstärkung der Zwischenräume in der Nacht; Methoden zur Bekämpfung des in den Stützpunkt eingebrochenen Gegners und Weisungen für die hierzu notwendigen Arbeiten im Stützpunkt.

Die von uns sorgfältig, wenn auch nicht immer schriftlich

ausgearbeiteten Pläne ergänzten die Kommandeure im Gefecht, und sie nutzten jede Pause, Befestigungen zu errichten und im Gelände, in Gebäuden und Stützpunkten festen Fuß zu fassen.

Der Kampf um Stalingrad ist ein Musterbeispiel aktiver Verteidigung. Jeden Einbruch des Gegners beseitigten wir durch Feuer und meist überraschende Gegenangriffe gegen die Flanken und im Rücken. Damit fügten wir dem Gegner hohe Verluste zu und zwangen ihn oft, seine Angriffe abzubrechen und nach schwachen Stellen in unserer Verteidigung zu suchen. Dabei verlor er Zeit.

Durch folgende Maßnahmen sicherten wir die Aktivität unserer Verteidigung: sorgfältig organisierte Aufklärung bei allen Waffengattungen; gründliche Vorbereitung eines Feuersystems mit allen Waffenarten, um die für den Angriff konzentrierten gegnerischen Kräfte zu zerschlagen; sorgfältige Tarnung der eigenen Kräfte (besonders der Gruppen für Gegenangriffe), der Zugänge zu unseren Stützpunkten sowie des Gegenangriffs; Organisation des Zusammenwirkens unserer angreifenden Gruppen und Feuermittel, um durch Beschuß das Nachrücken der zweiten Staffeln des Gegners und seiner Reserven zu verhindern.

Meistens endete unsere Gegenvorbereitung mit einem Stoß gegen die Flanke oder das Zentrum der sich zum Angriff vorbereitenden Gruppierung des Gegners. Oft war unser Ziel dabei, ihm nicht nur Verluste zuzufügen, sondern durch einen überraschenden Vorstoß unserer Schützeneinheiten und Panzer mit Unterstützung von Artillerie und Fliegerkräften in seine Ausgangsstellungen einzubrechen, ihn zu verwirren, seinen Angriff zu vereiteln und Zeit zu gewinnen.

Wir schlugen den Gegner, wo wir ihn fanden und wo seine Angriffsvorbereitungen am weitesten vorgeschritten waren, wir schlugen ihn physisch und moralisch. Gelang es ihm durchzubrechen, so stieß er auf eine Gefechtsordnung, die es uns ermöglichte, die ganze Zeit über aus der Tiefe zu handeln, gegen seine schwachen Stellen und gegen seine Flanken vorzugehen, die er im Angriff entblößte.

Unsere in Häusern verschanzten Schützen, Artilleristen und Panzersoldaten ließen die Panzer in die Tiefe der Verteidigung eindringen, wo sie in den zweiten Staffeln auf Panzerabwehrknoten und -sperren stießen. Oft konnten unsere Truppen die

Infanterie von ihren Panzern abschneiden und mit MGs vor der vordersten Linie vernichten. Unsere in Kellern und Gräben sitzenden Panzerjäger schossen die deutschen Panzer in Brand.

In getarnten Befestigungen kämpfend, waren wir dem Gegner überlegen, der uns auf Straßen und Plätzen ein gutes Ziel bot. Unsere Scharfschützen, MG-Schützen und Artilleristen beschossen die durchgebrochenen Soldaten. Oft stürzten auch Trümmer der von uns zu diesem Zweck gesprengten Gebäude auf sie herab.

Eroberte der Gegner Gebäude oder Anlagen, warfen ihn unsere zweiten Staffeln und Reserven im Gegenangriff hinaus und stellten die Lage wieder her.

Unsere zweiten Staffeln lagen in Stützpunkten in der Tiefe der Verteidigung bereit, um dem Gegner in den wahrscheinlichen Angriffsrichtungen den Weg zu verlegen und sich mit allen oder auch nur mit einem Teil ihrer Kräfte für Gegenangriffe bereitzuhalten.

Fehlten Kräfte und Mittel für einen Gegenangriff, stellten wir in besonders wichtigen massiven Gebäuden Reserven bereit. Bei ungünstigem Ausgang gingen die zweiten Staffeln und Reserven in den bedrohten Richtungen in vorbereiteten Stützpunkten zur Verteidigung über.

Neben dem Ausbau der Verteidigungsstellungen bereiteten die zweiten Staffeln oder Reserven im eigenen Raum und zur Unterstützung ihrer Nachbarn den Abschnitt für den Gegenangriff vor. Sie organisierten das Zusammenwirken, räumten die Trümmer von den Straßen, schufen Durchgänge und Mauerdurchbrüche in den Hinterhöfen, errichteten Beobachtungsstellen und Feuerstellungen der Artillerie.

Die Gegenangriffe der zweiten Staffeln und Reserven unterschieden sich im Straßen- und Häuserkampf wesentlich von Gegenangriffen in offenem Gelände.

Schon zu Beginn der Kämpfe im Stadtzentrum wurde klar, daß wir in Stalingrad nicht die gewohnten Kampfmethoden anwenden durften. Die zahlreichen Befestigungen des Gegners in massiven Gebäuden und seine große Feuerdichte hätten zu große Opfer gefordert.

Bei Angriffen und Gegenangriffen entblößten Freund und Feind ihre Flanken; die befestigten Gebäude zerschnitten ihre

Gefechtsordnungen. Unter diesen Umständen führte die aktive Verteidigung dazu, daß die häufigen Gegenangriffe unserer Truppen schon in den ersten Kampftagen entweder auf die Eroberung vom Gegner besetzter Gebäude in der Tiefe unserer Verteidigung hinausliefen oder auf Angriffe gegen von ihm zu Stützpunkten ausgebaute Häuserblocks vor unserer vordersten Linie.

Sehr rasch hatten wir heraus, daß kleinere Einheiten am besten geeignet waren, in die Räume zwischen den gegnerischen Stützpunkten und Verteidigungsknoten einzudringen, sie zu blockieren, in die Tiefe der Häuserblocks einzusickern, die Gebäude zu stürmen und sie schnell für die eigene Verteidigung auszubauen.

Da jedoch kleinere Schützeneinheiten weder alle Hindernisse des Gegners in der Stadt überwinden noch sein Feuer niederhalten konnten und auch unser Artilleriefeuer aus getarnten Stellungen zu geringe Wirkung zeigte, teilten wir den Schützeneinheiten Artillerie und Panzer zu. Sie sollten Mauern und Gebäude zerstören, in denen der Gegner seine Feuermittel in Stellung gebracht hatte. Außerdem gaben wir ihnen Pioniere und Chemiker mit, um Mauerdurchbrüche zu schaffen, Hindernisse zu überwinden und den Feind in seinen Stützpunkten auszuräuchern. So entstanden die für den Straßenkampf geeigneten taktischen Einheiten, die Sturmgruppen, die stets je nach Angriffsobjekt und vorhandenen Kräften und Mitteln neu gebildet wurden. Der Kommandeur und sein Stab organisierten die Sturmangriffe auf befestigte Stützpunkte des Gegners. Gewöhnlich bestanden die Sturmgruppen aus einem Zug oder einer Kompanie zu je 20 bis 50 Schützen. Als Verstärkung hatten sie zwei bis drei Geschütze zum Beschuß im direkten Richten sowie eine bis zwei Gruppen Pioniere und Chemiker. Alle waren mit MPis und ausreichend Handgranaten ausgerüstet.

Die aktiven Handlungen unserer Sturmgruppen hielten den Gegner in ständiger Spannung. Sie zwangen ihn, nicht nur seine Gebäude, sondern auch seine Stützpunkte zu räumen.

Wiederholt griffen wir ohne vorherigen Feuerüberfall unserer Artillerie an. Der Zeitpunkt richtete sich ganz nach dem Verhalten des Gegners. Wir beobachteten, wann er sich ausruhte, Essen faßte oder abgelöst wurde, dann überrumpelten wir in den Kellern ganze Besatzungen. Kurz, die Sturmgruppen und Stützpunkte der 62. Armee in der Stadt spielten eine wesentliche Rolle. Die Stärke unserer Truppen bestand darin, daß sie in der Verteidigung ständig angriffen.

Der moderne Kampf in einer Stadt ist kein Straßenkampf im eigentlichen Sinne. Während der Gefechte waren Straßen und Plätze meist leer. Die 62. Armee erfand neue Methoden für den Kampf in großen Städten. Unsere Offiziere und Generale sammelten ständig neue Erfahrungen, verwarfen alles, was ungeeignet war, wandten kühn Neues an und führten es bei allen Truppenteilen ein. Alle lernten, auch die Bataillons-, Regiments- und Divisionskommandeure und selbst der Armeeoberbefehlshaber. Die Früchte unseres schöpferischen Herangehens ernteten wir täglich.

Schon in der ersten Phase der Schlacht war klar geworden, daß nur eine aktive Verteidigung – eine Verteidigung im Angriff – den Gegner daran hindern konnte, seinen Plan zu verwirklichen. Die Besatzungen unserer Stützpunkte hatten bald genügend Erfahrungen im selbständigen Handeln gesammelt, um diese Methode überall anzuwenden. Sie hatten gelernt, mit den Geschützen, Granatwerfern, Panzern und Pionieren zusammenzuwirken und aus allen Waffenarten im direkten Richten auf kurze Entfernung zu feuern. Häufige Ausfälle bereicherten ihre Erfahrungen im Manöver unter den Bedingungen des Straßenkampfes.

Mit dem 19. November, dem Beginn der allgemeinen Gegenoffensive, häuften sich die Angriffe der Angehörigen der 62. Armee besonders. In kühnem Handstreich eroberten sie in kleinen geschlossenen Gruppen vom Gegner besetzte Gebäude zurück. Sie hielten die Faschisten Tag und Nacht in Atem, griffen sie an, drangen in ihren Rücken vor und schossen auf jeden, der sich sehen ließ.

Die Bedingungen für die Sturmgruppen unterscheiden sich in der jeweiligen Etappe des Kampfes. Der eben erst in die Stadt eingedrungene Gegner kann sich nicht sofort befestigen und kann keine starke Verteidigung organisieren. In solchen Fällen sind kleine Gruppen angebracht, die selbständig, ohne organischen Zusammenhang mit ihren Einheiten operieren. Befindet sich der Gegner aber schon zwei bis drei Wochen in der Stadt und ist seine Verteidigung durch wirkungsvolle pioniertechnische Anlagen und ein gut durchdachtes Feuersystem gesichert, dann sind die

Aussichten für solche Aktionen ungünstiger. Die Sturmgruppen können dann nur die Spitze einer stärkeren Abteilung bilden und nur einen Teil der gestellten Aufgaben lösen.

Wie wir später sehen werden, entschieden den Sturm auf das Haus des Eisenbahners drei sechs bis acht Mann starke Sturmgruppen, die jedoch von 82 Soldaten der verschiedensten Waffengattungen unterstützt wurden. Daraus folgt, daß die jeweilige Lage die Stärke und die Zusammensetzung einer Sturmgruppe sowie den Charakter ihrer Handlungen bestimmt. Kämpft sie selbständig, kann sie aus wenigen Soldaten derselben Waffengattung bestehen. Unter veränderten Bedingungen muß sie mit anderen Einheiten zusammenwirken und erhält, wie gesagt, nur einen Teil der allgemeinen Gefechtsaufgabe.

Die Truppenteile der 62. Armee schufen für den Sturm auf einzelne Objekte Sturm- oder Angriffsgruppen, Sicherungsgruppen und Reserven. Diese drei Kampfkollektive ergaben als einheitliches Ganzes die selbständige Sturmgruppe.

Stärke und Zusammensetzung jeder Gruppe bestimmte der jeweilige Kommandeur nach Aufklärungsergebnissen über Charakter des Objekts und Stärke seiner Besatzung. Dabei berücksichtigte er gleichzeitig, welche Besonderheiten die Handlungen der einzelnen Gruppen auszeichneten. Diese Besonderheiten waren entscheidend; man mußte sie kennen, wollte man die Technik des Kampfes um befestigte Gebäude verstehen.

Den Kern der gesamten Sturmgruppe bildeten die je zehn bis zwölf Mann starken Angriffsgruppen, die als erste in die Häuser und Feuerpunkte eindrangen und selbständig im Inneren des Objekts kämpften.

Jede Gruppe hatte ihre besondere Aufgabe. Ihre Bewaffnung war leicht: Maschinenpistolen, Handgranaten, Messer und Spaten, die häufig als Äxte benutzt wurden. Der Kommandeur, der die Gruppe führte, war mit Signal- und Leuchtpatronen ausgerüstet, zuweilen auch mit einem Feldtelefon.

In der Regel teilte sich die Sicherungsgruppe wiederum in mehrere Gruppen. Auf das Signal des Kommandeurs »Gestürmt« drangen sie nach den Angriffsgruppen aus verschiedenen Richtungen gleichzeitig in das Objekt ein, nahmen Feuerpunkte in Besitz, schufen sofort eine eigene Verteidigung, organisierten ein Feuersystem und verhinderten, daß der Gegner seine angegriffene Besatzung unterstützte. Sie waren schwer bewaffnet:

schwere und leichte MGs, Panzerbüchsen, Granatwerfer, Panzerabwehrgeschütze, Spitzhacken, Brecheisen und Sprengstoff.

Zu jeder dieser Gruppen gehörten Pioniere, Scharfschützen und Angehörige anderer für eine wirksame Bekämpfung des Gegners geeigneter Waffengattungen. Die Sicherungsgruppe war dem Kommandeur der Sturmgruppe unterstellt. Die Reserve diente dazu, die Angriffsgruppen aufzufüllen und zu verstärken, Flankenangriffe abzuwehren und nötigenfalls auch als blockierende Gruppe eingesetzt zu werden. Aus ihr ließen sich schnell zusätzliche Angriffsgruppen bilden und in den Kampf einführen.

In dieser Zusammensetzung eroberte die Sturmgruppe des Gardeoberleutnants Sedelnikow ein großes Eckhaus, von dem aus der Gegner einen wichtigen Wolgaabschnitt kontrollierte und die Zugänge tief einsehen konnte.

Die Praxis zeigte, daß es besser war, Sturmgruppen aus Mannschaften derselben Einheit zu bilden. Es gab aber keine strukturmäßigen Gruppen in den Kompanien und Bataillonen; jeder Zug, jede Gruppe und jeder einzelne Soldat mußte in ihr kämpfen können.

Die Zeit und das Überraschungsmoment gehörten zu den wichtigsten Faktoren für ein erfolgreiches Manöver der Sturmgruppen. Jeder Kommandeur, der einen Stützpunkt oder Widerstandsknoten zu stürmen hatte, mußte vor allem darauf bedacht sein. Im Nahkampf und erst recht im Kampf in einer Stadt sind diese beiden Faktoren entscheidend.

Unersetzlich für den stürmenden Soldaten ist die Handgranate. Sie bestimmt oft, auf welche Entfernung gestürmt werden kann. Je dichter die Ausgangsstellung am Gegner liegt, desto besser. Unter diesem Gesichtspunkt wird klar, daß die Sturmgruppen der 62. Armee um so erfolgreicher waren, je länger sie unbemerkt blieben.

Die Erfahrung lehrte: Nähere dich dem Gegner in Schützengräben; krieche, benutze Trichter und Ruinen; hebe in der Nacht Schützengräben aus und tarne sie tagsüber; sammle dich, vom Gegner unbemerkt, zum Angriff; hänge dir die Maschinenpistole um; nimm zehn bis zwölf Handgranaten mit, und Zeit und Überraschungsmoment arbeiten für dich.

Ohne gründliche Vorbereitung des Angriffs wird auch die

tapferste Sturmgruppe erfolglos sein. Zwei Elemente müssen dabei besonders beachtet werden: das Studium des Objekts und der Angriffsplan.

Nach Angaben der Aufklärung muß sich der Kommandeur Klarheit verschaffen: über den Gebäudetyp, die Mauerstärke, über Dach, Keller, Ein- und Ausgänge, Art der Befestigungen, verdeckte Schießscharten, Anordnung und Arten der Sperren, getarnte Verbindungen der Besatzungen mit ihren Einheiten über Schützengräben und ähnliches. Danach wird er die Lage der gegnerischen Feuerpunkte, ihre Schußsektoren und die toten Räume ermitteln können. Zu berücksichtigen ist ferner das Verhalten der Besatzung und die Wirkung des Feuers aus den benachbarten Gebäuden. Je lückenloser die Angaben, um so besser kann man den günstigsten Zeitpunkt für den Sturm bestimmen.

Aus den Aktionen der Kämpfer unserer Armee, die den Bahnhof, die »Nagelfabrik« und andere Gebäude stürmten, lernten wir, verknappt ausgedrückt, folgendes: Dringt zu zweit in das Haus ein – du und die Handgranate; beide unbeschwert – du ohne Tornister, die Granate ohne Schutzhülle; bevor du eindringst, wirf die Handgranate; dann durchschreite das ganze Haus mit der Handgranate – sie zuerst, dann du.

Die Stärke der Sturmgruppe machen Tempo, Wendigkeit, Initiative und Kühnheit jedes Soldaten aus. Waren unsere Gruppen in ein befestigtes Gebäude, in das Labyrinth vom Gegner besetzter Räume eingedrungen, erwarteten sie viele Überraschungen. Darum hieß es: vorwärts, nicht zurückbleiben! Auf Schritt und Tritt lauert Gefahr, aber das tut nichts, in jede Ecke eine Handgranate und vorwärts! Ein Feuerstoß aus der MPi gegen die Überreste der Decke, eine Handgranate, wenn das nicht reicht, und weiter! Ein anderes Zimmer – wieder eine Granate! Eine Wendung – die nächste! Kämme alles mit deiner MPi durch. Keinen Aufenthalt!

Der Gegner kann auch noch im Inneren des Objekts angreifen. Aber keine Furcht! Die Initiative ist bereits in deiner Hand. Laß Handgranate, MPi, Messer und Spaten schneller sprechen. Der Häuserkampf muß schonungslos geführt werden. Sei stets auf Überraschungen gefaßt. Gib acht!

Die Sicherungsgruppen entwickelten besondere, in der Praxis bewährte taktische Methoden.

1. Die Richtschützen der Granatwerfer und die MG- und Panzerbüchsenschützen drangen mit ihrer Ausrüstung als erste in das Gebäude ein, gefolgt von Genossen mit Munition und Proviant für den Tag.
2. Sie bemächtigten sich sofort der mittleren und oberen Stockwerke, nahmen die Umgebung unter Feuer und verhinderten das Anrücken feindlicher Reserven.
3. Nachdem die Feuerpunkte besetzt und gesichert waren, errichtete die Gruppe zusätzliche Feuerpunkte an frontalen und seitlichen Zugängen der Objekte, um weitere Aktionen zu sichern.
4. Sobald die Gruppe das Haus besetzt hatte, mußte sie Durchgänge schaffen, die eroberten Feuerpunkte der neuen Lage anpassen und neue errichten. Sinnlos war, sich lange im Gebäude festzusetzen, denn man mußte dem Gegner auf den Fersen bleiben.

Waren seine Feuermittel nur in einem als Stützpunkt ausgebauten Gebäude konzentriert, überraschten wir ihn gewöhnlich mit einem Angriff ohne Artillerievorbereitung. Oft war aber der Einsatz einzelner Geschütze während des Sturmangriffs sehr zweckmäßig. Eine in der Nacht oder unter dem Schutz eines Rauchschleiers in Stellung gebrachte kleinkalibrige Kanone konnte, durch Panzerjäger verstärkt, den Angreifenden bei der Niederhaltung von Feuerpunkten unschätzbare Dienste leisten. Auch eine überraschend auf eine vorher ausgewählte Stellung vorgeschobene Kanone konnte mit ihrem Sperrfeuer verhindern, daß der Gegner seiner angegriffenen Besatzung Hilfe leistete.

Eine geschickte Unterstützung der Sturmgruppen durch einzelne Panzer, die im direkten Richten auf Schießscharten feuerten oder die Hausmauern einrissen, verlieh dem Sturmangriff größere Kraft. Man konnte auch noch andere Kampfmittel einsetzen.

Einige Kommandeure fragten, was zur Tarnung der Aktionen in der Stadt zweckmäßiger sei, Dunkelheit oder Rauch. Beides ist gut. Wichtig ist nur, daß der im Schutz der Dunkelheit oder eines Rauchschleiers handelnde Kommandeur die elastische Führung des Kampfes sichert. Beim Sturmangriff auf das Haus des Eisenbahners benutzten wir Rauch. Der Rauchschleier hielt sich 13 Minuten und entzog einige von Süden her vorgehende Gruppen der Sicht dreier an die Flanke vorgeschobener Feuerpunkte des Gegners. Der Rauch störte die Führung des Kampfes nicht. Auch die Dunkelheit während Sedelnikows Sturmangriff war kein Hindernis. Wir sammelten unsere Kräfte in der Nacht, griffen aber erst im Morgengrauen an.

Sehr wirksam waren Minenstollen, die wir anlegten, wenn eine Annäherung mit anderen Methoden zu große Opfer gekostet hätte. Die Pioniere waren in den Sturmgruppen unentbehrlich.

Damit sind im wesentlichen die taktischen Probleme der Aktionen unserer Sturmgruppen umrissen.

Der Soldat einer Sturmgruppe muß kühn und draufgängerisch sein, er darf nur seiner eigenen Kraft vertrauen. Niemand kann ihm seine Aufgabe abnehmen; seine Genossen haben mit sich selbst zu tun. Der Soldat muß wissen, wie er in ein Haus einzudringen hat und was weiter zu tun ist. Er ist oft auf sich allein gestellt und muß selbständig, auf eigene Gefahr handeln. Jedes Warten auf die Genossen gefährdet diese nur.

Die neuen Formen und Methoden des Kampfes halfen uns, standzuhalten und zu siegen.

Die 62. Armee legte kämpfend den Weg von der Wolga bis Berlin zurück. Sie eroberte im Sturm viele Städte, Stellungen, Befestigungen und — nicht zu vergessen — Berlin. Doch die Schlachten und Gefechte gleichen einander nur dem Namen nach. In ihrer Idee, ihrer Vorbereitung und Durchführung — im wesentlichen also — waren sie verschieden. Ebenso die Sturmgruppen. Die Stalingrader Sturmgruppen hatten mit denen, die Saporoshje, Odessa, Berlin oder Poznań und die Befestigungen im Raum Meseritz (Międzyrzecz) nahmen, wenig gemein. Dennoch erinnerte sich die 62. Armee, die spätere 8. Gardearmee, beim Sturm auf Städte und befestigte Räume stets an Stalingrad, den Entstehungsort der Sturmgruppen.

An dieser Stelle möchte ich einige Worte über den Anteil der Frauen an der Verteidigung von Stalingrad sagen.

Wir hatten Flakabteilungen und Nachtbomberregimenter mit Flugzeugen Po-2, deren Bedienungen oder Besatzungen größtenteils aus Frauen bestanden. Sie erfüllten ihre Gefechtsaufgaben so gut wie die Männer.

Die Flakbedienungen oder die der Scheinwerferbatterien des Stalingrader Luftverteidigungskorps setzten sich vorwiegend aus Frauen zusammen. Sie schossen weiter, auch wenn Dutzende von Bomben um sie einschlugen und es unmöglich schien, zu zielen und bei den Geschützen zu bleiben. In Feuer und Rauch, zwischen detonierenden Bomben und Erdfontänen standen sie bis zuletzt auf ihren Posten.

Im Oktober traf ich eine dieser Bedienungen, fünf noch ganz junge Mädchen, doch kampfgestählt und unerschrocken. Nie werde ich das bekümmerte Gesicht des blonden Mädchens vergessen, das als Richtkanonier eingesetzt war. Im Kampf gegen Sturzkampfbomber hatte sie nur ein einziges Flugzeug abgeschossen, während es nach Ansicht ihrer Kameradinnen zwei bis drei hätten sein können.

In den Nachrichteneinheiten arbeiteten vor allem junge Mädchen. Sie nahmen ihre Pflichten sehr genau. Schickte man sie zu einer Nachrichtenverbindungsstelle, konnte man sicher sein, daß die Verbindung funktionierte. Sie blieben trotz Artillerie- und Granatwerferbeschuß, bei stärkstem Bombenhagel oder vom Feind eingeschlossen, ja selbst bei höchster Lebensgefahr auf ihren Posten.

Ein Beispiel: Die Telefonistin Nadja Klimenko war allein in unserer Nachrichtenstelle an der Ausweichstelle Bassargino zurückgeblieben. Ihre Genossinnen waren gefallen oder verwundet. Sie blieb und berichtete bis zuletzt. »Von den Unsrigen ist niemand mehr hier, ich bin ganz allein, ringsum detonieren Granaten. Zu meiner Rechten rollen Panzer mit dem Balkenkreuz, dahinter kommt Infanterie. Ich kann nicht mehr fort, sie werden mich sowieso erschießen, ich informiere Sie weiter. Hören Sie: Ein Panzer rollt heran, zwei Mann klettern heraus, halten Umschau, es sind, glaube ich, Offiziere. Sie kommen auf mich zu. Was wird geschehen?« Damit endet ihr Bericht. Niemand weiß, was weiter geschah.

In den fünfziger Jahren traf ich eine ehemalige Telefonistin der 62. Armee, Genossin Rasumejewa, wieder. Sie arbeitet jetzt als Sekretär des Parteikomitees des Bezirks Smeljansk. Ich lernte sie am 13. September 1942 am Mamajewhügel kennen. Die Nachrichtenstelle war von faschistischen Bomben und Granaten zerstört, doch sie blieb am Telefon und stellte die Verbindung zu den Kommandeuren der Truppenteile her.

Sie war aus Überzeugung zur Armee gegangen und setzte ihre ganze Kraft, ihr ganzes Können für die Heimat ein. 1942 wurde sie in die Kommunistische Partei aufgenommen. Nach ihrer

Entlassung aus der Armee war sie als Lehrerin tätig, und seit 1949 arbeitete sie im Parteiapparat.

Jetzt stand sie wieder vor mir, diese ernste und bescheidene Frau, die ausschließlich von ihren Kampfgefährtinnen sprach und sich selbst nur erwähnte, wenn ich sie bat, über ihre eigenen Erlebnisse zu berichten.

»Meine eigenen?« fragte sie erstaunt. »Das tue ich doch. Mit mir auf dem Mamajewhügel war Maria Guljajewa, so eine Kleine aus Kamyschin, mit der ich am zwölften September 1942 bei pausenlosem Bombenangriff einen Unterstand grub. Zwar legten wir den Ausgang fälschlicherweise dem Gegner zugekehrt an, doch das machte nichts; unsere Nachrichtenstelle befand sich vom ersten bis vierzehnten September an diesem Platz. Ich bediente mit ihr, und später mit Schura Scheschenja, den Klappenschrank. In Stalingrad, aber an einer anderen Stelle, waren auch Taja Wdowina, Ljuba Stukalowa, Klawdija Schtonda, Lena Peretoltschina und andere eingesetzt.

Am 31. August lagen wir in der Jablonewaja Balka. Die kleine, sonnenverbrannte Fanja Resnik, mit leicht gewelltem kastanienbraunem Haar, saß mit ihrer Freundin in einem Zelt am Funkgerät. Neben dem Zelt war ein kleiner Graben, ansonsten stand es ungeschützt auf kahler Fläche.

Man hörte bereits das Dröhnen anfliegender Bomber. Aber es war noch eine wichtige Meldung über einen deutschen Angriff und den Einbruch von Panzern in den Rücken eines unserer Truppenteile durchzugeben. Weder Fanja noch ihre Freundin verließen ihren Posten. Es war bei unseren weiblichen Nachrichtensoldaten Ehrensache, die Genossinnen selbst bei höchster Gefahr nicht im Stich zu lassen. Die beiden Mädchen beobachteten die Flugzeuge, horchten auf das Heulen der Bomben und berechneten die Einschlagstellen. Die Maschinen flogen ein zweitesmal an, die Mädchen funkten weiter. Doch nach dem dritten Anflug gähnte an der Stelle, wo das Zelt gestanden hatte, ein Bombentrichter. Es ging damals so stürmisch zu, daß wir sie nicht einmal zur letzten Ruhe betten konnten.«

Sie blieben für immer in der Jablonewaja Balka — schlichte Kämpfer der Roten Armee, die in Erfüllung ihrer Gefechtsaufgabe ihr Leben ließen.

Am selben Abend berichtete mir Genossin Rasumejewa noch von ihrer Freundin Schura Scheschenja. »Schura arbeitete vor

Kriegsausbruch in einem Kinderheim. Als bekannt wurde, das Kriegskommissariat habe mehrere junge Mädchen, die sich zur Roten Armee gemeldet hatten, einberufen, ging Alexandra Iwanowna, kurz Schura genannt, zum Direktor und erklärte, auch sie wolle an die Front.

Endlich war es soweit. Ende April 1942 meldete sich Schura, jetzt schon Kandidat der Partei, mit fünf Komsomolzinnen beim Kriegskommissariat. Die Formalitäten waren schnell erledigt, und am zweiten Mai geleitete man die jungen Mädchen zur Armee. Nach einmonatigem Telefonistenlehrgang in Astrachan kam Schura zur selbständigen Nachrichtenkompanie des 115. Befestigten Raumes und bediente dort den Klappenschrank. Das war im Juli 1942 am Don. Seitdem blieb Schura selbst unter schwierigsten Bedingungen auf ihrem Posten.

Am dreizehnten September wurde auf dem Mamajewhügel eine Nachrichtenverbindung zwischen dem Befestigten Raum und General Posharski hergestellt. Es gab keinen Augenblick Ruhe an diesem Tag. Das Feuer der Artillerie und der Granatwerfer tobte, die Verbindung konnte nur mit Mühe aufrechterhalten werden. Gegen drei Uhr befand sich nicht ein einziger Störungssucher mehr in der Nachrichtenstelle, alle waren unterwegs. Eine neue Störung trat auf, da sagte Schura zum Kompaniechef: ›Lassen Sie mich die Störung suchen, man wird sich am Klappenschrank auch ohne mich behelfen.‹

›Der Beschuß ist so stark, daß Sie kaum bis zur gerissenen Leitung kommen werden‹, antwortete er.

›Ich schaffe es schon, Genosse Leutnant‹, versicherte Schura.

Der Kompaniechef willigte ein; Schura zwickte das Mädchen am Klappenschrank zum Abschied in den Arm und schlüpfte aus dem Unterstand.

Schura ging noch mehrere Male auf Störungssuche, doch die wenigen, die diesen Tag auf dem Mamajewhügel überlebten, werden nie vergessen, wie gegen Mittag des vierzehnten September die Verbindung erneut abriß und Schuras Stimme für immer verstummte.«

Ich denke oft an die schwierigen Arbeits- und Lebensbedingungen unserer weiblichen Nachrichtensoldaten zurück. Niemand in Stalingrad hob für sie Unterstände oder Deckungsgräben aus. Sie richteten sich einzeln oder im Kollektiv in Erdspalten ein, deckten sie mit dem ab, was gerade zur Hand war, und hausten dort monatelang.

Als der Gegner im Oktober sämtliche Stabsunterstände zerstört hatte, wurde ihre Lage noch schwieriger. Sie mußten in engen, stickigen Unterständen arbeiten, unter freiem Himmel ausruhen. Monatelang kannten sie kein warmes Wasser. Doch sie kapitulierten nicht und erfüllten treu und hingebungsvoll ihre Pflicht.

In Batjuks Division arbeitete die Sanitäterin Tamara Schmakowa. Ich kannte sie persönlich. Sie trug auch bei stärkstem Beschuß Schwerverwundete aus der vordersten Linie. Sie kroch dicht an den Verletzten heran, stellte die Art der Verwundung fest, verband ihn und entschied dann, was zu tun war. Mußte er abtransportiert werden, machte es Tamara selbst. Man brauchte gewöhnlich zwei Mann, um einen Verwundeten, gleich ob mit oder ohne Trage, vom Gefechtsfeld zu bringen. Doch Tamara bewältigte diese Arbeit meistens allein. Sie schob sich mit ihrem Körper unter den Verletzten und trug ihre lebende Last, die oft anderthalbmal oder doppelt so schwer war wie sie selbst, kriechend fort. Durfte man den Verwundeten nicht anheben, breitete Tamara ihren Umhang aus, rollte den Verletzten darauf und zog ihn hinter sich her.

Tamara hat so manchem Soldaten das Leben gerettet. Viele erfuhren nicht einmal ihren Namen. Jetzt ist sie im Gebiet Kurgansk als Ärztin tätig.

In der 62. Armee gab es viele solcher Heldinnen, allein auf den Listen der Ausgezeichneten stehen über 1000 Namen, unter ihnen Maria Uljanowa — sie nahm bis zuletzt an den Verteidigungskämpfen im Pawlowhaus teil —, Walja Pachomowa — sie trug über 100 Verwundete vom Gefechtsfeld —, Nadja Sharkich — sie wurde zweimal mit dem Rotbannerorden ausgezeichnet —, die Ärztin Maria Weljamidowa, die unter Beschuß an der vordersten Linie viele hundert Soldaten und Offiziere verband. Und kann Ljuba Nesterenko, die als Sanitäterin der von Oberleutnant Dragan geführten Besatzung des belagerten Hauses Krasnopiterskaja- Ecke Komsomolskajastraße den Gardisten die Wunden verband und in treuer Pflichterfüllung den Tod fand, vergessen werden?

In der zweiten Oktoberhälfte wurde die Lage in Stalingrad so schwierig und die Entfernung zwischen der vordersten Linie und der Wolga so gering, daß der Kriegsrat der Armee einige Truppenteile und Einrichtungen auf das linke Ufer verlegen mußte, um unnötige Verluste zu vermeiden. Vor allem sollten Frauen übergesetzt werden. Die Kommandeure und Vorgesetzten erhielten den Befehl, sie aufzufordern, sich zeitweilig auf das linke Ufer zu begeben, sich dort auszuruhen, um nach einigen Tagen wieder nach Stalingrad zurückkehren zu können.

So hatte es der Kriegsrat am 17. Oktober beschlossen. Doch schon am nächsten Tag meldete sich bei mir eine Delegation der weiblichen Nachrichtensoldaten. Ihre Leiterin, Warja Tokarewa aus Kamyschin, fragte ohne Umschweife: »Genosse Befehlshaber, warum schicken Sie uns fort? Wir wollen gemeinsam den verfluchten Feind besiegen oder sterben. Warum machen Sie einen Unterschied zwischen Männern und Frauen? Sind unsere Leistungen etwa geringer? Tun Sie, was Sie für richtig halten, aber wir bleiben.«

Wir wollten gerade einen neuen Gefechtsstand beziehen. Ich sagte ihnen, wir könnten dort nicht alle unsere Nachrichtenmittel unterbringen, die Lage zwinge uns, für die Truppenführung andere, leichtere Nachrichtenmittel zu benutzen und transportable Funkgeräte einzusetzen. Nur deshalb müsse ich sie, wenn auch nur für eine gewisse Zeit und bis die Bedingungen für den Einsatz stationärer Nachrichtenmittel wieder vorhanden seien, auf das linke Ufer entlassen.

Die Delegation fügte sich, nahm mir aber das Ehrenwort ab, die Frauen sofort wieder nach Stalingrad überzusetzen, sobald neue Arbeitsplätze für sie geschaffen seien.

So fuhren sie am 18. Oktober auf das andere Ufer, doch schon nach zwei Tagen fingen sie an, mich zu bedrängen. Kaum hatten wir uns mit dem linken Wolgaufer verbinden lassen, quälten sie uns: »Wir sind schon ausgeruht. Wann holen Sie uns wieder nach Stalingrad?« Oder »Genosse Oberbefehlshaber, wann gedenken Sie Ihr Wort einzulösen?«

Wir hielten unser Wort und verlegten sie Ende Oktober mit den Nachrichtenmitteln in vorbereitete Unterstände.

Ich möchte auch unsere verdienten weiblichen Aufklärer in Stalingrad, Maria Wedinejewa, Lisa Gorelowa, Maria Motorina und andere erwähnen, die durch Sperren und Keller, über Schluchten und Abflußrohre wiederholt durch die vorderste Linie der Front in den Rücken des Gegners eindrangen.

Einer der weiblichen Aufklärer berichtete über ihre Handlungen: »An einem Tag im September erklärte ich mich mit Lisa Gorelowa bereit, im rückwärtigen Raum des Gegners aufzuklären. Im Stabsunterstand am Wolgaufer instruierte man uns gründlich darüber, was wir zu tun und worauf wir besonders zu achten hätten. Man beauftragte uns, die Standorte von Stäben, Truppen und Feuerstellungen zu ermitteln, zu erkunden, wohin der Gegner die Bevölkerung evakuierte, was im Getreidespeicher vor sich ging, in den Raum der Balka Wischnewaja einzudringen und anderes mehr.

In einer dunklen Nacht verließen wir in Begleitung von Wolodja Pimenow, der uns zeigte, wo man den Platz des neunten Januar überqueren konnte, das Pawlowhaus. Vorsichtig überschritten wir den Platz und erreichten das zerschossene zweistöckige Haus am Übergang, in dem wir die Nacht verbrachten. Am nächsten Morgen durchstreiften wir die Stadt. An der deutschen Kommandantur, an der eine große Menschenmenge versammelt war, erfuhren wir, daß man die Einwohner auf ihre Evakuierung nach Kalatsch vorbereitete. Vor einem Gebäude an der Puschkinstraße parkten viele Kraftfahrzeuge. Deutsche Offiziere gingen ein und aus, denn hier lag ein Divisionsstab. Bei der Sursker Badeanstalt erfuhren wir, daß die deutschen Offiziere Sonnabends zu baden pflegten. Auf dem Weg zum Bahnhof sagten uns Einwohner, daß die Deutschen sich bereitmachten, am Abend zum Angriff überzugehen.

Wir entschlossen uns, selbst zum Bahnhof zu gehen und festzustellen, was sich dort abspielte, aber die Deutschen ließen uns nicht durch. Am Getreidespeicher sagte man uns, daß die Deutschen täglich mit Lastwagenkolonnen Getreide holten. Auf dem Weg zur Balka Wischnewaja sahen wir an der Siedlung Roter Oktober neuartige, mit Schienen versehene Feuerstellungen und unweit davon sechsrohrige Werfer. In der Siedlung Roter Oktober wimmelte es von deutschen Soldaten, die uns aber den Zugang verwehrten.

Nach zwei Tagen arbeiteten wir uns wie verabredet nachts zum Platz des neunten Januar vor und erreichten schließlich die am Pawlowhaus gelegene Mühle. Man freute sich über unsere glückliche Rückkehr und führte uns sofort in den Stabskeller, wo wir ausführlich berichteten. Danach geleitete man uns zum Unterstand hinter der Soljanajastraße, wo uns der Oberbefehlshaber empfing. Er folgte aufmerksam unseren Ausführungen und machte von Zeit zu Zeit Vermerke auf einer Karte.«

Mancher Leser wird meinen, daß derartige aus einer einzigen Quelle stammende Angaben nur geringe taktische und keinerlei operative oder gar strategische Bedeutung hätten. Aber daneben gab es in der 62. Armee auch viele andere Quellen und Arten der Aufklärung. Unser Bestreben war, Umschau im rückwärtigen Raum des Gegners zu halten, um aufzuklären, was uns die nächsten Tage bringen würden. Da wir eine Stadt verteidigten, die sich in einer Tiefe von 3 bis 5 Kilometern Dutzende Kilometer die Wolga entlang erstreckte, mußten wir über das Geschehen im unmittelbaren Hinterland jenseits der vordersten Verteidigungslinie informiert sein.

An Hand solcher und mit Hilfe anderer Aufklärungsmittel gewonnener Angaben konnte die Armeeführung mehrere Stäbe gegnerischer Regimenter und Divisionen mit Feuerüberfällen von Artillerie, Granatwerfern und »Katjuschas« eindecken und Schläge gegen nahegelegene Munitionslager führen. Sie lenkte unsere Nachtfliegerkräfte, darunter auch die Moskauer, gegen Truppenansammlungen, untergrub damit deren Moral, fügte ihnen Verluste zu und hielt sie ständig in Atem, so daß sie kopflos zum Angriff antraten.

Ohne den Nachrichtenapparat, das Nervensystem der Truppen, wären wir blind und taub gewesen. Eine Truppenführung ohne Nachrichtenapparat ist im modernen Krieg unmöglich. Beide müssen Tag und Nacht arbeiten. Alle Meldungen der Kommandeure, bis zu denen der vordersten Linie, müssen so schnell und exakt wiedergegeben werden wie das Nervensystem eines gesunden Menschen dem Gehirn alle Vorgänge im Organismus signalisiert.

Während der Verteidigung Stalingrads handelten in der 62. Armee ein Panzerkorps, 10 Divisionen, 6 selbständige Schützenbrigaden und über 10 Regimenter Verstärkungsartillerie — letztere befanden sich auf dem linken Wolgaufer. Alle Truppenteile und Verbände waren selbständig, zu keiner Zwischenorganisation zusammengefaßt und der Armee unmittelbar unterstellt.

Als man mir am 12. September 1942 den Entschluß des Hauptquartiers bekanntgab, mich zum Oberbefehlshaber der 62. Armee zu ernennen, zog mich der Chef des Frontstabes, General Sacharow, in ein Gespräch über die Arbeit des Stabes der 62. Armee. Es mißfiel ihm, daß der Stab der Armee unter der Bezeichnung »Gruppen« Zwischenführungsstellen schaffe und mehrere gleichartige Truppenteile oder Verbände einem der Kommandeure und dessen Stab unterstelle. So unterstanden beispielsweise der von Oberst Gorochow befehligten 124. Schützenbrigade die 115. Brigade unter Oberst Andrjussenko ebenso wie die 149. Brigade unter Oberstleutnant Bolwinow.

Eine gleiche Gruppe schuf man unter zeitweiligem Oberbefehl von Oberst Andrjussenko im Raum Orlowka. Sie bestand aus der 115. Schützen-, der 2. motorisierten Schützenbrigade und Teilkräften der 196. und 315. Schützendivision. Zum 23. Panzerkorps gehörten: die 6., die 6. Garde-, die 137., 27. und 189. Panzerbrigade sowie die 9. und 38. motorisierte Schützenbrigade — insgesamt sieben Brigaden.

Kommandeure und deren Stäbe, denen gleichartige Verbände zusätzlich unterstellt waren, verfügten natürlich weder über zusätzliche Führungsmittel noch Stabsoffiziere oder Nachrichtenmittel.

Ein Studium der Lage ergab, daß Sacharow eigentlich nur formal recht hatte. Im Verlauf der ganzen Verteidigungsperiode erfuhr ich, wie schwer es war, eine Vielzahl selbständiger Verbände zu führen. Der Armeestab mußte die Nachrichtenverbindung zu allen aufnehmen, jedem Verband Befehle und Anordnungen übermitteln oder übersenden, ihre Durchführung kontrollieren und verantworten, Berichte und Meldungen der Verbände entgegennehmen und bearbeiten. Schon bald erkannte ich, daß es ohne improvisierte selbständige Gruppen schwierig war, so viele Verbände ohne die Korpsebene zu führen.

Das Schicksal Stalingrads hing während der Kämpfe an der Wolga von der exakten und kontinuierlichen Arbeit des Nachrichtenapparats ab. Beim Kampf im offenen Gelände mag es angehen, daß Berichte oder Meldungen über Kampfhandlungen im Verlauf einer knappen oder guten Stunde über den Divisionsstab zum Armeestab gelangen, beim Kampf in der Stadt ist das undenkbar.

Unter normalen Feldbedingungen kann der Gegner, der in einer Nacht 2 bis 3 Kilometer Raum gewinnt, die Front höchstens eindrücken. In Stalingrad aber, bei wenigen hundert Meter tiefen Gefechtsordnungen an einzelnen Abschnitten, wäre es katastrophal gewesen, hätte der Gegner so weit vordringen können. Wir waren darauf angewiesen, die Absichten des Gegners rechtzeitig zu erkennen, um ihn an überraschenden Aktionen zu hindern. Unsere Waffen mußten immer einsatzbereit sein, und die Truppen mußten jederzeit schnelle und genaue Gegenstöße führen können. Dazu gehörte unabdingbar ein gut funktionierender Nachrichtenapparat mit Aufklärung, Gefechtssicherung und Beobachtungsstellen. Dazu gehörten ferner unsere Artillerie in ihren Feuerstellungen jenseits der Wolga, die Kommandeure der Reservetruppenteile und -einheiten und aller Truppenteile und Dienste, die das Gefecht unterstützten und sicherten. Nur ein exakt arbeitender Funk- und Fernsprechdienst und ein gut durchdachtes Lichtsignalsystem konnten eine operative Truppenführung sichern und Angriffen des Gegners zuvorkommen. Meistens schlugen wir ihn schon an den Zugängen zu unseren Stellungen in seinen Konzentrierungsräumen, sobald technische Kampfmittel und lebende Kräfte ihre Deckung verlassen hatten. Ohne Nachrichtenapparat hätten wir weder die Truppen führen noch Geschütze, Granatwerfer, Fliegerkräfte und andere Mittel an bedrohten Abschnitten einsetzen können.

Da die Gefechtsstände der Divisionen und der Armee am rechten Wolgaufer nur 300 bis 1 000 Meter von der vordersten Linie entfernt waren, konnten die Kommandeure aller Ebenen den Verlauf des Gefechts unmittelbar verfolgen, Änderungen der Lage berücksichtigen und rechtzeitig Entschlüsse fassen. Die wirksamste Form der Führung war die unmittelbare Verbindung zwischen den höheren Kommandeuren und ihren Unterstellten. Funk und Telefon aber behielten trotzdem ihre Bedeutung; ihnen galt unsere ständige Sorge. Aus folgenden Gründen aber war es schwierig, eine kontinuierliche Arbeit des Funk- und Telefonnetzes zu sichern.

Der pausenlose Beschuß und die Luftangriffe auf unsere Gefechtsstände und unser Leitungsnetz setzten unsere Fernsprechleitungen immer wieder in Brand und zerrissen sie. Die Nachrichteneinheiten erlitten hohe Verluste. Bis an die Wolga gespalten, kämpfte unsere Armee an drei voneinander isolierten Frontabschnitten. Die starke Einwirkung des gegnerischen Feuers verbot uns, auf dem Armeegefechtsstand leistungsfähige Funkstationen einzurichten. Ein ernstes Hindernis war auch der breite Fluß in unserem Rücken.

Wir hielten uns zwar an die organisatorischen Leitsätze – von oben nach unten, von links nach rechts, von den Spezialtruppenteilen zur Infanterie –, paßten aber unseren Nachrichtenapparat oft der operativen Lage an und durchbrachen damit an einzelnen Abschnitten das für Verteidigungsgefechte geltende Nachrichtenschema.

Die operative Lage, die taktische Lage der Truppen und die Entfaltung der Stäbe zwangen uns ein gemischtes System auf: Nachrichtentruppen stellten zuerst die Verbindung zwischen beiden Flügeln her und legten dann von dieser Achse die Leitungen zu den Divisionen. In den Divisionen und Regimentern war der Nachrichtenapparat in der Regel nach Richtungen organisiert.

Ich erinnere mich noch, wie der Chef des Armeestabes, General Krylow, und der Chef Nachrichten, Oberst und später General Jurin, nächtelang über Karten und Skizzen gebeugt saßen. Sie überprüften die alten Varianten der Nachrichtenübermittlung und Truppenführung und suchten neue Wege.

Da der Armeestab fünfmal seinen Gefechtsstand wechselte, bedeutete das, die Nachrichtenverbindung zu den Truppen unter pausenlosem Beschuß und Bombardement ebensooft neu zu organisieren.

Häufig schalteten sich zwei oder drei Divisionen mit einer einzigen Leitung parallel und schlossen sich zur Verstärkung ihres Nachrichtenapparats zusätzlich an Vermittlungsstellen an. Ihr System der Nachrichtenübermittlung bildete einen geschlossenen Kreis. An den wichtigsten Kontrollposten und an allen Zwischenstellen bildeten wir Entstörtrupps.

In der Regel bestand parallel zum Fernsprechnetz Funkverbindung und bei den Seeleuten auch noch eine Verbindung über Flaggensignale. Zwischen den Divisionen und Regimentern war die Nachrichtenverbindung nach dem Netzsystem – in der Regel zwei bis drei Leitungen mit Kontrollposten – organisiert.

Die Hauptfunkanlage der Armee bestand aus Funkstationen RB, RBM, 12-RP und 13-RA. Ihre Leistung war schwach. Die Stationen befanden sich in unmittelbarer Nähe des Gefechtsstandes. Unsere Nebenstelle mit leistungsfähigen Geräten war jenseits der Wolga, 10 Kilometer vom Armeestab entfernt. Sie stellte die Verbindung zum Stab der Front, zu den Fliegerkräften und zu den rückwärtigen Diensten her.

Um operativ beweglicher zu sein, mußten wir unsere Funkstationen auf Sprechfunk umstellen. Hier war jedoch äußerste Vorsicht geboten, damit der Gegner nichts über unsere Absichten erfuhr.

Der Funk war ein zuverlässiges und zuweilen das einzige Nachrichtenmittel. So konnte die Verbindung zur Gruppe Gorochow fast nur drahtlos aufrechterhalten werden.

Noch einiges zu einer der schwierigsten Aufgaben unserer Nachrichtensoldaten – zur Verlegung des Telefonkabels auf dem Grund der Wolga. Da wir kein Spezialmaterial hatten, mußten wir gewöhnliches Kabel benutzen. Jenseits der Wolga befand sich der Reservegefechtsstand des Armeestabes, über den wir die Gruppen auf den Flügeln, die Artillerie und die rückwärtigen Dienste führten. Während der schweren Gefechte im Oktober kamen noch die Truppen hinzu, die im Stadtzentrum und im Industrieviertel kämpften. Wir beschwerten das Kabel und versenkten es einfach im Fluß. Nach drei, vier Tagen mußten wir eine neue Leitung legen. So ging es bis zum Ende der Kämpfe in der Stadt.

Ein Wort zu unseren Aufklärern. Ungezählt sind die Ruhmestaten dieser tapferen Verteidiger der Wolgafeste, die in die Geschichtsschreibung eingegangen sind.

Alles über den Gegner zu wissen, seine Stellungen, Absichten, Kräfte und Möglichkeiten zu kennen bedeutet, die Entwicklungsperspektiven der Schlacht zu überschauen, um in jedem Einzelfall richtige Entscheidungen treffen zu können und damit den Erfolg des Kampfes zu sichern. So mußte unsere Aufklärung in den Tagen der Stalingrader Schlacht Angaben beschaffen, die nicht nur erkennen ließen, was der Gegner am nächsten Tag oder eine Woche später vorhatte, sondern mit welchen Handlungen wir in jedem Augenblick zu rechnen hatten. Solche Informationen schützten uns vor Überraschungen und ermöglichten uns, rechtzeitig Maßnahmen zu ergreifen, die Vorhaben des Gegners zu stören oder zu vereiteln. Doch angesichts der damals außerordentlich dichten Gefechtsordnungen des Gegners, der allgegenwärtigen Feldgendarmerie und Gestapo sowie der gründlichen Bespitzelung der Bevölkerung in den besetzten Dörfern, Orten und Stadtvierteln war dieses Ziel nicht leicht zu erreichen.

Wenn es also schwierig war, eine Erdaufklärung zu organisieren, so galt das verstärkt für die Luftaufklärung. Zu dieser Zeit war der Gegner an Fliegerkräften noch überlegen. Das hinderte unsere Flugzeuge an regelmäßigen Aufklärungsflügen über seinen Stellungen. In der Regel endeten Versuche, mehrere Einsätze hintereinander zu fliegen, mit dem Verlust von Flugzeug und Besatzung.

Auf besondere Art mußten wir in der Stadt aufklären, in der der Kampf fünf Monate lang fast auf ein und derselben Stelle tobte, wo die Frontlinie nicht nur durch Häuserblocks, sondern durch Stockwerke, Treppenabsätze und Werkhallen verlief. Hierbei war wichtig, daß sich der Aufklärer der Lage anpaßte, damit er die nötigen Angaben ermittelte und tatsächlich Auge und Ohr seiner Führung war.

Trotz aller Schwierigkeiten fanden unsere Aufklärer Mittel und Wege, uns mit zuverlässigen operativen Daten zu versehen.

Der Leiter der Aufklärungsabteilung der 62. Armee, Oberst German, und sein Politstellvertreter Woigatschew bildeten mit ihren Mitarbeitern ein festes, initiativreiches kämpferisches Kollektiv. Es bestand aus kühnen Menschen, die die Aufklärer unserer Armee durch persönliches Beispiel und hohe Arbeitsleistung mitrissen.

Schon bei unserer ersten Begegnung beeindruckte mich Oberst German durch Konzentration und Ernst. Er machte nicht viel Worte, aber alles, was er sagte, war gründlich durchdacht. Die ersten Informationen über ihn hatte ich vom Mitglied des Kriegsrates Gurow erhalten. Bald aber überzeugte ich mich persönlich davon, daß German ein echter Aufklärer war. Ich konnte sicher sein, daß eine Meldung über den Gegner von ihm bereits persönlich auf ihre Richtigkeit überprüft war.

Oberst German wartete nie auf Weisungen, wo und wann aufgeklärt werden sollte. Er teilte uns meist aus eigenem Antrieb die Ergebnisse seiner Aufklärer und die für uns wichtigen Daten mit. Oder er erkundigte sich, welche Angaben die Führung brauchte, und dann beschaffte er sie um jeden Preis. Er beherrschte die operative Kunst und war stets über das Geschehen auf dem laufenden.

Die von unseren Aufklärern erarbeiteten Methoden sicherten uns zuverlässige, kontinuierliche und stets aktuelle Aufklärungsdaten.

Am erfolgreichsten handelten in der Stadt unsere Aufklärer zu Fuß. Sie drangen in den rückwärtigen Raum des Gegners ein, beobachteten ihn und beschafften sich die von der Führung benötigten Angaben. Die große Feuerdichte an der Hauptkampflinie des Gegners machte es unmöglich, diese mit größeren Abteilungen oder Spähtrupps zu durchdringen. Eine 15 bis 20 Mann starke Aufklärergruppe wäre vom Gegner sofort entdeckt worden. Deshalb entschlossen wir uns, Gruppen von nicht mehr als drei bis fünf Mann auszuschicken. Mit Maschinenpistolen und Handgranaten, Feldstechern und Funkgeräten ausgerüstet, drangen sie 3 bis 5 Kilometer tief in den rückwärtigen Raum des Gegners ein und beobachteten getarnt alles, was dort vor sich ging.

Das machten wir kontinuierlich. Die Aufklärer arbeiteten sich nur nachts und vor allem durch die Schluchten der Zariza, die von der Wolga nach Westen führen, ins Hinterland des Gegners vor. Außerdem führten unsere Aufklärungspfade durch die Schluchten und Balkas der Mokraja und der Suchaja Metschetka, die Banny-, Dolgi- und Krutoischlucht. Es bedurfte eines unbeugsamen Willens, großen Mutes und unerhörter Ausdauer, dazu noch besonderer Eigenschaften eines Frontpfadfinders, um sich nachts unter pausenlosem Beschuß durch diese Schluchten vorzuarbeiten. Nicht jeden, der den Wunsch hatte, aufklären zu gehen, konnten wir auch wirklich schicken. Nur die kühnsten und findigsten, in der Mehrzahl Komsomolzen, gefestigte Männer, stark an Geist und Körper, wurden in die Aufklärungsgruppen aufgenommen.

»In der Gemeinschaft verliert sogar der Tod seine Schrecken«, lautet ein russisches Sprichwort. Aber unsere Aufklärer dachten nicht an den Tod, wenn es darum ging, eine Gefechtsaufgabe zu lösen. Sie dachten an das Leben, vor allem an das Leben des Sowjetvolkes, für das sie hierher geschickt waren, um Ehre, Freiheit und Unabhängigkeit der Heimat zu verteidigen. Fern von ihren Einheiten und Truppenteilen, fern von den Genossen, deren Nähe die Kräfte verzehnfacht, erfüllten sie mutig ihre Gefechtsaufgaben. Nicht alle Aufklärer kehrten zu ihren Einheiten zurück, und von denen, die zurückkehrten, mußten viele sofort ins Lazarett gebracht werden.

Während der Kämpfe um die Stadt verfügte die Armee über 8 bis 10 Regimenter Divisionsartillerie, 5 Panzerjägerregimenter,

2 bis 3 Kanonen- und 2 bis 3 Gardewerferregimenter. In den Feldtruppen gab es damals noch keine Artilleriedivisionen. Der größte Teil der Geschützartillerie befand sich auf dem linken Wolgaufer.

Die Dichte des Artilleriefeuers je Frontkilometer hing von den Verlusten ab und betrug in der Stadt durchschnittlich 10 bis 15 Geschütze und 82-mm-Granatwerfer. Wir strebten danach, das Artilleriefeuer möglichst zentral zu lenken. Hierin unterstützten uns der Chef Artillerie der Armee, Generalmajor Posharski, und sein Stab unter Oberst Chishnjakow.

General Posharski war ein Neuerer im massierten Einsatz der Artillerie während der Verteidigung der Stadt und im artilleristischen Gegenschlag, der Organisator mächtiger Granatwerfergruppen. Er verstand es, die Feuerführung so zu organisieren, daß sie ohne weiteres von einem Divisionskommandeur auf einen anderen übergehen und wieder zentralisiert werden konnte, wenn ein besonders gefährdeter Frontabschnitt unterstützt werden mußte. Aus der Praxis wußte er, wie wichtig es war, die Handlungen der Sturmgruppen durch Artilleriefeuer zu sichern, und zögerte nicht, schwere Geschütze in diese Aktionen einzubeziehen.

Der Chef Artillerie der Armee konnte die Artillerie aller Schützendivisionen, Panzerjägerregimenter, Begleitartillerieregimenter und Gardewerfertruppenteile zentral lenken. So vereitelten unsere Artillerieangriffe Ende September einen Großangriff in Richtung Höhe 102,0—Bannyschlucht. Die Gegenvorbereitung dauerte mehrere Tage; jede etwa 15 bis 20 Minuten. An der 2 bis 3 Kilometer breiten Front setzten wir 250 schwere Geschütze ein.

An den massierten Feuerüberfällen während der Novemberkämpfe am Werk »Barrikady« nahm die Artillerie von 8 Schützendivisionen, 2 Panzerjägerregimentern, 3 Begleitartillerieregimentern und 2 Regimentern der Frontartilleriegruppe teil.

Die Führung der Artillerie war so organisiert, daß der Chef Artillerie der Armee jederzeit über Artillerieabteilungen und -regimenter verfügen konnte. Alle Truppen der Artillerieverstärkung hatten Verbindung zu den Kommandeuren der Divisionsartillerie und standen gleichzeitig in direkter Verbindung zum Chef Artillerie der Armee. Außerdem gehörten die Kanonenregimenter der Armee und der Front zur Armeegruppe der weittragenden Artillerie. Diese konnte die Divisionen immer und in jeder Richtung unterstützen.

Neben dem massierten Artilleriefeuer plante der Stab der Artillerie den Beschuß von ganzen Zielgruppen und sogar von Einzelzielen, beispielsweise der Wassertürme auf dem Mamajewhügel und der Bäder in der Arbeitersiedlung. In einem solchen Fall mußten die Stäbe der Divisionsartillerie eng mit anderen Waffengattungen zusammenwirken, um Infanterie und Panzern die Möglichkeit zu geben, das massierte Artilleriefeuer voll für sich auszunutzen.

So setzte die 39. Gardeschützendivision in den Kämpfen um das Werk »Roter Oktober« im direkten Richten auf eine Entfernung von 200 bis 300 Metern sogar 203-mm-Geschütze ein. Hätte man unseren Artilleristen früher gesagt, daß wir so etwas praktizieren würden, sie hätten ungläubig den Kopf geschüttelt. Später wiederholten wir das in Poznań und Berlin.

Die Straßenkämpfe erforderten, unsere Artilleriebeobachtungsstellen weit nach vorn zu verlegen. Deswegen befanden sie sich bei den Kompanien und Zügen, das heißt bei den Sturmgruppen.

Mit der für die Panzerabwehr bestimmten leichten Artillerie und den Regimentskanonen beschossen wir im direkten Richten Fenster, Türen, Bodenräume und Dächer. Unsere Splittersprenggranaten erzielten eine gute Wirkung gegen lebende Kräfte, und unsere 45-mm-Panzerbrandgeschosse zerstörten leichtere Befestigungen in den Gebäuden.

Eine beachtliche Wirkung, vor allem bei der Bekämpfung von Panzern, erzielten unsere auf kurze Entfernung feuernden Geschütze.

Pausenlose Bombenangriffe und das konzentrierte Feuer der gegnerischen Artillerie und Granatwerfer vernichteten einen großen Teil unserer in Stalingrad auf dem rechten Wolgaufer eingesetzten Artillerie. Obwohl überall Artillerie fehlte, hielt die Armee dennoch ein 82-mm-Gardewerferregiment in Reserve, das uns mehr als einmal half, in kritischen Situationen Angriffe aufzuhalten.

Auf Beschluß der Armeeführung blieb die weittragende Divisionsartillerie auf dem linken Wolgaufer. Hier konnte sie mit Fèuer und Rad manövrieren, vor allem bei der Bekämpfung von

Panzerfahrzeugen und Panzern. Außerdem war es leichter, ihr Munition zuzuführen, sie brauchte ja nicht übergesetzt zu werden.

In Stalingrad hatten wir zwar viele Panzertruppenteile und -stäbe, aber nur wenig Panzer. Zum ersten gestattete der Kampf in der Stadt nicht den massierten Einsatz von Panzern, zum zweiten hätten wir sie auch aus Mangel an speziellen Übersetzmitteln nicht über die Wolga bringen können .

Die vorhandenen Panzer aber wurden maximal genutzt: bewegungsunfähig geschossene als feste Feuerpunkte, einsatzfähige als Stoßkraft für den Gegenangriff. Sie bildeten in den für Panzer zugänglichen Richtungen das Rückgrat unserer Panzerabwehr. 200 bis 300 Meter hinter der Hauptverteidigungslinie in Stellung gebracht, tarnten sie sich sorgfältig und gruben sich bis an die Türme ein; die ihnen beigegebene Infanteriedeckung grub sich ebenfalls ein oder befestigte sich in Gebäuden.

Das Feuer der Panzer von der Stelle und aus dem Hinterhalt auf gegnerische Panzer, die auf den Straßen und Plätzen erschienen, war besonders wirksam. So konnten wir am 14. und 15. September starke Panzerkräfte aufhalten, die aus der Bewegung in die Stadt einzudringen suchten. Sie erlitten hohe Verluste und mußten sich zurückziehen.

Zur selben Zeit setzte der Gegner über 400 Panzer gegen die 30 T-34 und zwei Panzerjägerregimenter im Abschnitt der Panzerbrigaden unter Oberst Kritschman und Oberstleutnant Udowitschenko ein. Trotz ihrer eindeutigen Überlegenheit gelang es ihnen nicht, unsere Verteidigung zu durchbrechen und die Wolga zu erreichen.

Mit der zweiten Septemberhälfte stellten daraufhin die deutschen Generale massierte Panzerangriffe ein und schickten Panzer nur noch mit Infanteriedeckung, unterstützt von Artillerie und Fliegern, in kleineren Gruppen ins Gefecht.

So griff der Gegner am 19. September beim Versuch, den Mamajewhügel zu nehmen, von Norden, Westen und Süden in Gruppen von je 15 Panzern an. Wir aber besaßen in diesem Abschnitt nur 5 T-34 und 3 T-60. Als erster griff der Panzer des Feldwebels Smechotworow am Südwesthang des Hügels in das Gefecht ein. Er hatte kaum einen Schuß abgegeben, als ihn ein Feuerhagel überschüttete. In 5 Meter Entfernung detonierte eine Granate. Aber die Besatzung bewahrte Ruhe und setzte mit dem zweiten Schuß einen angreifenden Panzer in Brand. Ein dritter Schuß — und dem zweiten Panzer entstiegen dicke Rauchschwaden. Die übrigen zogen sich zurück, und die Infanterie griff nicht an.

Hier ein anderes Beispiel: Eine Einheit der Brigade Udowitschenko — drei Panzer und ein Schützenzug mit 18 Mann — erhielt den Befehl, feindliche MPi-Schützen zu vernichten, die in einzelne Gebäude an der Ecke Kiewer Straße—Straße der Republik eingedrungen waren. Das Unternehmen leitete Zugführer Leutnant Morosow. Vom Gegner unbemerkt, zog er seine Panzer vom Osthang des Mamajewhügels ab, ließ die Schützen aufsitzen und eröffnete aus einer Entfernung von ungefähr 800 Metern ein heftiges Feuer gegen die Häuser. Als sich die Panzer den Gebäuden genähert hatten, stürzten sich unsere Schützen auf den Häuserblock und vernichteten die Eindringlinge.

Daraufhin wurde Morosow befohlen, mit seinen Panzern zum Westrand der Siedlung Roter Oktober zu fahren, wo wir einen neuen Angriff erwarteten. So wechselten unsere Panzer täglich mehrmals ihren Einsatzort.

Am 27. September ging der Gegner mit etwa zwei Bataillonen Infanterie und 16 Panzern gegen das Silikatwerk vor. Hier verteidigten sich die Gardepanzersoldaten Oberst Kritschmans. Dem Angriff ging ein heftiger Fliegerschlag voraus. Nach dem Bombardement entzündeten unsere Panzersoldaten neben ihren Panzern Rauchbomben. Die Faschisten glaubten, unsere Panzer stünden in Flammen, und stürmten vor. Unsere Panzersoldaten und Artilleristen ließen sie herankommen, eröffneten im direkten Richten das Feuer und schossen zwei Panzer in Brand.

Wir setzten unsere beschädigten Panzer stets schnell wieder instand und schickten sie erneut in den Kampf. Dabei halfen uns die Arbeiter des Stalingrader Traktorenwerkes, vor allem die der Abteilung 5. Trotz des Artilleriebeschusses und der Bombenangriffe arbeiteten unsere Traktorenbauer unter der Leitung von Oberst Katukow und Major Wowk Tag und Nacht.

Mein Stellvertreter für Panzertruppen, Oberstleutnant Wainrub, der den Einsatz der reparierten Panzer überwachte, erzählte: »Aus der Siedlung Roter Oktober wurde der Panzer 214 in das Werk geschleppt. Eine Panzergranate hatte seine Seitenpanzerung durchschlagen und den Motor beschädigt. Die Brigade

Makarow machte sich an die Reparatur. Sie hatte kaum die Heckpanzerplatte abgenommen, als das Werk bombardiert und im Tiefflug angegriffen wurde. Die Arbeiter suchten unter dem Panzer Deckung. Es blieb nicht bei dem einen Angriff. Daraufhin richteten die Monteure einen Beobachtungsdienst ein und stellten nur bei unmittelbarer Gefahr die Arbeiten ein.«

Die meisten Panzer kamen mehrmals zur Reparatur. Der Panzer 214 war bereits viermal instandgesetzt worden. Als er zum fünftenmal ins Werk gebracht wurde, brummte Makarow: »Schon wieder der 214?«

»Wir sind nur verwundet«, sagte der Kommandant, als wollte er sich entschuldigen. »Wenn ihr uns helft, werden wir morgen wieder in den Kampf gehen. Bedenkt doch, auf jeden Schaden kommt ein vernichteter feindlicher Panzer.«

Wir konnten unsere Verluste jedoch nicht durch Reparaturen allein ersetzen. Am 5. Oktober traf bekanntlich zu unserer Verstärkung Oberst Belys Panzerbrigade auf dem linken Wolgaufer ein und setzte am Morgen des 6. Oktober 15 Panzer nach Stalingrad über. Sie gingen sofort an der Bahnlinie und an der Skulpturnajastraße in Stellung und nahmen den Kampf auf, ohne sich einzugraben. In einer Stunde vernichteten sie acht Panzer und eine große Anzahl Soldaten. Unsere Panzersoldaten gaben sich, nebenbei bemerkt, nicht damit ab, vernichtete Gegner zu zählen. Sie hatten es überhaupt vor allem auf die Kampftechnik abgesehen und benutzten daher kaum ihre MGs. Das beobachtete ich beispielsweise in der Skulpturnajastraße. Bald darauf sah es anders aus, neben den Kanonen kamen auch die MGs zu Wort.

Als gegen Mittag des 6. Oktober die Bombenangriffe und der Beschuß nachließen, sollten auch die übrigen Panzer der Brigade übergesetzt werden. Doch kaum hatte die erste Fähre mit einem T-34 die Flußmitte erreicht, als sie auch schon von Sturzkampfbombern angegriffen wurde. Eine Bombe beschädigte Motor und Steuer, die Fähre wurde von der Strömung erfaßt und abgetrieben. Der Panzerkommandant, Feldwebel Pjotr Sybin, hat diese Fahrt so in Erinnerung: »Meine Besatzung ging zunächst unter dem Panzer in Deckung. Wir warteten ab, was geschehen würde. Zum Glück trieb uns der Nordwestwind an das linke Ufer zurück. Wir mußten die Fähre verlassen und wieder zur Übersetzstelle fahren.« Nach dem Übersetzen bezogen die Panzer am Nordwestrand des Werkes »Barrikady« Verteidigungsstellung.

Am 7. Oktober kämpften Sholudews, Gorischnys und Gurtjews Divisionen sowie Belys Panzersoldaten erbittert gegen zwei Infanteriedivisionen und 150 Panzer, die den Westrand des Werkes angriffen. Der Gegner wurde abgeschlagen. Er mußte 16 ausgebrannte Panzer und 900 Tote zurücklassen. Wir verloren drei Panzer mit ihren Besatzungen.

Als die Faschisten während der schweren Kämpfe vom 14. bis 17. Oktober Hunderte von Panzern gegen das Traktorenwerk und das Werk »Barrikady« einsetzten, operierten unsere Panzersoldaten aus dem Hinterhalt und feuerten von der Stelle. Belys Brigade besaß zwar nur noch 20 Panzer, aber sie hielt dem Angriff überlegener Kräfte stand und vernichtete viele deutsche Panzer. Sie hinderte die fünf Divisionen starke Stoßgruppe daran, sich zu entfalten und an der Wolga entlang nach Süden gegen die Flanke der Hauptkräfte der Armee vorzustoßen.

Am 14. Oktober brach der Gegner zum Traktorenwerk durch, und wir verloren unsere Reparaturwerkstatt. Zwar reparierten wir auch weiterhin unsere Panzer, aber nur noch mit behelfsmäßigen Mitteln am Wolgaufer und in den Schluchten. Wir schickten sie als bewegliche Feuerpunkte sofort wieder in die Stellungen zurück. Unsere Schützeneinheiten schlugen sich hartnäckiger und sicherer, wenn sie Panzer an ihrer Seite wußten.

Die deutschen Panzer konnten den unsrigen oft kaum schaden, obwohl sie meist in der Überzahl waren. Unsere Aufklärung klappte, wir waren beweglich, ließen bewegungsunfähige Panzer abschleppen und tarnten uns gut. Bei Gegenangriffen wirkten unsere Panzer immer mit der Infanterie und den Pionieren zusammen. Sie durchbrachen in direktem Beschuß Wände, trennten die Angriffsobjekte von ihrem Verteidigungssystem und kehrten nach erfülltem Auftrag entweder zurück oder blieben gut getarnt in Deckung.

Während der Angriffe in Stalingrad selbst setzten wir unsere Panzer in kleineren Gruppen von höchstens fünf Fahrzeugen ein. Erstens hatten wir zu wenig, außerdem wäre es schwierig und unzweckmäßig gewesen, sie in der zerstörten Stadt massiert loszuschicken.

Bei Angriffen in Städten muß man sich besonders darum kümmern, daß Panzer und Infanterie exakt zusammenwirken. Auf dem freien Gefechtsfeld sind das Bataillon, die Abteilung und die Panzerkompanie die Hauptglieder des Zusammenwirkens, in Ortschaften sind es meist der Schützenzug, der Panzerzug und der Artilleriezug.

Jede Straße und jeder Platz sind eng begrenzte Gefechtsräume, das muß jeder Kommandeur berücksichtigen. Die Kräfte allein tun es nicht.

Als sich die Faschisten im September Stalingrad näherten, waren sie uns in allen Waffenarten weit überlegen. Sie waren überzeugt, die 62. Armee mit einem Schlag in die Wolga werfen zu können. In offenem Gelände hätten sie bei diesem Kräfteverhältnis unsere Verteidigung schnell durchbrochen, um so mehr, als diese ja höchstens 3 bis 5 Kilometer tief war. Wir aber hielten drei Monate lang den pausenlosen Schlägen überlegener Kräfte stand. Wie war das möglich? Die Soldaten der 62. Armee begriffen als erste das Wesen des Kampfes in der Stadt und lernten besser und schneller als der Gegner, Straßen, Gebäude, Keller, Treppenhäuser, Fabrikschornsteine und Dächer in den Kampf einzubeziehen. Alle Organe der Armee — Stäbe, Politabteilungen und rückwärtige Einrichtungen — eigneten sich diese Kunst an und erweiterten ständig ihr Wissen und ihre Erfahrung. Jeder einzelne Soldat bemühte sich mit Erfolg, neue und wirksamere Kampfmethoden zu finden.

In den Kämpfen auf den Stalingrader Straßen spielten die Pioniere, diese oft unbemerkten Kämpfer, eine besondere Rolle. Als fester Bestandteil unserer Sturmgruppen bauten sie nicht nur Übersetzstellen, sondern kämpften auch in den ersten Reihen. Ihr Sprengstoff und ihre Minen waren eine gefährliche Waffe. Schien der Gegner unüberwindlich, dann vernichteten ihn Pioniere mit Sprengstoff; kamen wir auf dem üblichen Weg nicht an ihn heran, drangen sie durch unterirdische Stollen bis zu seinen Befestigungen vor und sprengten ihn in die Luft.

Unterirdische Minenstollen oder Sappen scheinen heute überholt. Die Pioniere der 62. Armee benutzten aber die Erfahrungen der berühmten russischen Mineure, die um die Mitte des vorigen Jahrhunderts Sewastopol verteidigten. Unsere Minen sprengten Dutzende Panzer in die Luft. Hier einige Beispiele: Als der Gegner den Nordteil der Stadt angriff, legte eine Gruppe Pioniere unter Major Wanjakin an der Balka der Mokraja Metschetka zwei Minenfelder. Dort gingen später acht Panzer hoch.

An einem Abschnitt der 13. Gardedivision versuchte der

Gegner im Laufe einer Nacht zweimal unsere Verteidigung zu durchbrechen. Wir mußten diesen Abschnitt unbedingt halten. Eine Pioniergruppe unter dem Kommunisten Leutnant Lewadny legte unter Beschuß 400 Minen. Der Gegner erlitt hohe Verluste und mußte seine Angriffe in andere Richtungen lenken.

An einem anderen Verteidigungsabschnitt eroberte der Gegner ein Transformatorenhäuschen, beobachtete und beschoß uns von dort. Eines Nachts schlich eine Pioniergruppe des 8. Gardebataillons an das Häuschen heran und sprengte es in die Luft.

Auf dem Gelände des Erdölsyndikats, das von einem Erdwall umgeben war, hatte der Gegner einen starken Stützpunkt errichtet und hielt von dort die Bannyschlucht und die Wolga unter Beschuß. Der Wall verhinderte, daß wir unser Feuer korrigieren konnten. Unsere Aufklärer stellten fest, daß ein Öltank vom Gegner nicht besetzt war. Eine Pioniergruppe des 8. Gardebataillons trieb aus der Dolgischlucht einen unterirdischen Stollen bis zum Öltank vor, sprengte eine Öffnung in den Boden und richtete dort zwei Feuerpunkte und eine Beobachtungsstelle ein. So konnten wir den gegnerischen Stützpunkt ausschalten.

Als wir zum Sturm auf die Gießerei des Werkes »Roter Oktober« rüsteten, sprengten uns die Pioniere im Abschnitt der 39. Gardedivision eine Gasse. So konnten wir uns auf Handgranatenwurfweite nähern und den stark befestigten Stützpunkt nehmen.

Im Abschnitt der 45. Division, nordwestlich des Werkes »Roter Oktober«, befand sich an der Höhe 102,0 ein Feuerpunkt, aus dem der Gegner unsere Stellungen beschoß. Unsere Pioniere füllten ein Faß mit Sprengstoff und ließen es mit brennender Zündschnur den Hang hinabrollen. Eine Detonation, und der Feuerpunkt mit Besatzung flog in die Luft.

In dem Eckhaus, das Sedelnikow stürmte, war der Gegner nicht aus dem Keller zu vertreiben. Pioniere der Sturmgruppe unter Unterleutnant Iwanizki legten 260 Kilogramm Sprengstoff. Unter den Kellertrümmern kamen nach Aussagen Gefangener etwa 150 gegnerische Soldaten ums Leben.

Unsere Pioniere bildeten mit den anderen Truppen ein einheitliches Ganzes, ihre Waffentaten gehörten untrennbar zu den Leistungen der gesamten Armee. Sie waren besonders findig, geschickt und schienen jeder Lage gewachsen. Die Pioniere sorgten dafür, daß die Übersetzstellen einwandfrei funktionierten, stürmten Gebäude, befestigten Stellungen und bauten Unterstände und Erdbunker.

Der Winter nahte. So schwierig die Lage auch sein mochte, die Soldaten mußten sich wärmen und waschen können. So bauten Pioniere in der umkämpften Stadt Bäder. Die Soldaten der Stalingrader Front dankten ihnen von Herzen.

Als der Lärm der großen Stalingrader Schlacht verhallt, der eingeschlossene Gegner vernichtet oder gefangen war, verließ die Armee die Stadt, um sich auf neue Schlachten vorzubereiten. Aber noch lange hörte man Detonationen: Die Pioniere räumten Minen und sprengten Blindgänger.

Auf Beschluß der Partei und Regierung begann sofort nach Beendigung der Kampfhandlungen der Wiederaufbau der zerstörten Stadt. Unsere Pioniere waren die ersten, die dieses große Werk in Angriff nahmen. Sie säuberten Stalingrad von den gefährlichen Sprengkörpern und schufen damit die Voraussetzung, das es neu erstehen konnte.

Heute noch, über dreißig Jahre nach dem großen Sieg an der Wolga, fühle ich mich den Helden unserer Fluß- und Luftflotte zu Dank verpflichtet. In den schwersten Tagen und Stunden lieferten sie der Armee die Mittel, die sie für ihren Kampf so dringend benötigte. Die Seeleute der Wolgaflottille und die Piloten der Flugzeuge Po-2 halfen uns mit ihren Kanonen, Maschinengewehren und Fliegerbomben, den Feind zu schlagen, ihm schwere Verluste zuzufügen und ihn zu erschöpfen. Unter schwierigsten Bedingungen schafften sie Munition und Verpflegung für die Armee heran. Die Seeleute brachten Verwundete aus der Stadt und setzten die Stäbe der Truppenteile zur Neuformierung auf das Ostufer über.

Ich erwähnte bereits unsere schwierige Lage mit Beginn des Eisgangs auf der Wolga. Der Gegner verfolgte dieses Naturereignis aufmerksam. Wo das Eis sich staute, brach er durch Beschuß aus sechsrohrigen Werfern die entstehende durchgehende Eisdecke auf, brachte sie wieder in Bewegung und isolierte uns so von unseren Versorgungsbasen.

Es schien, als gäbe es keinen Ausweg. Aber wir schafften es trotzdem. Aus dem Raum Achtuba und von der Anlegestelle Tumak bahnten sich die Dampfer »Abchasez«, »Pugatschow«, »Spartak«, »Panfilow« und die Panzerboote 11, 12, 13, 61 und 63 mühsam und unter Gefahren den Weg zu uns. Als sich die Eisdecke verstärkte, hatten die Panzerboote doppelt und dreifach zu tun. Die hohen Verluste schreckten die kühnen Seeleute nicht. In diesem Zusammenhang erinnere ich mich an den einstigen Kommandeur der Panzerbootabteilung, Genossen Sorokin, zur Zeit Navigationsoffizier in der Funkstation der Fischereikolchosvereinigung von Magadan. Für seine Teilnahme an der Schlacht an der Wolga erhielt er den Rotbannerorden, den Orden »Roter Stern« sowie die Medaillen »Für Tapferkeit« und »Für die Verteidigung Stalingrads«.

In jenem kalten Herbst 1942 drohte den Seeleuten von überallher Gefahr: Die Artillerie des Gegners nahm ihre Boote unter gezielten Beschuß, sie wurden von Sturzkampfbombern angegriffen und waren durch Treibminen bedroht. Sorokin brach in der zweiten Novemberhälfte bei beginnender Vereisung der Wolga unter Beschuß viermal zum rechten Wolgaufer durch, schaffte Munition und Auffüllung heran und brachte Verwundete aus der Stadt.

Er selbst erinnert sich an die Nacht zum 15. September, als er mit seinen Panzerbooten Rodimzews 13. Gardedivision nach Stalingrad übersetzte. Er schreibt: »Allnächtlich beförderten die Panzerboote Hunderte Verwundete und Hunderte Tonnen Lasten. Manchmal mußten wir den Gegner mit unserer Artillerie bekämpfen. Wir hatten auf dem Panzerboot 13 eine ›Katjuscha‹ in Stellung gebracht. Vom Gegner unbemerkt, näherte sich das Boot einer bestimmten Uferstelle und feuerte eine tödliche Salve auf die Faschisten ab.«

Als der Gegner im Oktober das Traktorenwerk nahm und die Wolga erreichte, waren die 115., 124. und 143. Schützenbrigade sowie Teile der 112. Schützendivision von den Hauptkräften der Armee abgeschnitten. Ihnen mußte schleunigst Hilfe gebracht werden. Munition war heranzuschaffen, und die Verwundeten waren fortzubringen. Diese Aufgabe fiel Sorokins Panzerbootabteilung zu.

»Trotz des Eisgangs auf der Wolga«, berichtet Sorokin, »drangen die Panzerboote bis in den Raum Rynok—Spartanowka vor, um den dort von der Armee abgeschnittenen Truppen Munition zu bringen. Der Durchbruch war besonders schwierig, der Gegner nahm die Boote mit allen Waffenarten unter heftigen Beschuß. Als Verwundete an Bord genommen waren und wir wieder auf das linke Ufer zu hielten, eröffneten deutsche Panzer aus dem Hinterhalt das Feuer. Wir schossen einen bewegungsunfähig, aber auch uns erwischte es. Eine Granate schlug in das Steuerhaus ein, Oberleutnant Shitomirski wurde durch einen Splitter schwer am Bein verletzt und der am Ruder stehende Obermaat Jemelin getötet. Ungeachtet seiner Schmerzen ergriff Shitomirski das Ruder des führerlosen Bootes und steuerte es zur Übersetzstelle.

Bei einer Fahrt in den Raum des Traktorenwerkes befand ich mich an Bord des vom Genossen Korotenko befehligten Bootes. Es war eine dunkle Nacht, Schnee und Regen fielen. Kanonen und Maschinengewehre gefechtsbereit, fuhren wir mit kleiner Fahrt. Als erstes erreichte unser Boot das Ufer. Zwei mit Maschinenpistolen bewaffnete Matrosen sprangen ans Ufer, um zu klären, ob wir auch wirklich bei den Unsrigen gelandet waren. Bald darauf hörte man den Ruf: ›Laßt das Fallreep herunter, es sind die Unseren‹. Einige Matrosen und Soldaten brachten jemanden angeschleppt, von dem ich zunächst annahm, daß es ein Verwundeter sei. Doch der Matrose Iwanow, der als erster an Bord kletterte, meldete: ›Genosse Kommandeur, nehmen Sie ein Geschenk entgegen, wir haben einen Fritzen erwischt.‹ Ich befahl, ihn ins Steuerhaus zu bringen, und ließ ihn von zwei Mann mit MPis bewachen.

Inzwischen löschten Soldaten und Matrosen die Munition, brachten Verwundete an Bord und nahmen, ohne vom Gegner beschossen zu werden, in voller Fahrt Kurs auf die Übersetzstelle. Im Steuerhaus ließ ich mir berichten, wie die ›Zunge‹, ein Unteroffizier, gefangengenommen worden war.

Gewöhnlich gaben wir – der Gegner übrigens ebenfalls – nachts warmes Essen aus. Wenn auch bei den Deutschen die Verpflegung knapp war, gab es doch zur Aufmunterung reichlich Schnaps. Vom Essengeruch angelockt, hatte sich der angetrunkene Unteroffizier irrtümlich an unsere Feldküche herangemacht und hielt dem Koch sein Kochgeschirr hin. Dabei murmelte er etwas auf deutsch. Geistesgegenwärtig gab ihm der Koch mit der gefüllten Schöpfkelle eins über den Schädel.

Der Fritz war völlig verdutzt: Anstatt Essen zu fassen, war er in Gefangenschaft geraten. Beim Anblick der Matrosenmützen zitterte er, hatte man ihm doch eingeimpft, unsere roten Matrosen seien ›Schwarze Kommissare‹ oder der ›Schwarze Tod‹.«

Die Wolgaflottille unter Männern wie den Konteradmiralen Rogatschow und Worobjow, mit Offizieren wie Sorokin machte Unmögliches möglich. Wiederholt schlossen ihre Boote mit ihrem Feuer Lücken, durch die der Gegner zwischen unseren gelichteten Gefechtsordnungen zur Wolga hätte durchkommen oder durchsickern können. Die Geschütze der Kanonenboote »Ussykin«, »Tschapajew«, »Stschors«, »Kirow« und »Rudnew« feuerten Tausende von Granaten auf die Eindringlinge ab.

Für die Flieger begann die Front schon auf ihren Flugplätzen. Der Gegner griff sie ständig an und versuchte, die Flugzeuge beim Start abzufangen. Luftkämpfe tobten über den Flugplätzen wie über den Anflugstrecken nach Stalingrad und über der Stadt selbst. So standen unsere Flieger Tag und Nacht im Gefecht. Tagsüber wehrten sie die Überfälle des Gegners auf ihre Stützpunkte ab, und nachts halfen sie uns durch Munitionstransporte und Bombenangriffe auf Stellungen des Gegners.

Einen der vielen nach dem Krieg an mich gerichteten Briefe von Fliegern, die mit der 62. Armee zusammenwirkten, möchte ich hier zitieren: »Es war im Oktober 1942. Ununterbrochen erschütterten erbitterte Gefechte Erde und Luft. Nicht nur bei Tag, auch bei Nacht, von Sonnenuntergang bis Sonnenaufgang, waren unsere Flugzeuge im Einsatz und warfen ihre todbringende Last auf die Eindringlinge ab. Bombardiert werden mußten einzelne Häuserviertel, Straßen und einzelne vom Gegner besetzte Häuser. Die Bodentruppen standen im Nahkampf. Der geringste Fehler unserer Besatzungen konnte dazu führen, daß die eigenen Leute getroffen wurden.

Auf der Erde war die Hölle los. Tag und Nacht krachten Detonationen. Am nächtlichen Himmel wimmelte es von eigenen und feindlichen Flugzeugen. Immer wieder mußten unsere Piloten ihre Maschinen herumreißen, um vorbeiflitzenden Flugzeugen auszuweichen, die sie nur im Licht der aus den Auspuffstutzen schlagenden Flammen sichteten. Es gab auch Zusammenstöße.

Die von Luftwaffenkräften in Brand gesetzten Erdöltanks am Wolgaufer spieen über tausend Meter hohe Flammen- und Rauchsäulen in den Himmel. Man konnte kaum atmen. Aufsteigende Luftströme schleuderten die Maschinen hoch.

In einer Novembernacht wurden unsere Flugzeuge Po-2 auf einen beschleunigt ausgebauten Flugplatz im Raum Srednjaja

Achtuba verlegt. Behutsam hielten wir beim Laden auf die Leuchtfeuer zu. Wir fanden eine ungewöhnliche Situation vor: Hochbordige, mit Planen bedeckte Lastkraftwagen hielten neben den Flugzeugen. Statt Bomben lud man etwas Langes und Schweres aus, das die Techniker nur mit Mühe an die Bombenhalter hängten.

Die zwei Meter langen Säcke von einem Meter Durchmesser enthielten Minen, Granaten, Patronen, Verpflegung und anderes mehr für unsere Truppen in Stalingrad. So verwandelten sich unsere Po-2 in Transportflugzeuge, in Luftfuhrwerke. Jede Maschine bekam zwei Säcke mit einem Gewicht von je 100 Kilogramm angehängt. Zwar war die Last nicht zu schwer, doch Umfang und Form waren wenig vertrauenerweckend. Wenn sich beim Start oder in der Luft einer dieser Säcke löste, verlor die Maschine ihre aerodynamischen Eigenschaften und ging wie ein Stein zu Boden.

Nach dem Anhängen der Last versammelte man die Piloten auf dem Gefechtsstand, einem ziemlich geräumigen Erdbunker. Der Steuermann des Regiments, Major Morkowkin, wies auf den Stadtplan. Auf ihm waren mit dicken Strichen drei schmale Abschnitte — drei Brückenköpfe — verzeichnet.

Der Regimentskommandeur stellte uns die Gefechtsaufgabe, über dem kleinsten Brückenkopf die Säcke mit Munition abzuwerfen. Von der Saizewski-Insel anfliegend, sollten wir in 600 Meter Höhe unsere Lasten lösen. Als Orientierungspunkte waren Feuer am Steilufer vorgesehen.

Anschließend bat uns der Kommissar des Regiments, Oberpolitleiter Ostromogilski, noch einige Minuten zu bleiben. An seine Worte erinnere ich mich noch heute. ›Drüben in Stalingrad kämpfen die Soldaten der 62. Armee bis zum letzten‹, begann er. ›Sie sagen, daß es für sie hinter der Wolga kein Land mehr gibt! Sie sind entschlossen, Wort zu halten und bis zum letzten Mann zu kämpfen, und sie werden nicht zurückweichen. Die Faschisten versuchen um jeden Preis, Stalingrad zu nehmen und unsere Truppen in die Wolga zu werfen. Aber die Heimat befiehlt: Keinen Schritt zurück! Seien Sie sich darüber klar, Genossen, daß es in Stalingrad um das Schicksal unseres Vaterlandes geht. Der Feind ist zermürbt und erschöpft, aber auch unsere Stalingrader Helden haben es schwer. Der Eisgang auf der Wolga hat sie von ihren rückwärtigen Diensten abgeschnitten.‹

Wir überprüfen noch einmal, ob die Säcke festhängen und starten. Es ist nicht schwierig, die Richtung zu halten, denn vor uns liegt das vom Orangerot der Brände gezeichnete Stalingrad.

In Flußnähe gehen wir auf eine Höhe von etwa 600 Metern. Schon blinkt unter uns die Wasserfläche. Gespannt blicken wir zum gegenüberliegenden Ufer, wo auf schmalem hellem Streifen zwischen dem Wasser und dem Steilufer drei Feuer brennen. Sie sind nur vom Fluß und vom linken Ufer auszumachen, für den Gegner also unsichtbar. Wir überfliegen die Saizewski-Insel und kurven auf die für den Abwurf vorgesehene Stelle ein. Die Hände tasten nach den Abzügen der Bombenhalter.

Das Flugzeug überfliegt den Uferstreifen, die Wolga liegt hinter uns. Die Leuchtfeuer, die sich irgendwo unter der Maschine befinden müssen, sind nicht mehr sichtbar. Erst jetzt erkennt man, wie schmal der an die Wolga grenzende Streifen Erde ist. Dahinter sieht man das Aufblitzen von Mündungsfeuern und Feuerschein — dort befindet sich bereits die vorderste Linie. Und die Säcke? Werden sie ihr Ziel erreichen? Ein geübter Bombenschütze würde das Ziel bestimmt nicht verfehlen. Aber unter unseren Tragflächen hängen unförmige Säcke, deren Flugbahn erheblich von der Windstärke und der Windrichtung beeinflußt wird. Die vielen Brände verursachen Luftströmungen, die in keiner Weise der berechneten Windrichtung entsprechen.

›Warte noch, Sascha!‹ rufe ich meinem Navigator zu. Ich wende nach links und deute mit der Hand nach vorn, wo sich in gleicher Höhe mit uns, ganz in unserer Nähe an irgendeinem unsichtbaren Punkt die hellen, durchbrochenen Linien der Leuchtspurgeschosse kreuzen. In diesem Augenblick sehen wir, wie sich im Schein der Feuersbrünste von den vertrauten Umrissen einer Po-2 zwei Punkte lösen — zwei Säcke, über denen sich zwei weiße Fallschirme entfalten.

›Da, sieh die Fallschirme!‹ rufe ich Sascha zu.

Ich drehe eine Schleife über dem Brückenkopf und den zur Erde schwebenden beiden weißen Punkten.

Die Fallschirme überqueren den Erdwall auf dem Steilufer und entfernen sich. Dann ändern sie plötzlich die Richtung und gehen auf der Wolga nieder. Ein mißglückter Abwurf!

›Halte auf die Feuer zu, verringere die Höhe und steigere die Geschwindigkeit!‹ ruft mir der Navigator zu. ›Wenn wir die

Säcke in zweihundert Meter Höhe abwerfen, bekommen die Unseren sie bestimmt.‹

Unter uns auf dem Steilufer der Erdwall. Wir befinden uns nicht mehr in 200, sondern nur in 150 Meter Höhe. Mehrere leuchtende Punkte jagen auf das Flugzeug zu. Dort unten befindet sich ein dunkler, zerwühlter Abschnitt Erde. Sascha bestätigt die Abzüge. Von ihrer Last befreit, schnellt die Maschine hoch. Ich verringere die Höhe weiter. Wir sind jetzt über den Unsrigen; je geringer die Höhe, um so schwerer hat es der Gegner, uns zu treffen. In raschem Flug geht es zur Wolga. Der Navigator aber hat nur Augen für die beiden vor dem Hintergrund der Brände deutlich erkennbaren weißen Fallschirmkuppeln. Eine nach der anderen gehen sie auf dem zerwühlten Gelände des Steilufers in Nähe des Erdwalls nieder. ›So war's richtig‹, höre ich ihn sagen. ›So muß man abwerfen! Aus hundert Meter Höhe!‹

Das Flugzeug ist bereits über dem Steilufer. Vor uns die breite vereiste Wasserfläche der Wolga. Ich will bereits den Steuerknüppel nach vorn drücken, um hinabzutauchen und im Tiefflug über den Fluß zu fliegen, als ich vom Steilufer am Ende unseres Brückenkopfes eine Leuchtspurgarbe erblicke. Die Deutschen feuern direkt auf die Wolga. Aus welchem Grund? Da hebt sich von der dunklen Wasseroberfläche ein Flugzeug ab, es hält im Tiefflug unmittelbar auf die drei Leuchtfeuer zu, flitzt über den weißen Uferstreifen und verschwindet im dunklen Hintergrund des Ufers. Im selben Augenblick entfalten sich zwei weiße Fallschirmkuppeln, die bald darauf zwischen den Leuchtfeuern verschwinden.

›Der hat doch seine Säcke im Tiefflug abgeworfen, Teufel noch eins. Wer kann das sein?‹ frage ich Sascha.

›Das ist die Handschrift von Worobjow und Safonow.‹

Immer noch herrschte Eisgang auf der Wolga. Allnächtlich zwei- bis dreimal flogen die Besatzungen der Po-2 Einsätze über die Wolga und warfen ihre Lasten — Munition, Medikamente und Lebensmittel — an Fallschirmen neben unseren Leuchtfeuern ab.

Mit Einschüssen gelandete Maschinen wurden sofort instandgesetzt und flogen weiter. Bald warfen die Piloten die Lasten so treffsicher wie Scharfschützen ab.«

Der Gegner, der während seiner Sommeroffensive 1942 die Luftüberlegenheit besaß, hatte am 12. August in der Stalingrader Richtung 1 200 Kampfflugzeuge konzentriert. Unsere Luftstreitkräfte waren allein außerstande, dagegen anzukommen, die Truppen der Luftabwehr spielten eine große Rolle in unserer Verteidigung.

Von Juli bis November flog der Gegner an der gesamten sowjetisch-deutschen Front 133 000 Einsätze über die operativen Grenzen der Truppen unserer Luftverteidigung. Fast die Hälfte davon entfiel auf das Stalingrader Luftverteidigungskorps.

Zahlen sagen mitunter mehr aus als Worte. Die zunehmenden Einsätze des Gegners lassen erkennen, wie die Spannung der Kämpfe um und in Stalingrad wuchs. So flog er im Juli 2 425 Einsätze, im August 14 018, im September 16 754, im Oktober 25 229 und im November 7 575.

Die Luftverteidigung von Stalingrad oblag den Truppen des Stalingrader Luftverteidigungskorps sowie den Truppenteilen und Mitteln der Truppenluftabwehr. Zum Luftverteidigungskorps gehörten die 102. Jagdfliegerdivision mit etwa 60 Jagdflugzeugen, 566 Fla-Geschützen, 470 Fla-MGs, 165 Scheinwerfern und 81 Sperrballons.

In der Stadt organisierte die Flakartillerie die Rundumverteidigung der wichtigsten Objekte: des Traktorenwerkes, der Werke »Barrikady« und »Roter Oktober«, des Wasserkraftwerkes, des Erdöllagers sowie der Ortschaften Beketowka und Krasnoarmejsk.

Der erste massierte Luftüberfall des Gegners am 23. August sollte den Sturm auf Stalingrad einleiten, die Flakartillerie ausschalten und die Stadt dem Erdboden gleichmachen. Den ganzen Tag über kreisten deutsche Bomber über Stalingrad, Paulus' Truppen drangen über Wertjatschi zum nördlichen Stadtrand vor, und Hoths Truppen kämpften sich zu den südlichen Vororten durch.

10 bis 15 Flugzeuge bombardierten vom frühen Morgen an fast pausenlos das Traktorenwerk, etwa 400 Bomber warfen in der zweiten Tageshälfte, von Jagdflugzeugen gedeckt, Tausende Bomben über dem Zentrum und dem Südteil der Stadt ab.

Feuersbrünste brachen aus. Dutzende von Kilometern weit sah man von der Steppe aus die Rauchsäulen über der Stadt. Der Bahnhof, die Stadien, Parks und Bibliotheken brannten; Tausende Einwohner wurden unter den Trümmern der Wohnhäuser begraben. Das Flammenmeer erhellte den nächtlichen Himmel.

Wir schossen an diesem Tag 120 Flugzeuge ab. Trotz der zahlenmäßigen Überlegenheit des Gegners führten unsere Jagdflieger über 25 Gruppengefechte. Auch der folgende Tag brachte keine Erleichterung. So ging es bis zum 19. November, bis zur entscheidenden Gegenoffensive der Südwest- und der Donfront, wie die bis dahin zunehmenden Einsätze der gegnerischen Fliegerkräfte erkennen lassen.

Als unsere Flakartillerie im September eine weitere schwierige Aufgabe, den Schutz der Übersetzstellen über die Wolga, zu übernehmen hatte, verlegte sie einen Teil ihrer Batterien auf das Ostufer.

Je heftiger die Kämpfe in der Stadt wurden, um so mehr verwandelten sich die Flakstellungen in städtische Verteidigungsknoten. Am 23. August mußten sie einen Angriff des XIV. Panzerkorps abwehren, das im Raum Latoschinka die Wolga erreicht hatte. Beim Versuch des Gegners, den Durchbruch zu erweitern, vernichteten die Batterien des 1077. Flakregiments unter Oberst German am 23. und 24. August etwa 80 Panzer, sie zerstörten 15 LKWs mit Infanterie und schossen 14 Flugzeuge ab.

Mit Beginn der Kämpfe in Stalingrad verschlechterten sich die Kampfbedingungen für die Flaksoldaten. Das Flugmeldewesen hatte einen geringeren Raum zur Verfügung, die Gefechtsordnungen der Fliegerabwehrmittel waren höchstens noch 5 bis 10 Kilometer tief. Frontal waren sie dabei 60 bis 70 Kilometer auseinandergezogen. Unter solchen Bedingungen war eine zentrale Führung nicht mehr zu bewerkstelligen. Die Flugzeuge des Gegners tauchten so blitzartig auf, daß die Flaksoldaten nicht rechtzeitig gewarnt werden konnten. Da der Gegner im September sein Hauptaugenmerk auf die Übersetzstellen über die Wolga richtete, mußten wir eine operative Gruppe bilden, die die Abwehr von Angriffen auf Anlegestellen, Fähren, Boote und Lastkähne zu leiten hatte. Der Gegner setzte alles daran, um unsere Flakbatterien auszuschalten. Etwa ein Drittel aller auf Stalingrad abgeworfenen Bomben galt unserer Fliegerabwehr. Es bedurfte großer Geistesgegenwart, angesichts der Sturzkampfbomber, der Bombenwürfe und des MG-Beschusses die Nerven zu behalten.

Jedes Zögern bedeutete den Tod. Die einzige Rettung war, pausenlos beherzt und standhaft zu feuern. Der Flaksoldat sieht dem Tod ohnehin ständig ins Auge, weil es für ihn keine Deckung gibt.

Zu Beginn der Kämpfe inmitten der Stadt befanden sich die Armeebasis in Leninsk und die Abteilungen der Hauptlager in den Dörfern Burkowski, Gospitomnik und Werchnjaja Achtuba. Transportmittel der Armee und der Truppenteile brachten die Güter zu den Übersetzstellen. Am rechten Ufer mußte dann alles zum Bestimmungsort geschleppt werden.

Um den Gütertransport über die Wolga zu sichern, bildeten wir an den Übersetzstellen besondere Kommandos, die die Schiffe löschten und den Verkehr regelten.

Wir waren zu verschiedenen Zeiten durch drei Übersetzstellen mit dem linken Wolgaufer verbunden.

Die zentrale Anlegestelle hatte Motorfähren und verband uns auf dem kürzesten Weg mit Krasnaja Sloboda. Seit dem 14. September aber beschoß sie der Gegner aus allen Waffenarten, so daß wir in der zweiten Septemberhälfte gezwungen waren, hier den Betrieb einzustellen.

Die Übersetzstelle Skudri, von der zeitweilig Fähren, Panzerboote und Dampfer verkehrten, versorgte unseren nördlichen Gefechtsabschnitt, also die Gruppe Gorochow im Raum Rynok und über die Anlegestellen des Stalingrader Traktorenwerkes, der Werke »Barrikady« und »Roter Oktober« die dort handelnden Truppen.

Hauptübersetzstelle der Armee war die Übersetzstelle 62. Zu ihr gehörten am rechten Ufer bei den Werken »Roter Oktober« und »Barrikady« mehrere Anlegestellen. Dort empfingen wir — wie gesagt — die Güter aus Skudri, ferner aus Tumak, Srednjaja und Werchnjaja Achtuba. Als sich der Gegner bei den Werken der Wolga näherte, lagen die Übersetzstellen tagsüber unter heftigem Artilleriebeschuß und unter Luftangriffen. Wir konnten sie höchstens nachts für den Hauptgüterstrom und die Evakuierung Verwundeter benutzen. Die vier Anlegestellen südlich der Bannyschlucht gewannen an Bedeutung. Über sie transportierten wir auch den größten Teil der Verwundeten ab.

Pausenlose Artillerie-, Granatwerfer- und Bombenangriffe fügten den Einheiten, die die Übersetzstellen sicherten, große Verluste zu und zerstörten unsere Anlegestellen und Übersetzmittel. Das 44. Selbständige Brückenbaubataillon, das die Anlegestellen betreute, verlor vom 7. bis 28. Oktober 11 Tote und 25 Verwundete. In dieser Zeit zerschoß, verbrannte oder versenkte der Gegner 9 Dampfer sowie 7 Fähren und 35 Pontons. Die meisten wurden nicht bei der Überfahrt außer Gefecht gesetzt, sondern beim Beladen, am häufigsten aber tagsüber an den Anlegestellen.

Am 28. Oktober verlegten wir den Flottillenstützpunkt und unsere Hauptverladestelle nach Srednjaja Achtuba. Hier wurden unsere Schiffe zwar immer noch von Granaten getroffen, konnten aber repariert und wieder eingesetzt werden.

Der Eisgang und die spätere Vereisung zwangen uns, am 11. November die Verladestelle und den Flottillenstützpunkt von Srednjaja Achtuba nach Tumak am linken Wolgaarm zu verlegen. Dieser dreimalige Standortwechsel erschwerte natürlich die Arbeit.

Neben ihrer Hauptübersetzstelle hatte die Armee noch eine Bootsstation, die unmittelbar dem Stab der Pioniertruppen unterstand. Am rechten Ufer wurde sie von Mannschaften des 119. motorisierten Pionierbatallons und am linken von Mannschaften des 327. Pionierbataillons betreut. Die Bootsführer unterstützten die Hauptübersetzstellen, brachten Auffüllungen, Munition und Verpflegung über die Wolga, evakuierten Verwundete und führten dringende Fahrten durch, vor allem dann, wenn motorisierte Übersetzmittel ausgefallen waren.

Die Bootsmannschaften waren in fünf Abteilungen eingeteilt. Eine Abteilung z. b. V. unterstand der Armee unmittelbar. Ihr Chef, Mitglied des Kriegsrates Gurow, erlaubte die Bootbenutzung nur in besonders dringenden Fällen. Für den Abtransport Schwerverwundeter arbeitete Tag und Nacht eine besondere Sanitätsanlegestelle.

Die Divisionen und Brigaden schufen eigene, wenn auch kleinere Bootsstationen, die von den Divisions- und Brigadekommandeuren überwacht wurden.

Wir brachten bei Einbruch der Dunkelheit vor allem die Verwundeten zu den Anlegestellen und sammelten sie dort bis zur Ankunft motorisierter Übersetzmittel. Große Hilfe leisteten uns die Flußschiffer. So konnten wir am 8. November 1942 1060 Verwundete übersetzen, davon 360 mit Booten.

In den ersten Oktobertagen bauten wir am Traktorenwerk und

am Werk »Barrikady« drei insgesamt 270 Meter lange Fußgängerbrücken. Sie verbanden das Stalingrader Wolgaufer über die Deneshnaja Woloshka mit der Saizewski-Insel. Eine Brücke endete am Südzipfel der Insel. Sie bestand aus mehreren durch Bandeisen und Stahltrossen miteinander verbundenen Balkenflößen und Tonnen und hatte einen Bretterbelag. Sie hielt trotz geringer Tragfähigkeit und Stabilität über einen Monat und wurde von mehreren tausend Mann benutzt. Die zahllosen Angriffe von Sturzkampfbombern und der pausenlose Artillerie- und Granatwerferbeschuß verursachten nur geringe Schäden, die wir leicht beheben konnten. Die Fußgängerbrücke weiter nördlich hielt nur drei Tage; ein Bombensplitter durchschlug die Haltetrosse, und die Strömung trug die Brücke fort. Die dritte, am Traktorenwerk, hatte als Schwimmer auf dem Flußgrund verankerte Metallfässer.

Die Arbeit an den Anlegestellen war ebenso schwierig wie gefährlich; sie lagen die ganze Zeit unter Beschuß. Allein am 26. Oktober warf der Feind 100 Bomben auf die Anlegestellen an der Bannyschlucht und verschoß 130 Granatwerfer- sowie 120 Artilleriegeschosse.

In diesem Zusammenhang muß ich den Chef unserer Pioniertruppen, den Helden der Sowjetunion Generalleutnant Tkatschenko, erwähnen. Er kam als Oberstleutnant in der zweiten Oktoberhälfte nach Stalingrad, als die schwersten Verteidigungskämpfe tobten. Energisch organisierte er die Arbeiten an den Übersetzstellen. Dabei blieb er bescheiden im Hintergrund. Selbst für die schwierigsten Aufgaben fand er stets eine Lösung, mobilisierte seine gesamten Mittel und erfüllte seine Aufträge gewissenhaft und pünktlich. Tkatschenko hatte große Schwierigkeiten zu überwinden, besonders als der Gegner die Armee gespalten und an einigen Abschnitten das Ufer erreicht hatte.

Es schien, als könne niemand den von Eismassen verstopften Fluß bezwingen, so stark wurde er beschossen. Doch unsere Pioniere, Fährleute, Flußschiffer, Matrosen und Kommandanten schafften es trotzdem. Anfang Oktober besaß die Armee nur noch einige Pontons, ein knappes Dutzend altersschwache Panzerboote, mehrere Dutzend Ruderboote und ungefähr 10 Schiffe der zivilen Flußflotte, die bei unseren Transporten die Hauptlast trugen. Es waren die Schlepper »Hetman Kotschegar«,

»Usbek«, »Lastotschka«, »2«, »Abchasez« und »Kusnez«, die Passagierschiffe »Jemeljan Pugatschow«, »Spartakowez« und »General Panfilow«, der Eisbrecher »Gromoboi«, der Kutter »Jerik«, die Lastkähne »Swjasist« und »1002«. Besonders hervorzuheben ist das legendäre Boot 61 der Wolgaflottille, das selbst unter widrigsten Umständen auslief. Tapfer waren auch unsere Bojenwärter. Hier eine Schilderung des Bojenwärters Nikolai Lunjow: »Mein Posten hatte die Nummer 433. Eines Mittags sehe ich ein im Sturzflug heruntergehendes Flugzeug. Hinter einem Motor hängt eine Rauchfahne. Es streift mit einer Tragfläche das Wasser, wird herumgerissen und schlägt dann an der oberen roten Boje auf. Auf jeden Fall muß ich die Besatzung retten. Es sind drei Mann, sie schwimmen neben der sinkenden Maschine.

Ich springe ins Boot und halte auf sie zu. Da höre ich fremde Laute. Was tun? Ich bin unbewaffnet. Ich sehe, daß sie am Ertrinken sind. Ich rudere langsam näher heran, nehme aber zur Sicherheit einen Riemen aus der Dolle.

Zwei Mann helfen dem dritten ins Boot. Er hat schwere Brandwunden. Die Geretteten fühlen sich jetzt in Sicherheit und deuten auf das Ufer.

Aha! Sie wollen ans Ufer und im Wald verschwinden. Ich tue aber, als verstünde ich die Riemen nicht zu handhaben, verliere den Kurs und lasse das Boot auf die Schiffe der Wolgaflottille zutreiben. Ein Boot kommt in Sicht. Unter meinen Gefangenen erhebt sich ein Gemurmel. Um Zeit zu gewinnen, frage ich, ob sie nicht ihren verwundeten Kameraden verbinden wollen, und halte dabei den Riemen bereit. Als sie begreifen, daß ich nur auf unser Boot warte, brüllen sie mich an. Ein Flieger greift sogar nach seiner Pistole. Dann ist das Boot neben uns. Unsere Seeleute richten ihre MPis auf meine Passagiere, und ich fordere sie mit einer Handbewegung auf, die Waffen niederzulegen und die Hände hochzuheben. Später stellte sich heraus, daß sie einer Sonderstaffel der faschistischen Aufklärung angehörten.«

Allein von Mitte Oktober bis zur Vereisung beförderten wir über 28000 Mann und über 3000 Tonnen Munition und andere Güter über die Wolga. Nach der Vereisung waren es bis zum Ende der Schlacht über 18000 Kraftfahrzeuge, 263 Kettenfahrzeuge — Traktoren und Panzer —, 325 Geschütze und über 17000 Fuhrwerke.

Unseren medizinischen Dienst hatten wir gleichzeitig mit der Aufstellung der Armee im Frühjahr 1942 geschaffen. In die Sanitätseinrichtungen der Armee, der Truppenteile und Verbände traten junge Mediziner ohne ausreichende praktische und militärische Erfahrung ein. Die meisten mittleren und unteren Dienstgrade kamen aus der Reserve. Auf den Verbandplätzen der Truppenteile und Verbände und in den Lazaretten und Sanitätseinrichtungen der Armee fehlte es an Ausrüstung, Bettzeug und so weiter.

Die Armee besaß keinen eigenen Sanitätsfuhrpark; es gab auch keine Verstärkungskompanie. Die medizinischen Einrichtungen verfügten nur über 2300 Betten.

An der Spitze des medizinischen Dienstes der Armee stand der Leiter der Sanitätsabteilung, Oberst des medizinischen Dienstes Boiko. Wir lernten uns gleich nach seiner Ankunft in Stalingrad an der Übersetzstelle kennen. Er leitete Sanitäter an, die Verwundete auf das linke Wolgaufer schafften. Ich beobachtete ihn und wußte sofort, daß dieser mittelgroße, lebhafte und energische Mann auch bereit war, dem Gegner mit der Handgranate oder der Maschinenpistole zu Leibe zu gehen. Ein guter Organisator, ein Könner seines Faches, ein disziplinierter Offizier und Kommunist — das war mein erster Eindruck; er änderte sich während des ganzen Krieges nicht.

Im Krieg traten immer wieder Engpässe auf. Boiko, der die Lage besser kannte als andere Abteilungsleiter, klagte nie über Schwierigkeiten. Als im Industrieviertel erbittert gekämpft wurde und wir mit jedem Soldaten rechnen mußten, veranlaßte mich Boiko, den Divisions- und Brigadekommandeuren zu befehlen, heizbare Unterstände und geschützte Räume für Verbandplätze einzurichten. Auf sein Drängen bauten wir im September, als es noch warm, ja manchmal sogar heiß war und niemand an Kälte dachte, solche Unterkünfte. Sie retteten im November und Dezember Tausenden Verwundeten das Leben.

Der Chef der Hauptverwaltung des medizinischen Dienstes im Ministerium für Verteidigung, Generaloberst des medizinischen Dienstes Smirnow, geht in seinem Werk »Probleme der Militärmedizin« auch auf die Arbeit des medizinischen Dienstes bei der Verteidigung von Stalingrad ein. Er schreibt: »Die Wolga — das große Wasserhindernis im Rücken — erschwerte die Einrichtung von Verwundetensammelstellen. Man konnte die Verwundeten meist nur nachts übersetzen und nur unter schwerem Artillerie- und Granatwerferbeschuß. Der medizinische Dienst der Armee und der Truppenteile arbeitete aber nicht nur unter Artillerie- und Granatwerferbeschuß, sondern auch unter dem Feuer von MPi-Schützen.

Hier kann man nicht nur von der Tapferkeit einzelner sprechen; beim Stalingrader Sanitätspersonal, vor allem bei der 62. Armee, war das Heldentum eine Massenerscheinung.«

Wir bemühten uns nach Kräften, unseren Kranken und Verwundeten in den Feldlazaretten die erste qualifizierte medizinische Hilfe geben zu können. Dann brachten wir sie, mit Ausnahme der nicht transportfähigen, mit den verschiedenen Transportmitteln ins Hinterland. Dort wurde ihnen volle medizinische Hilfe zuteil.

Kranke und Verwundete, die einer längeren Heilbehandlung bedurften, brachten wir auf der Wolga nach Astrachan und Saratow oder mit der Bahn nach Leninsk und Elton.

Schwierige und verantwortungsvolle Arbeit leistete das Kollektiv des Feldlazaretts 80 und der Abtransportstelle 54. Es fing praktisch den ganzen Strom der von der Front kommenden Verwundeten und Kranken auf und versorgte sie. Seine Arbeit wurde durch pausenlose Fliegerangriffe behindert, die in vielen Räumen erheblichen Schaden anrichteten. Vierzehn Mitarbeiter des Feldlazaretts wurden getötet, mehrere verwundet oder verschüttet.

Den Besonderheiten der Gefechtslage und den Bedürfnissen der Sturmgruppen Rechnung tragend, suchte der medizinische Dienst der Armee nach neuen Formen, um die Betreuung in nächste Nähe der Gefechtsordnungen zu verlegen. Besondere Aufmerksamkeit verwandte man darauf, die untersten Einheiten des medizinischen Dienstes – Züge, Kompanien, Bataillone – mit Kadern aufzufüllen und ihnen die notwendige Ausrüstung zu geben. Die Sturmgruppen erhielten zusätzliche Kräfte; sie sollten Verwundete aus kleineren Stützpunkten abtransportieren, nachdem sie ihnen erste Hilfe erwiesen hatten. So waren Sanitäter und Sanitätsinstrukteure immer in den Gefechtsordnungen, bei den Gebäudebesatzungen, in den Sturmgruppen und Stützpunkten.

Die Bataillonsfeldschere richteten in Unterständen, Erdbunkern, Hauskellern unmittelbar hinter den Stellungen ihrer Einheiten Verbandplätze ein, um den Verwundeten im Gefecht die notwendigste Hilfe erweisen zu können. Dicht daneben lagen in Unterständen und Erdbunkern auch unsere Regimentsverbandplätze, auf denen Verwundeten erste ärztliche Hilfe zuteil wurde. Hinter den Gefechtsordnungen der Regimenter befanden sich dann die vorgeschobenen operativen Gruppen der Sanitätsbataillone der Divisionen. Hier wurde Kranken und Verwundeten unaufschiebbare ärztliche Spezialbehandlung zuteil.

Am Wolgaufer errichteten wir in Unterständen Aufnahme- und Einweisungsstellen, Operations- und Verbandstellen und Stationen für nicht transportfähige Verwundete. Die operative chirurgische Gruppe der 39. Schützendivision war in einem Stollen untergebracht, die Lazarettabteilung der operativen Gruppe von Rodimzews Division in einem Kanalisationsschacht.

Am schwierigsten war der Abtransport der Verwundeten über die Wolga. Wir mußten die Schiffe der Wolgaflottille benutzen, die Mannschaften, Munition und andere Güter nach Stalingrad brachten.

Die Anfang September geschaffenen Sanitätsbataillone konnten keinen kontinuierlichen Abtransport der Verwundeten sichern. Wir setzten deshalb alle Sanitätskräfte der Armee zur Betreuung der Übersetzstellen ein. Die Sanitätsbataillone waren nur noch für die Division zuständig.

Am 17. September 1942 verpflichtete der Kriegsrat der Armee auf Vorschlag von Oberst Boiko die Leiter der Abtransportstelle 54 und des Feldlazaretts 689, nur noch die Übersetzstellen über die Wolga zu betreuen.

Die Abtransportstelle 54 befand sich im Keller einer Gaststätte an der zentralen Übersetzstelle. Sie nahm die Hauptmasse der Verwundeten auf, deren Anzahl ständig wuchs. Doch mit dem Angriff des Gegners auf die Übersetzstelle waren auch die Verwundeten bedroht. Am Chalsunowdenkmal, auf der Zufahrtstraße, wurden vom Gegner Maschinengewehre in Stellung gebracht. Im Transformatorenhäuschen und im Haus der Ingenieure setzten sich MPi-Schützen fest. Die Abtransportstelle war blockiert. Die Verwundeten und das Sanitätspersonal konnten den Keller mehrere Tage lang nicht verlassen. Wir schickten am 25. September Panzerboote zu Hilfe. Sie näherten sich feuernd den Anlegestellen und drängten den Gegner vom Ufer zurück. Dann trugen Sanitäter und Soldaten die Verwundeten aus dem Keller.

So schafften wir mit Panzerbooten der Wolgaflottille und Gardisten aus Rodimzews Division am 25. September 711 und am 26. September 550 Mann über den Fluß. In der Nacht zum 27. September rückte der Gegner dicht an die Gaststätte heran. Unter dem Schutz der Boote wurden die letzten Verwundeten und das Inventar aus dem Keller getragen und an Bord gebracht. Auch das Personal setzte auf das linke Ufer über. Zwei Stunden darauf waren deutsche MPi-Schützen in dem Gebäude.

Beim Abtransport der Verwundeten zeichneten sich die Sanitäter Schewtschenko, Kowalenko und Ochrimenko, die Sanitätsinstrukteure Possochow und Lejpuchowa, die Militärärzte 3. Ranges Lutschina und Ugrinowskaja, die Krankenschwester Piwowarowa, der Militärarzt 1. Ranges Bykadorow, der Militärarztgehilfe Rosanow, der Oberpolitleiter Jurtschenko und andere aus.

Die Genossen der Abtransportstelle 54 verloren allein vom 20. bis 27. September vier Tote, elf Verwundete und fünf Vermißte.

Wir schafften auch an der Anlegestelle 62 Verwundete über die Wolga. Die Transporte bewältigte das Personal des Feldlazaretts 689. Dort verkehrten aber nur nachts Kutter, Fähren oder Boote.

Am 23. September richtete das Feldlazarett 689 in Erdunterkünften eine Operations- und Verbandstelle ein. Dort arbeiteten diensttuende Brigaden des Lazaretts und der Sanitätsbataillone der Divisionen. Eine Bombe traf den Operationsraum. Hierbei kamen die Ärztin Tatjana Barkowa, eine Krankenschwester, zwei Sanitäter und 22 verwundete Soldaten ums Leben.

Das kleine Kollektiv des Feldlazaretts 689 arbeitete unter schwierigen Bedingungen. Es versorgte täglich 600 bis 800 Verwundete und beförderte sie auf das linke Ufer. Besondere Anerkennung verdienen der Chirurg, Militärarzt 2. Ranges Kriwonos und der Militärarzt 3. Ranges Pantschenko. Nachdem der Operationsraum zerstört worden war, richteten sie unter einem umgestürzten Boot einen neuen ein, stellten Tische auf und leisteten den Verwundeten die dringend benötigte Hilfe.

Eines Tages sah ich bei der Pumpstation an der Wolga, südlich der Mündung der Bannyschlucht, an der Mauer eines zerstörten Gebäudes eine Gruppe Soldaten und Offiziere. Es waren Schwerverwundete. Viele hatten sich mit eigener Kraft dorthin geschleppt, die anderen brachte man auf Tragen. Aber warum sind sie hier im Freien? Ist denn im Keller kein Platz?

Ich steige die schmale Eisentreppe hinab. Die Luft ist stickig, es riecht nach Äther, Verwundete stöhnten. Neben der Treppe liegen auf 10 Quadratmeter Betonfußboden in Doppelreihen zwölf Verwundete.

Ich gehe zur anderen Tür, oder besser, den beiden Laken, die sie ersetzen sollen; hinter ihnen heller Lampenschein. Es ist der Operationsraum. Auf dem Tisch liegt ein Verwundeter. Über ihn gebeugt, drei Männer in weißen Kitteln. Daneben steht auf einem umgestülpten Faß ein Primuskocher; in einer weißen Schüssel siedet Wasser. Die Kittel waren einmal weiß, jetzt aber sind sie bis zum Schoß blutig. Nur die Hauben haben ihre weiße Frische behalten.

Auf einem kleinen Tisch an der Wand liegt ein dickes Heft — das Operationsjournal. Die letzten Eintragungen sind dreistellig.

»Wer hat das alles geschafft?« frage ich, auf die Zahl deutend.

Der Arzt weist mit den Augen auf die Schwestern. Ich verstehe, nochzumal die Eintragungen alle von derselben Hand stammen. Es war der Chefchirurg des Feldlazaretts der Armee, Aisenberg. Mit zwei Schwestern hatte er an dieser Stelle einen Operationssaal eingerichtet und über 200 Operationen ausgeführt.

Der Kriegsrat der Armee zeichnete die Gruppe Aisenberg mit Kampforden aus.

Anfang Oktober schafften wir unsere Verwundeten auch über die schmale Fußgängerbrücke auf die Saizewski-Insel. Dort befanden sich eine Sanitätsgruppe des 112. Sanitätsbataillons und eine Gruppe der Abtransportstelle 54. Von hier brachten wir die Schwerverwundeten, nachdem wir sie versorgt hatten, auf Tragen zu den 2 Kilometer entfernten Bootsanlegestellen und setzten sie von dort ins Hinterland über.

Während des Eisgangs verlegten wir unsere Anlegestellen je nach den Eisverhältnissen. Außerdem schufen wir dort, wo

Kutter anlegen konnten, sogenannte fliegende Übersetzmöglichkeiten.

In der zweiten Novemberhälfte organisierten wir in Tumak eine Aufnahme- und Verpflegungsstelle mit Wärmeräumen und richteten für die Betreuung nicht transportfähiger Verwundeter und Kranker eine Abteilung des Feldlazaretts 689 mit einer chirurgischen Station und einem Verbandsraum ein.

Große Hilfe beim Übersetzen von Verwundeten leistete uns der Eisbrecher. Als er wegen einer Havarie ausfiel, traten Schlepper an seine Stelle.

Besonders schwierig war es, die Verwundeten von Ljudnikows Division abzutransportieren. Seine Soldaten waren ja von den Hauptkräften der Armee abgeschnitten und verteidigten sich an einem schmalen Abschnitt beim Werk »Barrikady«. Die dorthin entsandten Boote kamen nicht immer ans Ziel. Jedes Boot hatte einen Arztgehilfen oder eine Krankenschwester mit Krankenträgern an Bord. Sie luden die Verwundeten ein und aus und betreuten sie unterwegs. Die Boote waren mit Decken und Katalytöfen ausgerüstet.

Die Überfahrt der Verwundeten leitete während des Eisgangs der Militärarzt 2. Ranges Serdjuk, der gleichzeitig Verbindung zum Sanitätsdienst in den Truppenteilen und Verbänden hielt. Ich sah ihn zum erstenmal, als die Unterstände des Armeegefechtsstandes brannten und das brennende Erdöl auf die für den Abtransport von Verwundeten bereitgestellten Boote zukroch. Serdjuk machte die Boote los und brachte sie in Sicherheit, fünf Schiffer folgten seinem Beispiel. Serdjuk gab ruhig und energisch Weisungen und Befehle. Ich hielt ihn zunächst für den neuen Kommandanten der Anlegestelle und war dann sehr erfreut, als ich erfuhr, wer er war. Dieser Mann würde beim Einladen der Verwundeten bestimmt für Ordnung sorgen.

In diesem Augenblick wirbelten detonierende Granaten an den Anlegestellen Wolken von Sand und Erde auf. Serdjuk verzog keine Miene. Ein beherrschter Mann mit eisernem Willen, dachte ich. Serdjuk legte mit uns den ganzen Weg von der Wolga bis zur Spree zurück und erlebte das Kriegsende in Berlin.

Als die Wolga zugefroren war, konnten wir die Betreuung in die Sanitätsbataillone der Divisionen verlegen. Sie kümmerten sich jetzt selbst um den Abtransport ihrer Verwundeten zu den Armeelazaretten.

Verwundete, die eine besondere und längere Behandlung brauchten, schickten wir zu den Feldlazaretten der ersten Staffel in die 15 bis 25 Kilometer von der vordersten Linie entfernten Siedlungen Kolchosnaja Achtuba, Werchnjaja Achtuba, Srednjaja Achtuba und Saplawnoje oder in die 40 bis 60 Kilometer entfernten Lazarette der zweiten Staffel in den Siedlungen Leninsk, Solodowka, Tokarewy Peski und andere.

Die Einsatzbereitschaft unseres Sanitätspersonals, das praktisch in der vordersten Linie mitkämpfte, half der 62. Armee, ihre Gefechtsaufgabe zu lösen.

Das Cannae des zwanzigsten Jahrhunderts

Während in Stalingrad noch die Kämpfe tobten, bereitete das sowjetische Oberkommando in angestrengter Arbeit die Gegenoffensive unserer Truppen vor. Das Ergebnis dieser Vorbereitungen wurde dem Obersten Befehlshaber vorgelegt, danach überprüfte und präzisierte man den Plan der Gegenoffensive auf einer gemeinsamen Sitzung des Politbüros des Zentralkomitees der KPdSU (B) und des Hauptquartiers.

Marschall der Sowjetunion Wassilewski schreibt hierzu: »Anschließend zogen Shukow und ich Bilanz und legten am 13. November auf einer Sitzung des Politbüros und des Hauptquartiers den präzisierten Plan vor. Unsere Schlußfolgerungen waren: Die gegnerische Gruppierung bleibt im wesentlichen dieselbe, die Hauptkräfte der 6. Armee und der 4. Panzerarmee sind nach wie vor im Raum der Stadt in langwierige Gefechte verwickelt. An den Flanken dieser Kräfte, also in unseren Hauptstoßrichtungen, stehen nach wir vor rumänische Truppenteile. Eine Zuführung nennenswerter Reserven aus der Tiefe wurde in letzter Zeit nicht bemerkt. Wesentliche Umgruppierungen der gegnerischen Kräfte konnten ebenfalls nicht festgestellt werden. Nach den vorliegenden Angaben ist das Kräfteverhältnis dort bei Beginn der Offensive ausgeglichen. In unseren künftigen Hauptstoßrichtungen ist es uns aber durch Heranführung von Reserven des Hauptquartiers und durch Truppenabzug aus Nebenrichtungen gelungen, ein solches Kräfteübergewicht zu schaffen, daß unbedingt mit einem Erfolg zu rechnen ist ... Die Truppen kannten ihre Gefechtsaufgaben und übten sie im Gelände ... Gegen Ausgang des dritten bzw. vierten Operationstages sollten die Panzer- und mechanisierten Korps der Südwest- und der Stalingrader Front im Raum Kalatsch aufeinandertreffen und damit die Einschließung um die Hauptgruppierung des Gegners im Raum Stalingrad vollziehen. Die Südwest- und die Donfront hatten am 19./20. November und die Stalingrader Front am 20. November zum Angriff anzutreten.

Nach der Beratung verschiedener Fragen im Hauptquartier wurde der Operationsplan endgültig bestätigt. Shukow erhielt den Auftrag, an der Kalininer und Brjansker Front eine ablenkende Operation vorzubereiten. Ich wurde vom Hauptquartier beauftragt, die Handlungen aller drei Fronten der Stalingrader Richtung zu koordinieren. Bis zum Beginn der bedeutsamen militärischen Operation blieben wenige Tage.«[30]

Das Verhältnis der Kräfte und Mittel sah bei Beginn der Gegenoffensive nach Angaben des Instituts für Militärgeschichte und des Buches »Der große Sieg an der Wolga« folgendermaßen aus:

Truppen	Personalbestand in Tausend	Geschütze und Granatwerfer	Panzer
Südwestfront:			
sowjetische Truppen	399,0	5888	728
Truppen des Gegners	432,0	4360	255
Verhältnis:	1:1,1	1,4:1	2,8:1
Donfront:			
sowjetische Truppen	296,7	4682	280
Truppen des Gegners	200,0	1980	280
Verhältnis:	1,5:1	2,4:1	1:1
Stalingrader Front:			
sowjetische Truppen	410,4	4931	455
Truppen des Gegners	379,5	3950	140
Verhältnis:	1,1:1	1,2:1	3,2:1
Verhältnis insgesamt:			
sowjetische Truppen	1106,1	15501	1463
Truppen des Gegners	1011,5	10290	695
	1,1:1	1,5:1	2,1:1

Wie aus der Tabelle ersichtlich, waren die sowjetischen Truppen dem Gegner vor allem an Artillerie und Panzern überlegen, ein entscheidender Faktor für die Gegenoffensive.

30 A. M. Wassilewski, S. 219f.

Daß das sowjetische Oberkommando imstande war, die notwendigen Reserven zu sammeln, kam dem Gegner völlig überraschend.

Zwar waren die Fliegerkräfte beider Seiten zahlenmäßig gleichstark, doch die Gefechte im September und vor allem im Oktober hatten stark an den Motorstunden und an den Treibstoffvorräten des Gegners gezehrt. Bei den sowjetischen Fliegerkräften sah es wesentlich günstiger aus.

Am 19. November betrug die Tiefe der Gefechtsordnungen bei der 62. Armee höchstens einen Kilometer. Hinter uns die Wolga — vor uns der Gegner. Dazwischen ein schmaler Streifen Ruinen, in denen sich unsere Truppenteile festgesetzt hatten. Auf dem rechten Flügel unserer Hauptkräfte stand Ljudnikows Division. Eingeschlossen und an die Wolga gedrängt, behauptete sie eine Fläche von höchstens einem Quadratkilometer. Die 13. Gardeschützendivision auf dem linken Flügel hielt einen schmalen Uferstreifen. Die Tiefe ihrer Verteidigung betrug 200 bis 300 Meter. Der Stab der Armee befand sich, 800 bis 1 000 Meter von der vordersten Linie entfernt, hinter der Naht der 13. Gardeschützen- und der 284. Schützendivision. Meine Beobachtungsstelle auf dem Bahndamm, der den Mamajewhügel von Osten umfaßte, lag unmittelbar vor der Nase des Gegners.

Die Verteidigungsfront der Armee von ungefähr 25 Kilometern lag in ganzer Breite im Wirkungsbereich der Artillerie des Gegners; unsere Gefechtsordnungen waren in ihrer gesamten Tiefe für seine Maschinengewehre erreichbar. Zusätzlich erschwert wurde das Leben auf diesem schmalen Brückenkopf, weil sich der stadtbeherrschende Mamajewhügel, genauer gesagt die Wassertürme auf der Höhe 107,5, in der Hand des Gegners befanden. Von hier aus waren alle Zugänge zur Wolga einzusehen, deshalb konnten wir Munition, Ausrüstung und Verpflegung nur im Schutz der Dunkelheit in die Stadt bringen.

Mit dieser Lage durften wir uns nicht abfinden. So stellte sich die Armee folgende Aufgaben: Vereinigung mit Ljudnikow, Vernichtung des bis an die Wolga vorgedrungenen Gegners, Eroberung des Mamajewhügels und der Höhe 107,5. Damit hätten wir unseren Brückenkopf bis auf etwa 4,5 Kilometer erweitert und dem Gegner die Beobachtungsstellen genommen, die ihm so günstige Bedingungen schufen, alles bei uns zu überblicken.

Um diese Aufgabe zu lösen, hätten die Truppenteile mit Munition versehen und der Armee Panzer zugeteilt werden müssen.

Während der erbitterten Verteidigungskämpfe in der Stadt hatten das Hauptquartier und die Frontführung nahezu alle unsere Wünsche erfüllt, angesichts der bevorstehenden Gegenoffensive aber gab man uns verständlicherweise weder Truppenteile noch Panzer; Granaten und Infanteriemunition erhielten wir nur in beschränkten Mengen.

So mußten wir sämtliche Hilfsquellen mobilisieren und die Truppenteile mit Genesenden auffüllen, die darauf brannten, zu ihren Truppenteilen, in ihre Stadt zurückzukehren. Der weit verbreitete Ruhm der 62. Armee zog wie ein Magnet alle Veteranen an.

An Munitionsnachschub oder an eine Verstärkung der Armee mit Panzern war nicht zu denken. Das Übersetzen von Gütern über die Wolga machte nach wie vor größte Schwierigkeiten. Der vom 12. November bis 19. Dezember auf der Wolga herrschende Eisgang hinderte mehrere Tage lang Kutter und Dampfer, den Fluß zu bezwingen.

Der 19. November begann mit dichtem Nebel, äußerst ungünstig für das Übersetzen. Niemand kam auf die andere Seite. Kein Flugzeug konnte starten. So konnten wir uns nicht einmal am Verhalten des Gegners in der Luft orientieren, was bei ihm vorging.

Zu Beginn der für die Artillerievorbereitung festgesetzten Stunde verließ ich den Unterstand, in der Hoffnung, wenigstens Geschützdonner zu hören. Es war noch dunkel. Alle Konturen verschwammen im Nebel.

Sieben Uhr zwanzig Minuten — quälendes Warten auf das geringste Anzeichen, die Bestätigung, daß es losgegangen war.

Selbst mit zunehmender Helligkeit lichtete sich der Nebel nicht. Bei gleichen Sichtverhältnissen in unserer Hauptstoßrichtung würde eine gezielte Artillerievorbereitung schwierig sein; auch unsere Fliegerkräfte würden nicht handeln können.

Gegen 12.00 Uhr klarte es endlich auf. Am Ufer schurrte das treibende Eis entlang. Es hatte gefroren.

Jetzt zeigte sich allmählich, daß beim Gegner nicht alles zum besten stand. Kein einziges Bombenflugzeug befand sich am Himmel. Nur ein Artillerieaufklärer kurvte kurze Zeit über unseren Stellungen und wurde dann anscheinend zurückgerufen. Wie dem auch sei! Wir mußten unsere Aufgabe lösen. Für den Ersatz von Ljudnikows Truppen stellten wir Reserven bereit und aktivierten die Handlungen unserer Sturmgruppen.

Gegen Abend setzte mich der Frontoberbefehlshaber, Genosse Jeremenko, telefonisch davon in Kenntnis, daß die Gegenoffensive begonnen habe. Der auf den 20. November festgesetzte Zeitpunkt für den Angriff unserer Front blieb unverändert.

Die Entscheidung nahte.

Am 19. November, 07.20 Uhr, waren befehlsmäßig die an den Hauptabschnitten des Durchbruchs in insgesamt 28 Kilometer Breite konzentrierten Geschütze und Granatwerfer in Gefechtsbereitschaft versetzt worden. Um 07.30 Uhr erging der Befehl, das Feuer zu eröffnen. 3500 Geschütze und Granatwerfer überschütteten die Stellungen des Gegners mit Tonnen von Sprengstoff und Metall. Eine Stunde lang wurde zusammengefaßtes Feuer geschossen und eine halbe Stunde lang der Gegner niedergehalten.

Zum erstenmal führten unsere Truppen im Verlauf des Großen Vaterländischen Krieges einen derart heftigen Schlag. Die Artillerievorbereitung fügte dem Gegner hohe Verluste zu und machte ihn kopflos.

Um 08.50 Uhr traten die Schützendivisionen der 5. Panzer- und der 21. Armee mit den Begleitpanzern zum Angriff an.

Gegen Mitte des ersten Angriffstages vollendete die bewegliche Gruppe der 5. Panzerarmee — das 1. und 26. Panzerkorps — den Durchbruch der taktischen Verteidigung des Gegners. Das 8. Kavalleriekorps wurde in den Flaschenhals des Durchbruchs, der in der zweiten Tageshälfte entstanden war, eingeführt. Jetzt entbrannten die Kämpfe in der Tiefe der gegnerischen Verteidigung. Unsere Truppen brachen den Widerstand und entwickelten den Angriff.

Was aber ging an diesem Tag in Paulus' Stab vor? Doerr schreibt dazu: »Die 6. Armee fühlte sich an diesem Tage (dem 19. November — d. Verf.) noch nicht so unmittelbar bedroht, daß sie durchgreifende Maßnahmen für nötig hielt. Um 18.00 Uhr meldete sie als Absicht für den 20. 11.: Fortführung der Stoßtruppunternehmungen in Stalingrad.«[31]

31 Hans Doerr, S. 65.

Erst um 22.00 Uhr desselben Tages erging ein Befehl des Oberbefehlshabers der Heeresgruppe B, General von Weichs, in dem es hieß, die Lage vor der Front der 3. rumänischen Armee zwinge zu radikalen Maßnahmen, um Kräfte zur Flankendeckung der 6. Armee und zur Sicherung ihres Nachschubs mit der Bahn im Abschnitt Lichaja – Tschir freizusetzen. Dazu wurde befohlen, alle Angriffsoperationen in Stalingrad sofort einzustellen, ausgenommen Handlungen von Aufklärungseinheiten, die für die Organisation einer Verteidigung erforderlich seien; weiter habe die 6. Armee dem Stab des XIV. Panzerkorps aus ihrem Bestand sofort zwei schnelle Verbände, eine Infanteriedivision und, falls möglich, einen weiteren schnellen Hilfsverband zu unterstellen, außerdem möglichst viele Panzerabwehrmittel und diese Gruppierung hinter ihrem linken Flügel zu staffeln mit dem Ziel, einen Stoß in nordwestlicher oder westlicher Richtung zu führen.

Augenzeugenberichten zufolge herrschte in der 6. Armee noch keine Alarmstimmung; die deutschen Generale hatten noch nicht erkannt, daß ihre letzte Stunde nahte.

Die Nacht verging. Der Zeitpunkt für den Angriff der Stalingrader Front war gekommen.

Wieder lag Nebel über der Wolga und der Wolgasteppe. In der Nacht taute und fror es abwechselnd, bei Tagesanbruch fiel Schnee. Auch heute konnten unsere Fliegerkräfte den Angriff nicht unterstützen.

Die Stalingrader Front trat mit den Kräften der uns benachbarten 64. und 57. Armee, und am linken Flügel mit der 51. Armee zum Angriff an. Das 13. Panzerkorps unter Oberst Tanastschischin und das 4. mechanisierte Korps unter Generalmajor der Panzertruppen Wolski sollten den Angriff entwickeln. Auch das 4. Kavalleriekorps unter Generalleutnant Schapkin, das fast ausschließlich aus Kavalleristen der mittelasiatischen Republiken: Kasachen, Kirgisen, Usbeken, Tadshiken und Turkmenen bestand, wurde in das Gefecht eingeführt.

Erst gegen 10.00 Uhr lichtete sich der Nebel. Der Frontoberbefehlshaber mußte mehrmals den Beginn der Artillerievorbereitung verschieben.

Um 09.30 Uhr eröffneten die Geschütze und Granatwerfer das Feuer. Der Schlag wurde, 60 bis 70 Kilometer vom Gefechtsstand der 62. Armee entfernt, aus dem Raum des Sarpa-Sees geführt.

In Stalingrad wurde ebenfalls gekämpft. Unsere Sturmgruppen zwangen dem Gegner das Gefecht auf.

Der Frontstab verfolgte besorgt das Verhalten des Gegners. Würde er seine Truppen zurückführen? Selbst wenn sich Paulus dazu entschlossen hätte, wäre er auf ziemliche Schwierigkeiten gestoßen, denn in offenem Gelände sieht das ganz anders aus als in der Stadt. Unsere Stellungen und Verteidigungsstützpunkte in Stalingrad waren mit denen des Gegners fast schachbrettartig verflochten, es wäre ihm schwergefallen, sich von uns zu lösen.

Bis zum Mittag des 20. November aber war es unmöglich, Schlüsse aus dem Verhalten des Gegners zu ziehen.

Aus Dokumenten, die uns nach dem Krieg zugänglich wurden, wissen wir, daß man im Stab der 6. Armee bis zum Mittag des 20. November das Ausmaß der nahenden Katastrophe nicht erkannte. Paulus zog seinen Angriffsbefehl für den 20. November nicht zurück.

Gegen Mittag des 20. November erzielten die Truppen der Stalingrader Front den Durchbruch. Um 13.00 Uhr drang das 4. mechanisierte Korps in den Durchbruch ein, und um 16.00 Uhr ging das 13. Panzerkorps an seinem Abschnitt zügig in die Tiefe vor. Um 22.00 Uhr folgte dem 4. mechanisierten Korps das 4. Kavalleriekorps und entwickelte den Angriff in Richtung Westen.

In der zweiten Tageshälfte des 20. November sprach Paulus auf einer Besprechung in seinem Stab erstmalig von einer drohenden ernsten Gefahr. Er machte darauf aufmerksam, daß die Lage möglicherweise kritisch werden könnte. Aber noch blieb er gefaßt. Angesichts des herrschenden Durcheinanders, der immer wieder gestörten Nachrichtenverbindung – einer für die deutschen Generale ungewohnten Situation – konnten sie sich nicht zurechtfinden.

Erst gegen Abend erreichten Paulus die Meldungen von der Zerschlagung der rumänischen Truppenteile und der deutschen Reserven. Für seinen Gefechtsstand, den er bereits verlegt hatte, mußte er in der Nacht vom 21. zum 22. November abermals einen ruhigeren Platz suchen.

Am Abend des 20. November verfügten wir im Armeestab noch nicht über genaue Angaben zur Lage in den Angriffsstreifen unserer Truppen. Unsere Führung versuchte zwar, die Ergebnisse zusammenzufassen, aber alles war in Bewegung; zudem mußte verhindert werden, daß Informationen in die Hand des Gegners gelangten.

So blieb uns nichts übrig, als mit unseren schwachen Kräften den Gegner in der Stadt zu fesseln und darauf zu warten, daß sich die von Norden angreifenden Truppen näherten und sich mit uns vereinigten.

Der 21. November brachte keine Veränderungen in der Stadt. Auf der Wolga herrschte nach wie vor Eisgang. Die Übersetzstellen waren außer Betrieb, Nebel und Schneefall legten alles lahm. Selbst in den kurzen Intervallen zwischen den Schneefällen zeigten sich keine deutschen Flieger über unseren Stellungen. Die Kämpfe tobten nach wie vor erbittert, unsere Aufklärung stellte allerdings keine Truppenkonzentrationen des Gegners zur Verstärkung seiner Stöße fest. Daraus wenigstens konnten wir schließen, daß sich unser Angriff erfolgreich entwickelte.

Inzwischen wechselte Paulus aus Golubinskaja nach Gumrak über. In seinem Stabsquartier griff das Durcheinander um sich.

Am späten Abend des 21. November, als sich der Stab der 6. Armee durch die Flucht zu retten suchte, traf in Nishne-Tschirskaja ein Funkspruch von Hitler ein. Er befahl, der Armeeoberbefehlshaber habe sich mit seinem Stab nach Stalingrad zu begeben, die 6. Armee eine Rundumverteidigung zu beziehen und auf weitere Befehle zu warten.

Während Paulus die Kraft unserer Schläge bereits spürte und das Ausmaß der Katastrophe zu erkennen begann, hielt Hitler im Führerhauptquartier starrköpfig an seiner Überzeugung fest, seine Armee sei unbesiegbar.

Paulus geriet in Panik.

Noch hatten unsere Truppen den Ring nicht geschlossen, da funkte Paulus am 22. November, 18.00 Uhr, dem Stab der Heeresgruppe B, die Armee sei eingeschlossen, die Kraftstoffvorräte gingen zur Neige, die Munitionslage sei kritisch, die Verpflegung reiche für sechs Tage.

Nach dieser Schilderung bat Paulus, Stalingrad räumen zu dürfen.

Hitler reagierte umgehend und wies jeden Gedanken an Ausbruch kategorisch zurück. Die 6. Armee habe sich einzuigeln und auf eine Entsatzoffensive von außen zu warten.

Am Abend des 22. November ging uns bereits aus vielen

Quellen, darunter auch aus der inoffiziellen Soldatenpost, die Nachricht zu, daß sich unsere Offensive erfolgreich entwickle.

Am 23. November, um 16.00 Uhr, vereinigten sich das 4. Panzerkorps der Südwestfront unter Generalmajor Krawtschenko und das 4. mechanisierte Korps der Stalingrader Front unter Generalmajor Wolski beim Chutor Sowjetski.

Damit war die Einschließung vollzogen. Die 6. Armee und Teilkräfte der 4. Panzerarmee — 22 Divisionen mit insgesamt 330 000 Mann befanden sich in der Zange.

Nach dem Krieg entbrannte ein theoretischer Streit, wie die Ereignisse, die mit der Einschließung der 6. Armee endeten, einzuschätzen seien. Bis heute stellen westliche Historiker und ehemalige Hitlergenerale lange und breite Überlegungen an, was geworden wäre, wenn Hitler Paulus Handlungsfreiheit gegeben und Paulus die Armee aus der Umklammerung herausgeführt hätte.

Es lohnte nicht, auf solche Spekulationen einzugehen, wenn dahinter nicht der Wunsch steckte, die militaristische Schule Preußens und sich selbst zu rehabilitieren, indem man Hitler und seinem Fanatismus die alleinige Verantwortung für die Niederlage zuschob.

Da wird behauptet, Hitler ganz allein habe sie unter Ausnutzung seiner diktatorischen Gewalt in die Donsteppe gelockt und zur Wolga geführt. Er sei nicht imstande gewesen, angesichts der kritischen Lage die richtige Entscheidung zu treffen, und habe alle vernünftigen Vorschläge zurückgewiesen.

Ich kann aber nicht recht daran glauben, daß Hitlers Generale in dieser Stunde vernünftige Vorschläge gemacht haben sollen. Am vernünftigsten wäre es gewesen, den Krieg gegen die Sowjetunion gar nicht erst zu beginnen. Alles, was dann geschah, liegt im Unvernünftigen und Kriminellen, nicht nur gegenüber der Welt, sondern auch gegenüber dem eigenen Volk.

War es auf die Stalingrader Operation als Ganzes bezogen etwa vernünftig, seine Verbindungen auseinanderzuziehen, weit von den Hauptversorgungsbasen, Tausende Kilometer von Deutschland entfernt, einen Angriff auf den Kaukasus zu unternehmen und eine Stadt zu stürmen, die wir mit allen Kräften zu verteidigen entschlossen waren? Oder war es für die Armee etwa sinnvoll, sich in Straßenkämpfe einzulassen, unter ungeheuren

Verlusten immer wieder gegen die Stadt anzustürmen und dabei die Flanken zu schwächen? Damals richtete Paulus noch keine alarmierenden Funksprüche an das Führerhauptquartier, obwohl die Verteidiger Stalingrads bereits im August, im September und in den blutigen Straßenkämpfen im Oktober den Grundstein für das Geschehen im November legten. Schon damals war die Wende in den Ereignissen vorauszusehen.

Die Gegenoffensive unserer Truppen an der Wolga war von allen Armeen der Stalingrader Richtung, vom ganzen Land, unter Führung der Kommunistischen Partei, vorbereitet worden.

Doch wenden wir uns wieder den kritischen Tagen im November zu.

Als die Gegenoffensive der Südwestfront und der Donfront begann, begriff man beim Gegner noch nicht, daß damit eine strategische Niederlage eingeleitet wurde.

Als die Stalingrader Front einen Tag später zum Angriff antrat und sich die Idee des sowjetischen Oberkommandos deutlich abzeichnete, die gesamte Stalingrader Gruppierung des Gegners einzuschließen, war dort weder von Einschließung noch von einer Katastrophe die Rede. Man glaubte immer noch nicht, daß wir gelernt hatten, den Gegner in großen Maßstäben in operativen Tiefen zu schlagen. Während sowjetische Panzer dabei waren, den Ring zügig zu schließen, hofften Paulus und das Oberkommando der Heeresgruppe B immer noch, sich aus eigener Kraft aus ihrer Lage befreien zu können.

Hitlers Befehl, eine Rundumverteidigung zu beziehen, lag noch nicht vor, deshalb führte Paulus zögernd seine Reserven in das Gefecht ein. Als er am 22. November die drohende Katastrophe beim Namen nannte, war es bereits zu spät, denn am nächsten Tag schloß sich der Ring.

Was war zu tun? Sollte Paulus seine Truppen aus Stalingrad zurückziehen, die Einschließung durchbrechen? In diesem Fall hätte er angesichts der Lage in der Stadt seine gesamte bewegliche Technik, alle schweren Waffen, seine gesamte Artillerie im Stich lassen müssen. Unser Feuernetz war so engmaschig, daß nur wenige die Ruinen der Stadt lebend hätten verlassen können.

Nun war ja nicht die gesamte Armee in Stalingrad selbst zusammengedrängt, zahlreiche Truppen standen in der Umgebung der Stadt. Man hätte sie an schmalem Frontabschnitt konzentrieren und am 23. oder 24. November einen Durchbruch versuchen können. Vorausgesetzt, er wäre gelungen, hätte man dennoch die Technik zurücklassen müssen, bevor offenes Gelände erreicht war, denn der Kraftstoff ging nach eigenen Aussagen zur Neige. Die 6. Armee wäre bei Frost und Schneesturm den Schlägen unserer Truppen ausgesetzt gewesen. Napoleon verlor seine Armee auf der Flucht aus Moskau bis zur Beresina. Paulus hätte die seinige bedeutend früher in der Steppe verloren.

Doch Hitler befahl seinen Generalen, eine Rundumverteidigung zu beziehen und sich bis zum äußersten zu halten. Damit band er fünf unserer allgemeinen Armeen an seine 330 000 Mann umfassenden eingeschlossenen Divisionen. Diese Armeen hätten in der operativen Tiefe unsere Offensive bedeutend verstärken können. Sie hätten es ermöglicht, einen Stoß gegen Rostow zu führen, die gesamte Heeresgruppe A im Kaukasus abzuschneiden und sie in einen ebenso tiefen Sack zu stecken wie Paulus' Armee.

Hitlers Befehl hielt die 6. Armee vom 23. November bis zum 2. Februar in der Umklammerung fest. In der Steppe wäre sie in wenigen Tagen zerstreut, aufgerieben oder gefangengenommen worden. Für das Elend und die Leiden, die über die deutschen Soldaten in Stalingrad hereinbrachen, ist nicht Hitler allein, sondern sind auch seine Generale voll verantwortlich.

Ich beabsichtige nicht, ein vollständiges Bild unserer Gegenoffensive im Raum Stalingrad wiederzugeben. Über ihre Entwicklung können ihre Teilnehmer vollständiger und genauer berichten. Die Vereinigung unserer Truppen im Raum Kalatsch allein bedeutete ja noch nicht die Entscheidung. Noch viele Schwierigkeiten waren zu überwinden.

Nachdem der innere Ring um die Stalingrader Gruppierung geschlossen war, begannen unsere Truppen unverzüglich eine äußere Einschließungsfront zu schaffen. Am Abend des 23. November erreichten die Schützenverbände der 1. Garde- und der 5. Panzerarmee der Südwestfront die Kriuscha und den Tschir und bezogen hier eine feste Verteidigung. Die 51. Armee und das 4. Kavalleriekorps der Stalingrader Front drangen bis zur Linie Gromoslawka—Axai—Umanzewo ostwärts Sadowoje vor. Diese Handlungen sicherten die Einschließung zuverlässig von Westen wie von Süden.

In der Voraussicht, daß der Gegner versuchen werde, die Eingeschlossenen zu entsetzen, verstärkte das Oberkommando rechtzeitig die Richtung, aus der der Stoß der in aller Eile gebildeten neuen Heeresgruppe Don erfolgte.

Der Entsatzversuch scheiterte; die Heeresgruppe erlitt eine Niederlage. Der Ring war jetzt fest geschlossen.

Das Cannae des 20. Jahrhunderts spielte sich nach vollendeten Regeln klassischer Kriegskunst ab.

Kehren wir zum Geschehen bei der 62. Armee zurück. Wie bereits erwähnt, waren wir vom linken Ufer der Wolga abgeschnitten. Das hemmte uns und hinderte uns daran, stärker aktiv zu werden. In dem Zusammenhang einige Auszüge aus den Meldungen der 62. Armee an den Frontstab. »24. November. Die Boote sind nicht vollzählig eingetroffen. Die zugesagten Verstärkungen sind ausgeblieben. Der Transportplan ist drei Tage lang nicht erfüllt worden. Den Truppenteilen fehlen Munition und Verpflegung. Die aus Tumak ausgelaufenen Boote mit Einheiten des 90. Schützenregiments konnten nicht durchkommen und mußten umkehren. Der Eisgang hat die Verbindung zum linken Ufer unterbrochen.«

»27. November. Der Verbindungsarm der Wolga ostwärts der Golodny- und der Sarpa-Insel ist mit dickem Eis verstopft, die Übersetzstelle Tumak außer Betrieb. Alle Kutter und Schiffe sind ausgeblieben. Die Munitionszufuhr und der Abtransport der Verwundeten mußten eingestellt werden.«

»10. Dezember. Auf der Wolga herrscht starker Eisgang. Das Übersetzen mit Booten macht große Schwierigkeiten. Die Boote brachten in 24 Stunden 20 Tonnen Munition und 27 Tonnen Lebensmittel auf das rechte Ufer.«

Die Frontführung ließ daraufhin Munition und vor allem Lebensmittel mit Flugzeugen über die Wolga bringen. Doch die Flugzeuge konnten nicht allzuviel ausrichten, weil sie ihre Lasten über einem nur etwa 100 Meter breiten Streifen abwerfen mußten. Die geringste Abweichung – und sie fielen in die Wolga oder in die Hände des Gegners.

Die Munitions- und Lebensmittelzufuhr wurde von Tag zu Tag geringer, der Eisgang machte die meisten Bemühungen zunichte.

Am 16. Dezember, gegen 16.00 Uhr alarmierte uns ein ungewohnter Lärm und das Krachen von Eisschollen am Ufer. Die Mitglieder des Kriegsrates der Armee saßen gerade in einem Unterstand, der uns als Speisesaal diente, beim Mittagessen. Wir stürzten zur Wolga und sahen hinter der Saizewski-Insel eine riesige Eisscholle auf uns zutreiben. Sie zertrümmerte kleinere und größere Eisbrocken, schob alles durcheinander und knickte die eingefrorenen Baumstämme wie Späne. Ein überwältigendes Schauspiel. Die Bewegung der riesigen, über die ganze Flußbreite reichenden Eismassen wurde langsamer, und wir warteten gespannt, ob sie ganz zum Stillstand käme. Wir hätten sie dann als natürliche Brücke benutzen können. Sollten diese gefährlichen Bootstransporte, die Hilferufe Ertrinkender und vom Eis Eingeschlossener endlich vorbei sein? Tatsächlich, direkt neben unserem Unterstand lief sich der Eiskoloß fest und rührte sich nicht mehr von der Stelle.

Unsere Freude war unbeschreiblich.

Ich ließ sofort Pionieroffiziere kommen und befahl, zwei oder drei mit Stricken und Stangen ausgerüstete Trupps über die Wolga zu schicken. Sie sollten über das Eis zum anderen Ufer gehen und dann wieder zurückkommen. Keine allzu schwierige Aufgabe. Die Pioniere machten sich auf den Weg. Es wurde dunkel. Wir warteten ungeduldig und gingen immer wieder ans Ufer, um zu hören, ob sich das Eis bewegte.

Um 21.00 Uhr kam der erste Trupp zurück. Er hatte wohlbehalten die Wolga überquert. Alles atmete erleichtert auf. Wir waren wieder mit dem Großen Land verbunden!

Am nächsten Tag erhielt unser Lagebericht folgende Nachschrift: »Am Morgen des 17.12. wurde auf zwei Plankenwegen der Fußgängerverkehr über die Wolga eröffnet.«

Es waren, wie gesagt, vor allem die schwierigen Verkehrsverhältnisse auf der Wolga, die die 62. Armee hinderten, die Aufgaben, die sie sich selbst gestellt hatte, zu lösen. Trotzdem nutzte sie jede Gelegenheit, jeden Fehler des Gegners, ihm Schläge zu versetzen und Meter für Meter Stalingrader Boden zurückzuerobern. Aber ihn von der Wolga beim Werk »Barrikady« zu verjagen, dazu reichte die Kraft unserer Schützenregimenter allein nicht; dazu hätten wir Panzer und mehr Soldaten haben müssen. Wir zerbrachen uns die Köpfe, wie wir Ljudnikows Division befreien konnten. Jetzt kam uns erneut zugute, daß wir die meisten Geschütze am linken Wolgaufer gelassen hatten, denn wir entschlossen uns, den Gegner durch Artilleriefeuer zu vernichten. Das türmte zunächst erhebliche Schwierigkeiten vor uns auf. Wir mußten ein präzis gezieltes Feuer gewährleisten. Wohl hatten wir erstklassige Richtschützen, aber es war problematisch, das Feuer vom rechten Ufer aus zu korrigieren, die Telefonleitungen wurden immer wieder durch den Eisgang zerrissen, und auf die Funkverbindung war kein Verlaß. Wir griffen deshalb zu folgender Methode: Den vom linken Ufer deutlich erkennbaren Abschnitt des Gegners markierten wir im Norden und im Süden sowie von der Wolga bis zur vordersten Linie mit Richtpunkten. So ergab sich ein 600 bis 800 Meter breiter Korridor. Unsere Artilleristen konnten ihn gut einsehen und die Feuerpunkte des Gegners zielsicher beschießen. Korrektoren am rechten Ufer beobachteten die Ziele, präzisierten die Angaben, korrigierten die Abweichungen und meldeten den Artilleriebeobachtern die Ergebnisse. Diese gaben sie dann an die Feuerstellungen weiter.

Ljudnikows und Gorischnys Schützeneinheiten verfolgten die verheerende Wirkung unserer Granaten und rückten auf Handgranatenwurfweite an den Gegner heran. Dann stellte unsere Artillerie auf ein Lichtsignal das Feuer ein, und unsere vor allem aus Sturmgruppen bestehenden Schützeneinheiten griffen an.

So gewannen wir in zähem Ringen langsam Boden. Dazu wieder einige Auszüge aus den Lageberichten der Armee. »1. Dezember. Die Division Ljudnikow setzte seit 05.00 Uhr ihren Angriff in südwestlicher Richtung fort. Unsere Truppenteile nahmen trotz des hartnäckigen Widerstands vier Häuser und sind am rechten Flügel 100 bis 120 Meter vorangekommen. Drei Gegenangriffe wurden abgewehrt, 5 schwere Maschinengewehre und 2 Angehörige des Infanterieregiments 578 der 305. Infanteriedivision fielen in unsere Hand.

Die Division Gorischny greift seit 05.00 Uhr in nordwestlicher Richtung an und hat nach Überwinden hartnäckigen Widerstands einzelne Besatzungen eingeschlossen und vernichtet. Ihre Truppen eroberten im Nahkampf, vorwiegend mit Handgranaten, ein als Stützpunkt ausgebautes Transformatorenhäuschen. Ein Gebäude, 6 Unterstände und 2 Feuerpunkte wurden genommen. Der Kampf geht weiter. Der Gegner versucht die Lage wiederherzustellen und unternimmt Gegenangriffe, sie werden erfolgreich abgewehrt.

Die Beute: 3 schwere Maschinengewehre, 6 Maschinenpistolen, 35 Karabiner, 380 Handgranaten; 4 Feuernester wurden zerstört. Der Gegner mußte 40 Tote zurücklassen.«

»23. Dezember. Ljudnikow setzte seinen Angriff in südwestlicher Richtung fort. Der Gegner leistete hartnäckigen Widerstand und trat mit zwei Kompanien zweimal zu Gegenangriffen an, die unter hohen Verlusten für ihn zurückgeschlagen wurden.

Wir eroberten zwei Gebäude, in einem ließ der Gegner 30 Tote zurück. Der Kampf der anderen Sturmgruppen um das große rechteckige Gebäude an der Wolga geht weiter.

Gorischny setzte seinen Angriff in nordwestlicher Richtung fort. Seine Truppen gewinnen trotz hartnäckigen Widerstands langsam Boden. Die unmittelbare Verbindung zu Ljudnikow ist hergestellt.«

Tags darauf wurden die durch pausenlose Kämpfe besonders schwer mitgenommenen Divisionen – die 112. Jermolkins, die 193. Smechotworows und 37. Gardedivision Sholudews sowie zwei Schützenbrigaden auf Befehl des Hauptquartiers zur Neuformierung in die Reserve übergeführt.

Die Kommandeure der Divisionen, Brigaden und sogar der Regimenter kamen vor dem Abtransport auf das linke Ufer zum Gefechtsstand der Armee, um sich nach russischem Brauch zu verabschieden. Die Trennung von den Freunden und Kampfgefährten fiel uns immer wieder schwer. Wir gedachten unserer Erlebnisse, jedes einzelnen Gefechts und jedes Gegenangriffs. Ihre Abreise weckte auch traurige Erinnerungen. Vor mir sah ich ihre Truppen in voller Kampfkraft, so wie sie gekommen waren, um die Stadt zu verteidigen, tapfer und entschlossen, stolz auf ihren gefährlichen Auftrag. Kaum hatten sie die Übersetzstelle über die Wolga erreicht, nahmen sie den Kampf auf.

Der Kriegsrat erhielt jeden Morgen Meldung über die Anzahl der aus den einzelnen Truppenteilen auf das andere Ufer gebrachten Verwundeten. Er mußte wissen, wieviel Infanteristen, Maschinengewehr- und Granatwerferschützen, Artilleristen, Panzer- und Nachrichtensoldaten ausgefallen waren. Die Armee schrumpfte von Tag zu Tag zusammen, doch ihre Kampfkraft ließ nicht wesentlich nach. Ihre Kampfmoral stieg; nach jedem abgeschlagenen Angriff wuchs das Vertrauen in unsere Waffen. Die Erfahrungen wogen die Verluste wieder auf.

Die 112. Division, damals noch unter Sologub, hatte westlich des Don am Tschir den Kampf gegen die faschistischen Eindringlinge aufgenommen. Sie gehörte damals zur 64. Armee und wehrte den von Paulus befohlenen Angriff des LI. Armeekorps gegen den Rücken und die Flanke der 62. Armee ab, ohne auch nur einen Schritt zurückzuweichen. Mit gleicher Tapferkeit kämpfte sie an den Ufern des Don. Dort starb ihr Kommandeur, Oberst Iwan Petrowitsch Sologub, den Heldentod. Ich sehe ihn noch heute vor mir, diesen großen und schlanken Offizier, diesen treuen Sohn des Sowjetvolkes, der sich niemals vor den faschistischen Granaten beugte.

Ende Juli 1942 stand ich an einem heißen Sonntag mit Sologub auf der Höhe 116,6 nördlich der Siedlung Rytschkowski am rechten Donufer und stellte seiner Division die Gefechtsaufgabe. Plötzlich begann der Gegner, der uns anscheinend entdeckt hatte, die Höhe aus 150-mm-Geschützen zu beschießen. Das Feuer wurde konzentrierter, und die Einschläge näherten sich. Es konnte nicht mehr lange dauern, und die Granaten mußten auf dem Gipfel einschlagen. Ich forderte Iwan Petrowitsch auf, sich zu seinem Stab zu begeben, doch er sah mich an und sagte: »Und Sie? Ich kann die Höhe doch nicht vor Ihnen verlassen.«

Ich beruhigte ihn mit der Versicherung, das sei ja kein Rückzug, sondern er müsse nach erfolgter Aufklärung zu seinen Truppenteilen zurückkehren, um sie nach vorn zu führen.

Es war nicht eben angenehm, sich unter dem Beschuß schwerer Artillerie auf der völlig ebenen Steppe zu bewegen. Wie gut tat es da, die hochgewachsene Gestalt Iwan Petrowitschs ruhig und gleichmäßig vor sich hergehen zu sehen.

Sein Begleiter, ein Offizier des Divisionsstabes, wurde unterwegs durch den Splitter einer Granate verwundet, die in unserer Nähe detonierte. Iwan Petrowitsch ergriff ruhig dessen Arm, stützte ihn und setzte den Abstieg fort. Ich holte sie in einer Balka ein. Sologub verband gerade den Verwundeten. Man spürte in ihm die Kraft eines wirklichen Kommandeurs und Truppenführers.

Am 12. September sah ich die Division in Stalingrad wieder. Ihr Kommandeur war jetzt Oberst Jermolkin. Sie manövrierte ständig: Vom Mamajewhügel zur Balka Wischnewaja, zum Traktorenwerk, dorthin, wo wir Angriffe erwarteten. Sie hatte an etwa hundert Gefechten teilgenommen, darunter mindestens an zehn in Hauptstoßrichtungen des Gegners. Die Division manövrierte besonders geschickt, ein Verdienst ihres Kommandeurs und ihres Stabes. Sie war immer zur Stelle, wenn es irgendwo besonders heiß herging.

Smechotworows Division kannte ich seit Mai 1942 aus meiner Tätigkeit bei der 1. Reservearmee; sie wurde damals erst aufgestellt. Aus dieser Zeit rührt auch die Bekanntschaft mit General Smechotworow selbst. Er zeigte während unserer gemeinsamen taktischen Übungen im Raum Tula gute Kenntnisse im modernen Gefecht und hatte eine vorzügliche Auffassungsgabe.

In Stalingrad bezog seine Division an der Siedlung Roter Oktober Verteidigungsstellungen. Sie manövrierte wenig, wehrte aber Dutzende von Schlägen des Gegners ab, obwohl er ihr zahlenmäßig überlegen war. Für ihre Angehörigen — vom Soldaten bis zu den Kommandeuren und Politoffizieren — gab es kein Zurück. Gelang es den Faschisten in einer Woche, zwei oder drei Straßen zu nehmen, so nur unter schwersten Verlusten. Sie füllten dabei die Schützengräben mit ihren Leichen.

Smechotworow war selbst in den härtesten Gefechten weder kleinmütig noch verwirrt. Seine ruhige, gleichmäßige Stimme ist mir heute noch im Gedächtnis. In jenen Tagen, als Hunderte faschistischer Flugzeuge über seiner Division kreisten, als Tausende Granaten bei seinen Truppen einschlugen, als die Luft unter den Detonationen dröhnte und man beim Telefonieren das Sirenengeheul der Sturzkampfbomber hörte, wurde er immer ruhiger. Er führte seine Regimenter und Bataillone nur wenige hundert Meter von der vordersten Linie entfernt.

So kämpfte die Division standhaft bis zuletzt und rieb die Kräfte des Gegners auf.

Ich mußte auch von General Sholudew Abschied nehmen. Als die Faschisten die Gefechtsordnungen seiner 37. Division durchbrachen und das Stalingrader Traktorenwerk eroberten, mußten sie dafür einen hohen Preis zahlen. Sie verloren so viele Kräfte und Mittel, daß sie den Angriff nicht fortsetzen konnten. Dabei waren es nicht eine oder zwei Divisionen, die durch die Regimenter der 37. Division zum Traktorenwerk vorstürmten, sondern fünf, darunter zwei Panzerdivisionen. Ich erinnere mich noch, wie Sholudew mit seinen Mitarbeitern am 4. Oktober frühmorgens im Gefechtsstand der Armee erschien. Sie hatten die Wolga mit Booten überquert und waren in heftiges Artillerie- und

Granatwerferfeuer geraten. Gurow, Krylow und ich empfingen sie in unserem Stollen. Beim Eintreten stieß sich Sholudew den Kopf am Türbalken.

Im Verlauf unseres Gesprächs stellte er Fragen über den Straßenkampf. Wir bemühten uns, ihm seine Besonderheiten möglichst deutlich zu erklären. Als Krylow ihm mitteilte, sein Gefechtsstand befinde sich unweit des Ausgangs der Bannyschlucht am Wolgaufer, bat er dringend, ihn in die Nähe des Stadions in der Siedlung des Stalingrader Traktorenwerkes verlegen zu dürfen.

»Das geht nicht«, erwiderte ich, »dieser Raum liegt unter ständigem Beschuß von Geschützen und Granatwerfern, wir dürfen das Leben eines Divisionskommandeurs nicht unnötig gefährden.«

Er verließ uns nach kurzem Frühstück, denn der Gegner hatte mit der Artillerie- und Luftvorbereitung für einen Angriff begonnen.

Am Abend des 13. Oktober telefonierten Sholudew und Gurjew, beide Marineinfanteristen und alte Kampfgefährten.

»Viktor, mein Freund«, fragte Gurjew, »wo bist du gelandet? Ich höre Gefechtslärm, er kommt aus der Richtung deines Abschnitts. Wie geht's?«

»Bei uns geht es heiß her, Stepan. Wir wehren uns schon den zehnten Tag gegen diese verdammten Faschisten. Sie nagen wie ein Rudel Wölfe von drei Seiten an uns. Du könntest uns ein wenig helfen.«

»Ach, mein Bester, wir sind in der gleichen Lage. Über meinen Jungen kreisen Tag für Tag die faschistischen Aasgeier und geben keine Ruhe. Auch unser Sascha (Rodimzew – d. Verf.) ist wie weiland Prometheus an den Fels geschmiedet und muß die ganze Zeit Angriffe abwehren. Also halt die Ohren steif und verzage nicht, wir können dir nicht helfen.«

»Dann schick mir wenigstens Zigaretten, die hundert Stück pro Tag reichen nicht.«

Ja, so war das damals. Und nun gingen diese Kampfgefährten fort. Diejenigen aber, die blieben, schlugen sich weiter.

Am 24. Dezember begann Gurjews 39. Gardedivision die vom Gegner besetzten Abteilungen des Werkes »Roter Oktober« zu stürmen. Ihre Sturmgruppen säuberten bis Tagesende die Kalibrier- und die Sortierabteilung sowie die mechanische Abteilung, erreichten den Westrand des Werkes und schlossen damit den Gegner ein. Der setzte sich erbittert zur Wehr. Er wollte nicht auf die zerstörten Häuser im Westen zurückgehen, denn er hätte dort unter freiem Himmel liegen müssen.

Am 25. Dezember setzten die Gardisten nach kurzer Atempause ihren Angriff fort. Die Nahkämpfe, auch mit Handgranaten geführt, dauerten bis zum Morgen. Die Faschisten waren unseren Sturmgruppen weder an Reaktionsvermögen noch an Wendigkeit und Angriffsgeist gewachsen. Bei Tagesanbruch war das Werk gesäubert. Nur noch in dem zu einem Widerstandsnest ausgebauten Verwaltungsgebäude konnten sie sich halten. Wenige Tage später aber wurden sie von den Sturmgruppen der 45. Division eingeschlossen und vernichtet.

Kommandeur dieser Division war Oberstleutnant Sokolow, sein Politstellvertreter Regimentskommissar Glamasda. Die Regimenter und Bataillone nahmen gleich nach dem Übersetzen das Gefecht auf und traten zum Gegenangriff an. Es blieb keine Zeit, die Truppen zu konzentrieren oder aufzuklären. Folgende Fakten zeugen von den Verdiensten der Division, ihrer Soldaten und Kommandeure: Wassili Pawlowitsch Sokolow, Ende Oktober als Oberstleutnant in Stalingrad eingetroffen, verließ im März die Stadt als Generalmajor. Ähnliche Beförderungen wurden auch anderen Kommandeuren und Politarbeitern zuteil.

Nach der Wiedervereinigung mit Ljudnikows Division und der Eroberung des Werkes »Roter Oktober« konnte die Armee, die vom Eis gefesselte Wolga im Rücken, wieder freier manövrieren und Größeres planen.

Als Ersatz für die in die Reserve des Hauptquartiers übergeführten Truppenteile und Verbände wurde uns ein Befestigter Raum zugeteilt. Seine Einheiten verfügten über starke Feuermittel und eigneten sich weniger für Angriffsoperationen, leisteten aber in der Verteidigung gute Dienste. Sie besetzten zunächst die Sporny-, Saizewski- und Golodny-Insel und lösten dann Ljudnikows und Rodimzews Truppen ab. Sie sollten verhindern, daß der Gegner zur Wolga vordrang, falls er versuchen sollte, aus der Einschließung über den Fluß nach Osten auszubrechen.

Der Kriegsrat der Armee entschloß sich nun, den Gegner vom

Mamajewhügel und der Höhe 107,5 zu vertreiben und dafür die Hauptkräfte einzusetzen. Er wollte damit die faschistischen Truppen in der Stadt von denen trennen, die sich in den Werksiedlungen verschanzt hatten, und sie anschließend einzeln vernichten.

Die Armee konnte Batjuks Division zum Mamajewhügel heranziehen, für den Angriff gegen die Höhe 107,5 setzte sie Sokolows und Gurjews Divisionen sowie Schtrigols Marineinfanteriebrigade ein.

Gorischny sollte die Siedlung Barrikady angreifen und den Stoß gegen den Mamajewhügel von Norden sichern. Rodimzew hatte die Aufgabe, durch aktive Kampfhandlungen im Stadtzentrum die linke Flanke der Armee zu sichern.

Ljudnikows Truppen nahmen wir in die zweite Staffel zurück, damit sie ihre Reihen wieder ordnen konnte.

Wir wußten damals, daß die im Raum Stalingrad eingeschlossene Gruppierung mindestens 20 Divisionen umfaßte. Tatsächlich waren es 22 mit über 300 000 Soldaten, Offizieren und Generalen. Sie befanden sich jetzt im eisernen Ring von 7 Armeen – den Armeen Shadows, Galanins, Batows, Tschistjakows, Tolbuchins, Schumilows und unserer 62. Armee.

Von den 22 deutschen Divisionen standen 6 der 62. Armee gegenüber, nämlich die 79., 94., 295., 305. und 389. Infanteriedivision sowie die 100. Jägerdivision, die noch durch fünf selbständige Pionierbataillone – das 50., 162., 294., 336. und 672. – verstärkt worden waren.

Warum Paulus etwa ein Drittel seiner Kräfte gegen die in den fünf Monaten pausenloser Kämpfe zusammengeschmolzene und aufgeriebene 62. Armee einsetzte, ist mir unerklärlich. Doch die Tatsache bleibt. Selbst als er schon eingeschlossen war, setzte er gegen uns noch starke Kräfte ein. Deshalb stießen unsere gegen den Mamajewhügel und über die Siedlung Roter Oktober gegen die Höhe 107,5 gerichteten Angriffe nicht nur auf eine hartnäckige Verteidigung, sondern auch auf heftige Gegenangriffe.

Der Gegner hatte aus bitteren Erfahrungen gelernt, daß man in Städten weder nach den Regeln der Taktik angreifen noch sich in geschlossener Front in Schützengräben verteidigen konnte. Er nutzte jetzt recht geschickt feste Gebäude und Hauskeller als Stützpunkte, die zu erobern uns große Anstrengungen kostete.

So mußte eine Sturmgruppe aus Sokolows Division im Werk »Roter Oktober« erst die massive Wand des Verwaltungsgebäudes durchbrechen, um den dort verborgenen Gegner zerschlagen zu können. Die Rotarmisten benutzten dazu eine 122-mm-Haubitze, die sie zerlegten, in den bereits zurückgewonnenen Gebäudeteil brachten und dort wieder zusammensetzten. Dann schossen sie im direkten Richten eine Bresche in die Mauer und vernichteten die Besatzung. Diese Aktion führte der Chef der 6. Batterie des 178. Artillerieregiments, Genosse Belfer. Er erreichte später mit unseren Truppen Berlin und ist zur Zeit Lehrer im Gebiet Winniza.

Die Straßen und Plätze waren wie bisher menschenleer. Weder wir noch der Gegner konnten ungedeckt vorgehen. Jeder, der unvorsichtig seinen Kopf vorstreckte oder über die Straße lief, wurde das Opfer von Scharfschützen oder des Feuerstoßes aus einer Maschinenpistole.

Während die 62. Armee, an die Wolga gedrängt, ihre Stellungen verbesserte und Gefechtsverbindung zu Ljudnikows abgeschnittener Division aufnahm, tobten außerhalb Stalingrads erbitterte Kämpfe gegen Kräfte des Gegners, die sich von Süden und Südwesten zu den westlich der Stadt Eingeschlossenen durchzuschlagen versuchten. Die äußere Einschließung wurde in den wahrscheinlichen Angriffsrichtungen des Gegners in einer Frontlänge von 165 Kilometern von der Südwestfront und in einer Frontlänge von 100 Kilometern von der Stalingrader Front gedeckt. Die Entfernung zwischen äußerer und innerer Einschließung schwankte. An der Südwestfront betrug sie 100 Kilometer, an der Stalingrader Front zwischen 20 und 40 Kilometer.

Als beste Lösung war hier eine schnelle Zerschlagung der eingeschlossenen Gruppierung anzustreben, was jedoch bei Aufrechterhaltung des äußeren Ringes zusätzliche Kräfte und Zeit erforderte. Der Chef des Generalstabes, Genosse Wassilewski, schätzte in seiner Meldung an den Obersten Befehlshaber vom 23. November die Lage richtig ein. Er schrieb: »Dabei gingen wir davon aus, daß die Faschisten alles tun werden, um ihre Truppen so schnell wie möglich aus der Einschließung zu befreien ... Ich konnte auch melden, daß alle drei Fronten ohne wesentliche Umgruppierung und zusätzliche Vorbereitung ab 24. November an der inneren Einschließungsfront weiterhin entschlossen handeln würden, um den eingeschlossenen Gegner zu liquidieren.«[32]

Es gelang allerdings nicht, in der Zeit vom 24. bis 30. November die eingeschlossenen Truppen aufzuspalten und sie zu vernichten.

Die Meinungsverschiedenheiten in der Wehrmachtspitze, ob man Paulus' Truppen nach Südwesten zurückführen oder sie an ihren bisherigen Standorten belassen sollte, wurden von Hitler rigoros beseitigt, indem er befahl, daß die 6. Armee an ihrem Platz zu bleiben habe. Sie sei eine Festungsgarnison und habe die Pflicht aller Festungstruppen, eine Belagerung durchzustehen.

Um für Entsatz und Truppenführung günstige Bedingungen zu schaffen, war zwischen den Heeresgruppen A und B die Heeresgruppe Don geschaffen worden. Ihr gehörten an: die gemischte rumänisch-deutsche Armeeabteilung Hollidt; die 3. rumänische Armee, bestehend aus gemischten Abteilungen mitgenommener rumänischer und deutscher Verbände; eine gemischte Gruppe und die Armeegruppe Hoth, gebildet aus Verbänden der 4. Panzerarmee und Resten der 4. rumänischen Armee, die der Einschließung entgangen waren. Zur Heeresgruppe Don gehörte außerdem die Luftflotte 4 mit etwa 500 Flugzeugen. An die Spitze dieser Gruppe stellte Hitler Generalfeldmarschall von Manstein, dem er die Aufgabe übertrug, Paulus' Truppen zu entsetzen.

In den ersten Dezembertagen zählte die Heeresgruppe Don etwa 30 Divisionen, darunter 6 Panzerdivisionen und eine motorisierte Division. Die stärkste Gruppierung, die Armeegruppe Hoth, handelte von Süden, zwischen Wolga und Don gegen die Stalingrader Front. Ihre Hauptkräfte waren im Raum Kotelnikowski gruppiert.

Göring versicherte Hitler großsprecherisch, daß die Luftwaffe in der Lage sei, Paulus mit allem Notwendigen zu versorgen.

Der Oberbefehlshaber der Heeresgruppe Don entschloß sich, den Hauptstoß mit der stärksten Kraft, der Armeegruppe Hoth, zu führen. Zu ihr gehörten Verbände der 4. Panzerarmee, ferner aus dem Nordkaukasus, aus den Räumen Woronesh und Orjol hierher verlegte Divisionen sowie aus Deutschland eingetroffene Verstärkungen, darunter eine Abteilung Panzer »Tiger« mit 100-mm-Bugpanzerung und 88-mm-Kanone. Zu Beginn des

---

32 A. M. Wassilewski, S. 224.

Gegenstoßes bestand die Armeegruppe Hoth aus 4 Panzerdivisionen, 5 Infanteriedivisionen, 3 Luftwaffenfelddivisionen sowie Einheiten und Truppenteilen der Reserve des Oberkommandos der Wehrmacht. Ihre Aufgabe war, ostwärts des Don entlang der Bahnlinie Kotelnikowski — Stalingrad anzugreifen und sich zur 6. Armee durchzuschlagen. Beginnen sollte sie am 12. Dezember.

Zur selben Zeit stellte das sowjetische Oberkommando den Fronten die Aufgabe, den äußeren Einschließungsring um 150 bis 200 Kilometer nach Westen hin vorzuschieben. Der Südwestfront und dem linken Flügel der Woronesher Front wurde befohlen, Stöße in konzentrischen Richtungen auf Rostow und Lichaja vorzubereiten. Im Verlauf dieser Operation sollten die 8. italienische Armee sowie die deutschen Verbände, die auf den Tschir und den Don zurückgegangen waren, vernichtet werden. Die Operation mit dem Decknamen »Saturn« war für Mitte Dezember vorgesehen.

Die Donfront und die Stalingrader Front erhielten Befehl, in kürzester Frist die im Raum Stalingrad eingeschlossene Gruppierung des Gegners aufzuspalten und mit ihrer Vernichtung zu beginnen. Es gelang allerdings nicht, diese Aufgabe aus der Bewegung zu lösen. Unsere Truppen waren geschwächt, wir konnten auch nicht auf Anhieb feststellen, wie stark die gegnerischen Kräfte im Stalingrader Kessel waren.

Paulus' 6. Armee grub sich ein und verstärkte ihre Verteidigungsstellungen.

Zur Unterstützung der Stalingrader Front verlegte das Hauptquartier aus seiner Reserve beschleunigt die 2. Gardearmee unter General Malinowski in diesen Raum. Die Ereignisse entwickelten sich im folgenden allerdings so, daß wir die Aufspaltung der eingeschlossenen Gruppierung verschieben mußten.

Die Heeresgruppe Don bereitete zunächst zwei Stöße gegen Stalingrad vor: einen aus Kotelnikowski und den zweiten aus Tormossin. Den ersten begann sie planmäßig am 12. Dezember; er traf unsere 51. Armee. Trotz massierten Panzer- und Fliegereinsatzes gelang es den Angreifern nicht, unsere Front zu durchbrechen. Zwar gingen die Divisionen der 51. Armee zurück, doch sie leisteten erbitterten Widerstand und fügten dem Gegner schwere Verluste zu.

Wie wir in Stalingrad feststellten, faßten die eingeschlossenen

Truppen wieder Mut. Gefangene sagten aus, Paulus und seine Umgebung erwarteten stündlich den Befehl zum Ausbruch auf die Entsatztruppen zu.

Unter ungeheuren Verlusten an Menschen und Technik legte der Gegner in vier Tagen die Hälfte des Weges nach Stalingrad zurück. Er forcierte den Axai Jessaulowski und erreichte die Myschkowa. Stündlich war auch mit einem Stoß aus Tormossin zu rechnen. Unser Oberkommando traf rechtzeitig Gegenmaßnahmen. Es orientierte die Südwestfront und den linken Flügel der Woronesher Front jetzt darauf, nicht mehr streng nach Süden auf Rostow, sondern nach Südosten vorzustoßen und die gegnerische Gruppierung bei Morosowsk und Tormossin zu umfassen. Unser Angriff, der dem Stoß des Gegners aus Tormossin zuvorkam, begann am 16. Dezember und ist als Operation »Maly Saturn« in die Geschichte der Kriegskunst eingegangen.

Nachdem der Widerstand des Gegners am Tschir und am Don gebrochen war, zerschlugen die Südwest- und die Woronesher Front in zügigem Vorstoß die 8. italienische Armee und die Armeeabteilung Hollidt, die die linke Flanke der Heeresgruppe Don deckte. Am neunten Angriffstag erreichten sie Tazinskaja sowie Morosowsk und umfaßten von Westen die linke Flanke und den Zugang zum rückwärtigen Raum der Heeresgruppe Don. Um die Lage zu retten und einer vollständigen Vernichtung zu entgehen, setzte Manstein zum Schutz seiner linken Flanke die Tormossiner Gruppierung ein, zog die 6. Panzerdivision von der Myschkowa ab und verringerte damit den Druck vor unserer 51. Armee. Am 24. gelang es ihm, die Lage bei Morosowsk für kurze Zeit zu stabilisieren.

Um den Entsatzversuch der Armeegruppe Hoth abzuwehren, verschob das sowjetische Oberkommando die Vernichtung der im Raum Stalingrad eingeschlossenen Truppen und verlegte beschleunigt die 2. Gardearmee an die Myschkowa. Sie nahm aus der Bewegung das Gefecht auf, brachte, gemeinsam mit Kräften der 51. Armee, den Angriff des Gegners auf die Myschkowa zum Stehen und ermöglichte es, an diesem Frontabschnitt neue Kräfte einzuführen. Am 24. Dezember, also an dem Tag, da Manstein unseren Angriff zum Stehen brachte, traten unsere 5. Stoßarmee, das 2. mechanisierte Gardekorps, das 7. Panzerkorps und das 6. mechanisierte Korps zum Angriff auf Kotelnikowski an. Am 29. Dezember hörte die dortige Gruppierung des Gegners auf zu existieren. Der Weg nach Rostow war frei. Manstein mußte zurückgehen, wollte er seine Truppen vor der Einschließung retten. Damit waren die Versuche des Gegners gescheitert, seine Stalingrader Truppen zu entsetzen. Während der Dezembergefechte entfernte sich die äußere Frontlinie 200 bis 250 Kilometer von Stalingrad.

Auch der im Kaukasus kämpfenden Heeresgruppe B drohte die Katastrophe. Mit unserem Vorstoß auf Rostow konnten wir den Rückzugsweg aus dem Kaukasus sperren. Jetzt war der Zeitpunkt gekommen, die eingeschlossene Gruppierung in Stalingrad zu zerschlagen. Ihre Soldaten leisteten zunächst erbitterten Widerstand. Anscheinend verschwiegen ihnen ihre Offiziere und Generale, daß sich der Ring der sowjetischen Truppen bei Kalatsch geschlossen hatte. Als ihnen ihre Lage klar wurde, tröstete man sie damit, daß Hoths und Mansteins Panzertruppen ihnen zu Hilfe kämen. In dieser Hoffnung lebten sie bis Ende Dezember. Sie kämpften oft bis zur letzten Patrone und ergaben sich nicht.

Erst als Mansteins Gruppierung zerschlagen war und unsere Truppen die faschistischen Eindringlinge bis Charkow, Lugansk und Rostow am Don getrieben hatten, sank die Moral der Eingeschlossenen. Soldaten, Offiziere und Generale glaubten nun nicht mehr an einen rettenden Durchbruch.

Unsere Politorgane klärten sie in Rundfunksendungen über ihr künftiges Schicksal auf. So erfuhren sie, daß ihre 330 000 Mann starke Gruppierung nur noch auf dem Luftweg verpflegt werden konnte. Für den Schutz der Transportflugzeuge, die ihnen Verpflegung, Munition und Kraftstoff bringen und die Verwundeten abtransportieren sollten, seien aber viele Jagdflugzeuge erforderlich, die Hitler jetzt an anderen Frontabschnitten benötige. »Darum, deutsche Soldaten und Offiziere«, hieß es, »wird eure Tagesration demnächst auf 100 Gramm Brot und 10 Gramm Wurst absinken.«

In unserer Propagandaarbeit unterstützten uns deutsche Kommunisten und antifaschistische Emigranten. So weilte Walter Ulbricht in Stalingrad und sagte den Eingeschlossenen die Wahrheit über die Ereignisse an der Front und in Deutschland.

In den ersten Januartagen kamen der Oberbefehlshaber der Donfront, Generalleutnant Rokossowski, das Mitglied des Kriegsrates der Front, Generalmajor Telegin, und der Chef

Artillerie der Front, Generalmajor Kasakow, über das Eis der Wolga zum Gefechtsstand der 62. Armee.

Rokossowski und Telegin ließen sich ausführlich berichten, wo und unter welchen Bedingungen wir während der Gefechte und Brände gelebt hatten und wie es uns ergangen war, als die Faschisten Tausende Bomben auf Stalingrad abwarfen. Dann begab sich der Frontoberbefehlshaber in unseren Erdbunker. Auf der Erdbank neben dem Tisch aus Erde sitzend, legte er kurz den Plan zur Vernichtung der Stalingrader Gruppierung dar und stellte der Armee ihre Aufgaben. Den Hauptstoß zur Aufspaltung der Eingeschlossenen hatten die Armeen der Generale Batow und Tschistjakow von Westen zu führen. Von Norden sollten die Armeen der Generale Shadow und Galanin angreifen und von Süden die Armeen der Generale Schumilow und Tolbuchin. Die 62. Armee hatte durch aktive Handlungen von Osten möglichst starke Kräfte des Gegners auf sich zu ziehen und ihm beim Versuch, über das Eis durchzubrechen, den Weg zur Wolga zu verlegen.

Die Aufgabe war klar. Ich versicherte dem Frontoberbefehlshaber, wir würden sie erfüllen und Paulus daran hindern, auch nur eine einzige Division aus Stalingrad abzuziehen, bevor unsere Operation begann.

Die Offiziere des Frontstabes fragten uns wiederholt: »Wird die 62. Armee den Gegner aufhalten können, wenn er sich unter den Schlägen unserer von Westen her angreifenden Armeen mit allen seinen Kräften nach Osten wendet?«

Krylow antwortete: »Wenn uns Paulus mit seinen unverbrauchten Kräften im Sommer und im Herbst nicht hat in die Wolga werfen können, dürften die hungernden und halberfrorenen Faschisten jetzt keine zehn Schritte nach Osten vorankommen.«

Der Chef des Frontstabes, General Malinin, fragte mich dasselbe. Ich erwiderte, die Faschisten seien nicht mehr dieselben wie im Sommer 1942, die Paulusarmee sei keine Armee mehr, sondern nur noch ein Gefangenenlager mit bewaffneten Insassen.

Die 62. Armee hielt ihr Versprechen. Ihre Sturmgruppen ließen dem Gegner bis zum 10. Januar, also bis zum Beginn des Angriffs, nirgends Ruhe. Unsere Stellungen in Stalingrad verbesserten sich von Tag zu Tag. Wir zerstörten und eroberten täglich Dutzende

Stützpunkte und Feuernester. So band die 62. Armee bis zum 10. Januar nach wie vor sechs Divisionen und fünf Pionierbataillone.

Die Sturmgruppen von Batjuks Division waren besonders aktiv. Am Mamajewhügel hielten sie mehrere Regimenter fest, eroberten vorgeschobene Beobachtungsstellen und nahmen dem Gegner so die Übersicht über unsere Truppenverschiebungen in der Stadt.

Um die Wassertürme wurde von Mitte September bis zum 12. Januar — fast vier Monate lang — ununterbrochen auf Tod und Leben gekämpft. Niemand weiß, wie oft die Hügelkuppe den Besitzer wechselte. Dort schlugen sich Rodimzews Soldaten, die gesamte Division Gorischnys, Jermolkins 112. Division und vor allem die viermal mit Orden ausgezeichnete ruhmreiche Gardedivision Batjuks. Ihre Regimenter kamen am 21. und 22. September 1942 auf das rechte Ufer und kämpften zunächst an der Dolgischlucht. Dann krallten sie sich geradezu am Mamajewhügel und seinen Ausläufern fest. Dort schlugen sie sich erbittert bis zum 26. Januar 1943, als sie sich mit den Divisionen von General Tschistjakow vereinigten.

Noch einige Worte zu ihrem Kommandeur Batjuk. Er kam als Oberstleutnant nach Stalingrad und verließ die Stadt nach der Zerschlagung der 6. Armee als General. Er hatte drei wertvolle Eigenschaften: Beharrlichkeit, Tapferkeit und Parteilichkeit. Er war streng, aber gerecht, gefürchtet und geliebt zugleich. Man sah ihn oft bei seinen Soldaten. Er hatte kranke Füße und konnte zeitweise kaum gehen. Doch er blieb immer vorn in seinem Unterstand, ging am Stock zu seinen B-Stellen in der vordersten Linie und ließ sich erst in der Nacht, wenn es niemand sah, von seinem Adjutanten zurücktragen. Er suchte sein Gebrechen zu verbergen. Ich erfuhr erst im Januar davon, als er sich nicht mehr ohne fremde Hilfe fortbewegen konnte. Batjuk hielt Vorgesetzten wie Unterstellten gegenüber nie mit der Wahrheit hinter dem Berge, mochte sie noch so bitter sein. Seine Meldungen stimmten immer mit den Tatsachen überein und brauchten weder präzisiert noch nachgeprüft zu werden.

Batjuks Division hatte sich schon vor den Kämpfen um Stalingrad ausgezeichnet und bei Kastornoje einen massierten Panzerangriff abgewehrt. Aus ihren Reihen gingen Kämpfer hervor, die nicht nur in Stalingrad, sondern im ganzen Land bekannt wurden, beispielsweise der berühmte Panzerjäger Schuklin oder Besdidko, Chef einer Granatwerferbatterie, die nie ihr Ziel verfehlte; die berühmten Scharfschützen Wassili Saizew, Viktor Medwedew, Achmet Awsalow und viele andere Soldaten und Offiziere. Die Parteiorganisation der Division erzog viele tüchtige Kommandeure: den Regimentskommandeur Mitelew, den Bataillonskommandeur Majaki, der gegen Ende der Schlacht am Mamajewhügel ums Leben kam, den Kompaniechef Schumakow, die Politoffiziere Tkatschenko, Jermakow, Solowjow und Grubrin sowie die Parteiorganisatoren Jewdokimow, Kruschinski und Ladyshenko.

Ihr Siegeszug führte die Division über Kastornoje, Stalingrad, Saporoshje und Odessa, über Lublin und Poznań bis nach Berlin.

General Batjuk ist nicht bis Berlin gekommen. Er fiel bei Slawjansk in der Ukraine. Wir begruben ihn am Fuße des Artjomdenkmals am Ufer des Nördlichen Donez. Später überführten wir seinen Leichnam nach Stalingrad und bestatteten ihn auf dem Mamajewhügel, denn er war die Seele des Kampfes um diesen Hügel, um Stalingrad.

Am 10. Januar 1943 gingen alle Armeen der Donfront gleichzeitig zum Angriff über, um die eingeschlossene faschistische Gruppierung aufzuspalten. Die 62. Armee griff — ihnen entgegen — von Osten nach Westen an. Besonders heftig wurde um den Mamajewhügel gerungen; der Gegner schätzte die taktische Bedeutung dieses Hügels durchaus richtig ein. Der Angriff Batjuks über den Mamajewhügel traf bis zum 25. Januar auf erbitterte Gegenangriffe. Der Gegner sammelte dort seine letzten Kräfte und versuchte, die Stellungen um jeden Preis zu halten.

Bei den anderen Divisionen zog sich der Gegner zwar nicht zurück, aber er unternahm auch keine derart heftigen Gegenangriffe, sondern beschränkte sich darauf, unser Feuer aus seinen befestigten Stellungen zu erwidern, und kämpfte oft bis zum letzten Schuß.

Am 23. Januar meldete mir Divisionskommandeur Sokolow eine recht eigenartige Geschichte. Seine Truppen hatten den Westrand der Siedlung Roter Oktober erreicht und einen starken faschistischen Stützpunkt eingeschlossen. Um unnötiges Blutvergießen zu vermeiden, forderten sie die Besatzung auf, die Waffen zu strecken. Nach langem Hin und Her baten die Belagerten unsere Soldaten um Brot. Diese erbarmten sich der Hungernden. Kaum hatten sich die Faschisten gestärkt, feuerten sie weiter.

Nach solcherart »diplomatischen« Verhandlungen kannten unsere Soldaten kein Pardon mehr. Sie setzten sich mit den Artilleristen in Verbindung, und mehrere Geschütze beschossen den Stützpunkt im direkten Richten. Wie wir dann feststellten, bestand die Besatzung aus eingefleischten faschistischen Landsknechten, fast jeder trug mehrere Auszeichnungen.

Am 25. Januar spürten wir, daß sich unsere Truppen im Westen näherten. Die 62. Armee, die inzwischen den Westrand der Siedlungen erreicht hatte, stellte ihren Angriff ein. Die Divisionen von Gorischny, Sokolow, Ljudnikow, Gurjew und Rodimzew schwenkten nach Norden ein, um die dortige Gruppe im Raum des Industrieviertels und der Werksiedlungen zu vernichten. Batjuk drehte nach Süden gegen die südliche Gruppierung ein. Der 26. Januar, der Tag der langersehnten Vereinigung der 62. Armee mit den von Westen her angreifenden Truppenteilen der Armeen Batows und Tschistjakows brach an.

Am frühen Morgen meldeten unsere Beobachter: »Bei den Faschisten herrscht Panik, sie laufen hin und her, wir hören das Brummen von Kraftfahrzeugen, Soldaten in Rotarmistenuniform tauchen auf. Wir sehen schwere Panzer. Auf der Panzerung steht ›Tscheljabinsker Kolchosbauer‹ oder ›Uraler Metallarbeiter‹.«

Die Gardisten Rodimzews, Gurjews, Batjuks und anderer Divisionen stürzten mit einer roten Fahne vor.

Diese freudige Begegnung fand um 09.20 Uhr in der Siedlung Roter Oktober statt. Hauptmann Guschtschin überreichte den Angehörigen von Batows Armee ein rotes Banner mit der Inschrift: »Zur Erinnerung an die Begegnung am 26. 1. 1943.« Die Augen der kampferprobten Soldaten füllten sich mit Freudentränen.

Gardehauptmann Ussenko meldete General Rodimzew, er habe das Banner von seinen ruhmreichen Gardisten entgegengenommen.

»Berichten Sie Ihrem Kommandeur, daß wir sehr glücklich sind, uns nach fünf Monate langem hartem Kampf begegnet zu sein«, sagte der General.

Schwere Panzer zogen gleich stählernen Festungen an uns

vorüber. Die Panzersoldaten standen aufrecht in den Luken und winkten. Dann rollten sie weiter auf die Fabriken zu.

Bald darauf trafen auch die Angehörigen anderer Einheiten der 62. Armee mit Soldaten von Batows, Tschistjakows und Schumilows Armeen zusammen. Und keiner schämte sich nach so vielen harten Gefechten und schweren Prüfungen seiner Tränen.

Der Gegner leistete immer noch Widerstand, aber jeden Tag streckten mehr Soldaten und Offiziere die Waffen. Manchmal brachten nur wenige Rotarmisten Hunderte Gefangene ein.

Am 31. Januar nahmen Soldaten der 64. Armee den Oberbefehlshaber der 6. Armee, Generalfeldmarschall Paulus, mit seinem Stab gefangen. Am selben Tag stellte die gesamte Südgruppe den Widerstand ein. Die Kämpfe im Stadtzentrum waren damit beendet. Gegen Abend fielen auch der Stab der 295. Infanteriedivision mit ihrem Kommandeur, Generalmajor Korfes, der Kommandierende General des IV. Armeekorps, Generalleutnant der Artillerie Pfeffer, der Kommandierende General des LI. Armeekorps, General der Artillerie von Seydlitz-Kurzbach, der Chef des Stabes der 295. Division, Oberst Dissel, und mehrere höhere Stabsoffiziere in unsere Hand. Sie wurden von drei Soldaten der 62. Armee unter der Führung des achtzehnjährigen Komsomolorganisators unseres Nachrichtenregiments, Michail Porter, gefangengenommen, der schon bei Odessa, Sewastopol und Kertsch gekämpft hatte.

Gurow, Krylow und ich verhörten die deutschen Generale noch am selben Abend in unserem geräumigen und hellen neuen Unterstand. Die Gefangenen waren hungrig, nervös und um ihr Schicksal besorgt. Ich ließ Tee bringen und lud sie zu einem Imbiß ein. General Korfes griff zu und fragte: »Was ist das, Propaganda?«

»Wenn der General glaubt«, antwortete ich ihm, »dieser Tee und dieser Imbiß seien Propaganda, werden wir ihn nicht nötigen, die Stärkung zu sich zu nehmen.«

Unsere Gefangenen lebten auf, und wir unterhielten uns noch etwa eine Stunde lang. Am stärksten beteiligte sich Korfes am Gespräch. Die Generale Pfeffer und Seydlitz schwiegen sich aus und erklärten, sie verstünden nichts von Politik.

Im Gespräch äußerte General Korfes den Gedanken, daß die

gegenwärtige Lage Deutschlands viel gemeinsames mit jener zu Zeiten Friedrichs des Großen und Bismarcks habe. Dabei schätzte er Hitlers Fähigkeiten nicht geringer ein als die Bismarcks. Anscheinend wollte er damit sagen, daß es auch unter Friedrich dem Großen und Bismarck Niederlagen gegeben habe, diese Tatsache ihrer Größe aber keinen Abbruch tue. Hitlers Niederlage an der Wolga bedeute nicht das Ende der Hitlerära. Deutschland werde diesen Mißerfolg unter Hitlers Führung überleben und letztlich doch siegen. Die Generale Pfeffer und Seydlitz blieben weiterhin einsilbig; sie sagten nur von Zeit zu Zeit »jawohl« oder »nein«.

Zum Schluß fragte Seydlitz: »Was wird jetzt mit uns geschehen?«

Ich informierte sie über die Bedingungen ihrer Gefangenschaft und fügte hinzu, sie dürften, wenn sie es wünschten, ihre Orden und Ehrenzeichen behalten, die Waffen müßten sie abgeben.

»Welche Waffen?« fragte Pfeffer, als ob er nicht verstanden hätte, und blickte dabei auf Seydlitz.

Ich wiederholte: »Gefangene Generale dürfen keine Waffen tragen.«

Darauf reichte mir Seydlitz sein Taschenmesser. Ich gab es ihm zurück.

»Wo befanden Sie und Ihr Stab sich während der Kämpfe um die Stadt bis zum neunzehnten November?« wandte sich General Pfeffer an mich.

Ich erwiderte, daß mein Gefechtsstand und der Armeestab die ganze Zeit über in der Stadt, am rechten Wolgaufer gewesen seien. Der letzte Gefechtsstand sei eben hier, an dieser Stelle.

»Bedauerlich, daß wir unserer Aufklärung nicht geglaubt haben«, sagte Pfeffer. »Wir hätten Sie samt Ihrem Stab wegradieren können.«

Wir schickten die Gefangenen zum Frontstab und empfahlen ihnen, sich möglichst schnell mit der sowjetischen Wirklichkeit vertraut zu machen, um sich von ihren Irrtümern, vom Gift des Faschismus zu befreien.

Ich greife jetzt etwas vor, wenn ich meine spätere Begegnung mit Otto Korfes schildere. 1949 traf ich ihn in Berlin wieder. Er war aktiv in der Gesellschaft für deutsch-sowjetische Freundschaft tätig. Wir begrüßten uns wie alte Bekannte. Ich war zu dieser Zeit Vorsitzender der Sowjetischen Kontrollkommission und half unseren deutschen Freunden, die durch den Krieg zerstörte Volkswirtschaft wiederaufzubauen. Der ehemalige Generalmajor Dr. Otto Korfes sah eine Aufgabe darin, die Freundschaft zwischen dem deutschen und dem sowjetischen Volk zu festigen, und er war nicht der einzige. An seiner Seite wußte er viele ehemalige Generale, Offiziere und Soldaten, die die Wahrheit erkannnt hatten, die ebenfalls für Frieden und Freundschaft wirkten.

Zurück zu den historischen Tagen in Stalingrad. Die Nordgruppe setzte auch nach der Kapitulation der Südgruppe den Widerstand fort, obwohl klar war, daß sie sich höchstens noch einige Stunden halten konnte.

Am Morgen des 2. Februar 1943 begab ich mich mit Gurow zu meiner B-Stelle in den Ruinen des Verwaltungsgebäudes im Werk »Roter Oktober«. Unweit hatten die Divisionskommandeure Ljudnikow, Sokolow und Gorischny ihre B-Stellen. Die 62. Armee führte ihren letzten Stoß gegen das Stalingrader Traktorenwerk, das Werk »Barrikady« und die Werksiedlungen. Es griffen an: Gorischny, Sokolow, Ljudnikow, Gurjew, Rodimzew und die Brigade Schtrigol. Gleichzeitig stießen um 12.00 Uhr von Westen und Nordwesten die benachbarten Armeen gegen die Eingeschlossenen vor.

Die Artillerievorbereitung war kurz. Wir schossen im direkten Richten und auf sichtbare Ziele. Man konnte die Faschisten auf dem Werkgelände und in den Siedlungen hin- und herlaufen sehen. Dann griffen unsere Schützen und Panzer an.

Die Überlebenden nahmen den Kampf nicht auf, sondern hoben die Hände. An ihren Bajonetten wehten weiße Lappen. Tausende von Gefangenen zogen an uns vorbei. Man brachte sie zur Wolga und über den Fluß, zu dem sie sich vergeblich sechs Monate lang hatten durchschlagen wollen. Unter ihnen waren viele Italiener, Ungarn und Rumänen. Die Soldaten und Unteroffiziere waren erschöpft und ihre Uniformen voll Ungeziefer. Sie trugen entsetzliche Lumpen, und trotz 30 Grad Frost waren einige barfuß. Die meisten deutschen Offiziere sahen dagegen recht gut aus. Sie waren, wie Kavalleristen von ihren Pferden sagen, gut im Futter. Sie hatten die Taschen voll Wurst und anderer Lebensmittel, die sie wohl bei der Verteilung der spärlichen Rationen abgezweigt hatten.

Die Genossen des Kriegsrates und die Kommandeure der

Divisionen und einiger Regimenter versammelten sich im zerstörten Verwaltungsgebäude des Werkes »Roter Oktober«, der letzten Beobachtungsstelle der 62. Armee. Wir beglückwünschten einander zum Sieg und gedachten all derer, die diesen Freudentag nicht mehr erleben konnten.

Hitler, der versprochen hatte, die Eingeschlossenen noch im November 1942 zu entsetzen, mußte die Katastrophe bei Stalingrad eingestehen, und er ordnete eine dreitägige Volkstrauer an.

Die vernichtete 6. Armee und die 4. Panzerarmee waren Stoßarmeen gewesen. Mit ihren 22 Divisionen und Verstärkungsmitteln waren sie besser ausgerüstet als ein normaler operativer Verband. Hitler hatte sich ihrer Beweglichkeit und Schlagkraft sowie ihrer reinblütigen arischen Soldaten und Offiziere gerühmt. Die im August 1942 aufgestellte 79. Infanteriedivision beispielsweise bestand fast ausschließlich aus jungen Soldaten im Alter von 20 bis 27 Jahren. Die Gefangenen berichteten, jeder fünfte Soldat dieser Division sei Mitglied der NSDAP.

Der Oberbefehlshaber der 6. Armee, Friedrich Paulus, und der Oberbefehlshaber der 4. Panzerarmee, Generaloberst Hoth, waren typische Vertreter der deutschen Generalität. Paulus vollendete während des Sturmes auf Stalingrad sein 52. Lebensjahr, davon hatte er 33 Jahre in der deutschen Wehrmacht gedient. Im ersten Weltkrieg Frontoffizier, wurde er gegen Kriegsende Generalstabsoffizier. Er blieb auch nach 1918 im Dienst, arbeitete längere Zeit im Reichswehrministerium und nahm später als Stabschef der Panzertruppen an der Vorbereitung des zweiten Weltkrieges aktiv teil.

Nach dem Machtantritt Hitlers rückte er zum Chef des Generalstabes der 10. Armee unter General der Artillerie von Reichenau auf, machte mit ihr 1939 den Überfall auf Polen mit und nahm 1940 an der Niederwerfung Frankreichs teil. Im September 1940 wurde Paulus zum Oberquartiermeister I des Generalstabes des Heeres ernannt. Im Januar 1941 zum General der Panzertruppen befördert, spielte er während des Überfalls auf die Sowjetunion eine wichtige Rolle in der deutschen Generalität.

Während der Zerschlagung der 6. Armee bei Stalingrad zeichnete Hitler ihn mit dem Eichenlaub zum Ritterkreuz des Eisernen Kreuzes aus und machte ihn zum Generalfeldmarschall.

Die 6. Armee war stets mit verantwortungsvollsten Aufgaben betraut worden. Am 10. Mai 1940 als erste in Belgien eingedrungen, hatte sie den Widerstand der belgischen Armee am Albert-Kanal gebrochen und war, Tod und Verderben verbreitend, durch das ganze Land gestürmt. Ihre Divisionen hatten viele Länder Europas durchzogen. Sie waren in Brüssel und Paris gewesen und hatten an den Kämpfen in Jugoslawien und an der Eroberung Griechenlands teilgenommen. 1941 hatte Hitler die 6. Armee nach Osten verlegt, um sie gegen die UdSSR einzusetzen. Sie nahm im Raum Charkow an den Kämpfen um viele ukrainische Städte teil und war dann weiter gegen Stalingrad gezogen. Sie sollte im Süden den wichtigsten Teil des Feldzugsplanes für das Jahr 1942 verwirklichen und die Wolgafeste nehmen.

Hitler umgab die bereits zerschlagene 6. Armee mit einem Glorienschein, um das Scheitern seiner strategischen Pläne zu tarnen. In der Sondermeldung des Führerhauptquartiers vom 30. Januar 1943 hieß es, die Russen hätten die 6. Armee aufgefordert zu kapitulieren, aber alle, ohne Ausnahme, schlügen sich weiter, wo immer sie stehen mögen. Tags darauf folgte die Meldung, daß sich nur wenige deutsche und verbündete Soldaten den sowjetischen Truppen lebend ergeben hätten. Diese »Wenigen« waren über 91 000 Mann. Das Schicksal seiner 2 500 Offiziere, 24 Generale und des zu diesem Zeitpunkt bereits gefangenen Generalfeldmarschalls Paulus verschwieg Hitler.

Bei Stalingrad zerschlug die Sowjetarmee eine der stärksten militärischen Gruppierungen des faschistischen Deutschlands, die Heeresgruppe B und danach die Heeresgruppe Don. Sie bestand aus ausgewählten Truppenteilen, die besonders gut ausgerüstet waren. Wir mußten nach ihrer Vernichtung allein in Stalingrad und Umgebung rund 150 000 gefallene Deutsche begraben. Bei vorsichtiger Schätzung ergibt sich, daß Stalingrad insgesamt die faschistische Führung annähernd anderthalb Millionen an Gefallenen, Verwundeten, Vermißten und Gefangenen kostete.

Am strahlend hellen Morgen des 4. Februar fand in Stalingrad auf dem Platz der Gefallenen eine Kundgebung statt. Soldaten und Einwohner zogen durch die verschneiten, von Bomben und Granaten zerwühlten Straßen der Heldenstadt. Ausgebrannte

Eisenbahnwaggons standen herum und von Kugeln und Granatsplittern durchlöcherte Straßenbahnen. Ruinen und immer wieder Ruinen, die Straßen teilweise verstopft mit zerstörter Technik des Gegners. Im Stadtzentrum abgeschossene deutsche Bomber. Rauchgeschwärzt ragten die Mauern des großen Kaufhauses, des Postamtes und des Hauses des Buches empor.

Auf dem Platz klafften frische Granattrichter. Hier hatten noch vor drei Tagen Reste faschistischer Truppen gekämpft. Jetzt waren an dieser Stelle Partei- und Staatsfunktionäre der Stadt und des Stalingrader Gebiets, Kommandeure, Politoffiziere, Soldaten und Einwohner, die Teilnehmer des Heldenkampfes, versammelt.

Das Präsidium der Kundgebung setzte sich aus dem Mitglied des Kriegsrates der Front, Chruschtschow, den Generalen der 62. und 64. Armee Gurow, Rodimzew, Schumilow und mir, den Parteifunktionären des Gebiets und der Stadt Tschujanow, Piksin, Pigalew, Wodolagin und anderen, zusammen. Wir beglückwünschten einander herzlich zum verdienten Sieg.

Die auf dem Platz versammelten Soldaten, Offiziere und Einwohner (woher sie nur alle so plötzlich gekommen waren?) freuten sich ebenfalls des Sieges und umarmten einander.

Der Vorsitzende des Stadtsowjets, Genosse Pigalew, dankte im Namen der Werktätigen der Stadt den heldenhaften Verteidigern. »Tage schwerster Prüfungen liegen hinter uns«, sagte er. »Ewiger Ruhm den Helden von Stalingrad, die ihr Blut für den Sieg hingaben! Ruhm unseren tapferen Soldaten und Offizieren! Ruhm unserer Kommunistischen Partei!«

Dann erhielt ich das Wort. Das Reden fiel mir schwer. Ich war tief bewegt, als ich die in Reih und Glied angetretenen Soldaten, mit denen ich 180 Tage und Nächte im Feuer gestanden hatte, vor mir sah. Ich begann: »Wir schworen, Stalingrad dem Feind nicht zu überlassen und bis zum letzten Schuß zu kämpfen; wir sind nicht gewichen und haben unser Wort eingelöst.«

Ich kann mich nicht mehr an Einzelheiten meiner Rede erinnern. Ich weiß nur noch, daß ich den Versammelten sagen wollte, Stalingrad sei nur der Vorgeschmack gewesen, die Generalabrechnung mit den Faschisten stünde noch bevor.

Dann ergriff Gardegeneralmajor Rodimzew das Wort zu einer flammenden Rede. »Die Gardisten haben dem Ansturm eines zahlenmäßig überlegenen Gegners standgehalten. Weder Bomben noch Granaten noch wütende Angriffe konnten ihren Mut brechen. Die Namen der tapferen Verteidiger der Wolgafeste werden in die Geschichte der großen Stalingrader Schlacht eingehen. Die dreizehnte Gardedivision, Trägerin des Leninordens, ist heute den 140. Tag am rechten Ufer der Wolga. Der Anblick dieser schwergeprüften Stadt, in der jeder Fußbreit Boden, jede Mauer Spuren des Krieges tragen, ist bedrückend. Wir schwören der Heimat, den Feind auch weiter auf Gardisten-, auf Stalingrader Art zu schlagen.«

Nach ihm betrat General Schumilow die Tribüne. Seine 64. Armee hatte an den südlichen Zugängen von Stalingrad gekämpft und verhindert, daß der Gegner dort die Wolga erreichte. »Am zweiten Februar«, sagte Schumilow, »ist in Stalingrad der letzte Schuß gefallen. Mit der Kapitulation der feindlichen Nordgruppe endete eine nach dem Plan unseres Oberkommandos geführte Operation, die in der Geschichte ohne Beispiel ist. Unsere Soldaten haben den Gegner zum Stehen gebracht und verhindert, daß er die Wolga erreichte. Stalingrad ist zum Grab der faschistischen Eindringlinge geworden.«

Nach dem Sekretär des Stalingrader Gebietskomitees der Partei, Genossen Tschujanow, ergriff noch das Mitglied des Kriegsrates der Front Chruschtschow das Wort. Dann gingen die Teilnehmer auseinander, um sich auf neue Kämpfe vorzubereiten.

Wir lagen noch ungefähr einen Monat in den Dörfern längst der Achtuba. Die Divisionen der 62. Armee ruhten sich gründlich aus, wurden aufgefüllt und neu bewaffnet. Dann machten sie sich bereit, in Waggons verladen zu werden und die weit nach Westen vorgerückte Front einzuholen.

Die Heimat dankte den Truppen, die Stalingrad verteidigt hatten. Fast alle Divisionen und Regimenter erhielten den Gardetitel. Die 62. Armee wurde in die 8. Gardearmee umbenannt. Soldaten und Offiziere trugen jetzt stolz das Gardeabzeichen.

Kurz bevor wir an die Front gingen, gaben wir dem Mitglied des Kriegsrates, Kusma Akimowitsch Gurow, das Geleit zu seinem neuen Dienst. Divisionskommissar und später Generalleutnant Gurow war uns in erster Linie Kampfgefährte. Er war während der Kämpfe am rechten Ufer in Stalingrad geblieben und hatte mit uns Freud und Leid geteilt. Jetzt mußten wir uns trennen.

Krylow, Wassiljew, Posharski, Wainrub, Tkatschenko, Lebedew und ich verabschiedeten ihn in Srednjaja Achtuba. Es gab weder feierliche Abschiedsworte noch Toaste, wir umarmten uns, alle waren bewegt. Am schwersten hatte es Gurow; er fuhr fort, während wir blieben.

Gurow war ein Mann mit eisernen Nerven und immer gleichbleibender Ruhe. Ich erinnere mich, einmal standen wir alle am Ufer der Wolga, als ein Bombensplitter seine Wintermütze durchschlug. Er schaute uns an, nahm die Mütze vom Kopf, untersuchte sie und sagte lächelnd: »Etwas beschädigt, aber noch zu tragen.«

Dieser Kommunist und Leninist vereinte in sich Überzeugungskraft mit strenger parteilicher und militärischer Disziplin. Er verstand es, die Gefechtspläne und Maßnahmen rechtzeitig politisch zu sichern, gleich unter welchen Bedingungen sie verwirklicht wurden. Er war ein Menschenkenner und vertraute denen, auf die seine Wahl gefallen war; niemals bevormundete er sie kleinlich. Gurow sagte oft: »Diese Berichte müssen überprüft werden, die anderen stimmen.« Und er hatte immer recht. Er war ein fröhlicher Mensch, mit dem man sich nie langweilte.

Nach seiner Abfahrt fühlten wir uns ganz verwaist und dachten oft an ihn. Im August desselben Jahres traf uns wie ein Blitz die Nachricht von seinem Tode. Er war allzu früh, ohne den endgültigen Sieg zu erleben, von uns gegangen. Wir werden ihn nie vergessen.

Für uns begannen nach Gurows Abreise das Verladen und der Abtransport nach Westen. Die 62. Armee wurde in den Raum Kupjansk an den Nördlichen Donez verlegt. Der Stab bestieg in Woroponowo den Zug. Tagsüber kontrollierte ich noch alle Verladestationen unserer Divisionen und traf abends in Woroponowo ein.

Leb wohl, Stalingrad, leb wohl, du schwergeprüfte Stadt. Wann und wie werden wir uns wiedersehen? Leb wohl, Wolga, lebt wohl, ihr Kampfgefährten in blutgetränkter Stalingrader Erde. Wir fahren nach Westen, euch zu rächen.